国家社科基金项目"财产保护的刑法介入问题研究"（项目编号14BFX041）

A Research on Criminal Law

Interventions in Property Protection

财产保护的刑法介入问题研究

王　骏◎著

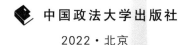

中国政法大学出版社

2022·北京

图书在版编目（ＣＩＰ）数据

财产保护的刑法介入问题研究/王骏著. —北京：中国政法大学出版社，2022.9
ISBN 978-7-5764-0649-8

Ⅰ.①财… Ⅱ.①王… Ⅲ.①侵犯财产罪－研究－中国 Ⅳ.①D924.354

中国版本图书馆 CIP 数据核字(2022)第 169388 号

出 版 者	中国政法大学出版社
地 址	北京市海淀区西土城路 25 号
邮寄地址	北京 100088 信箱 8034 分箱　邮编 100088
网 址	http://www.cuplpress.com (网络实名：中国政法大学出版社)
电 话	010-58908586(编辑部) 58908334(邮购部)
编辑邮箱	zhengfadch@126.com
承 印	固安华明印业有限公司
开 本	720mm×960mm　1/16
印 张	19
字 数	320 千字
版 次	2022 年 9 月第 1 版
印 次	2022 年 9 月第 1 次印刷
定 价	79.00 元

前 言
preface

在当代国家中，除了生命、健康和各种自由权之外，宪法所保护的权利核心也包含了以财产制度为前提的财产权。财产作为社会实践的物质基础，对于权利人在社会中的生存以及自我实现具有不可或缺的重要意义。因此，在以宪法为顶端，包括民法、行政法、刑法等多层次的法律体系中，都有保护和保障财产以及财产制度的规定。自古以来，财产一直是刑法的保护对象。各国刑法都无一例外地规定了财产犯罪。在我国刑法中，就形成了以侵犯财产罪章为主体、其他相关章节罪名为辅的保护体系。

但是，对财产的法律保护不仅仅是刑法的任务，其他法律也以不同的方式对财产予以不同广度和深度的保护，尤其是基本的财产法律制度更是由民法构建的。财产的刑法保护只不过是财产法律保护中的一环，与其他法律对财产的保护一起共同构成财产保护的有机整体。于是，刑法对财产的保护在整个保护体系中应扮演怎样的角色就成了一个值得研究的问题。一方面，财产权在个人法益体系中位阶较低，基于私法自治与刑法谦抑，刑法介入不宜宽泛；另一方面，随着市场广域化和交易复杂化，对严重侵犯财产权的，非刑事调整难以完全奏效，刑法需要介入。不仅如此，即便刑法需要介入，也还有一个怎样介入更为合理、妥当的问题。财产保护的刑法介入问题牵涉面极广，已不是一个简单的解释技巧和解释结论的选择问题，而是一个必须结合刑法与民法等其他法律的功能分工以及对当代中国法治语境下刑法谦抑的考量才能予以正确解读的政策性选择问题。当下的我国正处于市场经济初兴、风险与机遇并存的时代，在这一错综复杂的环境下，探讨财产保护的刑法介入问题显得极具现实意义。

近年来，随着德日刑法教义学的引进，我国刑法分则理论的教义学化程度也逐渐提升，在财产罪研究领域取得了丰硕的成果，有关财产罪的研究也成了刑法分则研究中精细化程度最高的部分。学者们认识到财产罪法益本体与刑法介入密切相关，大体也展开了本权说与占有说的对立，财产罪法益论成了刑法分论研究中最热点的问题之一。有学者引入物与财产性利益的区分，先肯定了诈骗罪与敲诈勒索罪的对象可以是财产性利益，后拓展至抢劫、盗窃等罪。对"虚拟财产"等特殊对象的研究颇为深入。还有学者主张继受德国"个别财产"与"整体财产"的分类体系。提出刑法谨慎介入财产保护、对构成要件限制解释的学者增多，如主张民间借贷纠纷、民事欺诈不能混同于犯罪等。还出现了继受被害人信条学的观点（如主张"投机领域无诈骗"）。在立法论上，有学者指出设立"拒不支付劳动报酬罪"系将违约行为犯罪化，故而不可取；还有学者主张放弃定量因素、明确区分取得罪和获利罪、增设背信罪。这些研究成果的取得，为系统探索财产保护的刑法介入问题提供了丰富的素材。但是，财产保护的部门法关系需要厘清，刑法介入财产保护的模式、原则和考量要点需要梳理，对刑法介入财产保护的具体问题点，如财产分类体系、不法原因给付、被害人因素、立法完善等，也有全面、深入研究的必要。

　　本书的基本思路是：首先，以刑民关系为主要视角，研讨部门法关系中最基本的问题即相对于民法等其他部门法来说刑法应具有从属性还是独立性，对违法相对观进行证成。其次，通过展开民法依存模式与秩序维持模式之对立，提倡民法参酌模式；提出刑法介入财产保护的三大原则，即适度、平等、均衡原则；对民事救济的实效性、被害财产经济上的重要性等刑法介入时的考量要点进行阐释。在上述理论基础的论述后，展开财产分类体系的区分介入、不法者财产保护的介入、被害人因素涉及的介入以及介入的立法完善等具体问题的研究。

目 录 CONTENTS

财产保护的部门法关系基础理论

不仅刑法介入财产保护，其他部门法也为财产被害人提供了多种救济手段。如刑法上的财产罪同时亦构成民事侵权，只不过，侵权法并未像刑法那样将侵财行为类型化为盗窃、诈骗等。行政法对大部分侵财行为进行了类型化规定，施以行政处罚，与犯罪的区别主要在于危害性的"量"上。那么，如何处理刑法与相关部门法在财产保护上的关系？本章拟以刑法与民法关系为中心，结合不同法域违法性判断的关系，厘清财产保护的部门法关系基础。

第一节　违法一元论与违法相对论的对立

一、研究意义

为了应对社会的多样性发展，作为维系社会秩序、解决利益纠纷的法律制度，分化出了不同的法领域。法域的划分依据是利益关系。利益关系既是社会规范的基础，又是社会关系的调整对象。利益关系发展到一定程度，便产生了法这一特殊的社会规范，一定程度的利益关系就成了法的基础和调整对象。不同法域调整的利益关系各有不同。宪法、行政法和民法的基础和调整对象分别是公共利益间的关系、个人利益与公共利益间的关系、个人利益间的关系。作为刑法规制对象的犯罪行为已经超出了其他法域的规制范围，或者说，不限于调整上述关系中的某一种。[1]

具有以宪法为顶点的阶层构造的不同法域形成一个体系时，就是所谓

---

〔1〕　参见叶必丰："论部门法的划分"，载《法学评论》1996年第3期，第43页。

"法秩序"。一般认为，法秩序要具有统一性，即由宪法、刑法、民法等多个法领域构成的法秩序之间互不矛盾，更准确地说，这些个别的法领域之间不应作出相互矛盾、冲突的解释。[1]法官在对具体个案进行裁判时，不可能自外于全体法秩序而为判断，因为其在适用某个法律条文的同时，其实也就是在整体法秩序下的适用。在对实定法进行解释时，要想得出妥适的结论，不得不保持理论上的一贯性，这就是所谓将实定法解释这种"问题的思考"与理论上的一贯性这种"体系的思考"相结合。[2]

与法秩序的统一性问题相关，在刑法学中，存在违法性概念是要在所有的法域中统一进行理解，还是要根据各个法域个别地加以理解的问题。一方面，法域的分化当然强调不同法域各自固有的调整利益诉求的机制；另一方面，法秩序的统一性又要求不同法域在利益调整过程中要互不矛盾。这样，违法性是要在不同法域"一元"地把握还是可以"相对"判断就成了问题。德国学者罗克辛将上述违法性判断理念之间的对立概括为两个命题：①在刑法中，民法性的或者公法性的许可或者侵犯权，是否能够在任何情况下，都排除一个符合行为构成的举止行为的违法性？②一种对确定举止行为的民法性的或者公法性的禁止性存在，是否意味着在任何情况下，这种举止行为一旦同时满足了一个刑法规定的行为构成，也就表现为刑法上的不法？[3]这一归纳与日本学者基本相同。[4]在日本，学说将"法秩序统一性"与"刑法违法性一元"两个问题紧密结合，作为争辩"可罚的违法性"是否存在的前提设定，进而产生了严格的违法一元论、违法的相对论、缓和的违法一元论。

实务中大量存在需要考量不同法域之间违法性判断关系的情形。例如，许多国家的民法均规定了不法原因给付的场合，接受不法原因给付的人即便不返还该物也行，但是，在接受委托的人自己将该物消费掉的场合，是否既然民法规定委托人没有请求返还该物的权利，受托人即接受该物委托的人，

〔1〕 参见 ［日］松宫孝明：《刑法总论讲义》（第 4 版补正版），钱叶六译，王昭武审校，中国人民大学出版社 2013 年版，第 81 页。

〔2〕 参见 ［日］京藤哲久："法秩序の统一性と违法判断の相对性"，载 ［日］内藤谦等：《平野龍一先生古稀祝賀論文集》（上卷），有斐閣 1990 年版，第 189 页。

〔3〕 参见 ［德］克劳斯·罗克辛：《德国刑法学 总论》（第 1 卷·犯罪原理的基础构造），王世洲译，法律出版社 2005 年版，第 397 页。

〔4〕 参见 ［日］曾根威彦：《刑法学基础》，黎宏译，法律出版社 2005 年版，第 214~215 页。

就不成立侵占罪呢？又如，我国《保险法》[1]第16条第2、3款规定："投保人故意或者因重大过失未履行前款规定的如实告知义务，足以影响保险人决定是否同意承保或者提高保险费率的，保险人有权解除合同。前款规定的合同解除权，自保险人知道有解除事由之日起，超过三十日不行使而消灭。自合同成立之日起超过二年的，保险人不得解除合同；发生保险事故的，保险人应当承担赔偿或者给付保险金的责任。"这是否意味着，自合同成立之日起超过2年的，投保人仍然隐瞒重要事实进行索赔的，一律不可能构成保险诈骗罪？[2]上述情形，在理论与实务上都存在极大争议。对于刑法介入财产保护而言，最主要的疑点是，民法规定了较为完备的保护制度，那么，刑法应介入哪些保护，怎样进行介入？或者说，怎样处理与民法的关系？

近年来，我国学者开始关注该问题。就结论而言，大体分为两派：一派支持缓和的违法一元论，其核心观点在于承认所谓的一般违法性，以维系形式上的违法性一元；[3]另一派并不认可一般违法性概念，主张直接进行违法的相对判断，[4]讨论日益热烈。不同法域之间违法性判断的关系问题牵涉到如何认识法秩序的统一性、一般违法性概念有无独立存在的价值、刑法是否从属于民法、行政法等前置法、违法的相对判断应如何把握或者说"问题的思考"与"体系的思考"该怎样结合等诸多重大疑难问题，在刑法解释论上具有根本重要的价值。细究起来，在过往的讨论中，这些问题尚未得到全面和充分的研究。同时，实务中诸如刑民交叉、行刑衔接等问题的处理，也必然有赖于理论提供有力支撑。

二、学说对立

在德国，违法统一论（违法一元论）属主流理论。违法一元论认为，违

---

[1] 为论述方便，本书中涉及的我国法律法规，全部省略"中华人民共和国"字样，下不赘述。

[2] 引起社会广泛关注的"帅英骗保案"即是适例。该案在司法实务部门内部也引起了巨大争议。参见何海宁："难倒法官的骗保案"，载《南方周末》2005年4月14日。

[3] 参见童伟华："日本刑法中违法性判断的一元论与相对论述评"，载《河北法学》2009年第11期，第170~172页；郑泽善："法秩序的统一性与违法的相对性"，载《甘肃政法学院学报》2011年第4期，第65页；王昭武："法秩序统一性视野下违法判断的相对性"，载《中外法学》2015年第1期，第182~184页。

[4] 参见王容溥："法秩序一致性与可罚的违法性"，载《东吴法律学报》2008年第2期，第86页；王骏："违法性判断必须一元吗？——以刑民实体关系为视角"，载《法学家》2013年第5期，第144~145页。

法是指对整体法规范、整体法秩序的违反，即任何违法行为都将破坏整体法秩序。其中，严格的违法一元论认为，在一个法域中被认定为违法的行为，绝对不可能在其他法域被认定为合法行为。因此，民法及其他法域上的违法行为符合刑法上的构成要件时，在刑法上就必然是违法的。这种严格的违法一元论是德国的主流理论。[1]

在日本，由判例形成了一种限定处罚范围的理论框架，即可罚的违法性理论。也就是，虽然产生了法益侵害结果，但如果不具有处罚价值，则作为尚未达到必须处罚程度的违法性，而认为其不可罚。[2]可罚的违法性概念的提出，具有两个根据：一是刑法的谦抑性；二是实质的违法性论。就前者而言，不可能对任何违法行为都处以刑罚，只能对那些值得科处刑罚的违法行为适用刑罚，如果行为不具有这种可罚的违法性，就不能认定为犯罪。就后者来说，违法有程度之别，其他法域中的违法与刑法违法存在质与量的区别。对于轻微违法行为，即使符合构成要件，也不能认定为犯罪。因此，可罚的违法性理论是以违法相对论为前提的。在违法相对论看来，不同法域基于其固有的目的，产生不同的法律效果。例如，民事上的违法行为所产生的法律效果是以救济被害人为目的的损害赔偿，刑法则以保护法益和维护社会生活安全为目的，其法律效果是最具有强制力的刑罚。既然如此，作为一种成立条件的违法性，在不同的法域当然就应当不同。这种违法相对论在日本居于通说地位。[3]

问题是，在肯定了刑法之外的法域被评价为违法的行为仍可能阻却刑法上的违法性的见解中，仍然存在如下两种观点的对立：①缓和的违法一元论基于法秩序统一性的违法一元性，主张违法只是处罚的必要条件之一，有时会由于不具备刑法法规所预定的违法的"质"和"量"而不成立犯罪，犯罪的构成要件是"可罚的违法行为的类型"，在所谓的违法阻却事由中，除了完全阻却违法的以外，仅仅阻却可罚的违法性的事由也是存在的。[4]刑法上的

---

〔1〕 参见张明楷：《外国刑法纲要》（第2版），清华大学出版社2007年版，第149页。

〔2〕 参见 ［日］西田典之：《日本刑法总论》，刘明祥、王昭武译，中国人民大学出版社2007年版，第155页。

〔3〕 参见张明楷：《外国刑法纲要》（第2版），清华大学出版社2007年版，第148~149页。

〔4〕 参见 ［日］松宫孝明：《刑法总论讲义》（第4版补正版），钱叶六译，王昭武审校，中国人民大学出版社2013年版，第81页。

违法性和其他法域中的违法性的差别，可以通过把握为"一般违法"这种共通的上位概念之间的种差，将它们之间的区别明确化的同时，明确其相互之间的内在关系。[1]②违法相对论基于违法多元性，认为根据法域的不同，违法性的评价亦不同。[2]缓和的违法一元论对上述罗克辛教授提出的两个命题中的①持肯定回答，对②持否定回答，违法相对论对这两个命题都持否定回答。

除此之外，还有一种既不同于缓和的违法一元论又有别于违法相对论的主张，认为刑法处罚其他法域特别是民事法上被允许的行为，从刑法补充性的见地来看，是不妥当的，但是这同必须要采纳缓和的违法一元论是两回事。对那种在其他的法域属于违法，但在刑法上阻却违法性的行为来说，行为人都面临着到底作出何种行为的选择，对该行为人说"该行为虽是违法的，但却不具有可罚的违法性"根本就没有什么实质上的意义。[3]按照这种主张，其对上述两个命题中的①持肯定回答，对②持否定回答，在结论上与缓和的违法一元论没有两样。相对于上述违法相对论，其"相对"的程度有所缓和，似乎可以被称为"缓和的违法相对论"。

在我国，有学者注意到了两种违法相对论的区别，将前田雅英等学者主张的违法相对论称为"违法多元论"，而将山口厚等学者认同的违法相对论称为"违法相对论"。在其看来，缓和的违法一元论与违法相对论的区别是非本质性的，二者都承认违法判断具有相对性，也都赞同可罚的违法性理论，区别在于是否承认"一般的违法性"，是否采取"一般的违法性+可罚的违法性"这种二重判断结构。而违法相对论与违法多元论所理解的"相对性"的含义却存在本质区别：前者立足于法秩序统一性，不完全排斥违法的统一性；后者基本排斥违法的统一性，实际上是在实质违法性的名义下主张各个法域的违法判断各司其职、彼此独立。因此，两说对可罚的违法性理论分别持肯定与否定态度。[4]

---

〔1〕　[日] 曾根威彦：《刑法学基础》，黎宏译，法律出版社 2005 年版，第 216 页。

〔2〕　参见 [日] 前田雅英：《刑法総論講義》，东京大学出版会 1998 年版，第 98 页。

〔3〕　参见 [日] 山口厚：《刑法总论》（第 2 版），付立庆译，中国人民大学出版社 2011 年版，第 177 页。

〔4〕　参见王昭武："法秩序统一性视野下违法判断的相对性"，载《中外法学》2015 年第 1 期，第 176 页。如无特别指出，下文也遵从这种"违法多元论"与"违法相对论"的区分。

除了严格的违法一元论，其他学说实际上都在主张违法性的相对判断。因此，需要澄清的是，产生学说对立的根源何在？或者说，不同学说各自背后的理论基础是什么？

从规范论的立场来看，违法一元论与违法多元论观点上的差别起源于作为违法性基础的规范存在于刑罚规范外部的"规范说"和认为存在于刑罚规范内部的"违法宣言说"的对立。规范说将法规范分为一般规范和制裁规范，认为违法观念不是以违法效果（即制裁规范）为基础，而是产生于其以前的一般规范，因此，违法观念也就不存在法域上的不同。相反，违法宣言说认为，刑法违法性来源于基本的刑罚威慑，行为符合某种刑罚规范的构成要件，已经表明不需要其他的特别规定，根据刑罚威慑就能宣布其违法。[1]这实际上是在可罚的违法性的理论基础上存在不同看法。违法多元论主张，各个法域是基于各自所追求的法效果而目的性地规定了相应的违法，就刑法而言，应以刑法所固有的违法作为问题；违法一元论则认为，由于整个法秩序是统一的，因而应就整个法域统一地进行违法判断，但其具体表现形式存在各种各样的种类、阶段。[2]

因此，学说对立的根源可以被简化表述为：是否承认在法域分化的基础上存在一个法秩序整体所追求的目的统一性？违法多元论拒绝这样一种理念性的目的，坚守各个法域所追求目的的独立性与自主性，而缓和的违法一元论旨在通过构想一个法秩序所追求的整体的与统一的目的来调节不同法域多元化的目的追求。[3]违法相对论对此的立场则不甚明晰。不过，就山口厚教授所言"实质的违法性的概念、违法性的实质的理解，得以通过对刑法的任务或是目的的理解而推导出来"，"只有在构成要件内部所规定的法益侵害或其危险才能为处罚奠定基础"，[4]似乎可以探知其持刑法目的独立性的立场。

---

〔1〕 ［日］曾根威彦：《刑法学基础》，黎宏译，法律出版社 2005 年版，第 218 页。

〔2〕 参见 ［日］松原芳博：《刑法总论重要问题》，王昭武译，中国政法大学出版社 2014 年版，第 92 页。

〔3〕 参见王昭武："法秩序统一性视野下违法判断的相对性"，载《中外法学》2015 年第 1 期，第 177 页。

〔4〕 ［日］山口厚：《刑法总论》（第 2 版），付立庆译，中国人民大学出版社 2011 年版，第 101、178 页。

第二节 缓和的违法一元论的疑问

一、缓和的违法一元论的主要观点

缓和的违法一元论的目标在于，对于在刑法之外的法域中被认为是不属于违法的行为，能否定其刑法上的违法性，同时，即便一行为在刑法之外的法域中被认为违法，不可否认，由于刑法上违法性的特殊性（可罚的违法性），该行为仍可能在刑法上并不违法。该见解认为，之所以采纳违法一元论的基本立场，是为了不使向国民提示的行为规范的内容产生混乱，法秩序必须作统一的解释。（也就是，其认为，A 法上评价为违法的行为若刑法上评价为适法的，就违反了法秩序的统一性。但又认为，是否具备了有必要予以处罚的违法性是另外的问题。）[1]

就上述命题②而言，由于"在为了实现一定目的而使用各种法律手段，按照比例原则所使用的各种法律手段合乎目的的场合，……就基本上要排除目的论的考虑，保证比例原则的贯彻落实"，因此对其必须予以否定。一般违法性在所有的法律领域中是统一评价，只要确立了一般意义上的违法性就行。没有一般违法性的话，就没有必要进行是否值得处罚的可罚性判断，单独考虑一般违法性还是有其意义的，一般违法性可以作为说明违法的统一性的机能概念加以把握。[2]

作为缓和的违法一元论重要立论基础的可罚的违法性理论，在违法性判断上具有实质思考意义。就确认犯罪构成与否问题的最后结论而言，行为不是具备违法性就是不具备违法性，并无中间量差概念的可能性，否则便无法形成构成犯罪或不构成犯罪的结论。但是，在形成违法与否的结论之前的诠释过程中，利益侵害的量差有其意义。构成要件的设计不可能顾及极轻微的利益侵害情形，对该情形论以违法，违反了比例原则。至于其应被置于三阶层构成要件中还是被置于违法性中考虑，只是形式不同。[3]此外，对于其他

---

〔1〕 ［日］山口厚：《刑法总论》（第 2 版），付立庆译，中国人民大学出版社 2011 年版，第 176~177 页。

〔2〕 参见［日］曾根威彦：《刑法学基础》，黎宏译，法律出版社 2005 年版，第 215、218~219 页。

〔3〕 参见黄荣坚：《基础刑法学》（第 3 版·上），中国人民大学出版社 2009 年版，第 117~118 页。

法域明文承认的允许的行为，刑法当然不得处罚，否则将与《日本刑法典》第 35 条依照法令行为规定的立法精神相悖。[1]

二、缓和的违法一元论的若干疑问

然而，仔细推敲缓和的违法一元论的立论与主张，发现其存在诸多可疑之处，需要详加辨识。

（一）法秩序整体与统一的目的何在？

缓和的违法一元论承认，不同法域所追求的自主目的之间会存在冲突，各个法域对合法与违法的判断标准不同导致了所谓的"部门法的真空性"。由此，需要构想一个法秩序所追求的整体与统一的目的来"调节"这种多元性的目的追求。这个统一的目的就是所谓的"客观的真理与正义"的道德价值，这种对于统一性目的的追求构成了与法律产生必然关联的理想性面向。[2]

在这里，缓和的违法一元论在应然层面把握法秩序整体与统一的目的，即"客观的真理与正义"这一道德价值。问题是，泛泛而谈所谓凌驾在不同法域之上的道德价值，对个案的处理不会有任何助益。我们不可能脱离规范去追寻一个看不见摸不着的"价值"。脱离实定法将自然法这种作为"法"的法引入，只会导致判断准则的模糊与暧昧。诚如林东茂教授所言，法学无法具备"客观可验证"的特质，法学研究或法律思考的结论，只能做到"互为主观"，终极的、最值得玩味、最契合人心、最经得起分析的这种"究竟的道理"应该有但不可得。[3]从应然的角度讲，法秩序整体与统一的目的应该有，但是基于法学研究的特质，这种目的不可探知。[4]有缓和的违法一元论者主张，作为实定法的宪法是根本法，是一切部门法的终极法源，宪法就是一般规范。[5]可是，宪法条文多为原则性规定，抽象性强，难以据以进行具

---

〔1〕 参见［日］松宫孝明：《刑法总论讲义》（第 4 版补正版），钱叶六译，王昭武审校，中国人民大学出版社 2013 年版，第 80 页。

〔2〕 参见王昭武："法秩序统一性视野下违法判断的相对性"，载《中外法学》2015 年第 1 期，第 177 页。

〔3〕 参见林东茂："法学不是科学"，载《高大法学论丛》2010 年第 1 期，第 7、13 页。

〔4〕 如果已经存在排除法域之间矛盾的处理原则与方式之规定，如特别法优于一般法、上位法优于下位法等，矛盾的化解就无须探寻所谓整体与统一的目的。

〔5〕 参见童伟华："日本刑法中违法性判断的一元论与相对论述评"，载《河北法学》2009 年第 11 期，第 171 页。

体的违法性评价。

　　例如，对于不法原因给付与诈骗罪的情形，许多国家的民法均规定因不法原因给付的，不得请求返还，问题在于这种情况是否也不成立诈骗罪呢？典型案件如行为人以头痛粉冒充毒品予以出卖。对此，日本判例一直肯定成立诈骗罪，理论通说也认为构成诈骗罪。其理论根据是：如果不是受骗，被害人就不会交付财物；被害人所交付的财物本身在交付之前是处于合法财产状态。[1] 从刑法的角度讲，对这种情况处以诈骗罪，不但不会助长不法行为，还会起到抑制作用，对于保护原有的合法财产状态是有利的。相反，如果不处以诈骗罪，不仅不利于预防诈骗犯罪，而且还会给诈骗犯人指明逃避刑事制裁的方向和手段。但是，毕竟在民法上否定了被害人的返还请求权，在给付后便不能认为被害人还有财产损失。如此一来，以诈骗罪论处就有用刑法保护不能评价为财产"损失"的"被害人利益"的嫌疑。按照缓和的违法一元论的立场，刑法应该不处罚行骗人才是。可是，缓和的违法一元论者都认同行为人构成诈骗罪的结论。试问：他们是如何维系所谓法秩序统一的呢？

　　民法上不法原因给付不得请求返还的立法旨意在于：对于不惧怕公法制裁而实施违反行为的人员，通过剥夺私法上的保护而进行有效规制。[2] 诈骗罪肯定说认为，刑法上处罚行骗人，旨在保护给付前既存的合法财产状态，至于给付以后被害人是否可以请求返还，已经不再成为问题。换言之，刑法将"给付"本身作为财产损失，而不是遵从民法规定，对于不能请求返还的不认定为财产损失。那么，这种理解还是缓和的违法一元论吗？在此，法秩序整体与统一的目的为何？对于司法者而言，如何在解释论上坚持以"正义"的思考方式统摄该案中刑法与民法价值取向上的多元与歧异，以"正义"为导向将这些多元目的融合，以期实现个案公正？缓和的违法一元论恐怕不可能作答。到最后，往往以刑法的谦抑性作为所谓的"正义"。可是，并不是防止处不该罚的行为才是"正义"，没有处罚该罚的行为也是一种"不正义"。实际上，刑法理论与实务通说的诈骗罪肯定说正是站在"没有处罚该罚的行为是一种'不正义'"的立场上。因此，法秩序整体与统一的目的还是

---

　　〔1〕　参见［日］西田典之：《日本刑法各论》（第6版），王昭武、刘明祥译，法律出版社2013年版，第155页。

　　〔2〕　参见［日］佐伯仁志、道垣内弘人：《刑法与民法的对话》，于改之、张小宁译，北京大学出版社2012年版，第70页。

要回归到不同法域的固有目的中，否则便只是"空中楼阁"而已。

（二）怎样同时顾及目的的统一性与不同法域目的的独特性？

缓和的违法一元论认为，该理论引入法秩序整体与统一的目的，一方面有助于将各个法域相同或相似的概念放在同一个理论基点上进行审视和评价，在立法、司法、执法和守法的层面形成统一的尺度，有助于法律从整体上对社会生活进行普遍和统一的调控；另一方面，基于社会分化和法律分化的基本要求，对不同法域的独特性有所顾忌，在法秩序的统一性和违法判断的相对性之间找到一个适中的平衡点。[1]

对此种观点，本书抱有如下疑问：其一，"同一个理论基点"所指为何？如果还是指法秩序整体与统一的目的，那就依然存在是否可以探知的问题。其二，不同法域在立法、司法、执法和守法的层面为何要形成统一的尺度？这里的"统一的尺度"是何意思？如果尺度都统一了，还能称为"不同法域"吗？单就这一点而言，似乎就抹杀了公法与私法这种基本的区分。其三，法律怎能从整体上对社会生活进行普遍和统一的调控？对社会生活的调控，一直是各个法域各行其是，不同法域对于同一行为予以调控进而形成责任竞合也是常态现象。"普遍和统一的调控"想必只能由"法秩序整体与统一的目的"进行，如果真的如此，法域分化的意义便将不复存在。其四，"适中的平衡点"是否可得？各个法域基于其固有目的，当然有其目的论上的合理性，这种合理性要么维系、要么放弃，难以达至所谓的"适中的平衡"。

举例来说，一个获得仅具有限制行为能力少年同意的毁损财产行为，民法上要求必须具有完全行为能力才有承诺能力，因此该行为在民法上是违法的，要承担损害赔偿责任。但是，刑法上的承诺能力，按照其实际上的承诺能力认定，因此可能因具有承诺能力而不具有违法性。在这里，不只是一种法律效果的偏离，而是刑法基于自己的目的，完全不认为该行为是刑法上的违法。[2]将上述疑问置入此例，就会发现顾及目的的统一性与不同法域目的的独特性的虚妄性。民法与刑法根据各自固有的目的规定了承诺的成立条件，条件的差异决定了不可能有所谓的"统一的尺度"，对于该毁损财产行为，从

〔1〕 参见王昭武："法秩序统一性视野下违法判断的相对性"，载《中外法学》2015年第1期，第177页。

〔2〕 参见［德］克劳斯·罗克辛：《德国刑法学 总论》（第1卷·犯罪原理的基础构造），王世洲译，法律出版社2005年版，第398页。

来都没有"普遍和统一的调控"，民法与刑法各自该怎样调整就怎样调整。对于不同法域固有的目的取向，也做不到"适中的平衡"。如果真能做到，那就是"逼迫"某一法域放弃其固有的目的，这是与法域分化背道而驰的。缓和的违法一元论认为，因为所谓违法性，就是对于一定的事实由国家进行否定的价值判断，既然国家意思本来只有一个，对于同一事实，不能以法律目的等方面不同为理由，在违法判断上采取相对的立场。[1]可是，在上述毁损财产行为的情形中，国家本来的"一个意思"是什么？是民法上考虑的保护未成年人利益，还是刑法上看重的尊重被害人最大具体利益的追求与自主利益？对比，缓和的违法一元论不可能作出回答，无论其选择其中哪一个，都是在贬抑另一个法域的固有目的，这有违法域分化的初衷。

在很多场合，缓和的违法一元论实际上采取的是"民事违法优先论"，将前置法的违法性等同于一般的违法性。这不是在寻找"适中"的平衡点，而是一种完全倒向前置法的"不平衡"。以紧急避险为例，在日本，缓和的违法一元论的代表学者曾根威彦认为，将由于人的合法行为所产生的危险的避险行为，以及将来自动物的危险转嫁给第三人的行为当作为排除可罚的违法事由的紧急避险。[2]可能受此影响，我国也有学者持相同主张。[3]这种主张将民法意义上的损害赔偿理解成了不法责任，既然在民法上违法，就没有在刑法上正当化的余地了。因此，刑法上至多只能作为不具有可罚的违法性事由。可是，在无辜第三人应当负担的社会连带义务的界限内，紧急避险就是正当的权利行为。[4]通过相互认可在一定范围内的危险转嫁，以减轻也许会降临到自己身上的危险的风险。如果肯定针对紧急避险的正当防卫，就是将刑法上所允许的行为承认为违法行为并通过正当防卫加以阻止，这就导致肯定了刑法上违法评价的矛盾性，是有疑问的。[5]正确的思考方式是，刑法上的紧急

---

〔1〕　童伟华："日本刑法中违法性判断的一元论与相对论述评"，载《河北法学》2009年第11期，第171页。

〔2〕　[日]曾根威彦：《刑法学基础》，黎宏译，法律出版社2005年版，第256页。

〔3〕　参见王昭武："法秩序统一性视野下违法判断的相对性"，载《中外法学》2015年第1期，第188~189页。

〔4〕　参见王钢："紧急避险中无辜第三人的容忍义务及其限度兼论紧急避险的正当化根据"，载《中外法学》2011年第3期，第624页。

〔5〕　参见[日]山口厚：《刑法总论》（第2版），付立庆译，中国人民大学出版社2011年版，第117页。

避险是将最终的利益调整交由事后的金钱解决方式，在危险的被转嫁方事后可以得到损害赔偿的前提之下，才允许转嫁危险。[1]对于民法中损害赔偿的性质，为了与刑法中的合法行为相协调，必须解释为属于基于合法行为的"补偿"。显然，持缓和的违法一元论的部分学者在紧急避险的问题上，将"民法上的损害赔偿→民事违法＝一般的违法性"这一思考置于首要位置，降低了紧急避险作为刑法中正当行为的价值。

（三）一般的违法性概念是否有其存在价值？

在缓和的违法一元论那里，一般违法性是说明违法统一性的机能概念，正是依靠这一概念，才能维系所谓的"违法一元"。违法多元论与违法相对论均不接受一般违法性这一概念。违法多元论认为，只有值得刑事处罚的违法性，才对刑法解释论上的违法性判断具有实质意义，现实中根本不存在与具体规范以及相应法律效果毫无关系的所谓"通用于整体法秩序的一般违法性"，区分正当行为与尚未达到处罚程度的行为只会将犯罪论过于复杂化，造成无益的混乱，因而根本无须作此区分。[2]违法相对论则认为，所谓具有一般的违法性但不具有可罚的违法行为，最终在刑法上还是合法的，不必另外承认可罚的违法阻却事由。[3]那么，一般违法性概念是否具有缓和的违法一元论所宣称的存在价值？

（1）一般违法性概念与违法的基本原理相悖。作为违法对象的"法"，只能是具体规范，如果脱离具体规范讲法，那就不可能是法治。同时，作为违法后果的法律责任也是奠基于具体规范的，所谓民事责任、行政责任、刑事责任即是。一般违法性没有对应的具体规范，事实上也不存在"一般的法律责任"。按照缓和的违法一元论所说，一般违法性违反的是整体法秩序，可是所谓整体法秩序只是一种正义理念，没有实定法意义，把违反一种理念说成是违法，恐怕太过牵强。

（2）一般违法性概念存在难以克服的逻辑悖论。缓和的违法一元论主张，当行为在某一法律领域中因为违反具体的法规范而被判定为违法的时候，马

〔1〕参见［日］松宫孝明：《刑法总论讲义》（第4版补正版），钱叶六译，王昭武审校，中国人民大学出版社2013年版，第116页。

〔2〕参见［日］前田雅英：《可罚的違法性論の研究》，東京大学出版会1982年版，第92、299页。

〔3〕参见［日］山口厚：《刑法总论》（第2版），付立庆译，中国人民大学出版社2011年版，第177页。

上可以说其在作为其上位概念的全体法秩序范围内违反了一般规范，被评价为一般违法，同时该行为在其他法律领域当中也是被作为违法行为对待的。[1]在此，一般违法性是被作为违反某一法域具体规范来把握的。可是，一般违法性是用以说明违法统一性的，它应当是违反整体法秩序的。因此，值得质疑的是，为何违反某一具体规范时，"马上"可以说其在作为其上位概念的全体法秩序范围内违反了一般规范？要认证其违反了全体法秩序范围内的一般规范，难道不用考察其他法域违法性的情况后"再定"？为何已被违反的这个具体规范就有优先性？一方面，缓和的违法一元论强调一般违法性具有维系违法统一性的机能，是违反整体法秩序的；另一方面，通过某一具体规范的违反就肯定了一般违法性，这是否意味着该具体规范体现了整体法秩序？果真如此，还需要借助"法秩序的整体与统一的目的"来调节不同法域多元的目的追求吗？

（3）一般违法性概念忽视了不同法域利益衡量的差异。缓和的违法一元论之所以主张在某一法域违法马上就可以说在全体法秩序内违反了一般规范，是因为在其看来，不同法域在违法性判断时都是判断是否发生了侵害、威胁法益的危险和是否保全了优越利益就足够了，这种利益衡量在所有的法域都是统一评价的。[2]可是，这一论断忽视了一个重要事实：不同法域固有目的的不同决定了其利益衡量的标准、方法等必然存在差异。以上文获得仅具有限制行为能力少年同意的毁损财产行为为例，"毁损财产"就是所谓"侵害、威胁法益的危险"，但是，仍需考虑是否保全了优越利益。民法基于其保护未成年人利益的立场，关注的是被害人属于限制行为能力人这一事实，不去考虑其实际行为能力；刑法立足于尊重被害人最大具体利益的追求与其自主利益，看重的是被害人的实际行为能力。这样，两个法域利益衡量的标准不一、结果相异，出现了刑法肯认行为的正当性而民法却认为违法的局面。在此，从民法中得出的所谓具有一般违法性的结论对于刑法而言不具有必须遵从性，这是不同法域利益衡量差异化的必然结果。

（4）一般违法性概念易使国民陷入决断混乱。按照缓和的违法一元论所说，宣示因不具有可罚的违法性而不构成犯罪的行为具有一般违法性，可以更为精确地确定行为性质，可以向国民清晰地传达法律的态度，发挥法律的

---

〔1〕　[日] 曾根威彦：《刑法学基础》，黎宏译，法律出版社2005年版，第219页。

〔2〕　[日] 曾根威彦：《刑法学基础》，黎宏译，法律出版社2005年版，第218页。

晓谕机能。即使不构成犯罪，但如果不为整体法秩序所允许，仍然是受到否定评价的，可以被称为正当防卫的对象。[1]区分正当化事由与阻却可罚的违法性事由，能够突出正当化事由所具有的作为行使正当权利的方面，避免将其与阻却可罚的违法性事由混在一起只是说"不可罚"，这会使得该方面的特质虚化。[2]这种"精细化"区分就缓和的违法一元论而言是必要的，问题是，规范既是行为规范又是裁判规范，这种区分对裁判者可能具有实益，可作为规范国民行动的准则，但是这样的区分反而会使国民失去判断力。现实当中的人根本不可能根据"一般的违法性+可罚的违法性=刑法违法性"来决断自己的行为，他们也不可能理解什么是一般违法性和可罚的违法性，充其量只是根据其对刑法规范的理解，对可能符合犯罪构成行为的实施抱着特别审慎的态度，所谓构成要件的诉求作用就是如此。对于他们来说，面对那种在民法上规定了损害赔偿责任，同时刑法上阻却了违法性的行为，都会考虑是因为存在损害赔偿而作罢还是因为不被处以刑罚就接着干。此时，对其说"该行为具有一般的违法性，但不具有可罚的违法性"根本就没有什么实质意义。[3]对于阻却可罚的违法性的行为而言：一方面，因存在一般违法性而在刑法上也是违法的；另一方面，因不具有可罚性而阻却了刑法上的违法性。那是否意味着该行为在刑法上被禁止的同时又被允许了呢？人们可能会提出这样的疑问。这样不但不能向国民清晰地传达法律的态度，反而会使法律的晓谕机能发挥的效果适得其反。

（四）是否需要进行"一般的违法性+可罚的违法性"的二重判断？

缓和的违法一元论与违法相对论、违法多元论之间的对立集中体现在是否承认一般违法性概念，进而是否采用"一般违法性+可罚的违法性"这种二重判断结构上。在缓和的违法一元论看来，一般违法性在所有法域中是统一评价的，没有一般违法性，就没有必要进行是否值得处罚的可罚性判断，单独考虑一般违法性有其意义。在某一法域违法，就可以认为其在全体法秩序范围内违反了一般规范，被评价为一般违法，该行为在其他法域也还是被作

---

〔1〕 参见王昭武："法秩序统一性视野下违法判断的相对性"，载《中外法学》2015 年第 1 期，第 182 页。

〔2〕 参见［日］曾根威彦：《刑法学基础》，黎宏译，法律出版社 2005 年版，第 220 页。

〔3〕 参见［日］山口厚：《刑法总论》（第 2 版），付立庆译，中国人民大学出版社 2011 年版，第 177 页。

为违法行为对待的，一般的违法性是说明违法的统一性的机能概念。这样，刑法中阻却违法的事由也可以被区分为正当化事由与阻却可罚的违法性事由，对于后者是可以进行正当防卫的。[1]

构成要件符合性是违法性的存在根据，而非纯粹的法律形式。构成要件所描述的事实不是价值中立的事实。对构成要件符合性的判断，是一种对价值关系的事实判断，或者说既是事实判断又是价值判断，既是形式判断又是实质判断。[2]构成要件作为违法类型，符合构成要件一般具有违法性，除非具有正当化事由，故而在违法性阶层仅作消极的例外判断。可罚的违法性理论导致从构成要件符合性中不能够推导出实质的违法性，而必须再进行积极的可罚的违法性判断，这就消解了构成要件作为违法类型的意义，也将构成要件形式化了。"生活利益并非不容许侵害，而是不容许过分的侵害。所以犯罪的实质意义应该是过分侵害他人生活利益或是过分干扰社会的行为，而不是行为一有侵害他人利益就具有犯罪的性质。过分与否，要参酌侵害行为的必要性和相对利益的大小来决定。"[3]刑法的目的就在于维护最低限度利益总量的衡平。即便是对构成要件符合性的判断，也已经暗含了对利益衡平的考量。即使是在通常我们说的有些国家"只定性不定量"的构成要件中，也要用量化的视角对构成要件的质进行判断。我国学者所说的所谓"罪量"，正是这种量化的构成要件的"质"。作为类型的构成要件拥有其预设的量域，而个案的不法含量总是在这个量域内浮动。[4]

对于可罚的违法性理论中的两种"轻微的违法性"而言，绝对轻微型本来就是因为结果的轻微性而否定了构成要件的符合性，没有在构成要件符合性之外进行判断的余地。相对轻微型中侵害法益已经超过了保全法益，在超法规的情况下，要认定为违法阻却相当困难，或者说，需要极为慎重。就超法规的违法性阻却事由，以违法性轻微为由而否定犯罪成立，日本判例体现出了很消极的态度。[5]在我国，构成要件定性又定量，刑法中基本构成要件

---

〔1〕　参见［日］曾根威彦：《刑法学基础》，黎宏译，法律出版社 2005 年版，第 218~220 页。

〔2〕　参见张明楷：《刑法学》（第 5 版·上），法律出版社 2016 年版，第 127、130 页。

〔3〕　黄荣坚：《刑法问题与利益思考》，中国人民大学出版社 2009 年版，第 101~102 页。

〔4〕　参见王莹："情节犯之情节的犯罪论体系性定位"，载《法学研究》2012 年第 3 期，第 133、135 页。

〔5〕　这也说明，在违法性阶段进行积极的可罚性判断有违三阶层体系的旨意。

中的"情节严重""数额较大"等规定是对行为是否构成犯罪提出的可罚性要求，是一种规范的评价。行为如果达不到这种不法的量的要求，也就不可能具有刑事违法性。因此，无论是日本可罚的违法性理论中的绝对轻微型还是相对轻微型，都是在构成要件不法的量的要求下进行判断。没有所谓的先认定其符合构成要件，因而具有一般的违法性，进而再行判断是否具有可罚的违法性的余地。只要达不到构成要件不法的量的要求，就不具有刑事违法性，至于其是否具有民事、行政违法性，则是另外的事情。只要其具有民事、行政违法性，就有认定为"不法侵害"的可能，当然可以对其实施正当防卫。没有将其认定为阻却可罚的违法性但具有一般的违法性，进而主张有对其实施正当防卫的必要。

目前我国理论界有一种颇为流行的观点，即认为《刑法》第13条但书规定就是可罚的违法性理念的体现，甚至可以说是该理念的法律化，符合但书规定就属于可罚的违法阻却事由。[1]对于但书规定是可罚的违法性理念的体现，本书不持异议，因为可罚的违法性理念与实质的违法性是相通的，在立法论与解释论上都具有其意义。但是，不可轻易说但书的设置就是将可罚的违法性理念法律化，符合但书规定的就属于可罚的违法阻却事由。这会导致实践中出现如下两种错误做法：一是行为已符合犯罪成立条件，原本成立犯罪，却直接根据但书宣告无罪，如将实施积极安乐死的行为宣告无罪；二是对犯罪成立条件作形式主义的理解，将不值得处罚的行为包含在内，再引用《刑法》第13条但书宣告无罪，如将邮政工作人员私拆一封并无重要内容的信件、并未造成严重后果的行为解释为符合《刑法》第253条规定的犯罪成立条件，进而主张直接引用《刑法》第13条但书宣告无罪。[2]

在我国，缓和的违法一元论者实际上是将《刑法》第13条但书作为独立的消极成立要件看待，选择了一种"形式判断+但书适用"两步走的路径，"形式判断"即是所谓一般违法性的判断。例如，有学者主张，扒窃1.5元钱的行为属于行政违法，但尚不具有作为刑事罚对象的不法内容，而是符合《刑法》第13条但书规定，应阻却可罚的违法性，不能直接入罪。要界分属

〔1〕 参见王昭武："法秩序统一性视野下违法判断的相对性"，载《中外法学》2015年第1期，第187页。

〔2〕 参见张明楷：《刑法学》（第5版·上），法律出版社2016年版，第91页。

于刑事罚对象的扒窃行为与行政罚对象的扒窃行为，就应以《刑法》第 13 条但书作为法律根据。[1]可是，本就不应认为刑法对扒窃的规定中包含了不值得科处刑罚的一切扒窃行为，而只能将值得科处刑罚的扒窃行为解释为符合刑法规定的构成要件的行为。与先对构成要件进行形式的解释，然后在构成要件之外寻求违法性的做法相比，对构成要件进行实质的解释要好得多。[2]

司法实务中也不可能采取"一般违法性+可罚的违法性"的二重判断。对于是否成立犯罪的判断，司法者只可能忠实于刑法规定以及由该规定所导出的犯罪构成，按照"客观→主观"的顺序考察每一要件，该行为是否为整体法秩序所允许，可能在判断正当化事由等问题时有所顾及，但绝对不是一般化的考虑对象。行为符合犯罪构成就成立犯罪，也就意味着具有刑事违法性，"一般违法性+可罚的违法性＝刑事违法性"的二重判断结构对于司法者而言是难以遵循的。

综上，缓和的违法一元论不能阐明法秩序整体与统一的目的何在，难以同时顾及目的的统一性与不同法域目的的独特性，一般违法性概念的实质价值并不存在，在理论与实务中都无须也不会采取"一般违法性+可罚的违法性＝刑事违法性"的二重判断，因而并不可取。

第三节　违法相对论的提倡

一、概说

缓和的违法一元论虽然主张违法性在法秩序的整体当中是统一的，但又认为其发现形式中具有不同类别和轻重阶段，承认各个法域固有目的不同所导致的违法性的质与量也有差别，这实际上也认可了违法的相对性。另外，不用说违法相对论，即使是违法多元论，也认为违法性判断在整体法秩序下应当尽量没有冲突，应回避不同法域之间违法评价的矛盾。在此限度内，可以说，其也考虑到了违法统一性的立场。[3]对于民法、行政法等法域中合法

---

〔1〕　参见王昭武："法秩序统一性视野下违法判断的相对性"，载《中外法学》2015 年第 1 期，第 187 页。

〔2〕　参见张明楷：《刑法学》（第 5 版·上），法律出版社 2016 年版，第 129 页。

〔3〕　参见［日］曾根威彦：《刑法学基础》，黎宏译，法律出版社 2005 年版，第 214 页。

的行为，违法多元论认为在刑法中并不必然合法，这一矛盾从刑法谦抑性的角度看，是无论如何都不能允许的。就此而言，违法多元论有失妥当。

从对违法性判断理念之间的对立所提出的两个命题的回答来看，缓和的违法一元论与违法相对论是相同的，恐怕正是因为这一点，缓和的违法一元论并未真正展开对违法相对论的批判，而是将矛头完全对准了违法多元论，甚至在理论基础上将违法相对论与自己同视。如有学者指出，从法哲学的视角来看，缓和的违法一元论与违法相对论的理论基础最为合理。一方面，从理念、价值和目的的视角坚持法秩序的统一性；另一方面，又对不同法域的独特性有所顾忌，努力寻求法秩序统一性和违法判断的相对性之间的平衡点。[1]至于是否承认一般的违法性概念，是否采取"一般的违法性+可罚的违法性=刑事违法性"的二重判断结构，这种对立对于最终的判断结论并无影响，似乎并非二说实质上的对立。在此，缓和的违法一元论有"拉拢"违法相对论，"孤立"违法多元论的嫌疑。但是，在违法相对论的代表学者山口厚教授看来，平野龙一与前田雅英都是持基于违法多元论而肯定违法相对性的见解，并没有将二人划为不同阵营，除了不赞成刑法处罚在其他法域被允许的行为外，他直接采纳了违法相对论。[2]由此，与缓和的违法一元论不同的是，违法相对论并未集中评判违法多元论，反而认为其与违法多元论具有亲和性。本书也认为，违法相对论在理论基础上与违法多元论具有共通性，在论理的基本面上一致，而不是与缓和的违法一元论"同宗"。只要不承认一般的违法性这一贯通不同法域的所谓违法性的共同的"质"，违法相对论就不可能与缓和的违法一元论在同一阵营。同时，只要秉持目的和手段之间的矛盾中需要排除的应限于无论是谁都不得不否定的明显的矛盾，即手段与目的恰好相反的事项，或者是目的和手段之间存在明显违反比例原则的情况下的矛盾，违法相对论与违法多元论就没有实质区别。

二、违法相对论的证立

（1）不同法域间"目的-内容"的差异决定了违法的相对性。各个法域

---

〔1〕 参见王昭武："法秩序统一性视野下违法判断的相对性"，载《中外法学》2015年第1期，第177页。

〔2〕 参见［日］山口厚：《刑法总论》（第2版），付立庆译，中国人民大学出版社2011年版，第176～177页。

基于其固有的目的，而产生不同的法律效果；目的不同，违法性的内容便不同。刑法的任务与目的是保护最低限度的利益衡平，[1]因此刑法只能将违反这一目的的事态作为禁止对象，同时顾及过度介入可能对国民自由的侵害。刑法规定的构成要件，都是对违反保护利益目的事态所作的记述或者描述。既然如此，刑法上的违法性便与其他法律上的违法性存在区别。[2]民事责任的内容是"调整"，刑事责任的内容是"非难"，民事责任以发生损害为基础，刑事责任以违法行为为基础。这种差异造成了民法立足于平均的正义，刑法立足于分配的正义这一结果。[3]以殴打他人造成轻伤为例。民法评价的是伤害行为事实及其导致的他人身体受到轻伤的损害结果事实，刑法评价的是同一伤害行为事实和损害结果所表现出来的危害社会的事实效果。民法选择的是伤害行为与个体损害的事实进行评价，结论是民事违法；刑法选择的是伤害行为与社会危害的事实进行了评价，结论是刑事犯罪。民法上评价为损害他人健康的侵权行为与刑法上评价为危害大众健康的犯罪行为，两种评价基于两种法域独立存在，彼此不以对方为评价前提。"相同的行为事实，因与不同的效果事实结合并经过不同意义的评价，便成为性质不同的行为事实。"[4]因此，就民事违法性与刑事违法性来说，在法域竞合即构成要件该当行为属于民事违法的情况下，在违法性的"质"上也是不同的。

以轰动一时的"帅某骗保案"为例。既然帅某是在超过2年除斥期间后提出索赔，按照《保险法》的规定，保险公司合同解除权已消灭，应当承担赔偿或者给付保险金的责任。就此而言，不管此时帅某是否继续隐瞒事实索赔，保险合同依然有效，保险公司应当承担相应的赔付责任。《保险法》设置除斥期间的目的是均衡保险人与投保人之间的风险分配，防止保险人利用优势地位任意解除合同。同时，如果保险人怠于查验投保真实性，超过一定时限便不能解除合同，这对保险人而言同样也是一种风险提示。但是，这种风险分配、均衡保险人与投保人利益的立法目的并不一定能左右刑法对诈骗罪

---

[1] 参见黄荣坚：《基础刑法学》（第3版·上），中国人民大学出版社2009年版，第27页。

[2] 参见张明楷：《诈骗罪与金融诈骗罪研究》，清华大学出版社2006年版，第218~219页。

[3] 参见［日］高桥则夫：《规范论和刑法解释论》，戴波、李世阳译，中国人民大学出版社2011年版，第20页。

[4] 参见夏勇："刑法与民法——截然不同的法律类型"，载《法治研究》2013年第10期，第35页。

成立的判断。在"帅某骗保案"中，即便经过 2 年除斥期间，帅某仍然是在继续隐瞒事实的情况下索赔的，保险公司也是在基于错误认识的基础上赔付的，这一因果关系并未中断，这一"赔付"对于保险公司而言当然也是一种财产损失。至于保险人怠于查验投保真实性导致除斥期间经过后无法解除合同的后果，这只是保险法加之于保险人的不利益，刑法并未对受骗人提出"不能怠于行使查验权"的要求，即刑法并未提出受骗人在合同成立后、履行前主动"勤于"核实事实真相的义务。因此，除斥期间的经过只是意味着《保险法》上的合同有效、保险人应当赔付，但不能否定投保人在刑法上实施欺骗行为导致保险人财产损失构成诈骗罪的性质。或许有人会质疑：投保人一方面基于合同的有效性能获得赔付，另一方面因为构成诈骗罪要返还犯罪所得，这不是"竹篮打水一场空"吗？这种局面的出现，并非法律评价上的矛盾。能获得赔付只是表明合同有效，并不意味着对其欺骗行为进行了合法性评价，构成诈骗罪返还犯罪所得正是对其行为违法性的肯定，二者之间并无矛盾。

（2）违法相对论的思考方式与法秩序统一性的真义相契合。所谓的法秩序统一性，并不是各个法域形式上的一致或逻辑学上演绎的一致，而应该是评价上、实质上一致性的要求。[1]不同法域各自有其本质上固有的目的，不同法域的解释学原则上作为具有目的论意义的解释学，为了实现其固有的目的的构造，应具有合目的性。[2]就在规范等级上具有相同位阶的两个法域来说，不可能进行目的的序列化，否则法秩序的统一性就将沦为被恣意支配的一种体系，没有哪个法域的哪一种违法内涵是被绝对优先考量或判断的。此时，消解矛盾只能通过对具体规范本身进行合目的性的衡量与历史解释。[3]这正是违法相对论的思考方式。

以不法原因给付与侵占罪为例。民法中不法原因给付制度的旨意在于一般预防，即通过交易风险的增高而积极形成自动遵守强制规定或公序良俗的

---

〔1〕 参见［德］卡尔·拉伦茨：《法学方法论》，陈爱娥译，商务印书馆 2003 年版，第 46 页。

〔2〕 参见郑泽善："法秩序的统一性与违法的相对性"，载《甘肃政法学院学报》2011 年第 4 期，第 62 页。

〔3〕 参见［德］英格博格·普珀：《法学思维小学堂：法律人的 6 堂思维训练课》，蔡圣伟译，北京大学出版社 2011 年版，第 58 页。历史解释要回溯到立法者的意思，但是这样的意思在很多情况下难以被探知。因此，合目的性的衡量或者说客观的目的论解释就成了消解规范矛盾的主要处理方式。

诱因，使得给付人权衡利弊，不再投入到不法活动中去。但是，这只是民法中不当得利制度的效果，并不能直接援用于刑法中的犯罪认定。基于朴素的正义观，刑法不可能保护将财产主动投入不法活动的给付人，否则就是对不法活动的"助推"。因此，当给付人基于不法原因给付后，不但在民法上不得请求返还，而且在刑法上也不能主张对方构成侵占罪而请求返还所给付的财产。从这种"一般预防"的目的来看，民法与刑法具有一致性。"透过不法之利得，必须被排除"，这是主体法规范秩序的共同立场。民法因此有不当得利及不法原因给付制度，而没收得利即是刑法上的不当得利制度，与民法的规范目的及基本立场一致。即便受领人的不法性相对严重，给付人依然存在不法性，只要给付人存在不法性，就有一般预防的必要，而不是受领人的不法性相对严重时对给付人没有一般预防的必要。但是，两种不当得利制度仍有差异，如民法上的不当得利不以故意或过失为必要，刑法上的利得没收必以存在故意或过失的刑事不法为前提。更为明显的是，民法不法原因给付制度只否定给付者的返还请求权，但刑法利得没收制度不但否定不法给付者的优先返还权，还进一步以公权力直接剥夺受领人的不法利得。据此，给付者与受领者双方皆需承担不法原因给付的经济风险，以达彻底消除出于经济或财产动机之犯罪的诱因，这正是不法原因给付及利得没收制度之一般预防作用的体现。[1]

需要强调的是，即便刑法与民法在不当得利上的规范目的与基本立场一致，但这并不意味着民法上的不当得利制度对刑法而言具有"优位性"，刑法仍然要从自身的目的出发，立足于给付人的财产是否值得保护来考虑受领人是否成立侵占罪。因此，刑法上的利得没收制度才是判定犯罪与否的基础。从不法原因给付者依照民法不得请求返还，还不能直接得出受领者可合法保有不法利得的结论，更不能推论受领者相关的刑事罪责。所谓的整体法秩序，是由各个法域的规范秩序共同构建的，没有目的的序列化。当不同法域的规范目的及基本立场一致时，仍然要基于各自法域的规范判断各自的违法性；如果不同法域的规范目的及基本立场不同，更要对具体规范本身进行合目的性的衡量，以尽可能消解矛盾。

---

　　[1]　参见林钰雄："法律保护'黑吃黑'吗？——从不法原因给付论民、刑法律效果之交错适用"，载刘艳红主编：《财产犯研究》，东南大学出版社2017年版，第513页。

以双重让与为例。甲将不动产卖给乙后，在所有权转移登记于乙的程序尚未结束时，又将该动产卖给丙，并且先完成了对丙的移转登记程序而由丙取得所有权。刑法中的"占有"既包括事实上的支配，也包括法律上的支配。即便该不动产已经交付给乙，但甲是不动产登记名义人，在法律上仍然具有支配力。同时，根据买卖合同，甲对乙当然负有协助转移登记的义务，所以甲对不动产的占有是基于与乙的委托信任关系而存在的，而且在乙支付价款甚至实际控制该不动产后，其已取得不动产的所有权，如果甲又将该不动产随意出卖给丙，当然成立侵占罪。这在学说上几乎不存争议。问题在于，认为乙已经取得不动产所有权的刑法学说是否遵循了民法关于不动产所有权转移时点的认定？在我国，《民法典》第209条第1款明确规定："不动产物权的设立、变更、转让和消灭，经依法登记，发生效力；未经登记，不发生效力，但是法律另有规定的除外。"据此，该不动产并未转移登记于乙名下，乙就没有取得所有权，保护乙的所有权从何说起？在日本，刑法理论上将"支付价款"作为一元的基准，即站在"买主应受到何种程度的保护"的立场上。民法则做法不一，既有重视登记的立法例，也有将交付、登记、支付价款三者并列为所有权转移时点的。这样一种形式上看似矛盾的局面却具有实质上的合理性。已经支付价款的买主虽可以向卖主提出损害赔偿请求，但在多数情况下卖主没有资力，实际上难以实现价款返还请求权，如果买主又转卖给他人或者在该土地上又建造建筑物，则会产生价款以外的更大损失。侵占罪的立法旨趣决定了刑法在双重让与问题上采取了以支付价款作为所有权转移的时点的做法，对违法性进行了可能与民法不同的"相对"判断。

（3）违法相对论有利于摒弃刑法从属性观念。刑法从属性观念认为，刑法是具有补充性、第二次性和制裁性等性质的法律。刑罚是以违法行为中的重大者为目标，如果完全可以用其他较轻微的法律来制裁的场合，就不允许科以刑罚。[1]这种从属性观念得出了两个结论：一是刑法的补充性，即当某种利益完全可以由其他法律保护时，就不得运用刑法进行保护；二是刑法只能保护其他法律保护的利益，如果某种利益不受其他法律保护，刑法也不得

---

〔1〕 参见［日］泷川幸辰：《犯罪论序说》，王泰译，法律出版社2005年版，第2页。

进行保护。[1]在我国，有学者主张刑事违法性的判断应实质性地从属于民事违法性，前者要与后者保持一致、平行，[2]刑法属于"第二次违法规范形式"。[3]

缓和的违法一元论通过设置一般的违法性概念明确了刑法上的违法性从属于其他法域的违法性的内在关系，因为一般违法性不存在就能排除刑事违法性，一般违法性是刑事违法性的必要条件而非充分条件。违法多元论当然不承认这种从属关系，这从其可以将其他法域的合法行为也认定为刑法上的违法行为这一点就能看出。违法相对论认为，某行为在其他法域被禁止这一点，即便能够奠定在该法域被制裁的基础，在判断刑法上违法性阻却时也是没有意义的。[4]可见，违法相对论也不认同这种从属性。坚持违法相对论有利于重新审视刑法从属性观念，维持刑法自己的独立性格。

刑法从属性观念高举"刑法谦抑性与补充性"的旗号，颇能引起共鸣。刑法的补充性固然应当坚守，即当某种利益完全可以由其他法律保护时，就不得运用刑法进行保护。但是，"如果某种利益不受其他法律保护，刑法也不得进行保护"这一结论存在疑问。[5]例如，违禁品是法律禁止任何人所有、持有的物，不能说成为民法上所有权的对象，但是，刑法上的解释是，刑法所规定的没收制度、第三者没收制度就是以违禁品能成为所有权的对象物这一点为前提的，对物的持有这一事实状态本身就是保护法益。[6]刑法重视的是"没收违禁品需要通过法律程序"，占有人具有占有利益，因此将违禁品作为刑法上的财物保护。这些都体现了刑法的独立性思想。需要指出的是，刑

〔1〕　张明楷：《诈骗罪与金融诈骗罪研究》，清华大学出版社 2006 年版，第 218 页。

〔2〕　参见时延安："论刑事违法性判断与民事不法判断的关系"，载《法学杂志》2010 年第 1 期，第 94 页。

〔3〕　参见杨兴培："刑民交叉案件中'先刑观念'的反思与批评"，载《法治研究》2014 年第 9 期，第 69 页。

〔4〕　参见 [日] 山口厚：《刑法总论》（第 2 版），付立庆译，中国人民大学出版社 2011 年版，第 178 页。

〔5〕　有主张缓和的违法一元论者在违法性判断学说对立的两个命题基础上增加了一个命题，即"对于民法或行政法不予保护的利益，可否认定侵害该利益的构成要件该当行为具有刑事违法性"。参见王昭武："法秩序统一性视野下违法判断的相对性"，载《中外法学》2015 年第 1 期，第 171 页。现在看来，能否这样设问，"不予保护的利益"如何解释，恐怕都值得拷问。

〔6〕　参见 [日] 西田典之：《日本刑法各论》（第 6 版），王昭武、刘明祥译，法律出版社 2013 年版，第 140 页。

法的从属性观念不能得到普遍承认，这也是经济的财产说在德国得以占优势的一个重要原因。

刑法从属性观念也极易形式地理解其他法域的规定，进而宽泛地解释"其他法域不予保护的利益"，导致刑法没有处罚该罚的行为这种"刑法不作为"局面。例如，有学者认为，只要夫妻关系仍在延续或者离婚判决尚未生效，就仍属于《婚姻法》上的合法夫妻，而《婚姻法》对夫妻拥有同居的权利与义务已作了隐性规定，尽管手段行为是"强"，但没有作为强奸罪之核心内容的"奸"，因而对于夫妻之间的强行性行为，就不能直接认定具有强奸罪的违法性。[1]问题是，将婚内强行性行为作为民法上的合法行为看待，将配偶一方相对另一方性的自主权作为民法不予保护的利益看待，是否有足够的民法规范支撑？换言之，"同居的权利与义务"是怎样导出"强行性行为的权利"的？这是需要主张从属性的学者回答的。不能说有婚姻关系就有概括的性行为的同意。由此出发，积极保护配偶一方性的自主权，这样的认识应该更为妥当。[2]

在交通肇事罪刑事责任认定上，实务上也不乏刑法从属性观念的体现。2014年7月15日22时许，管某驾驶四轮拖拉机（无证驾驶、拖拉机安全设施不全）遭李某驾驶的二轮摩托车追尾，李某当场死亡，摩托车三位乘坐人中一人重伤，一人轻伤，一人经抢救无效死亡。事故发生后，管某逃离现场。经鉴定，摩托车驾驶员李某血液中乙醇含量为148.782mg/ml。经县交管大队认定，管某负事故的主要责任，李某负事故的次要责任，三位摩托车乘坐人员无责任。县人民检察院向县人民法院提起公诉，指控管某犯交通肇事罪。[3]管某因无证驾驶、拖拉机安全设施不全和事故后逃逸，其行为当然已具备行政违法性。《道路交通安全法实施条例》第92条第1款规定："发生交通事故后当事人逃逸的，逃逸的当事人承担全部责任。但是，有证据证明对方当事人也有过错的，可以减轻责任。"据此，县交管大队认定管某负事故的主要责

---

〔1〕 王昭武："法秩序统一性视野下违法判断的相对性"，载《中外法学》2015年第1期，第184~185页。

〔2〕 法政策上承认"婚内强奸"是否符合我国当下的社会状况、是否会冲击家庭伦理、是否会危及特殊正当防卫的设立宗旨等问题，都不能改变刑法教义学上保护配偶性的自主权的必要性。

〔3〕 参见张乃军："交通肇事中行政管理责任与刑法责任之区分"，《人民法院报》2016年11月24日。

任，县人民检察院又根据死亡 2 人、重伤 1 人的后果，认定管某犯交通肇事罪。但是，县交管大队认定的"主要责任"只是行政责任，不能直接等同于交通肇事罪中的"主要责任"，行政法相关条款的目的与交通肇事罪的条款并不相同。正是刑法的从属性观念导致了这种以行政违法性直接推导出刑事违法性的适用错误。

（4）违法相对论有助于妥当处理刑法与其他法域的实体与程序关系。缓和的违法一元论所认可的刑法从属性观念在处理刑法与其他法域（尤其是与民法）的关系时往往会主张：作为解决刑事责任的前提，应该首先就民事上的权利关系作出明确判断，在程序上也应等待民事诉讼给出民事上的结论。

以财产罪法益来说，日本判例对此变化很大，第二次世界大战前大审院明确采取本权说，但在第二次世界大战前的经济混乱期，最高裁判所则演变为支持占有说，即站在维持财产秩序的立场，只是例外肯定存在违法阻却。其背后隐藏的政策性考虑是，对于如何判断民事上的权利关系，刑事判决原则上予以回避。这一点体现在了一起有关损坏建筑物罪案件中，对于建筑物"他人性"的判断，最高裁判所认为"并不需要他人的所有权达到在将来可能进行的民事诉讼中并无被否定的可能性这种程度"。[1]与判例态度相适应，有学者主张即使无法确认被害人是否存在诸如清算利益、同时履行抗辩权等利益，如果能认定其占有似乎存在合理理由，就仍应留待民事诉讼来解决，在此意义上也应肯定存在值得刑法保护的利益。对于上述最高裁判所的意见，除非被告人主张的因受欺骗可以撤销合同这一点一目了然，否则就应加以肯定。[2]这显然否定了应该首先就民事上的权利关系进行明确判断的做法。

民事诉讼中被确定的内容与民事实体关系并不总是正确对应，这是民法学者、民诉法学者与法官的共识。先行确定的民事判决的既判力不能拘束刑事裁判，因为刑事裁判中成为问题的民事实体关系的判断是该刑事裁判所的判决，而非民事裁判所的判决。[3]这意味着，刑事裁判应基于刑法自身对民事实体关系的理解来作出，而不是从属于民事诉讼的结果。在违法相对论那

〔1〕　最决昭和 61·7·18 刑集 40 卷 5 号，第 438 页。

〔2〕　参见［日］西田典之：《日本刑法各论》（第 6 版），王昭武、刘明祥译，法律出版社 2013年版，第 157、299 页。

〔3〕　参见［日］佐伯仁志、道垣内弘人：《刑法与民法的对话》，于改之、张小宁译，北京大学出版社 2012 年版，第 171~172 页。

里，刑事违法性的判断也是由刑法自身的目的性考量出发，同时顾及民法的相关规定，不断检验自身的目的性设定。这样一种思考方式与"刑事裁判的基础是民事实体关系而非民事诉讼结果"相得益彰。

同时，既然民事诉讼并不能左右刑事裁判，就应以"刑民并行"为处理刑民程序冲突的基本原则，当民事诉讼的审理需以另一刑事案件的审理结果为依据、刑事诉讼的审理需以另一民事案件的审理结果为依据时，以"先刑后民""先民后刑"为例外。[1]不管现行作出民事判决还是刑事判决，都应适用既判力理论来解决。典型的刑民交叉案件是基于同一法律事实而形成不同法律属性判断，这两个领域法律调整的对象和视角是不同的。例如，对于借款人以欺诈方式取得贷款的，民事诉讼解决的是归还贷款本息的民事责任问题，刑事诉讼解决的是借款人是否构成贷款诈骗罪以及承担怎样的刑事责任问题，保护的法益价值不同，裁判效力范围不同。最为典型的是，不得以刑事判决撤销因受欺诈而签订的合同。按照《民法典》第 148 条的规定："一方以欺诈手段，使对方在违背真实意思的情况下实施的民事法律行为，受欺诈方有权请求人民法院或者仲裁机构予以撤销。"这是一种最大限度保护受害人权益的规定。因此，即便刑事诉讼判定借款人构成贷款诈骗罪，只要贷款人不予撤销，借款人就得继续履行合同。

综上，不同法域间"目的-内容"的差异决定了违法的相对性，刑法依其目的性考量有独立的违法性判断空间，是相对于其他法域进行违法性判断的；由自身法域具体规范的固有目的出发，参酌其他法域的相关规定，对规范目的进行批判性考察，这种思考方式与法秩序统一性要求相契合；违法相对论有利于摒弃刑法从属性观念，树立刑法独立的性格；也有助于妥当处理刑法与其他法域的实体与程序关系。因此，违法相对论值得提倡。

第四节 违法相对论的解释论展开

在不同法域违法性判断的关系上所持的立场，还直接影响到了司法实践中诸多问题的解决。受篇幅所限，这里择取违法性认识的对象、法概念的相

---

〔1〕 参见王林清、刘高："民刑交叉中合同效力的认定及诉讼程序的构建——以最高人民法院相关司法解释为视角"，载《法学家》2015 年第 2 期，第 87~90 页。

对化、权利行使与财产犯罪等代表性问题，对违法相对论的适用展开论述。

一、违法性认识的对象

违法性认识，是指认识到自己的行为是违法的。成立犯罪是否需要违法性认识、违法性认识在犯罪论中处于何种地位是存在争议的。要明确成立犯罪是否需要违法性认识，首先必须明确违法性认识的对象，也就是"违法性"的含义。对此，刑法理论存在"前法律规范违反的认识""在法律上不被允许的认识""对刑法禁止规范或者评价规范的认识""可罚的刑法违反的认识"等不同学说。[1]

有缓和的违法一元论者认为，刑事违法性认识对公民法律素养要求过高，在司法实践中不具有可行性，很多时候无法证明具有刑事违法性认识；只要行为人对一般违法性（即行为为行政法或民法等一般法规范所禁止）存在认识即可，或者说，违法性认识是对"违反整体法秩序"或"违反实定法"的认识。[2]但是，违法性认识"就是为了使科处刑罚形成非难得以可能而要求的要件"，因此，不是单纯对行为为法律所禁止的认识，而是对行为为刑法所禁止的认识。[3]一方面，按照违法相对论的观点，民法或行政法中的违法性与刑法中的禁止并无直接关系，受到民法等禁止这种认识可能性，不能成为刑法的守法动机形成可能性的保障，不能为刑法中的非难奠定基础。另一方面，即便立足于缓和的违法一元论，作为刑罚对象的违法，仍必须具备与科处刑罚相适应的质与量。因此，如果不能让行为人"间接体验"法的评价（即违法达到了科处该刑罚的程度）就无法让行为人心悦诚服地忍受刑罚。如果行为人只是认为自己的行为违反了民法，只需承担损害赔偿责任，但不会被处以刑罚，处罚这种行为人只会让其认为自己遭受处罚是一种偶尔的不幸，这反而会降低刑法的铭感力。[4]同时，刑事违法性认识证明困难不等于没法

---

〔1〕 参见张明楷：《刑法学》（第5版·上），法律出版社2016年版，第317~318页。

〔2〕 参见王昭武："法秩序统一性视野下违法判断的相对性"，载《中外法学》2015年第1期，第185~186页。

〔3〕 参见［日］山口厚：《刑法总论》（第2版），付立庆译，中国人民大学出版社2011年版，第251页。

〔4〕 参见［日］松原芳博：《刑法总论重要问题》，王昭武译，中国政法大学出版社2014年版，第202~203页。

证明，可以采用推定证明等方式加以克服。[1]

二、法概念的相对化

众所周知，刑法上的概念大多有自己的特定含义，而不一定受其他法律概念的制约。这种不同法域同一法概念具有不同含义的现象可以被称为"法概念的相对化"。[2]问题是，针对同一概念，在某一法域作出相较于其他法域中既有的（甚至已经得到广泛认可的）含义外的不同解释，是否具有实质的妥当性？对此，违法相对论的思想也能进行解说。

例一，在民法上，就金钱的所有权而言，认为金钱的占有与所有一致的观点占支配地位。在甲将 10 万元现金委托给乙保管时，不仅该 10 万元的占有转移至乙，其所有权也同时转移至乙。这样，按照民法的相关理论，受托保管作为不特定物的金钱的，属于自己所占有的自己之物，对该金钱无法成立侵占罪。否则，就出现了"刑法保护民法中已转移的所有权"的矛盾。但是，民法之所以认为金钱的所有与占有一致，是因为对于金钱这种具有极强流通性的交换、结算手段，为了保护交易安全、动态安全，有必要直接承认所有权的转移。与此不同，刑法保护的是委托人与受托人之间的静态权利关系。这样，仍有必要肯定受托金钱的所有权仍属于委托人。于是，有学者基于金钱的特定性没有实际意义，认为刑法上的所有权不是针对特定的金钱的所有权，而是"针对不特定物的金额的所有权"。[3]所以，即便是兑换了所寄托的金钱，也不成立侵占罪，只要持有等额的金钱，即便暂时挪用了所寄托的金钱，也不会发生对"金额的所有权"的侵害，因而不成立侵占罪。这种独立于民法上所有权概念的思考方式，正是立足于刑法上对所有权的保护应基于自身目的进行考量这种违法相对论的思想。

例二，"占有"一词在刑法与民法中的含义也不尽一致。刑法理论一般认为，所谓占有，是指对财物的事实上的支配。与民法上的占有相比，刑法中的占有具有更现实的内容。即，刑法中的占有不限于"为了自己而进行的意思"，也包括为了他人进行的占有。相反，不承认基于代理人的占有，而且占

---

〔1〕 参见陈兴良："违法性认识研究"，载《中国法学》2005 年第 4 期，第 139 页。

〔2〕 参见 ［日］松宫孝明：《刑法总论讲义》（第 4 版补正版），钱叶六译，王昭武审校，中国人民大学出版社 2013 年版，第 82~83 页。

〔3〕 参见 ［日］藤木英雄：《刑法講義各論》，弘文堂 1976 年版，第 332 页。

有也不是通过继承就当然转移至继承人。[1]以民法中的"辅助占有"为例。"以实施占有者之从属关系为标准而区分,凡占有人亲自对于其物为事实上之管领者,谓之自己占有;反之,对于其物系基于特定之从属关系,受他人指示而为占有者,谓之辅助占有。"[2]据此,辅助占有人对其控制的财物不存在民法意义上的占有,那么能否肯认其具有刑法意义上的占有?关于上下主从者之间占有的认定,日本与我国刑法理论的通说就基本上站在了民法辅助占有理论的立场上。即原则上占有属于上位者,但如果上位者与下位者具有高度信赖关系,下位者具有一定的处分权时,例外承认下位者的占有。[3]可是,上位者的占有不一定是通过直接的、事实上的支配力获得的,刑法承认这种情况下上位者的占有,岂不是也认同了民法上"观念化的占有"吗?事实上,在当今的德国刑法理论中,单方面地以事实意义上的支配力或者规范意义上的支配可能性作为占有的认定标准并非通行做法,将两种属性结合并赋予彼此补强关系才是通说。[4]直接占有体现的是占有的事实属性,一般占有体现的是占有的规范属性。在辅助占有的场合,要根据这两种属性在财物上所显现的强弱程度判断占有的归属。当上位者存在事实上的直接占有时,则排除下位者的占有;当上位者的占有为观念上的一般占有时,则下位者与上位者构成共同占有。[5]同时,不排除在有的情形下辅助占有人成立单独占有。在"张某忠侵占案"中,被告人张某忠作为某个体加工厂司机,在厂长朱某某安排其运送一批价值 87 840.2 元的不锈钢卷至某市某钢制品公司之际,将该货物擅自变卖,并弃车携款 40 000 元逃匿。判决认定,本案中的这种雇佣关系使双方就所交运的货物已经形成了一种实质意义上的代为保管关系。[6]将其行为定性为侵占,显然是以其单独占有为前提。因此,不能因为民法中规定

---

〔1〕 [日] 大塚仁:《刑法概说(各论)》(第 3 版),冯军译,中国人民大学出版社 2003 年版,第 185 页。

〔2〕 谢在全:《民法物权论》(修订第 5 版·下册),中国政法大学出版社 2011 年版,第 1154 页。

〔3〕 参见 [日] 西田典之:《日本刑法各论》(第 6 版),王昭武、刘明祥译,法律出版社 2013 年版,第 146 页;[日] 山口厚:《刑法总论》(第 2 版),付立庆译,中国人民大学出版社 2011 年版,第 209 页;黎宏:"论财产犯中的占有",载《中国法学》2009 年第 1 期,第 116 页。

〔4〕 参见 [德] 英格博格·普珀:《法学思维小学堂:法律人的 6 堂思维训练课》,蔡圣伟译,北京大学出版社 2011 年版,第 25~27 页。

〔5〕 参见马寅翔:"民法中辅助占有状态的刑法解读",载《政治与法律》2014 年第 5 期,第 45 页。

〔6〕 参见中华人民共和国最高人民法院刑事审判第一庭、第二庭编:《刑事审判参考》(总第 37 集),法律出版社 2004 年版,第 36~37、39 页。

了辅助占有制度，就得出刑法中下位者一律不成立占有的结论。

例三，在刑法中，"人"受到全面保护，但"人"之前的"胎儿"、"人"之后的"尸体"仅受到极为有限的保护。在民法中，权利能力始于出生，终于死亡。因此，确定受到重点保护的"人"的概念具有重要的实践意义。就人的终期即死亡而言，民法原则上以心脏跳动停止（呼吸断绝）为判断基准，但自尸体摘取器官施行移植手术时，其死亡依照脑死亡进行判定。[1]在此，与刑法理论一致。[2]但是，就人的始期即出生来说，以日本为例，民法中以全部露出说为通说，刑法中则存在独立呼吸说、阵痛开始说、一部露出说、全部露出说等主张，并以一部露出说为通说。[3]民法是以从哪一时点赋予出生儿作为权利义务主体地位更合适的角度来判断的，如果没有与母体脱离，独立的法人格的感觉就不存在。根据一部露出说，在胎儿死亡时，无法判断究竟是一部露出后死亡还是之前死亡。与此不同，刑法采纳一部露出说的根据是，在一部露出的时点，他人就可以对胎儿与母体实施独立的攻击。按照全部露出说的方法，在出生婴儿受伤而死亡的场合，该伤害是在一部露出后遭受的事实可以比较容易地证明，但究竟是一部露出还是全部露出时遭受的事实的证明，则会因目击者的陈述不同而大相径庭。民法以不露出一部的阶段与露出一部的阶段为问题，在哪个阶段上死亡的问题并不明确。刑法以一部露出阶段与全部露出阶段为问题，在哪个阶段上受到攻击的问题并不清晰。对民法而言，重要的是出生时是否瞬间存活，只要曾瞬间存活，就拥有继承权。与此相对，刑法上重要的是受到攻击的时间。如果已从母体露出后受到攻击，很难区分何时遭受的攻击，因此一部露出说是妥当的。[4]可见，"出生"这一概念，基于各自目的的不同，在刑法与民法中有着不同的阐释。

三、权利行使与财产犯罪

行为人将盗窃、诈骗等作为其行使权利的手段，从而取得财物或财产性

---

〔1〕 参见王泽鉴：《民法总则》，北京大学出版社 2009 年版，第 88 页。

〔2〕 参见 [日] 山口厚：《刑法总论》（第 2 版），付立庆译，中国人民大学出版社 2011 年版，第 11~12 页。

〔3〕 参见 [日] 佐伯仁志、道垣内弘人：《刑法与民法的对话》，于改之、张小宁译，北京大学出版社 2012 年版，第 359 页。

〔4〕 参见 [日] 佐伯仁志、道垣内弘人：《刑法与民法的对话》，于改之、张小宁译，北京大学出版社 2012 年版，第 360~362 页。

利益的，是否成立相应的财产罪？这里存在两种情形：一是采取上述手段取回对方不法占有的自己所有的财物，这是所谓"所有权实现型"，如 A 盗窃 B 的电脑，B 采用欺骗手段将该电脑骗回；二是以上述手段实现自己的债权，即所谓"债权实现型"，如 C 借 10 万元给 D 使用，但 D 长期未归还，C 反复催讨也无济于事，于是 C 纠集多人采用暴力、胁迫手段取回了欠款。

"所有权实现型"权利行使集中体现了财产罪法益的本权说与占有说之对立。对此，缓和的违法一元论认为，既然行为人在民法上拥有所有权，就不可能发生侵害非法占有者财产权的问题，根本不具备财产犯罪的本质，不成立财产犯罪，只能就手段行为成立其他性质的犯罪。[1]这显然是本权说的立场。即使不采违法一元论和所有权说，也有学者通过"非法占有者相对于本权者恢复权利的行为而言，其占有不是财产罪的法益"的解释否定其财产罪的违法性。[2]而站在违法相对论或违法多元论的立场，则很有可能采纳占有说。

按照占有说的观点，单纯的占有侵害就能肯定财产罪构成要件该当性，至于权利行使，只有作为违法阻却事由时才有考虑余地。禁止私力救济是占有说的核心。同时，占有说倾向于违法的相对判断，对于占有是否需要保护，应独立于民事法律关系进行判断。或者说，尽量不涉及民事法律关系的判断。问题在于，非法占有中的哪一点是应予保护的财产利益？仅以秩序维持为名，尚不足以说明作为财产罪处罚的理由。"如果某种规定只保护特定的秩序，而不去避免具体的损害，那这些规定在刑法中就没有任何地位。"[3]本权说则试图肯定私力救济，但这样会使国家解决民事纠纷的制度化规定有归于无效之虞，甚至出现强者诉诸私力救济，弱者求助于法律救济的局面。就此而言，本权说存在疑问。当然，本权说一直强调要回答占有是否有值得保护的实质、究竟侵害了何种利益。这一点对于认定财产罪来讲是正确的。

在"债权实现型"权利行使中，债务人对自己的钱款具有所有权，对自己钱款的占有也是合法的，不能因为债务人负有债务，就认定其对等同于债

---

〔1〕　参见王昭武："法秩序统一性视野下违法判断的相对性"，载《中外法学》2015 年第 1 期，第 192~193 页。

〔2〕　参见张明楷：《刑法学》（第 5 版·下），法律出版社 2016 年版，第 942~943 页。

〔3〕　［德］乌尔斯·金德霍伊泽尔："法益保护与规范效力的保障　论刑法的目的"，陈璇译，载《中外法学》2015 年第 2 期，第 555 页。

务金额的钱款占有不合法。这一点显然不同于"所有权实现型"权利行使中的非法占有。对此，缓和的违法一元论站在了保护整体的财产立场上，认为既然属于有效偿还，在民法上就不能认为被害人遭受了财产损失，也就不存在财产罪意义上的财产损失。是否具有财产罪的违法性，应以行为人是否具有民法上的合法债权为前提，看是否具有可罚的违法性。将行使债权这一合法行为直接认定为刑法上的违法行为，实质上是以刑法来确立不同于民法判断的"财产损失"，是以刑法来调整私人间的财产关系，不仅有悖刑法的谦抑性与补充性，更会引起法秩序内部违法性判断的矛盾，有损法秩序的统一性。[1]但是，其一，即便在区分了个别财产犯罪与整体财产犯罪的德国，盗窃罪是侵犯所有权的犯罪，诈骗罪是侵犯整体财产的犯罪，二者并没有统一的保护法益，在我国更是没有作上述区分，用"保护整体的财产"论证包括盗窃、诈骗等所有类型的行使债权行为是否具有财产损失，显然缺乏说服力。其二，就本次所谓行使权利行为而言，相对人所受到的财产损失，为何能与过往所欠债务抵消，因而得出整体财产未受损的结论，似乎还欠缺说明。其三，"拥有债权"与"行使债权的合法性"不能等同。无论行为人与相对人之间债权债务关系的标的是什么，行为人对相对人所具有的都是"请求交付"的这种请求权，不能直接推导出行为人具有"直接取得他人财产的权能"的结论。从民事诉讼和强制执行等制度上更可以看出债权人虽然可以提出请求，但在债权的实现上仍必须遵循法律程序。就盗窃罪这种保护所有权的财产罪来说，债权人擅自取走相对人钱款的行为，当然是对债务人所有权的侵害。其四，即便是对诈骗罪这样所谓整体财产犯罪中"财产损失"的认定，也不是只根据财物的客观价值来判断，而是联系被害人的交易目的、财物对被害人的可利用性等进行综合考虑。这是德国、日本等国家刑法理论与审判实践中发展与总结出的经验，从来没有唯所谓民法上的"财产损失"马首是瞻。

那么，能否从禁止私力救济推导出民法优先保护物权而非债权？有学者认为，民事诉讼或强制执行等机制，一方面除了提供债权人落实其所享有债权的机会，使其所享有的民事权利不至于在现实上落空外，另一方面也揭示了"不得以私力自行实现"的意旨，而这样的取舍背后也涉及了当物权与债

---

[1] 参见王昭武："法秩序统一性视野下违法判断的相对性"，载《中外法学》2015年第1期，第194~195页。

权相冲突时应该优先保护何者的考量。"物权优先于债权"的原则也是立法者为了维持既有的财产分配制度所为的价值选择。因此，债权人擅自转移他人之物的行为，在客观上仍然是破坏了民事上的财产分配秩序，并非为法秩序所允许。[1]民法中作为正当化事由同时也为刑法认可的"私力救济"或"自助行为"，就是一种紧急情况下进行的事后救济，需要满足权利遭受了不法侵害、无暇等待国家机关的救济、如不立即行使将事后难以或不可能恢复、属于必要且相当等严格要件。[2]既然作为正当化事由的私力救济有着如此严格的要件，作为不具备这些要件的上述权利行使行为，怎么会没有违法性？本书认为，"不得以私力自行实现"的意旨，不一定能推导出"物权优先于债权"的原则。因为私力救济可能侵犯他人的人身自由、自由决定等权利，这也是立法者所关切的，并非立法者局限在物权与债权二者的优先性上进行了比较。同时，要认定私力救济的正当化，在进行利益衡量时，也是将私力救济所保护的请求权与其所可能侵犯的人身自由、自由决定等权利进行比较，只是在单纯只侵犯了相对方物权时，才涉及请求权与物权的衡量。

第二次世界大战后日本刑法判例的动向充分体现了违法相对论的观念。判例之所以将行使权利也认定为财产罪，是担心如果将这种场合认定为合法或者仅仅作为手段行为触犯的罪名来处罚，逃避民事裁判的行为会不断增多。基于此，最高裁判所认为，财产犯罪的法益不是所有权和其他本权，而是占有权，这就进一步扩大了财产罪的成立范围。除此之外，还出于将民事上的权利从"所有权"这种观念性的概念当中机能性地分解，判例就只是这种分解过程的一个表现。[3]但是，对于在占有背后是否存在值得保护的利益，还是应该在构成要件该当性阶段予以判断，而手段的违法则应另外考虑。[4]

区分对个别财产的犯罪与整体财产的犯罪，分别认定"财产损失"，这是德国刑法的一大特点，日本学者也接受了这一分类，但在具体犯罪的归类上与德国刑法存在差异。在我国，这一区分尚未充分展开。如果一方面认为我

---

〔1〕　参见张天一："论民事请求权对盗窃罪中'不法所有意图'之影响"，载《月旦法学杂志》2014年第3期，第232页。

〔2〕　参见[日]松原芳博：《刑法总论重要问题》，王昭武译，中国政法大学出版社2014年版，第158页。

〔3〕　参见[日]平野龙一：《刑法的基础》，黎宏译，中国政法大学出版社2016年版，第99页。

〔4〕　[日]西田典之：《日本刑法各论》（第6版），王昭武、刘明祥译，法律出版社2013年版，第156页。

国刑法中的财产罪都是对个别财产的犯罪，另一方面又在解说权利行使与敲诈勒索罪时，将敲诈勒索罪作为整体财产犯罪来对待，[1]显然并不合适。因此，在认定"财产损失"这一点上，充分注意到不同国家财产罪的差异是进行比较研究的前提。例如，山口厚教授就将恐吓罪作为针对个别财产的犯罪，与针对整体财产的犯罪不同，是以物或财产性利益的转移作为法益侵害。对于有人主张金钱债权不过是对金额具有意义，除了能认定债务人具有期限利益、同时履行抗辩权等正当理由外，在未履行债务的状态下，对作为金额的金钱的占有，在债务的限度内就是不合法的观点，他认为，既然否定私力救济、通过法律来实现债权等属于原则性规定，那么作为其反射性利益，就应该肯定具有非经法律手段不予交付的利益。因此，有可能肯定成立恐吓罪。[2]就我国刑法理论而言，一般认为，没收违禁品也需要通过法律程序，故对违禁品的占有也是财产罪的法益。[3]"没收违禁品也需要通过法律程序"体现的正是"非经法律手段不予交付的利益"。既然如此，在权利行使的场合，就不能说债务人对财物的占有不值得保护。因此，"债权实现型"权利行使中的问题，与"所有权实现型"权利行使中体现的本权说与占有说之间的对立，"属于同根同源的问题，有必要从相同视角来予以解决"。[4]这样处理，也便于与窃取违禁品、第三者从盗窃犯人处窃取赃物等行为作出统一解释。

需要指出的是，根据违法相对论得出上述权利行使行为具有财产罪构成要件上的违法性，一方面可以根据违法阻却事由来阻却刑事违法性，另一方面也可以尝试通过"行为人出于实现权利目的的主观意思在价值衡量上不具有可非难性"，认为其欠缺不法意图，从而排除财产罪的成立。[5]

---

[1] 参见张明楷：《刑法学》（第5版·下），法律出版社2016年版，第938~939、1018页。

[2] 参见［日］山口厚：《刑法各论》（第2版），王昭武译，中国人民大学出版社2011年版，第334页。

[3] 参见张明楷：《刑法学》（第5版·下），法律出版社2016年版，第936页。

[4] 参见［日］山口厚：《刑法各论》（第2版），王昭武译，中国人民大学出版社2011年版，第334页。

[5] 参见张天一：《时代变动下的财产犯罪》，元照图书出版公司2015年版，第233页。

第二章

财产保护刑法介入的模式、原则与考量要点

厘清了财产保护涉及的不同法域违法性判断的关系这一"宏观"的部门法关系基础问题后，需要进一步思考的是：刑法介入财产保护应采取怎样的模式？应遵循哪些原则？在解决具体问题时，应当考量哪些要点？这些相对"中观"的问题，是本章的研究内容。

第一节 财产保护刑法介入的模式

关于财产保护，作为前置法的民法、行政法已有相应的制度安排，因此在某种情况下，刑法应否介入、怎样介入财产保护，不得不考虑刑法与前置法的关系。其中，主要研讨的是对民法来说刑法应该具有从属性还是独立性的问题，[1] 对此的理解不同，在违法性上会形成违法一元论或违法多元论等观点。基于这种违法性判断上的不同立场，关于刑法介入财产保护这一问题，形成了不同的解释模式。本节拟对此进行探讨。

一、日本：民法依存模式、秩序维持模式的对立与民法取向模式的提出

（一）民法依存模式与秩序维持模式的对立

在日本，关于刑法介入财产保护的模式，存在民法依存模式和秩序维持

---

[1] 《治安管理处罚法》第49条规定了盗窃、诈骗、哄抢、抢夺、敲诈勒索或者故意损毁公私财物的罚则。一般认为，该规定与对应财产罪之间是程度或量上的区别，在构成要件解释上，刑行法关系远没有刑民法关系那般复杂。因此，所谓刑法介入财产保护的模式，主要涉及的是刑民法关系。

模式的对立。[1]民法依存模式认为，财产罪的成立与否取决于民法上的权利义务关系，只有严重违背民法规定的权利义务关系的行为，或者说只有侵犯民法上的财产权的行为才有可能成立财产犯。秩序维持模式认为，财产罪的成立与民事实体法上的权利义务关系没有必然的关联，财产罪不一定侵犯民法上确定的权利，财产秩序乃至财产安排的社会规则是否受到侵犯才是财产犯成立与否的准则。[2]

民法依存模式的理论基础是刑法从属于民法和违法一元论。民法理论对于财产保护已形成系统的学说，民事立法上也已有完备的规定，作为最后保障法的刑法，理所当然应当按照民法进行解释。在违法性判断上，刑法应当与前置法保持一致，以维护法秩序的统一性。对此，有学者认为：一方面，刑法从属于民法进行解释在通常情况下既简单也合理；另一方面，从最全面体现法秩序统一性的违法一元论出发，民法依存模式对于保持法律体系的完整性具有重要意义。[3]但是，刑法不是其他部门法的附庸，刑法是根据自身法益保护的需要选择可能与其他部门法不同的法律概念和术语来构建构成要件的。这样，刑法上的违法性与其他法律上的违法性便存在区别，刑法也没有必要原封不动地以民法为基础确定构成要件。[4]正因为存在理论基础上的谬误，民法依存模式在解释论上已难有作为。

秩序维持模式认为，为了保护财产而发动的对财产犯的处罚规定，是基于遏止全体法秩序意义上的一般违法行为。刑法对财产犯的处罚以保护财产权为起点，并向某种公益的保护拓展，归根到底是保护纯粹的、抽象的法律秩序。基于此，财产犯的解释与民法没有多少关系。[5]秩序维持模式在法益

---

〔1〕 民法依存模式和秩序维持模式的对立在财产罪法益论上表现为本权说和占有说之争。但是，本权说和占有说都是围绕行为对象为物展开的，当行为对象为财产性利益时，其不具有解释能力。财产性利益值得刑法保护，已得到越来越多学者的支持，在我国刑法语境下，"财物"与"财产"是同义用语。因此，本书暂不以"本权–占有"作为分析框架。参见江溯："财产犯罪的保护法益：法律–经济财产说之提倡"，载《法学评论》2016年第6期，第88~89页。
〔2〕 参见［日］井田良："刑法と民法の関係"，载［日］山口厚等：《理論刑法学の最前線Ⅱ》，岩波書店2006年版，第61页。
〔3〕 参见童伟华：《财产罪基础理论研究：财产罪的法益及其展开》，法律出版社2012年版，第203页。
〔4〕 参见张明楷：《刑法学》（第5版·下），法律出版社2016年版，第931页。
〔5〕 参见［日］井田良："刑法と民法の関係"，载［日］山口厚等：《理論刑法学の最前線Ⅱ》，岩波書店2006年版，第61页。

论上摆脱了"民事权利"的束缚，延展到了"纯粹的、抽象的法律秩序"，而对于所谓"纯粹的、抽象的法律秩序"，刑法当然没有必要依据民法加以确定。一般认为，从违法多元论或违法相对论的立场很容易导出秩序维持模式。与民法相比，刑法更主要的功能是秩序维持，如果说民法中的侵权被视为针对个人权利的侵犯，刑法中的犯罪往往被看作首先是针对社会的不法。违法多元论或违法相对论的理论依据主要即在于此。[1]秩序维持模式最主要的问题在于，将财产罪法益归结于"纯粹的、抽象的法律秩序"，导致"财产"概念的模糊化、空洞化，进而使得处罚边界不清。例如，按照秩序维持模式，也可能将民法上无效的请求权认定为"财产"。譬如，A 向 B 购买毒品，收下毒品后又使用暴力强迫 B 放弃支付毒资的请求。此时，以抽象的秩序维持为由，A 也有成立财产罪的余地。但是，B 的这种无效请求权不具有任何财产属性，无法被作为"财产"看待，刑法不应介入保护这种无效请求权。此外，"全体法秩序意义上的一般违法行为"的表述，似乎表达了一种缓和的违法一元论，毕竟缓和的违法一元论的立论基础正是所谓的"一般违法性"。但问题是，秩序维持模式倡导刑法的独立性和违法的相对性，这种表述有自相矛盾之嫌。但是，秩序维持模式也不是毫无可取之处。"以保护财产权为起点，并向某种公益（秩序）的保护拓展"这种思想正是违法相对论的体现。立足于违法相对论，刑法的确应当有自己独立的品性和解释论上的诉求。只要能将某种"秩序维持"的法益还原为值得保护的"财产"，刑法介入还是能被控制在合理范围内而不至于偏离财产保护轨道的。

（二）民法取向模式的提出

在民法依存模式与秩序维持模式对立的基础上，民法取向模式被提出。根据《日本刑法典》第 242 条的规定，虽然是自己的财物，但由他人占有或基于公务机关的命令由他人看守时，视为他人的财物。据此，民法取向模式认为，事实上的占有作为一种法益也被扩张进刑法的保护范围，事实上的占有本身是一种民法上的利益。这已不是基于维持秩序的需要就认可财产罪成立的秩序维持模式的立场了。[2]

---

〔1〕　参见童伟华：《财产罪基础理论研究：财产罪的法益及其展开》，法律出版社 2012 年版，第204 页。

〔2〕　参见［日］井田良："刑法と民法の関係"，载［日］山口厚等：《理論刑法学の最前線Ⅱ》，岩波書店 2006 年版，第 61 页。

民法取向模式的提出，显然是为了克服民法依存模式和秩序维持模式各自的弊病。一方面，刑法不可能如同民法依存模式那样只对民法上的权利进行保护，能够被评价为民事利益的，刑法也要保护；另一方面，刑法也不可能像秩序维持模式那样，仅凭维系秩序就发动刑罚，保护所谓无法还原为财产性价值的"纯粹的、抽象的法律秩序"。就事实上的占有而言，在没有经过法律程序确认权利关系时，占有者拥有不被任意夺取的正当利益。民法取向模式通过确认"事实上的占有"等具有正当利益，扩张了民法依存模式下的保护范围。同时，通过将"秩序"限定为"民法上值得保护的利益"，力图克服秩序维持模式在法益论上过于空洞化和抽象化的问题，限缩了秩序维持模式下的介入领域。相比于民法依存模式，民法取向模式至少在两个方面扩张了财产罪的保护法益。其一，民事程序法上的利益，如上述事实上的占有以及债权人以恐吓手段对债务人行使权利的场合，事实上的占有者和债务人拥有不经过法律程序就不得被强制的利益，这种利益在民事程序法上具有正当性；其二，民事权利之外的实质上的民事利益，如不动产一房二卖中具有对抗权的第二受让人不被卷入民事纷争的风险这种利益，即第二受让人虽然能对抗第一受让人，但在取得权利上仍存在种种障碍，至少可能卷入纷争，这种卷入纷争的风险就是财产上的损害。[1]

民法取向模式至少存在如下疑问：其一，既然刑法保护的是民事实体法与程序法上的正当利益，只要将民法依存模式中的"民事实体权利"拓展为包括"民事实体利益和民事程序利益"，那么民法取向模式和民法依存模式实质上就将并无区别。其二，"民事权利之外的实质上的民事利益"存在不明确性，"卷入纷争的风险"是交易过程中的常态现象，将不被卷入纷争的风险也作为民事利益进行保护，刑法的介入是否过度？其三，按照民法取向模式，民事程序上的利益似乎能涵摄几乎所有某种既存财产秩序的维系这种"利益"。这样一来，民法取向模式岂不倒向了秩序维持模式？

在我国，有学者将民法取向模式归结为缓和的违法一元论的主张，即以民法依存模式为基础，适当考虑刑法的目的和机能，民法取向模式下的刑法介入范围应被限定为"民事实体权利以及民法虽然没有明确保护但至少在刑

---

[1] 参见童伟华：《财产罪基础理论研究：财产罪的法益及其展开》，法律出版社 2012 年版，第 208 页。

法上根据刑法的特性和机能值得保护的具有民事性质的利益"。[1]这里姑且不论民法取向模式是否就是缓和的违法一元论的体现，但既然"民法没有明确保护"，怎又"具有民事性质"？仅仅具有民事性质，并不能说在民法上就是合法的，能够轻易否定民法上的违法性？刑法根据"自身特性和机能"保护了"民法没有明确保护的利益"，似乎显现的是违法相对论的立场。山口厚教授指出："肯定处罚，最终仍然必须是因为侵犯了值得保护的利益，也就是，只有在认定存在这种法益侵害的基础之上，才能肯定犯罪的成立。"[2]这与民法取向模式的表述是一致的。而山口厚教授是违法相对论的支持者。[3]因此，将民法取向模式与缓和的违法一元论划为同一阵营，在"民法没有明确保护"这一点上是值得商榷的。

二、德国：法律的财产说、经济的财产说、"法律-经济"财产说的展开

在德国，刑法介入财产保护的模式体现在对"财产"概念的不同理解中。关于财产的定义，德国学界历来存在多种不同的学说。法律的财产说认为，所谓财产就是财产性权利的总和，不为法律所承认的主张或利益，不能被认定为财产。与这种法律的财产说对立的是"纯粹的经济的财产说"。该说认为，所谓财产就是所有具有经济价值的物或者利益。即便是通过非法或者违反公序良俗的行为所获取的物或利益，只要其具备一定的经济价值，也同样是财产。在这两种极端的立场之间，还存在着作为折中说的"法律-经济"财产说。该说原则上认为有经济价值的物或者利益都是财产，但要求相应的物或利益必须为法秩序所承认。当前，德国司法判例的立场比较接近"法律-经济"财产说。根据司法判例，有经济价值的物或利益原则上都是财产。但为了维护法秩序的统一性，避免与民事法律规范相冲突，又会在一些场合基于法律规定限缩财产的范围，将违反公序良俗、非法的（尤其是应当受到刑事

---

〔1〕　参见童伟华：《财产罪基础理论研究：财产罪的法益及其展开》，法律出版社2012年版，第205、209页。

〔2〕　[日] 山口厚：《刑法各论》（第2版），王昭武译，中国人民大学出版社2011年版，第225页。

〔3〕　参见 [日] 山口厚：《刑法总论》（第2版），付立庆译，中国人民大学出版社2011年版，第177页。

处罚的）劳动或服务排除在财产之外。[1]

法律的财产说难以适应复杂的财产关系，许多财产利益并非以财产权利的形式存在，该说不能有效地保护财产。经济的财产说是以刑法的独立性作为理论前提的。从保护范围来说，该说认为，除了不具有经济价值的财产，其他所有财产都值得刑法保护。这样一来，在财产罪领域就不存在法外空间了。但是，该说过度扩张了财产罪的处罚范围，对于在法秩序下没有保护必要性的经济利益也进行刑事保护，在刑事政策上存在疑问。"法律-经济"财产说虽然原则上认为有经济价值的物或者利益都是财产，但又要求相应的物或者利益必须为法秩序所承认，在刑法介入范围上较为适中，逐渐成了当前德国司法判例的主流。

不难发现，法律的财产说与民法依存模式如出一辙。经济的财产说除去要求"经济价值的物或者利益"外，与秩序维持模式在思考方式上也存在共性。"法律-经济"财产说要求值得保护的物或者利益必须"为法秩序所承认"，这一点与民法取向模式所强调的"民事法上"的利益才能为刑法保护较为类似。可见，在日本和德国，虽然对刑法介入财产保护的思考路径有别，但仍有共通性。需要指出的是，既然民法取向模式难以厘清何为"值得保护的民事利益"，"法律-经济"财产说恐怕也需要进一步阐释"为法秩序所承认"意指为何。这里的法秩序是指民事法秩序，还是刑事法秩序，抑或是缓和的违法一元论所主张的"一般违法性"中共通于各个部门法的法秩序？正因为对"为法秩序所承认"的解释论仍存在异议，经济的财产说目前在德国仍有较大影响力。但是，经济的财产说也面临如何控制刑法介入范围过于宽泛的问题。

三、中国：错综复杂的立法规定与司法实践

在我国，"法律-经济"财产说也得到了学界广泛认同。[2]张明楷教授虽然主张经济的财产说基础上的折中说，但其赞成进一步限制经济利益的范围，使值得刑法保护的经济利益成为刑法上的财产。就此而言，其观点类似于

[1] 参见王钢：《德国判例刑法（分则）》，北京大学出版社2016年版，第212~215页。
[2] 参见江溯："财产犯罪的保护法益：法律-经济财产说之提倡"，载《法学评论》2016年第6期，第89~90页；蔡桂生："刑法中侵犯财产罪保护客体的务实选择"，载《政治与法律》2016年第12期，第39页。

"法律-经济"财产说。[1]经济的财产说只是极少数学者的主张。[2]但是，我国的立法规定和司法实践在刑法介入财产上采取何种模式问题上则显现出了极为错综复杂的局面，既有"法律-经济"财产说的论据，也有经济的财产说的支撑。

我国《刑法》第 92 条规定："本法所称公民私人所有的财产，是指下列财产：（一）公民的合法收入、储蓄、房屋和其他生活资料；（二）依法归个人、家庭所有的生产资料；（三）个体户和私营企业的合法财产；（四）依法归个人所有的股份、股票、债券和其他财产。"其中列举的每一项中都有"合法"或者"依法"的要求。虽然第 91 条对公共财产的列举中没有合法性的明文规定，但"我国是社会主义公有制国家，因此公共财产具有当然的合法性"，[3]没有必要额外强调。据此，成为财产罪保护对象的前提是具备合法性，刑法不保护非法财产。或者说，为法秩序所禁止的物或者利益不是财产罪对象。这种立法规定体现的是"法律-经济"财产说的思想。

在司法解释中，也不难找到"法律-经济"财产说的论据。2000 年印发的《最高人民法院关于对为索取法律不予保护的债务非法拘禁他人行为如何定罪问题的解释》规定，行为人为索取高利贷、赌债等法律不予保护的债务，非法扣押、拘禁他人的，依照非法拘禁罪的规定定罪处罚。这表明，通过非法扣押、拘禁他人获取法律不予保护的债务的，不成立相应的财产罪，只是针对其对人身自由的侵犯成立非法拘禁罪。又如，1995 年印发的《最高人民法院关于对设置圈套诱骗他人参赌又向索还钱财的受骗者施以暴力或暴力威胁的行为应如何定罪问题的批复》指出，行为人设置圈套诱骗他人参赌获取钱财的，属赌博行为，构成犯罪的，应当以赌博罪定罪处罚。虽然行为人采取欺骗手段获取受骗人钱财，本应论之以诈骗罪，但从赌资不为法秩序所承认这一点出发，行为人的行为又不构成财产罪，只能以赌博罪认定。这也体现了"法律-经济"财产说的思想。在司法实践中，也有相关案例表达了"法律-经济"财产说的主张。在"黄勇等抢劫、敲诈勒索案"中，法院认为，赌资是应当没收的，不准他人任意侵犯不意味着保护违法犯罪分子对非

---

[1]　参见张明楷：《诈骗罪与金融诈骗罪研究》，清华大学出版社 2006 年版，第 220 页。

[2]　参见陈洪兵："经济的财产说之主张"，载《华东政法大学学报》2008 年第 1 期，第 43~50 页。

[3]　江溯："财产犯罪的保护法益：法律-经济财产说之提倡"，载《法学评论》2016 年第 6 期，第 90 页。

法所得财物的所有权，而是因为从赌博犯中抢劫这些财物归根到底是对国家财产权利的侵犯。[1]在这里，法院主张赌资系国家所有，国家所有的财物当然是合法的、值得保护的。或者说，只有合法财物才是财产罪的保护对象。

与此形成对照的是，经济的财产说得到了司法解释和司法实践更为有力的支撑。例如，2005年印发的《最高人民法院关于审理抢劫、抢夺刑事案件适用法律若干问题的意见》规定，"以毒品、假币、淫秽物品等违禁品为对象，实施抢劫的，以抢劫罪定罪，抢劫的违禁品数量作为量刑情节予以考虑"，"抢劫赌资、犯罪所得的赃款赃物的，以抢劫罪定罪"。无论是违禁品，还是赌资、赃款赃物，都不具有合法性，抢劫上述对象构成抢劫罪的结论，是经济的财产说所导出的。同样，2013年印发的《最高人民法院、最高人民检察院关于办理盗窃刑事案件适用法律若干问题的解释》第1条第4款规定："盗窃毒品等违禁品，应当按照盗窃罪处理的，根据情节轻重量刑。"这也体现了经济的财产说的立场。在司法实践中，也有将设局骗取他人赌资的行为认定为诈骗罪的。在"李某波等诈骗案"中，被告人诱骗被害人参赌，期间安排专人在旁伺机借钱给被害人，诱使被害人交出手机、证件等抵押，并有专人以事先安排好顺序的牌赢钱并伺机逃离。之后，由被害人写下欠条，且陪同被害人取钱并监视被害人。法院对此以诈骗罪定罪处罚。[2]

可见，我国立法规定、司法解释和司法实践对刑法介入怎样的"财产"保护，存在"法律-经济"财产说和经济的财产说的分歧。首先存在的疑点便是，有关司法解释采取的立场是否违背了我国《刑法》第92条"合法性"要求的宣示？对此问题，学界的置评尚付之阙如。不但如此，即便是在同一司法解释中，所秉持的态度有时都不甚一致。例如，2005年《最高人民法院关于审理抢劫、抢夺刑事案件适用法律若干问题的意见》第7条第2款规定，抢劫赌资、犯罪所得的赃款赃物的，以抢劫罪定罪，但行为人仅以其所输赌资或所赢赌债为抢劫对象，一般不以抢劫罪定罪处罚。"抢劫赌资、犯罪所得的赃款赃物的，以抢劫罪定罪"，体现的是经济的财产说之主张，可是，当对象变为"其所输赌资或所赢赌债"时，行为人却又不构成抢劫罪，这似乎是

---

〔1〕 参见中国高级法官培训中心、中国人民大学法学院编：《中国审判案例要览》（1992年综合本），中国人民公安大学出版社1992年版，第223页。

〔2〕 参见最高人民法院研究室、北京大学刑事法治研究中心组织编写，陈兴良、张军、胡云腾主编：《人民法院刑事指导案例裁判要旨通纂》（下卷），北京大学出版社2012年版，第772页。

考虑到行为人抢劫事出有因。可问题是，"其所输赌资或所赢赌债"虽然非法，但同样具有经济价值，按照经济的财产说，刑法应当介入保护才是，为何又不构成抢劫罪？这种司法解释上的复杂局面也影响到了学界对此问题的认识。例如，本来，按照"法律-经济"财产说，以欺骗手段使他人基于不法原因而给付财物的，不存在财产损失，行为人不成立诈骗罪，但学者们又都认为这一结论在我国缺乏妥当性，[1]所以，只好想方设法将受骗人给付的财产通过弹性的民法解释论认定为仍然是法秩序保护的财产，进而维系"法律-经济"财产说的立场。[2]在这里，存在任意揉捏"法秩序所承认"这一"法律-经济"财产说核心要素的嫌疑。

四、民法参酌模式之提倡

刑法介入财产保护的模式，指涉的是在刑法与民法、行政法等所谓"前置法"关系上所秉持的态度。从宏观上讲，这种模式反映的是一种"关系观"，即处理刑法与相关部门法关系的观念；从微观的角度看，这种模式表现为一种"法益观"，即刑法保护"怎样的"财产的观念。民法依存模式、秩序维持模式的对立与民法取向模式的提出，主要是从"关系观"的视域论证刑法的介入模式，法律的财产说、经济的财产说、"法律-经济"财产说的展开则主要是由"法益观"的视角论证刑法介入何种法益的保护。当然，后者也涉及了刑法与其他部门法的关系。民法依存模式、秩序维持模式和民法取向模式都存在缺陷，法律的财产说、经济的财产说、"法律-经济"财产说也都各有优势和不足。因此，有必要结合主要争点问题，探索适合我国财产罪体系、妥当处理刑法与其他部门法关系的刑法介入财产保护的模式。

本书主张违法相对论。各种法律基于其固有的目的而产生不同的法律效果；目的不同，违法性的内容便不同。刑法的任务与目的是保护法益，因此刑法只能将违反这一目的的事态作为禁止对象，所以刑法所规定的构成要件都是对违反保护法益的目的事态所作的记述或者描述。既然如此，刑法上的违法性便与其他法律上的违法性存在区别。[3]虽然在不同法域违法性判断的

---

〔1〕　参见张明楷：《诈骗罪与金融诈骗罪研究》，清华大学出版社 2006 年版，第 220 页。

〔2〕　江溯："财产犯罪的保护法益：法律-经济财产说之提倡"，载《法学评论》2016 年第 6 期，第 95~96 页。

〔3〕　参见张明楷：《诈骗罪与金融诈骗罪研究》，清华大学出版社 2006 年版，第 218~219 页。

关系上，违法相对论和缓和的违法一元论的判断结果在多数情形下是一致的，但二者仍具有关键性区别：违法相对论不以"一般违法性"作为上位概念，也不主张所谓"一般违法性+可罚的违法性=刑法违法性"的二重构造，而是认为"贯通各法域对违法性进行统一的评价在实务上并没有什么重要性，重要的是是否存在相应的要件，据此得以支撑相应法域中的法律效果"，[1]因此，应直接肯认违法的相对性。

违法相对论绝不是主张刑法进行绝对独立的评价，完全不顾及其他法域的规定。可以肯定的是，从刑法补充性的性质出发，刑法不应处罚在其他法域特（别是民事法上）被允许的行为。除此之外，刑法都应当独立地进行违法性评价，而这种独立评价仍是相对性的。在构成要件的设置上，刑法可能在其他部门法不予管辖的范围内设立规范，这实际上不涉及不同法域关系的调适。对于其他法域已有相关规定的，刑法可能只是选取部分值得处罚的行为进行规制，这就充分体现出了刑法的相对独立性。所谓的相对独立性，是指一方面要考虑民法、行政法等其他部门法的规定，另一方面又不能以民事不法、行政不法等作为刑法违法性判断的唯一根据。在刑法介入财产保护这一点上，本书主要论及的是刑法与民法的关系，提倡的是一种在刑法违法性判断过程中将民法规定作为参考的"民法参酌模式"。民法参酌模式具有解释论上的优越性。

（1）避免刑民违法性判断难以衔接的问题。民法中违法性的概念与定位远不如刑法那样明确，可能在承担民事责任、侵权行为的成立要件之一、过错、侵权行为全部要件之综合等多种意义上把握违法性，也可能是综合民法上多因素判断的结果。如此一来，就存在难以与刑法违法性有效衔接的问题。这也是"一般违法性"概念值得质疑之处，即民法基于自身的目的性考量，综合多因素得出的多义化的违法性评价，怎么就成了刑法也必须承认的共通于所有法域的违法性了？如果采取民法参酌模式，将意味着刑法只需吸收民法相关规定的"合理内核"，无须刻意深究民法上违法性判断的结论，也就避免了刑民违法性判断难以衔接的问题。

（2）具有适用上的普适性。无论是对于民法上明确表达了行为合法化或者允许施行的情形，还是对于并未明确表达但"可能"蕴含了行为合法化或者允许施行的情形，亦或是仅以"有效"等用语而非"合法"评价行为的情

---

〔1〕 ［日］山口厚：《刑法总论》（第2版），付立庆译，中国人民大学出版社2011年版，第177页。

形，甚至是只规定相关行为法律效果而并未评价其合法违法的情形，刑法都能根据自身目的性考量进行选择性适用。例如，很多国家的民法均规定，因不法原因而为之给付，原则上不得请求返还。如果接受给付者拒绝返还该给付，其是否能成立侵占罪？这里，民法只是规定了一个刑法上待评价行为"接受给付者拒绝返还"的相关行为即"给付者基于不法原因而为给付"的法律效果，即"给付者原则上不得请求返还"，并未表达对接受给付者拒绝返还行为的评价结果。此时，刑法就只能结合上述民法规定，根据设置侵占罪的目的进行考量，以决定是否适用侵占罪。又如，我国《民法典》第462条第1款规定："占有的不动产或者动产被侵占的，占有人有权请求返还原物；对妨害占有的行为，占有人有权请求排除妨害或者消除危险；因侵占或者妨害造成损害的，占有人有权依法请求损害赔偿。"对于不法取得的无权占有进行窃取、骗取等侵犯的，是否能构成财产罪？这就需要根据刑法保护财产的需要，结合我国《民法典》相关规定的意旨进行解答。所谓"参酌"，意味着刑法只需要避免出现无论如何都不能容忍的、一眼就能看出的评价矛盾。此外，刑法并非民法的"附庸"，对民法的相关规定参酌适用即可。

（3）与"概念的相对性"相契合。经常出现的现象是，不同法律规定的甚至同一法律内部不同地方规定的概念或术语被赋予不同含义。例如，民法与刑法中"所有权""占有"的含义存在差别[1]，刑法不同条文中的"暴力""胁迫"也可能含义不同[2]。"法律概念在法秩序中经常并不具有绝对固定、一成不变的含义，而总是要根据具体法律规定的目的、意义与体系地位对之进行解释。这正是所谓的'法律概念的相对性'或者说'法律概念的多义性'。"[3]对相同概念的不同理解是体系解释的必然结果，并不意味着不同法域相冲突。民法参酌模式意味着，民法上对相关概念、术语的解释，对刑法只有参酌性效果，刑法需要根据自身的目的，自主决定适当的概念含义。因此，民法参酌模式与"概念的相对性"相契合，避免了在这一问题上许多不必要的争论。

（4）指明了刑法介入财产保护必须有民法依据。在我国，物权法、合同

---

〔1〕　参见童伟华：《财产罪基础理论研究：财产罪的法益及其展开》，法律出版社2012年版，第210~227页。

〔2〕　参见张明楷：《刑法学》（第5版·下），法律出版社2016年版，第707页。

〔3〕　王钢："非法持有枪支罪的司法认定"，载《中国法学》2017年第4期，第73页。

法、侵权法等民事法律对财产给予了非常完备的保护，从刑法补充性的地位考虑，刑法介入财产保护必须具有民法上的依据，否则刑法的介入就有了"空中楼阁"之嫌。秩序维持模式为人诟病的最主要之处就在于，其以所谓的"纯粹的、抽象的法律秩序"作为财产罪法益，脱逸了刑法保护"财产"的宗旨。即便某种财产秩序需要刑法维系，这种秩序也必须在民法上找到作为财产进行保护的依据。例如，对于完全得不到民法认可的非法债权，刑法固然不应介入保护，但是对于自然债务、违禁品的占有等，是否存在民法上值得保护的依据？这就需要刑法进行考量。因此，所谓的"参酌"，虽然并不要求刑法必须"一体遵循"，但刑法在介入财产保护时必须找寻可参考的民法规定，否则完全脱离民法"另起炉灶"，从刑法补充性的角度来讲，在介入正当性上就有问题。

相比于民法取向模式，民法参酌模式的优势主要体现在其理论基础更加契合不同法域分化的意旨。国内支持民法取向模式的学者认为，以民法依存模式为基础适当考虑刑法目的和机能的民法取向模式是缓和的违法一元论的主张。[1]民法取向模式承认共通于所有法域的"一般违法性"，故要求刑法所保护的财产必须"为法秩序所承认"，违反这种"法秩序"就是所谓具有"一般违法性"。可是，"一般违法性"是怎样从不同法域违法性中提炼出来的？不同法域的分化是基于各自立法目的不同，违法性的内容也就不同，这是不同法域本就具有的"特质"。如何从不同法域各自违法性中剔除不同部分，保留相同部分，以达至所谓"一般违法性"？这是缓和的违法一元论者始终没有回答的。缓和的违法一元论者往往以民法的违法性作为一般违法性，进而认为其也就是所有法域都具有的违法性，这在论证上是缺乏说服力的。因此，不要说当民法明确指示违法性时尚不意味着其就具有"一般违法性"，当民法并未明确指示违法性时，"一般违法性"就更是模糊的，民法取向模式也就不可能保证其判断标准的明确性。例如，在不动产一房二卖上，民法取向模式会将第二受让人卷入纷争的风险也作为财产损害进行保护，但又无法指明这是违反了哪种一般违法性。与此不同，民法参酌模式并不考虑一般违法性，而是从刑法自身目的出发，以民法相关规定为参考资料，在实现刑法

---

〔1〕 参见童伟华：《财产罪基础理论研究：财产罪的法益及其展开》，法律出版社 2012 年版，第 205 页。

相对独立判断的同时，避免出现法秩序上不能容忍、显而易见的评价矛盾。民法上的违法性本就存在判断标准难以明确把握的问题，民法参酌模式并不要求刑法遵循所谓民法违法性，而是参考民法相关规定来判断刑法上的违法性，在解释论上更有弹性，判断路径更为合理。相较于秩序维持模式，民法参酌模式紧扣"财产"这一保护对象，使得刑法介入范围更为适中。秩序维持模式不是单纯因秩序维持而动用刑罚，这可能脱离了刑法保护对象是"财产"这一初衷，使得处罚边界过大。而民法参酌模式强调只有具有财产特性的利益才值得以财产罪进行保护，在解释论上努力寻求民法上的依据，这就有效控制了处罚边界。

不同刑法介入模式的优劣，集中体现在对许多争议问题的处理上，如非法取得赃物、违禁品、犯罪工具，非法取得他人合法占有的财物，不法原因给付下的侵占、诈骗，对无效请求权的诈骗，权利行使，等等。鉴于有的争议问题会在其他章节论述，这里仅以盗窃私人占有的违禁品为例，阐明争议点，展现不同介入模式的交锋。

在我国，有持"法律-经济"财产说的学者主张，我国刑法对财产概念采取的是"法律-经济"财产说，违禁品在被国家没收前，其虽然是事实上为私人所持有，但这种持有是行政法和刑法上所禁止的，并不具有合法性，也就不属于我国财产罪的行为客体，盗窃违禁品的行为就不能被认定为财产罪。如果国家已对违禁品实施了没收，那么这些违禁品就会因成为公共财产而获得合法性，盗窃公共财产的行为就可以成立财产罪。[1]也有持"法律-经济"财产说的学者认为无权占有也应当被评价为刑法保护的财产。理由是：即便是无权占有，但对占有物的利用可能性本身就应当被评价为财产利益；即使无权占有人无法行使占有保护请求权，以欺骗或胁迫等方式侵犯其无权占有的行为人也仍然对之构成侵权；在无权占有的财物被依法追缴或没收之前，相应的无权占有本身也应受到尊重和保护。[2]虽然论者在这里论述的是无权占有，但违禁品仅是无权占有的一种，这种观点适用于对违禁品的盗窃应当没有疑义。另有赞成民法取向模式的学者主张，凡是在民法能有效救济的前

---

〔1〕　参见江溯："财产犯罪的保护法益：法律-经济财产说之提倡"，载《法学评论》2016年第6期，第91~92页。

〔2〕　参见王钢："不法原因给付对于认定财产犯罪的影响——立足于财产概念与'非法'占有的考察"，载《法学家》2017年第3期，第137~138页。

提下，原则上均应当否定以秩序维持为由将占有作为刑法的保护法益，例如租赁期满后出租人从承租人处夺取自己财物的，完全可以通过民事法获得救济，没有必要作为财产罪处理；行为人夺取他人禁制品的由于无法获得民事救济，应当以秩序维持为由例外地承认禁制品占有的刑法保护。[1]持经济的财产说的学者往往认可财产罪成立。[2]值得重视的是，"法律–经济"财产说与民法取向模式在理论基础和说理方法上并无实质区别。但是，为何同属一种刑法介入模式，在论证盗窃私人占有的违禁品的定性上却出现了迥然有别的结论？这里有如下问题需要澄清：

（1）违禁品与对违禁品的无权占有是两个不同概念，不能混为一谈。从立法上来看，我国《刑法》第92条对公民私人所有的财产的列举中的每一项都有"合法"或者"依法"的要求，既然违禁品和违禁品的持有都不具有合法性，按照该规定，似乎也就不属于财产罪的对象，刑法当然不应介入。可是，这一理解有误。刑法对私人财产的列举，只是对"财物"进行了界定，但并未对"财物的占有"的合法性与违法性进行评价，即便违禁品在私人占有时作为"物品"不可能具有合法性，国家也禁止私人占有，但不意味着"违禁品的占有"也没有值得保护之处。"保护违禁品"与"保护违禁品的占有"是两种不同的价值取向。

（2）刑法上有保护对违禁品占有的必要性。"刑法旨在维护个人作为法主体的现实存有，并以此决定法主体间的相互关系。"[3]对违禁品的占有虽属无权，但已形成了相对稳定的事实状态，占有人相较于第三人享有优势地位，这种地位可以确保占有人在占有期间事实上获取了对违禁品的利用可能性，这种利用可能性应当被评价为财产利益。在法秩序被恢复为应有状态之前，除去国家之外的第三人都应对这种无权占有表示尊重，并不得侵犯。在此意义上，这种无权占有在刑法上具有"值得保护性"。某种已经形成的稳定的财产状态不容任意打破，这一直就是盗窃罪立法的核心思想。即便是在占有违

---

〔1〕 参见童伟华：《财产罪基础理论研究：财产罪的法益及其展开》，法律出版社2012年版，第64页。

〔2〕 参见陈洪兵：《财产犯罪之间的界限与竞合研究》，中国政法大学出版社2014年版，第17~18页。

〔3〕 周漾沂："财产犯罪中的持有概念：社会性归属的证立与运用"，载《台大法学论丛》2017年第3期，第298页。

禁品的场合，"违禁品只有国家能没收"，这应是违禁品社会归属的共识，既然如此，对盗窃违禁品的行为就值得刑法介入。

（3）无权占有不受法律保护的提法过于笼统。我国物权法没有将占有作为权利，而是区分了占有保护和本权保护，按照《民法典》第462条占有保护制度提起的诉讼属于占有保护的范畴。已经成立的事实状态，不受私力而为的扰乱，而只能通过合法的方式排除，这是一般公共利益的要求，占有保护的理由也在于此。占有保护的立法功能在于维护现存财产占有秩序，以维护社会和平与物之秩序。从我国司法实践来看，人民法院的审理也主要是从占有的事实属性而非权利属性出发，无论是有权占有还是无权占有、占有权属不明或者占有权属有争议，均一体地予以占有保护。〔1〕因此，刑法学者简单地得出无权占有在民法上不值得保护的结论恐怕是有问题的。

（4）以"民事救济的有效性"作为是否能以秩序维持为由进行刑法介入的标准不妥当。一方面，是否能有效进行民事救济，那是既存状态被侵犯后的事情，不能说今后能救济，现在的状态就能被任意打破；另一方面，禁制品被夺取后不能被救济也有臆断之嫌，无权占有可以通过占有之诉来进行救济，即便不能认可占有保护请求权，也有将相关行为作为侵权认定的可能。〔2〕更何况，单纯以秩序维持为由发动刑罚也偏离了要求有"民事财产性利益"的民法取向模式的立场了。

（5）认定盗窃违禁品构成财产罪与禁止持有违禁品并不矛盾。有学者认为，《刑法》第348条"非法持有毒品罪"的规定意味着持有毒品在法律上是禁止的，如果保护毒品的持有免受诈骗或者敲诈勒索，就会出现价值冲突或者评价上的自相矛盾，使人怀疑持有毒品不是犯罪。〔3〕可是，《刑法》第348条保护的是国家对毒品的社会管理秩序，因而禁止持有毒品；而针对毒品的侵夺行为是对毒品占有这种既存状态的破坏，对毒品的占有本身是具有经济价值的，可以被作为财产，因而将侵夺行为认定为财产罪。两者评价的对象

---

〔1〕 参见章正璋："无权占有和间接占有的两个基本问题——与李锡鹤教授商榷"，载《学术界》2014年第2期，第103~105页。

〔2〕 参见王钢："不法原因给付对于认定财产犯罪的影响——立足于财产概念与'非法'占有的考察"，载《法学家》2017年第3期，第138页。

〔3〕 参见蔡桂生："刑法中侵犯财产罪保护客体的务实选择"，载《政治与法律》2016年第12期，第38页。

和旨趣都不同，也就不会出现价值冲突或评价上的自相矛盾。至于处罚侵夺行为会使人怀疑持有毒品不是犯罪，这种担心也是多余的。国家禁止持有毒品的态度是众所周知的，但是打破这种持有是国家的权力，并非私人可以干预，一旦形成财产秩序上的"稳态"，第三人都应对其表示尊重，这才能更好地维护社会和平与物之秩序。

综上，民法参酌模式的特点是：只要不是导致不同法域之间明显的、不可容忍的矛盾即对民法上明文允许实施的行为进行刑事处罚，刑法在介入财产保护时，就应当从自身目的出发检视是否存在值得保护的财产性法益，在这一过程中，必须找寻可参酌的相关民法规定，以提供介入支撑。这样一种刑法介入模式既避免了民法依存模式与秩序维持模式在介入范围上走两种"极端"，也解决了民法取向模式"取向"不明、"一般违法性"难以提炼出的弊病，充分体现了刑法违法性相对判断的违法相对观。

第二节　财产保护刑法介入的原则

刑法具有区别于其他法律的特有属性，主要表现在规制内容的特定性、制裁手段的严厉性、法益保护的广泛性、处罚范围的不完整性、部门法律的补充性、其他法律的保障性等方面。刑法处于法益保护最后保障的地位。[1]与生命、身体、人身自由等权利相比，财产在整个个人法益的位阶上处于靠后的位置。比照民法中对财产的全面保护，刑法介入财产保护呈现了"断片性"的局面。例如，刑法只是针对某些特定类型化的行为进行处罚，而且并不处罚过失侵犯财产的行为。问题是，刑法应遵循怎样的原则介入财产保护？这一设问兼具立法论与解释论意义，前者关涉犯罪圈的划定和刑罚的设置，后者的意义在于为司法适用提供基本原则上的指导。就此，本书初步提出刑法介入财产保护的三大原则，即适度、平等、均衡。

一、适度原则

（一）概说

将什么样的侵犯财产行为作为犯罪予以处罚才是正当的，这是刑事立法

---

〔1〕　参见张明楷：《刑法学》（第5版·上），法律出版社2016年版，第20~21页。

中最基础、最根本的问题。虽然法益保护原则受到了各种各样的挑战，但法益保护主义一直被作为刑事立法的基本指导原理。刑法的目的是保护法益，犯罪的本质是侵犯法益。法益概念不仅有立法规制机能，还有解释规制机能。将法益保护原则应用到财产罪领域，问题就变为了：怎样的财产是值得刑法介入保护的？如果是"值得"介入的，那就意味着刑法介入是适度的，否则就是过度或不足的。可是，仅凭"值得保护的财产"是无法明晰回答这一问题的。

行政法中广泛运用的比例原则对贯彻法益保护原则具有方法论意义。比例原则包括三点：一是妥当性，即所采取的措施可以实现所追求的目的；二是必要性，即除此之外没有其他能造成更少损害的适当措施；三是相称性，即采取的措施与追求的结果之间并非不成比例。[1]按照张明楷教授的解说，妥当性处理的是手段与目的之间的关系，要求手段必须能够实现目的，或者至少有助于实现目的；必要性处理的是手段与手段之间的关系，要求在多种达成目的的手段中选择侵害最小的手段；相称性处理的是手段的结果与目的之间的关系，要求对希望保护的利益和所可能损害的利益进行衡量，如果所损害的利益大于其所保护的利益，就不得采用该措施。根据妥当性，如果行为没有法益侵害性，对之就不能适用刑罚；根据必要性，刑法中的法益保护是"补充性的法益保护"，只有当其他保护手段没有效果或效果不充分时才能发动刑罚；根据相称性，立法与司法时都应进行法益衡量。因此，比例原则与作为刑法基本原则的法益保护原则并不是包容关系，也不是对立关系与中立关系，从基本内容来看，比例原则并没有超出法益保护原则。[2]

（二）释例

按照上述阐释，可以检讨诸多刑法介入财产保护是否适度的情形。以下试举两例分析。

以妥当性检视，所谓秩序维持模式的主要问题是刑法介入过度。以骗取卖淫等不法劳务为例。有学者认为，骗取卖淫服务的，成立诈骗罪，理由在于：①事实上，性服务具有市场交换价值，卖淫女正是以此为业，嫖客也以

---

〔1〕 参见［德］哈特穆特·毛雷尔：《行政法学总论》，高家伟译，法律出版社 2000 年版，第 238~239 页。

〔2〕 参见张明楷："法益保护与比例原则"，载《中国社会科学》2017 年第 7 期，第 94~95 页。其中，相称性是狭义的比例性要求，具有相对的独立性，本书将其放在"均衡原则"中展开。

支付一定金钱为对价获得性服务；②事实上，具有交换价值就值得刑法保护，正如对违禁品的保护一样，肯定骗取毒品的行为构成诈骗罪，绝不单纯是为了保护持有者的占有权，也是为了保护诚实信用的财产交易秩序；③违禁品的持有尚且值得刑法保护，没有理由认为更应被保护的卖淫服务反而不值得刑法保护，因为卖淫女通常文化程度不高，缺乏其他的谋生技能，提供卖淫多是为生计所迫，从经济的观点看，骗取卖淫服务给卖淫女造成了财产损失；④承认卖淫服务是一种值得保护的财产性利益，与卖淫服务所得最终会被没收并不矛盾，之所以成立诈骗罪，是因为这种行为侵害了他人的财产处分自由权，扰乱了诚实信用、公平交易的财产秩序，没收是因为提供不法劳务的行为违反了相关的禁止性规定。[1]

这种主张值得商榷。首先，卖淫女提供的性服务只是一种单纯的劳务，不具有财产性利益的属性，卖淫女所享有的"债权"不具有"财产"属性；其次，上文已指出，对违禁品的占有虽属无权，但已形成相对稳定的事实状态，占有人相较于第三人享有优势地位，这种地位可以确保占有人在占有期间事实上获取了对违禁品的利用可能性，这种利用可能性应当被评价为财产利益，这一点不同于提供卖淫服务；再次，"诚实信用的财产交易秩序"的提法体现的是典型的秩序维持模式思想，而这种"秩序"是不能被还原为某种具体"财产"的，如果以维持秩序为由发动刑罚，就违背了财产法益保护的初衷，诈骗罪是财产罪，而不是扰乱社会管理秩序的犯罪；最后，是否"值得"保护是一个法规范的判断，不能由形成卖淫的原因出发论证卖淫服务"更值得"刑法保护。如果一个法规范禁止了某种交易的缔结与进行，对于违背此禁令的案件来说，也就不会形成既不能评价为合法，也不能评价为违法的法外空间，而"应诚实地缔结与进行这个交易"的诫命，在逻辑上是与"禁止缔结与进行这个交易"的禁令互不兼容的。[2]从"所采取的措施可以实现所追求的目的"来看：一方面，禁止卖淫服务；另一方面，处罚"不诚实地从事卖淫交易"的行为。这是不能兼容的，也就不应以处罚骗取卖淫服务的行为来实现所谓保护卖淫女"财产"的目的。

---

〔1〕 参见陈洪兵：《财产犯罪之间的界限与竞合研究》，中国政法大学出版社 2014 年版，第207~208 页。

〔2〕 参见 ［德］英格博格·普珀：《法学思维小学堂：法律人的 6 堂思维训练课》，蔡圣伟译，北京大学出版社 2011 年版，第 165 页。

从必要性出发，拒不支付劳动报酬罪的现行立法有违背"补充性的法益保护"之嫌。合同履行请求权这种债权纠纷，基于私法自治原则，应当留待当事人自己解决，刑法没有必要介入，除非是第三者侵害了这种债权。需要刑法介入的原则上应当是侵权行为。虽然民事违约也可能造成财产损失，但这种损失的存在并不能充分证明动用刑罚处罚的合理性。合同交易本身不但是自愿的，而且是可预测的，包含了一方或者双方违约的预测，违约行为及其后果是双方可以预见的，同时由于交易的相对性，违约也是容易被发现并被证实的，通过违约责任也能使得受害方的利益得到保护。这与侵权行为的偶然性、非自愿性等是有着本质区别的。这种民法上的制度安排为刑法介入财产保护提供了较为明晰的界限。以刑法介入单纯的债务不履行违背了民法上合同法与侵权责任法界分的意义，属于越俎代庖。一旦刑法将不履行合同导致他人遭受财产损失的行为入罪，势必会使得人们不敢从事经济交易活动，经济就不可能发展。这是与合同法贯彻私法自治、倡导交易自由的初衷完全背离的。所以，拒不支付劳动报酬罪的立法指向不应是财产保护。[1]

（三）具体要求

1. 目的审查

制定与适用罪刑规范都必须考虑这个罪刑规范的目的是什么。德国学者普珀指出，一个法律目的的"客观"确定，必须要通过三重检验：一是必须确认所要追求的目的本身是正义的、理性的以及有益的；二是对于完整实现这个目的而言，规范必须是一个适当的手段；三是实现这个规范目的不得引起超乎规范目的价值的不利附属后果。[2]

例如，《刑法修正案（八）》增加了入户盗窃、扒窃成立盗窃罪的规定。按照相关司法解释，非法进入供他人家庭生活，与外界相对隔离的住所盗窃的，应当认定为入户盗窃。问题是，合法进入他人住宅后盗窃的，是否成立入户盗窃？"入户"是限制处罚范围的要素，同时为行为不法提供根据，所以合法进入他人住宅后盗窃的，不应认定为入户盗窃，否则就不当扩大了处罚范围，特别是扩大了亲属间、朋友间小额盗窃的处罚范围。[3]同样，司法解

---

〔1〕　更加详尽的分析，参见本书第六章第二节。

〔2〕　参见［德］英格博格·普珀：《法学思维小学堂：法律人的6堂思维训练课》，蔡圣伟译，北京大学出版社2011年版，第69~70页。

〔3〕　参见张明楷：《刑法学》（第5版·下），法律出版社2016年版，第953页。

释对"扒窃"也进行了限制解释，即"在公共场所或者公共交通工具上盗窃他人随身携带的财物"。只有具备"在公共场所或者公共交通工具上""他人随身携带的财物"等条件，才能充分体现扒窃行为的不法性及其处罚必要性。

又如，我国有学者在处理不法原因给付与侵占罪问题时，主张区分不法原因给付与不法原因委托。在不法原因给付的场合，给付行为已经现实地造成了不法状态，此时民事法律为了预防将来可能发生的不法给付才特别认定，即便受领人违背约定不为对待给付，原则上也不允许给付者请求返还所给付的利益。然而，在不法原因委托的场合（如给付者出于不法原因请求受托人将财物转交给受领人），当前的给付行为尚未完成，此时认可给付者对受托人的返还请求权有助于抑制进一步的不法，防止不法状态的形成。如若此时也和不法原因给付时一样否定给付者的返还请求权，则意味着即便受托人将委托物交予受领人，给付者也不得加以阻止。这未免是法秩序自己促成了给付行为的实施与不法状态的出现。

由此可见，区分不法原因给付与不法原因委托，在前者场合原则上否定给付者的返还请求权而在后者场合对之予以肯定，其实都是为了有效实现民事法律预防不法状态形成的规范目的，并无内在矛盾。[1]但是，这一主张偏离了不法原因给付不得请求返还的规范目的。不法原因给付不得请求返还立法的立足点是对给付人予以警戒，预先告知其需要承担无法请求返还的不利后果，使其不投身到不法活动中去，而不是阻止所谓不法结果的进一步或最终出现。仅凭给付与委托的不同导致法律结论上出现很大的不同，这是不能正当化的。请求返还为了实行杀人而拿出的现金的场合，不论当初现金是借给的还是送给的，恐怕都不能说是刑法上值得保护的财产。防止进一步或最终不法结果的出现或存续的任务本就由其他法律规范承担。例如，即使出租房屋的房东不能请求返还，承租人得以继续占有房屋，但占有房屋并不意味着承租人可以继续不法经营，对于不法经营，完全可以予以行政取缔。

更为重要的是，这一主张为给付者规避法律后果指明了方向。既然给付者对于不法原因委托的财产可以请求返还，受托人据为己有也成立侵占罪，那么给付者就会在将财产投入到不法活动时，尽可能选择委托的方式进行，而规避所谓给付的方式。即使实际上采取了给付的方式，也可以在表面上维

---

[1] 王钢："不法原因给付与侵占罪"，载《中外法学》2016年第4期，第943~944页。

持一种"委托"的外观进行规避。因此，区分不法原因给付与不法原因委托赋予不同的法律效果是违背规范目的的，不能被正当化。[1]

再如，有学者从分析大量实证案例出发，较为客观地展现了拒不支付劳动报酬罪的适用现状，包括：适用总量屈指可数，与欠薪行为总量不成比例，各地适用情况也不均衡，甚至有的地方没有适用的报道；处理结果有失均衡，适用缓刑标准不统一，量刑失衡，启动程序不尽统一。[2]这种实务中的"困窘"局面与该罪立法的仓促、前置问题的安排尚欠周全有关。从完整实现对劳动者报酬这一"财产"进行保护的目的来看，拒不支付劳动报酬罪的立法确实值得反思。

与此类似，许多学者主张增设针对全体财产的犯罪，如背信罪。[3]但值得注意的是，经济犯罪的被害人出于维护形象和避免"二次被害"的考虑，通常更倾向于在内部制裁行为人，刑法规范及其制裁机制并未受其青睐，经由背信行为对企业所可能造成的无形损害可能会远高于其直接引起的有形财产损害。这种无形损害，正是由刑事追诉造成的。在公开的刑事追诉中，公众注意到该背信犯罪，该企业作为被害人反而会被质疑，尤其是其经营能力和内部管理运作。这样，被害人往往忌惮进行刑事告发，因为刑事追诉常常伴随着名誉损失与无形的负担。既然如此，由被害人选择是否进行刑事告发，在背信罪的场合就成了一种妥当的制度安排。同时，也能有效避免刑事追诉所造成的"无形损害"这种"超乎规范目的价值的不利附属后果"。只有这样，背信罪的规范才是"实现目的的适当手段"。[4]

2. 法益甄选

适度原则的核心是甄选值得刑法保护的法益。如果行为没有法益侵害性，对之适用刑罚就是不符合妥当性标准的。不仅如此，法益是指值得刑法保护的利益，而不是泛指一切利益，如果某种利益可由其他法律保护，但不值得由刑法保护，就不是刑法上的法益。这就是刑法法益的补充性原理。在立法

---

〔1〕　更加详尽分析，参见本书第四章第二节。

〔2〕　参见舒平锋："拒不支付劳动报酬罪研究——以 40 例拒不支付劳动报酬案件为分析样本"，载《中国刑事法杂志》2013 年第 2 期，第 58~60 页。

〔3〕　参见付立庆："论刑法介入财产权保护时的考量要点"，载《中国法学》2011 年第 6 期，第 145 页。

〔4〕　更加详尽的分析，参见本书第六章第一节。

论上，刑法的补充性一直是法益保护原则的主要内容。[1]那么，就刑法介入财产保护而言，哪些法益是值得刑法保护的？

按照我国民法理论的通说，财产权包括物权与债权两大类：物权是直接支配物的权利；债权是请求他人为一定行为（作为或不作为）而得到生活上的利益的权利。[2]正是因为物权与债权泾渭分明的区分，民法形成了对两种财产权不同的保护体系。"物－债"二分制使得民事责任被区分为侵权责任与违约责任，对物权的侵害主要是借助侵权责任来救济，而违约责任制度主要旨在保护债权。[3]这充分体现了财产权区分制在财产权民事保护中的实效，即根据不同种类财产权的内容（实质）给予与之相应的保护。相对于财产权的民事保护，基于谦抑性要求，刑法对财产权的保护具有"断片性"。一方面，刑法并非对所有的财产侵害均进行规制。例如，财产罪只处罚故意侵害财产的行为，而且必须符合刑法规定的具体行为样态。另一方面，对某种具体财产权进行保护时，可以通过犯罪形态的区分（如区分既遂、未遂）控制介入力度，减少刑罚的适用。例如，有关司法解释明确，诈骗未遂，以数额巨大的财物为诈骗目标的，或者具有其他严重情节的，应当定罪处罚。据此，相当多的诈骗未遂事实上难以成罪。问题是，在财产权种类上，刑法保护的"断片性"应如何体现？刑法是否应针对不同的财产权给予区别对待？这实际上涉及财产罪的法益观为何的问题。此问题在财产罪立法论和解释论中都居于基础性地位。

前已述及，民法参酌模式强调只有具有财产特性的利益才值得以财产罪进行保护，在法益论上努力寻求民法上的依据，这样才能有效控制处罚边界。在我国，财产罪法益的所有权说在理论上存在疑问，在实践中也存在困惑，[4]在解释论上捉襟见肘，需要另辟新径建立新的财产罪法益观。在民法中，物权是支配权与绝对权的结合体，债权是请求权与相对权的结合体。支配权、请求权、绝对权、相对权这四种要素之间本可以有四种组合方式，即绝对的支配权、相对的请求权、相对的支配权、绝对的请求权。[5]在物权与债权二

---

〔1〕 参见张明楷："法益保护与比例原则"，载《中国社会科学》2017年第7期，第94~95页。

〔2〕 谢怀栻："论民事权利体系"，载《法学研究》1996年第2期，第73页。

〔3〕 参见王利明："论物权法中物权和债权的区分"，载《法学论坛》2007年第1期，第6页。

〔4〕 参见张明楷：《刑法学》（第5版·下），法律出版社2016年版，第941~942页。

〔5〕 参见金可可："债权物权区分说的构成要素"，载《法学研究》2005年第1期，第29页。

元划分的模式中，支配权与请求权是两个基础性概念。[1]基于此，可尝试以"支配权-请求权"为中心构建财产罪法益观。首先，在"权利"层面，将权利分为"支配性财产权"与"请求性财产权"，前者包含绝对的支配权与相对的支配权，后者包括绝对的请求权与相对的请求权；其次，在"事实状态"层面，与权利分类相呼应，将事实状态分为"支配性状态"与"请求性状态"。

（1）绝对的支配权。绝对的支配权即物权，包括自物权与他物权。这种权利人对物形成支配关系进而享受物上利益的权利充分体现了权利人的自由意志，具有"对世性"，应当是财产罪保护的重点。物权的基本形态是所有权，所有权是一种全面性权利，具有占有、使用、收益、处分等全部权能。而用益物权与担保物权等他物权是一种限制物权，权利人只能就一定目的范围内形成特定支配关系，享有的是受到限制的权能。不过，当某物上同时存在所有权与他物权时，他物权就会对所有权的权能产生一定限制，使其暂时不再具有完全性的权能。所以，财产罪不可能只保护所有权，也要保护他物权。

（2）相对的支配权。基于债务关系的支配权，由于其基础仍然是一种相对的债权债务关系，所以被称为"相对的支配权"。[2]相对的支配权的特点与他物权类似。他物权的权源是法律或合同的具体规定，相对的支配权的权源是债务关系，但最终形成的都是支配权。既然他物权得到刑法保护，例如，债务人或第三人盗窃质权人所占有的质物的，侵害了质权人对质物的占有与收益，那么在债务人或第三人盗窃承租人所占有的租赁物的场合，也应该认为侵害了承租人对租赁物的占有与使用。又如，在分期付款的场合，如果附有所有权保留，即在买方付清货款之前，货物所有权仍归卖方，卖方窃回货物，构成对相对的支配权的侵害，可能成立盗窃罪。反过来，如果买方在付清货款之前处分货物，构成对卖方处分权的侵害，可能成立侵占罪。由此可见，相对的支配权如果不含处分权，权利人不能擅为处分行为。同理，处分权人也不能随意侵害相对的支配权中的占有与使用权。总之，相对的支配权应获得与他物权相当的刑法保护。

（3）绝对的请求权。为了保护特定权利人的利益，法律可以设置特别规

---

〔1〕　参见王卫国："现代财产法的理论建构"，载《中国社会科学》2012年第1期，第146页。

〔2〕　金可可："债权物权区分说的构成要素"，载《法学研究》2005年第1期，第29页。

定，赋予某种债权以排他性，这就产生了所谓"绝对的请求权"。最为典型的是预告登记所保障的请求权。我国《民法典》第 221 条第 1 款规定："当事人签订买卖房屋的协议或者签订其他不动产物权的协议，为保障将来实现物权，按照约定可以向登记机构申请预告登记。预告登记后，未经预告登记的权利人同意，处分该不动产的，不发生物权效力。"虽然签订买卖协议时，买方尚未取得物权，但通过预告登记，保障其将来一定能取得物权，这就突破了债权相对权的地位，具有了对抗第三人的效力。但是，买方要实现自己的意思，将来还是要卖方的意思协作，就此而言，买方的权利仍然是请求权，这就形成了所谓绝对的请求权。买卖房屋或者其他不动产是重大的处分事项，依法实行登记主义，但是，在有些情形下，办理登记条件未成就，签订买卖合同与登记之间存在一个时间差，为了避免卖方利用此空隙实行"一物二卖"等行为损害买方权益，法律设置了预告登记。在刑法上，当预告登记后，卖方又将房屋或者其他不动产卖给第三人的，就是对买方绝对请求权的侵害，可能成立侵占罪。如果如传统观念那样认为只有所有权才是侵占罪法益的话，在上述"一物二卖"的场合，买方因尚未登记而未取得所有权，卖方的处分行为并未侵害其所有权，势必不成立侵占罪。可是，这显然不利于保护买方的重大权益，也违背了物权法设置预告登记的初衷。只有将侵占罪法益理解为包括这种绝对的请求权，方能实现对买方的有力保护。

此外，在股票交易、债券交易、期货交易、金融衍生产品交易等经济活动中，都是以权利作为标的。承载这种权利的往往是某种债权凭证。一旦某种债权凭证作为有价债券被流通交易，那就形成了请求权的转让导致物权变动的局面，而请求权则成了一种财产。在这一财产化过程中，法律制度的一项重要任务就是强化债权的稳定性。保障债权受让人、确保债权的清偿力便成了债权法变革的重要课题。[1]这种具有流通性的请求权，也就意味着绝对性，针对某个特定人的相对权或多或少地同时受到针对第三者的保护，在这方面与绝对权类似。[2]针对可交易、可流通的债权凭证的侵害行为，也就因侵犯了绝对的请求权而必须受到刑法规制。这种可交易、可流通的债权凭证

---

[1] 参见王卫国："现代财产法的理论建构"，载《中国社会科学》2012 年第 1 期，第 152 页。

[2] 参见 [德] 卡尔·拉伦茨：《德国民法通论》（上册），王晓晔等译，法律出版社 2002 年版，第 302 页。

的特点在于，虽然从实质上说其体现的仍然是请求权，但其已成为相对固化的财产形态，具有可交易、可流通性，持有人不必依赖于向债务人行使请求权，就可通过交易、流通达到变现目的，这正体现出了其"绝对性"的一面。所以，对于实务中出现的盗窃、诈骗可交易、可流通的债权凭证的行为，只要取得该凭证，就应构成盗窃、诈骗罪既遂，犯罪数额以票面数额计，无论行为人是第三人还是债务人，在这一点上都是一样的。对于提单、仓单等债权凭证，也应按上述思路对待。占有提单、仓单等凭证就能对其上记载的物品进行处分，占有物品者负有见单即付的义务，只需审查背书是否连续即可，不问交易过程和持有人身份，凭证的流转意味着物品处分的转移。因此，其体现的也是一种绝对的请求权。盗窃、诈骗这些凭证的，分别成立的盗窃罪、诈骗罪，犯罪数额就是凭证上物品的价值。

（4）相对的请求权。相对的请求权即债权。对于刑法要不要保护债权，目前仍然存在争议。我国盗窃罪司法解释关于盗窃有价凭证等如何计算数额的规定实际上已经肯定了对债权的刑法保护。除去可交易、可流通的凭证体现绝对的请求权外，尚存大量不可交易流通的凭证，如存折、存单等（存折、存单等又有不记名、不挂失与记名、可挂失之分），其体现的仍然是一种相对的请求权。取得这些不可交易流通的存折、存单，并不代表获得了其上记载的钱款，只有向银行行使请求权，银行履行支付义务后，方能现实地取得存款。对这种相对的请求权，刑法在保护上应与上述绝对的请求权有所区别。在盗窃、诈骗不记名、不挂失的存折、存单的场合，如果获得存折、存单后不去取款，被害人遭受财产损失的紧迫性不高，应视情况成立盗窃、诈骗罪的预备犯或预备阶段的中止犯。而如果盗窃、诈骗的是记名、可挂失的存折、存单，即便取得存折、存单后到银行取款，银行也会验证、核实取款人身份或者要求输入取款密码，所以这些存折、存单只是提供了接近财物的便利条件而已。既然如此，刑法就应更有限地介入。对于盗窃、诈骗记名、可挂失的存折、存单后没有取款的，不作为犯罪处理为宜。[1]

如果是债务人盗窃、诈骗上述债权凭证，情况就大不相同了。通常认为，

---

〔1〕　对于与债权人身份密切相关的债权凭证，如上述记名、可挂失的存折、存单以及借据，第三人取得后对其实际利用价值不大，受身份所限，一般难以变现。但实务中也可能出现第三人取得借据后要求债务人以低于借据记载价值的数额向其"购买"的情况，这当然可能构成犯罪。当然，这里所说的第三人行为仅限于与债务人没有勾结的情形。

债权往往基于契约产生，权利义务关系明确，一般能够获得民事救济，刑法介入有违谦抑性原则。[1]但是，在很多情形下，债权人获得民事救济的难度非常大，刑法如果不介入，对这种行为就起不到预防作用。债务人也会认为最多只是承担民事责任，类似行为就会反复发生。在第三人取得凭证的情形下，债权人尚有挂失、通知付款人止付等应急手段。但对债务人盗窃、诈骗凭证的恶意不履行债务行为，这些应急手段都无从实施，由相对的请求权性质所决定，债权人势必难以向债务人主张债权实现自己的意思。所以，债务人采用盗窃、诈骗等手段逃避债务的，如果能认定相应的财产性利益已发生转移，刑法也应介入。对于单纯的债务不履行，刑法不应干预；一旦债务人采用财产罪规定的行为样态侵犯债权，就不是单纯的债务不履行了，刑法应当介入。

（5）支配性状态与请求性状态。这主要是指以下两种情形：一种是先前具有某种权利但后来作为基础的权源不再存续而形成的事实状态；另一种是本就没有基础性权源或基础性权源不明而形成的事实状态。前者如租赁期已满但承租人继续占有标的物的状态；后者如盗窃犯对窃取物的占有状态或一般人对禁制品的占有状态。这种事实状态对占有人而言是一种利益。其中既有被害人恢复权利的情形，即权利人从非法占有者处取回自己所有或合法占有的财产的行为以及行使其他权利的行为，也有非权利人打破这种事实状态的情形，如盗窃他人占有的违禁品。对于这些情形，本书他处已有探讨，此处不赘。

3. 行为样态设定

是不是只要侵害了值得刑法保护的财产就得动用刑罚？答案是否定的。刑法不同于民法中的合同法、侵权法的显著一点是，对侵财行为规定了抢劫、盗窃、诈骗等具体的样态，只有符合相应行为样态的设定，方可能论之以犯罪。就立法论而言，需要关注的是应设定怎样的行为样态才是正当的，既有的行为样态设定是否契合财产罪保护财产的初衷；从解释论来看，涉及的是对案件事实的定性是否符合刑法已经设定的具体样态。这种行为样态的设定，实际上也是建立在充分考虑运用非刑罚方式是否能有效保护法益的基础上的。

---

[1] 参见童伟华：《财产罪基础理论研究：财产罪的法益及其展开》，法律出版社 2012 年版，第62 页。

例如，有学者指出，顾客在餐厅用餐或者在酒店住宿后偷偷逃走、逃避交纳费用的行为，构成盗窃罪。理由在于，这种逃单行为实际上是破坏店家的债权（餐费）请求权，从而获得了不用支付餐费这种财产性利益，这才是逃交餐费的行为的本质所在。这种场合，行为人已经不知去向，被害人（即店主）很难找到其索要餐费或者住宿费，行为人在事实上已经现实、具体地获得了免予支付就餐费用或者住宿费用的财产性利益。同样，在行为人进入需要付费的高速公路之后，在即将到达目的地附近的高速公路出口的收费站时，拨开高速公路的护栏逃走，或者从已经被他人拨开的高速公路护栏逃走，逃交高速公路费用的场合，由于这种从非正常出口逃离的行为事实上使其获得了免交高速公路通行费用的利益，因此构成（利益）盗窃罪。[1]

这种观点误读了盗窃罪的行为样态规定。首先，盗窃罪是转移占有型财产罪，在餐厅逃单的场合，店主享有的餐费请求权并未被转移至逃单者那里，店主不能或难以行使债权不能与债权转移等同。因此，逃单行为不符合（利益）盗窃罪中债权转移的要求。其次，逃单案件中没有具体的财产性利益的转移。从事实上来看，只能说行为人"没有支付餐费（或高速路费）"；从债权债务关系上说，行为人并不是"不用支付餐费（或高速路费）"，而是仍然需要支付。被害人仍然享有"餐费（或高速路费）请求权"这一具体的财产性利益，行为人则具有交付餐费（或高速路费）的义务。行为人并没有将被害人的"餐费（或高速路费）请求权"这一具体的财产性利益转移为自己占有。或者说，被害人并没有丧失"餐费（或高速路费）请求权，因而仍然有权要求行为人支付餐费（或高速路费）。既然如此，就不能认为行为人转移了被害人的财产性利益，因而不属于盗窃。[2]单纯的债务不履行只是欠债不还，债权债务关系并未发生转移，既然如此就不可能符合转移占有型财产罪的行为样态要求。既然如此，将逃单行为认定为盗窃罪是刑法对财产性利益保护的过度化介入，对这种行为应通过民事、行政等非刑罚手段进行处理。

二、平等原则

为了保证法治本身公平、正义原则的实现，刑法在介入财产保护时也需

〔1〕　参见黎宏："论盗窃财产性利益"，载《清华法学》2013年第6期，第123、132页。
〔2〕　参见张明楷："论盗窃财产性利益"，载《中外法学》2016年第6期，第1423~1424页。

要关照对不同主体的平等保护之间的关系。[1]这就是所谓的平等原则。刑法的公平正义性要求对不同主体的财产予以平等保护。下面结合若干实例展开。

（一）不同智识者的平等保护

平等原则在被害人参与型犯罪中具有极其重要的意义。在财产罪中，诈骗罪就是最为典型的被害人参与型犯罪。这种"参与"体现在：在事态发展的过程中，如果被害人没有产生错误认识，并基于错误认识处分财产，仅靠行为人的欺诈行为是不可能导致财产损失的。被害人以错误认识为前提的参与方式起着决定性的作用。诈骗罪属于关系犯，行为人不能以外在积极损害法益这种方式实现构成要件，而是同时需要被害人的参与和配合。如果被害人没有以完成犯罪计划所必需的方式参与构成要件实现的话，仅靠行为人自身的行为是不可能实现构成要件该当性事实的。[2]这一特征使得诈骗罪与盗窃罪存在重大区别。盗窃罪是行为人主动侵入被害人的财产支配领域，不存在与被害人的交流、沟通环节，无须被害人的参与和配合就能实现剥夺原占有与建立新占有。

正是因为诈骗罪这种关系犯、被害人参与的特点，使其成了"被害人教义学"最为主要的阐释点。在被害人教义学看来，如果被害人可以自己通过适当的手段来保护法益，但却任意不采用这种手段，刑法作为保护法益的最后手段就没有必要介入。在诈骗罪的场合，既然客观上存在足以令人产生怀疑的事实，但被害人却依然交付财物，这时可以认为被害人在自身足以保护其法益的情况下不实施保护，被害人的行为属于一种涉风险的投机行为，缺乏刑法保护的必要性。被害人的行为对犯罪成立具有独立地位，对行为人刑罚的必要性与对被害人保护的必要性是相对存在的，在被害人能够自我保护却疏于保护的情况下，被害人就不值得保护（也不需要保护），作为国家预防社会侵害最后手段的刑罚就没有发动的余地，对行为人也就没有处罚必要性。[3]也有学者接受这种被害人教义学的观点，主张"被害人对诈骗行为诈

---

[1]　参见付立庆："论刑法介入财产权保护时的考量要点"，载《中国法学》2011年第6期，第139页。

[2]　参见赵书鸿："论诈骗罪中作出事实性说明的欺诈"，载《中国法学》2012年第4期，第117页。

[3]　参见林钰雄：《刑事法理论与实践》，中国人民大学出版社2008年版，第120~121页。

称事实存在具体怀疑时应否认被害人陷入认识错误"。[1]

冯军教授也指出，民事欺诈与刑事诈骗的区别在于：在民事欺诈中，被害人认识错误的产生主要是因为被害人自己存在轻信心理或者贪利动机等过错，这种认识错误必须是由被害人自己加以避免的；在刑事诈骗中，被害人认识错误的产生主要是因为行为人制造了有力的根据，被害人具有相信行为人的适当理由，被害人的认识错误是必须由行为人负责消除的。[2]"关于'捏造事实'，完全应该进行法规范的理解。捏造的必须是实在法规范上应该防止的虚假事实。也就是说，必须是被害人履行了审查义务也不能确定其虚假性的事实。"[3]"一个理智的公民，有义务运用他的理智去获得他应该获得的知识。问题的关键在于：一个理智的人被欺骗而实施的行为是否具有一种理性的根据。如果不具有理性的根据，那么，就是理智者的任意行动，欺骗者就不成立诈骗罪，充其量成立民事纠纷；如果具有理性的根据，那么，就是理智者的理性行动，欺骗者就成立诈骗罪。"[4]

显然，上述主张都是基于区别不同智识者的认识，聚焦于被害人是否产生怀疑、被害人的交付行为是否理性等，进而考察刑法有无介入必要性。那么，认识能力的不同是否足以影响刑法要否介入？如果肯认上述主张，实际上导致的结果是：受骗者是否产生怀疑（进而受骗者的精明程度）成了决定诈骗罪成立或既遂与否的因素。这会造成财产保护的不平等。所以，刑法的公平正义性要求对不同智识者的财产予以平等保护。

其一，禁止诈骗的规范不能变为限制被害人交易自由的规范。行骗人创出一个不被容许的风险后，一旦被害人认识到风险，刑法就对被害人提出了消解风险的责任要求。显然，这对被害人提出了过高的期待。但问题是，这样的要求和期待是从诈骗罪规范中导引不出来的。即便认识到交易风险，但核不核实、回不回避均是被害人交易自由的题中应有之义。其二，不能弱化刑罚的功能。刑法补充性的基本内涵是，国家能够使用较轻微的方法以预防社会损害时，就并无刑法适用的余地，该原则是针对国家的行为而言的，适

[1] 参见缐泽昆："诈骗罪中被害人的怀疑与错误——基于被害人解释学的研究"，载《清华法学》2009年第5期，第115页。
[2] 参见冯军：《刑法问题的规范理解》，北京大学出版社2009年版，第35页。
[3] 冯军：《刑法问题的规范理解》，北京大学出版社2009年版，第35页。
[4] 冯军：《刑法问题的规范理解》，北京大学出版社2009年版，第58~59页。

用对象并不包括一般国民。如果个人因为轻信他人就不能得到国家保护，那么个人在公众生活中就必然时时刻刻提心吊胆，个人行为的自由也会随之受到限制。不管被害人产生错误认识是因为轻信、贪利还是具有适当理由，行为人的欺骗行为都有通过实施强烈的剥夺性痛苦而预防其再次犯罪、警示社会一般人不能效仿的必要性。[1]其三，自我保护可能性标准不可靠。被害人是否具有自我保护可能性对于行为人而言是偶然的事情，不同被害人是怎样的人并不应该影响行为人相同行为的评价意义。再说，怎样判断被害人"能够"自我保护？对此，并没有一个可行的明晰标准。其四，被害人自我答责思想仍存在许多不明之处。例如，冯军教授强调"捏造的必须是被害人履行了审查义务也不能确定其虚假性的事实"。可是，"审查义务"从何而来？如何判定？又如，他提出，在民事欺诈中，认识错误必须是由被害人自己加以避免的，而在刑事诈骗中，认识错误是必须由行为人负责消除的。可是，怎么判断哪些是应由被害人自己加以避免的，哪些是应由行为人负责消除的？再如，他认为，"理性的根据"是判断民事欺诈与刑事诈骗的重要标准。可是，"理性的根据"有无统一的标准？会否导致适用过程中的不平等？这些恐怕都是值得拷问的。

某种虚假表示是否属于欺骗行为，关键在于该行为在具体事态下是否具有使他人陷入或者继续维持认识错误而处分财产的一定程度的危险性，或者说该行为在具体的事态下是否足以使他人陷入或者维持错误进而处分财产。根据受骗者的情况判断欺骗的程度会导致作为构成要件要素的欺骗行为丧失统一的标准，从而使诈骗罪的构成要件丧失定型性。所以，这里的"他人"，是指"一般人"，包括了一切可能成为受骗者的一般人。[2]在我国，曾经发生过一起冒充孙中山鼓动他人投资的案件。[3]按照上述以"理性根据"区分民事欺诈与刑事诈骗的观点，受骗者稍加谨慎便不会认为孙中山还在世，这是一种"理智者的任意行动"，受骗者存在责任。但是，诈骗罪中的受骗者不限于普通的一般人，也包括并不谨慎行为或者缺乏必要知识的自然人。如果否认行为的欺骗性，将责任完全归于受骗者，便意味着缺乏必要谨慎与知识

〔1〕 参见付立庆："论刑法介入财产权保护时的考量要点"，载《中国法学》2011年第6期，第141页。

〔2〕 参见张明楷：《诈骗罪与金融诈骗罪研究》，清华大学出版社2006年版，第84~85页。

〔3〕 参见赵晓星等："竟敢冒充孙中山 说今年130多岁"，载《检察日报》2004年4月30日。

的人的财产不能得到刑法保护，这便难以被国民接受。[1]

（二）参与不法者的平等保护

诈骗罪中涉及平等原则的另一值得讨论的是参与不法的不同主体财产的保护问题。我国刑法理论一般认为，在诈骗不法原因给付物的情况下，由于诈骗行为在前，被害人的不法原因给付在后，没有行为人的诈骗行为被害人就不会处分财产，故被害人的财产损害是由行为人的支配行为造成的，这就说明行为人侵害了他人财产，当然成立诈骗罪。例如，用白纸冒充假币出卖给他人的，成立诈骗罪（被害人不成立任何犯罪）；将面粉冒充毒品出售的，成立诈骗罪（被害人不成立任何犯罪）。使用欺骗手段使对方免除无效请求权的，不成立诈骗罪。通过欺骗方法使他人免除非法债务的，不成立诈骗罪。例如，行为人原本没有支付嫖宿费的意思，欺骗卖淫女使之提供性服务的，不成立诈骗罪。行为人原本打算支付嫖资，与对方实施性行为后，又采取欺骗手段使对方免收嫖资的，也不成立诈骗罪。[2]按此，卖淫女骗得嫖资但不提供性服务的，成立诈骗罪；嫖客欺骗卖淫女使之提供性服务但不打算支付嫖资的，不成立诈骗罪。

在德国，性服务原本被认为不具有经济价值，如此一来便形成了性工作者与顾客间的不对称关系。顾客仍受诈骗罪保护，因为他所给付的还是"干净的钱"，但性工作者则否。在2002年《德国性交易法》赋予性工作者法律上要求对待给付的权利后，便结束了这种难以被看透的道德观。此后，德国联邦最高法院便只有在毒品交易的情形下维持了买方与卖方间的不平等对待。如果毒品是通过有瑕疵的供货来欺骗顾客，顾客是受到保护的，因为他所给付的是干净的钱。但如果顾客给付毒品卖家的是伪钞，毒品卖家则不会受到保护，因为联邦最高法院认为，卖家被骗走的毒品并不能被涵摄到经济的财产概念下。[3]在我国，情况与德国有所不同。不仅毒品交易是非法的，性交易也不被认为具有经济价值。那么，在卖淫的场合，嫖客的金钱可以得到诈骗罪的保护，但卖淫者的性服务无法被作为财产保护，对于同为"卖淫"这一不法活动的参与者来说，是否存在不平等保护的问题？在日本，刑法判例

[1]　参见张明楷：《诈骗罪与金融诈骗罪研究》，清华大学出版社2006年版，第118~119页。
[2]　张明楷：《刑法学》（第5版·下），法律出版社2016年版，第1005页。
[3]　参见［德］英格博格·普珀：《法学思维小学堂：法律人的6堂思维训练课》，蔡圣伟译，北京大学出版社2011年版，第73页。

与理论通说认为卖淫者骗取嫖客金钱后不提供性服务的构成诈骗罪，因为受骗之前嫖客对金钱的占有是合法的。但是，为了与此相平衡，基于卖春费用没有必要支付但支付后就无法请求返还，有学者提出刑法也保护"卖春费用"，认为无法将提供卖春服务与领受金钱分而论之。[1]

对此，有一个规范逻辑上的论点：如果法律曾经无条件地禁止某种交易，它就不能够再提出任何关于应如何处理这种交易的规范，因为这些规范将会抵触这一禁令。在我国，既然相关交易的不法性不容置疑，那么再以诈骗罪保护参与不法交易的任何一方的财产，便意味着受骗者可以主张损害赔偿，这显然有悖于法秩序。法秩序宣示了一个禁令，禁止缔结及履行特定的交易后，法秩序就不能对当事人违背此禁令的情形再提出这些法律交易应该如何缔结或履行的规则。[2]如此才能实现对参与不法各方的平等对待。从构成要件解释的角度，即便受骗之前嫖客对金钱的占有是合法的，但交付金钱后其将不再具有返还请求权，那么怎样认定其遭受"财产损失"？诈骗罪并非打破并建立占有就既遂的取得罪，而是强调整体财产受损的获利罪，必须比较财产处分前后的损益来认定是否具有财产损失。既然不能认为嫖客给付金钱后存在财产损失，刑法介入保护的必要性也就不复存在了。这样的处理方式不但维系了法秩序上的规范逻辑性，而且对参与不法的各方是一种平等对待，实现了刑法介入不法财产保护的平等原则。

三、均衡原则

比例原则的第三个标准是法益衡量。法益衡量在诸多方面都有表现，如在增设新罪时，要对设置刑罚处罚所丧失的利益与所获得的利益进行整体性的衡量；在增加或者减少某种犯罪的构成要件要素时，也需要进行法益衡量；在规定具体的违法阻却事由时，要以法益衡量为根据。[3]刑法在财产保护中所处的角色应符合适度性原则。此外还要均衡。这种均衡性要求既体现在对

〔1〕 参见［日］佐伯仁志、道垣内弘人：《刑法与民法的对话》，于改之、张小宁译，北京大学出版社 2012 年版，第 70、68~69 页。
〔2〕 参见［德］英格博格·普珀：《法学思维小学堂：法律人的 6 堂思维训练课》，蔡圣伟译，北京大学出版社 2011 年版，第 141 页。
〔3〕 参见张明楷："法益保护与比例原则"，载《中国社会科学》2017 年第 7 期，第 95 页。

构成要件的解释论层面，也体现在对罪状和刑罚设置的立法论层面。[1]均衡原则实质上就是比例原则中的法益衡量这一子原则。如果将比例原则作为广义上的适度原则，那么均衡原则就属于适度原则的组成部分，但如果从狭义上把握适度原则，使其只涵摄妥当性和必要性两个子原则，那么均衡原则（即相称性原则）就可以独立进行把握。

（一）解释论中的均衡原则

在解释论中，必须从均衡原则出发，妥当处理不同罪名的关系，尤其是构成要件的处罚空隙与交叉问题。

例如，传统观点认为，盗窃是指秘密窃取公私财物的行为；抢夺是指乘人不备公然夺取公私财物的行为。可是，秘密窃取意味着乘人不备，而乘人不备也具有秘密性。按此解释，两个罪名的核心要件似乎没有差别，这会造成适用上的困境。例如，老人乙在路上不小心滑倒受伤，无法起身，钱包落在离身体 3 米远的地上。虽然乙看到了 3 米远外的钱包，但其无力捡回，看到这一情形的甲拾起钱包后逃走。显然，甲不符合"秘密窃取"的要求，无法认定为盗窃罪；甲也不具备"乘人不备"的条件，因为乙一直注视着自己的钱包，怎么说其"不备"？不仅如此，"夺取"意味着至少要有"对物暴力"。可是，在该种情形下，甲并未对钱包实施暴力，更未对乙施加暴力，怎么谈得上"夺取"？结局是，无法处罚本应处罚的甲，这就造成了财产保护的空隙。对此，有学者主张，要么放弃盗窃罪"秘密窃取"要件而主张"平和取得说"，要么维持盗窃罪"秘密窃取"要件，放弃抢夺罪的"对物暴力"要件。只要属于公开地转移占有型的取得财产罪且不符合抢劫、诈骗、敲诈勒索等特征，即是抢夺。只有这样才能避免两罪之间存在处罚空隙。[2]可问题是，为什么行为不具有秘密性就可以被自动评价为抢夺？如果将公开取财的都评价为抢夺，那么携带凶器却又以平和方式公开取得他人财物的便都要被论以抢劫罪。这不仅难以被接受，也与"携带凶器盗窃"的行为成立盗窃罪的规定相冲突。[3]张明楷教授提出，抢夺行为是具有伤亡可能性的行为，如果所夺取的财物是在被害人紧密占有之下且对财物使用了非平和的手段，

---

〔1〕　参见付立庆："论刑法对财产权保护中的均衡性原则"，载《法学》2011 年第 5 期，第 88 页。

〔2〕　参见付立庆："论刑法对财产权保护中的均衡性原则"，载《法学》2011 年第 5 期，第 89 页。

〔3〕　参见张明楷：《刑法学》（第 5 版·下），法律出版社 2016 年版，第 997 页。

即可认为具有致人伤亡的可能性。如果仅具备上述条件之一，宜认定为盗窃罪。[1]据此，在上例中，甲的行为不可能具有致人伤亡的可能性，应按盗窃罪处理。对于实务中发生过的深夜进入孤寡老人家行窃惊醒老人，老人苦苦哀求仍翻找财物拿走钱财的案件，根据手段的平和性和不可能致人伤亡的特点，应认定为公开盗窃行为。正因为如此，抢夺罪与盗窃罪不是 A 与非 A 的关系。抢夺行为都符合盗窃行为的特征，但盗窃行为不一定符合抢夺行为的特征，二者之间是特别关系。

又如，关于敲诈勒索罪与抢劫罪的关系，我国传统观点和通说坚持以"两个当场"作为区分标志，即抢劫罪必须是当场以实现威胁的内容相恐吓且当场夺取财物或迫使被害人交付财物，敲诈勒索罪则可以当场实现或日后实现威胁内容相恐吓且迫使被害人当场或日后交付财物。[2]同时，学理上一般主张抢劫罪的暴力或者胁迫达到了足以抑制被害人反抗的程度，被害人在不能反抗、不敢反抗或不知反抗的情况下丧失对财物的占有，敲诈勒索罪的暴力或者胁迫只是致使被害人产生恐惧心理，被害人在仍有意志自由和选择余地的情况下交付财物，这就有效避免了两罪在构成要件上的交叉。但是，张明楷教授提出，抢劫罪表现为当场以暴力侵害相威胁，敲诈勒索罪的威胁方法基本上没有限制。抢劫罪中的暴力、胁迫必须达到足以压制他人反抗的程度，敲诈勒索罪的暴力、胁迫只要足以使被害人产生恐惧心理即可。行为人对被害人实施了足以压制其反抗的暴力、胁迫后迫使其日后交付财物的，宜认定为抢劫罪。[3]这种主张实际上放弃了"两个当场"的区分标志。

敲诈勒索罪与抢劫罪都会侵害到被害人的意思决定和行动自由。但是，在敲诈勒索的场合，一方面被害人还有一定的选择自由，另一方面手段行为不会直接严重侵害到被害人的生命和健康。这就是各国多设有抢劫致死伤罪的规定却并未设有敲诈勒索致死伤罪的原因。"恐吓取财没有结果加重犯（没有恐吓致死或者重伤的规定），可见立法者认为恐吓的手段，不对生命或身体有立即而显然的危险。"[4]就敲诈勒索而言，行为人虽然实施了暴力或暴力性

---

〔1〕 参见张明楷：《刑法学》（第 5 版·下），法律出版社 2016 年版，第 998 页。

〔2〕 参见高铭暄、马克昌主编：《刑法学》（第 5 版），北京大学出版社、高等教育出版社 2011 年版，第 523 页。

〔3〕 参见张明楷：《刑法学》（第 5 版·下），法律出版社 2016 年版，第 1018~1019 页。

〔4〕 林东茂：《刑法综览》（修订第 5 版），中国人民大学出版社 2009 年版，第 352 页。

胁迫，但由于暴力威胁并非当场实现，或由于当场实施的暴力并未足以压制被害人的反抗，使得被害人尚有一定的选择余地，可以选择当场拒绝，也可以选择先假装答应行为人的要求随后再寻求公力救济。[1]行为人对被害人实施了足以压制其反抗的暴力、胁迫后，迫使其日后交付财物时，被害人仍有一定意思决定与行动自由，行为的法益侵害性不值得以抢劫罪论处。因此，坚持"两个当场"的区分标志，能够揭示敲诈勒索罪与抢劫罪罪质的不同，避免两罪的构成要件出现过多的交叉，有利于实现刑法介入财产保护的均衡原则。

再如，行为人出于其他目的杀害他人后，产生非法占有他人财物的意思，取得死者的财物的，或者无关的第三者从死者身上取得财物的，应当如何定性？在我国，如果对侵占罪中"遗忘物"作字面意义上的解释，又不认可死者的占有，对上述行为就难以定罪。但是，从其法益侵害性来说，至少与脱离占有物侵占罪相当，从均衡原则出发，没有理由不作为犯罪处理。可能的解决方法有：第一，肯定死者的占有，这样就可以将上述行为认定为盗窃罪。但是，既然占有者已经死亡，他就不可能在客观上继续支配财物，也不可能有支配财物的意思。此外，盗窃行为要求违反被害人的意志，对于死者而言，不存在违反其意志的问题。因此，这一方法存在疑问。第二，将"遗忘物"作规范的解释，即"非基于他人本意而脱离他人占有，偶然（即不是基于委托关系）由行为人占有或者占有人不明的财物"，将死者身上或身边的财物归入其中，从而将上述两种行为认定为侵占罪。这一方法能够为国民所接受。[2]

不仅在构成要件的解释上需要贯彻均衡原则，在法定刑的配置上也能体现均衡原则。例如，侵占罪是一种不伴有占有侵害行为而取得财物的犯罪，国外将其分为单纯侵占罪（侵占委托物罪）、业务侵占罪、侵占脱离占有物罪。我国实际上也存在这种分类。侵占脱离占有物罪是最为单纯的取得罪，而单纯侵占罪、业务侵占罪是取得自己基于委托而占有的、为他人所有的财物，具有背信性。因此，侵占脱离占有物罪与单纯侵占罪、业务侵占罪是不同性质的犯罪。在日本，侵占脱离占有物罪的法定刑是1年以下惩役或10万

---

〔1〕　参见陈洪兵：《财产犯罪之间的界限与竞合研究》，中国政法大学出版社2014年版，第258页。

〔2〕　参见张明楷：《刑法学》（第5版·下），法律出版社2016年版，第947、970页。

日元以下罚金或科料，单纯侵占罪的法定刑是 5 年以下惩役，业务侵占罪的法定刑是 10 年以下惩役。这种法定刑配置与其各自具有的罪质是匹配的，具有均衡性。但在我国，犯职务侵占罪数额较大时，处 5 年以下有期徒刑或者拘役，数额巨大的，处 5 年以上有期徒刑，可以并处没收财产；侵占脱离占有物和委托物侵占的法定刑均为"2 年以下有期徒刑、拘役或者罚金""2 年以上 5 年以下有期徒刑，并处罚金"两档。这一法定刑配置并未充分体现均衡性要求。不仅侵占罪内部的法定刑配置要体现均衡性，在侵占罪与其他罪名的比较中也能以均衡性解释差异性。例如，侵占罪的法定刑轻于盗窃罪，从违法性的角度讲，侵占罪并未侵害他人对财物的占有，不法程度轻于盗窃罪；就责任而言，侵占罪的对象是自己占有的他人之物，该物处于行为人可以自由处分的状态，无须通过排除他人的占有而取得，在动机上更具有诱惑性，因而其责任非难的程度得以减轻；由预防犯罪的视角出发，盗窃罪的发案率远远高于侵占罪，为了实现一般预防，刑法对盗窃罪规定了重于侵占罪的法定刑。

（二）立法论中的均衡原则

对于财产罪的法网设置而言，同样需要讲求均衡原则，具体体现在罪状设定和法定刑配置两个方面。以下结合若干实例展开。

《刑法修正案（八）》将第 264 条修改为："盗窃公私财物，数额较大的，或者多次盗窃、入户盗窃、携带凶器盗窃、扒窃的，处三年以下有期徒刑、拘役或者管制，并处或者单处罚金；数额巨大或者有其他严重情节的，处三年以上十年以下有期徒刑，并处罚金；数额特别巨大或者有其他特别严重情节的，处十年以上有期徒刑或者无期徒刑，并处罚金或者没收财产。"本次修订增加了"入户盗窃、携带凶器盗窃、扒窃"成立盗窃罪的规定。此外，以"多次敲诈勒索"作为敲诈勒索罪入罪情形之一。[1]

众所周知，抢夺的主要特点是对他人紧密占有的财物行使有形力（也不排除使用轻微的对人暴力），被害人虽然当场可以得知财物被夺取，但往往来不及抗拒，抢夺的对物暴力可能导致被害人伤亡。将盗窃罪、敲诈勒索罪的上述修订与抢夺罪进行对比，至少存在如下疑问：第一，将"入户盗窃"作

---

〔1〕《刑法修正案（八）》生效后，盗窃罪与敲诈勒索罪都有了"多次"行为构成该罪的规定，但未规定"多次抢夺"构成抢夺罪。这之间显然不均衡，直至《刑法修正案（九）》增设了"多次抢夺"的规定，这一不均衡局面才得到改变。

为盗窃罪的入罪条件之一，但"入户抢夺"并未作为抢夺罪的入罪条件之一，是否合理？第二，"携带凶器抢夺的，依照抢劫罪的规定定罪处罚"与"携带凶器盗窃构成盗窃罪"的规定之间是否协调？就第一个问题来看，入户抢夺未达到数额较大难以入罪而入户盗窃未达到数额较大可以入罪，这确实不协调。立法者可能是考虑到抢夺的性质是对物暴力，入户后如果被害人在场，当场抢夺会导致被害人反抗，要么转化为抢劫罪，要么直接成立抢劫罪。如果被害人不在场，仅成立入户盗窃。似乎不存在所谓"入户抢夺"。[1]但是，抢夺罪的"公然"不是指必须有不特定或多数人在场的可能性，而是指被害人虽然当场可以得知财物被夺取，但往往来不及抗拒。抢夺行为不必在不特定或多数人面前实施，相反完全可能在仅有行为人与被害人的场所实施。[2]所以，"入户抢夺"完全可能发生，不但如此，在被害人在场的情况下也不一定会转化为抢劫罪（不符合转化条件）或直接成立抢劫罪（不符合抢劫罪的构成要件）。那么，入户抢夺未达到数额较大难以入罪而入户盗窃未达到数额较大可以入罪的不协调就难以消解。就此而言，增设"入户抢夺"成立抢夺罪的规定具有合理性。就第二个问题来说，刑法之所以规定"携带凶器抢夺的，依照抢劫罪的规定定罪处罚"，是因为在抢夺案件中，被害人能够当场发现被抢夺的事实，而且在通常情况下会要求行为人返还自己的财物，而行为人携带凶器的行为，客观上为自己抗拒抓捕、窝藏赃物创造了便利条件，再加之主观上有使用凶器的意识，使用凶器的可能性非常大，从而导致其行为的法益侵害性与抢劫罪没有实质区别。而之所以只是规定"携带凶器盗窃的构成盗窃罪"，可能是因为在盗窃的场合，被害人往往不在场或不知情，行为人即便携带凶器，随时使用的可能性也很低，因而没有拟制为抢劫罪的必要。但是，如果肯定公开盗窃，放弃盗窃罪的"秘密窃取"要件，被害人完全可能在场且知悉自己正在被盗或已被盗的事实，行为人与被害人之间形成紧张对峙的局面并非不可能，行为人也完全可能使用携带的凶器，对被害人人身安全的危险性不可低估。将携带凶器盗窃仅作为盗窃罪处理只能是从法益侵害和报应主义的角度解释，如果从预防犯罪的角度，将这种行为转化为抢劫以预防更为严重的恶性犯罪，也未尝不可。此外，从规范解释的角度，盗窃

---

[1]　参见付立庆："论刑法对财产权保护中的均衡性原则"，载《法学》2011年第5期，第92页。

[2]　参见张明楷：《刑法学》（第5版·下），法律出版社2016年版，第995页。

毕竟是一种平和的取财方式，这一点不同于抢夺这种暴力的取财方式，仅仅因为携带凶器就将其转化为抢劫，恐怕还是有疑问的。[1]

《刑法修正案（八）》删除了盗窃罪原条文中"盗窃金融机构，数额特别巨大"或者"盗窃珍贵文物，情节严重"的"处无期徒刑或者死刑，并处没收财产"的规定，从而彻底废除了盗窃罪的死刑，这是在废除死刑道路上的重大进步，财产罪中只有抢劫罪仍保留死刑。从罪刑相适应的角度讲，抢夺罪和敲诈勒索罪的罪质比采取平和方式取财的盗窃罪要轻，但是这两个罪一直没有配置死刑，即便盗窃的对象是金融机构或者珍贵文物，也不能改变其平和取财的罪质，对象只是财物，配置死刑仍然有违均衡原则。

此外，可能有人会有疑问，既然财产罪侵犯的是财产，那么为何对财产罪法定刑的配置仍是以自由刑为主而不是以财产刑为主？以财产刑为主不是更契合刑罚轻缓化的趋势？这是对刑罚功能的误解。现代刑罚已不是单纯地为了报应，更不是同态复仇性的报应，而是需要考虑预防犯罪的需要。因此，为多发的财产罪配置自由刑以实现威慑预防是值得肯定的。[2]这也是世界各国的通例。

就各种具体财产罪之间的法定刑配置是否均衡而言，涉及面较广，限于篇幅，这里仅对毁弃型的故意毁坏财物罪与取得型的盗窃罪、诈骗罪等加以对比。在我国，故意毁坏财物罪的法定刑轻于取得罪。"毁弃财物，有时候会造成永远再无法利用财物的结果，可以说，其法益侵害性要高于盗窃罪，但在不具有非法取得的意思这一点上，又属于粗暴犯，再者，考虑到一般预防的必要性并不大，因而，其法定刑甚至还要低于取得罪。"[3]就法定刑配置而言，立足于法益侵害性，考虑到预防犯罪的需要，这一立场是妥当的。如果将非法取得的意思作为主观违法要素，能对行为的违法性产生影响，加上一般预防的必要性确实小于取得罪，整体上毁弃罪的法定刑适当低于取得罪也不是不能被接受。在我国，盗窃或诈骗数额特别巨大或者有其他特别严重情节的，处10年以上有期徒刑或者无期徒刑，同时还要并处罚金或者没收财产，但对故意毁坏财物的行为却未规定"数额特别巨大"的情形，而是将

---

[1]　参见付立庆："论刑法对财产权保护中的均衡性原则"，载《法学》2011年第5期，第92页。

[2]　参见付立庆："论刑法对财产权保护中的均衡性原则"，载《法学》2011年第5期，第90页。

[3]　[日]西田典之：《日本刑法各论》（第6版），王昭武、刘明祥译，法律出版社2013年版，第294页。

"数额巨大"与"有其他特别严重情节"作为同一法定刑的适用条件，对应的法定刑是 3 年以上 7 年以下有期徒刑，且并未规定"罚金或者没收财产"的财产刑。从这一配置来看，毁弃罪与取得罪的法定刑差距过大。从立法完善角度讲，与取得罪一样，故意毁坏财物罪也应配置 3 个档次的法定刑，只是不必在最高档次法定刑中规定无期徒刑和没收财产。这样既能坚持以法益侵害性为主的法定刑配置要求，又能体现毁弃行为的特点，使其与取得罪保持一定的法定刑差距但又不至于差距过大。

第三节 财产保护刑法介入的考量要点

在现实生活中，财产的形态、效用和价值多种多样。究竟什么样的财产应该由刑法保护，什么样的不法侵害应该由刑法规制？这涉及刑法介入财产保护时的考量要点问题。对此，日本学者列举了如下要点：①被害财产经济上的重要性；②刑法保护的必要性，特别是通过刑法以外的个人、社会或者法律手段来防止侵害的可能性；③被害恢复的可能性及其困难程度；④刑法保护的实效性。[1]我国有学者在此基础上加上了"依据个人知的能力防止权利侵害的可能性"[2]，也有的加上了"类似行为是否被规定或解释为犯罪"[3]。可以肯定的是，刑法介入财产保护时需要考量的要点很多，不可能全部论及。结合已有的相关论述，本书初步提出如下主要的考量要点。

一、民事救济的实效性

保护财产首先是民法的任务，民法的保护是第一性的。民法全面介入市民生活调整财产关系，而行政法、刑法都只是小规模、断片性地保护财产。其他法律对财产保护的射程和距离也不及民法。如刑法就只是以刑罚手段担保民法保护的权利能够实现，与其说刑法保护财产权，不如说刑法保障财产权。与全面保护财产的民法相比，刑法的保护是"断片性"的。仅仅因为财产

---

〔1〕 参见［日］藤木英雄：《刑法講義各論》，弘文堂 1976 年版，第 266 页。

〔2〕 参见童伟华：《财产罪基础理论研究：财产罪的法益及其展开》，法律出版社 2012 年版，第 6 页。

〔3〕 参见付立庆："论刑法介入财产权保护时的考量要点"，载《中国法学》2011 年第 6 期，第 143 页。

遭受了某种程度的侵害或者危险就直接认定财产犯的成立显然是不合适的。[1] 民法赋予了遭受财产侵犯的被害人各种请求权，被害人享有广泛的民事救济权。不仅如此，财产性的利益通过事后赔偿几乎完全能够恢复，也可以说对侵犯财产的行为没有适用刑罚的必要。但是，世界各国依然规定了范围广泛、样态多样的财产罪。就刑罚的功能来说，与民法恢复权利的目的不同，其中当然考虑了预防同样行为再次发生的意旨，但还有一个重要原因，那就是民事救济不能有效地发挥作用，跟不上财产保护的需要。作为民事救济的替代，刑事制裁发挥着保护财产和经济活动的作用。

　　最为典型的事例是日本 1960 年增设了侵夺不动产罪，将不动产纳入刑法保护的对象。本来，作为不动产的土地、建筑物完全是不动的，不会出现所在不明的情况，因此通过民事诉讼程序很容易恢复损害，没有必要动用刑罚来进行一般预防。但是，20 世纪 40 年代中期到 50 年代中期正处于战后的混乱时期，屡屡发生非法占据不动产的事件，民事诉讼程序也变得相对滞后，因而难以实现受害恢复。为了应对这种局面，日本于 1960 年增设了侵夺不动产罪。与此类似，我国 2011 年《刑法修正案（八）》增设了"拒不支付劳动报酬罪"。根据全国人民代表大会常务委员会对修正案草案的说明，增设该罪，系基于"对一些社会危害严重，人民群众反响强烈，原来由行政管理手段或者民事手段调整的违法行为，建议规定为犯罪"。[2] 虽然草案说明未明确表达是否因为民事手段调整不力而规定为犯罪，但拖欠劳动报酬屡屡发生、劳动者难以通过民事救济及时得到本应支付的劳动报酬是不争的事实，考虑到保护民生、避免因劳动报酬纠纷引发群体性事件等社会矛盾激化情形的出现，拒不支付劳动报酬罪应运而生。如果民事救济具有充分的实效性，拒不支付劳动报酬罪作为财产罪立法的必要性是值得怀疑的。

　　另一个事例是日本关于盗窃罪保护法益的论争。按照本权说，盗窃罪的保护法益是所有权与其他本权，从盗窃犯处夺回自己之物的行为根本不符合盗窃罪的构成要件。与此相反，占有说则认为，财物的占有或持有本身就是盗窃罪的保护法益，至少在构成要件阶段不应考察该占有在法律上是否具有

---

　　〔1〕　参见童伟华：《财产罪基础理论研究：财产罪的法益及其展开》，法律出版社 2012 年版，第 3~4 页。

　　〔2〕　《关于〈中华人民共和国刑法修正案（八）（草案）〉的说明》。

正当性。这样，从盗窃犯处夺回自己财物的行为仍然符合盗窃罪的构成要件，只是作为自救行为有可能认定违法性阻却。禁止私力救济的思想是支撑占有说的理论根据。民法规定占有诉权制度正是为了禁止基于本权的私力救济，倡导通过国家的民事诉讼制度来实现权利。亦即，要求尊重事实上的财产状态，对占有状态应该作为财产本身单独保护，其最终归结就是，对盗窃犯的占有也予以相应保护。[1]因为难以根据民事诉讼来实现债权，日本曾规定过自力救济，从而正面认可了自力救济行为。但是，之后的立法或草案并没有作这样的规定。相反，自力救济被严格禁止。如果民事诉讼整体上在合理地发挥作用，即便认可自力救济，其范围也不至于扩得太广。在美国等认可自力救济的国家，从反论的角度来看，也可以说是因为民事诉讼相当有效的缘故。但是，如果在日本认可自力救济，因为民事诉讼不够有效，其范围就不得不扩张得相当广。占有说之所以会成为第二次世界大战后日本判例的主流学说，大概是司法者担心如果将自行取回自己财物的行为认定为合法，或者对敲诈勒索取回财物仅仅作为胁迫来处罚的话，则逃避民事裁判的行为会不断增多。此外，判例可能是将民事上的权利从"所有权"这种观念性的概念当中机能性地分解为若干内容，将占有作为法益进行保护就是这种分解过程的一个表现。但是，还是不能否定其和民事诉讼有关。[2]

民事诉讼实行"谁主张，谁举证"，遭受财产侵犯的被害人要实现权利恢复，必须对自己主张受到侵犯的事实进行举证。在很多情况下，侵犯财产案件并非熟人作案，被害人不了解行为人，像盗窃、抢劫、抢夺等案件，被害人根本无力举证，民事诉讼的实效无从谈起。如果刑法介入，公安机关就得立案侦查，国家公权力就能发挥作用，对相应的侵财行为也能加以遏制。退一步说，即便是被害人认识行为人，也不意味着被害人的举证能力就很强，很多案件事实仍然有赖于侦查机关的介入。因此，从实效性角度来讲，面对大量侵财行为，民事救济难免力不从心。

二、被害财产经济上的重要性

在我国，除了抢劫罪等极少数罪名外，财产罪的罪状设计都有数额较大

---

〔1〕　[日]西田典之：《日本刑法各论》（第6版），王昭武、刘明祥译，法律出版社2013年版，第151页。

〔2〕　参见[日]平野龙一：《刑法的基础》，黎宏译，中国政法大学出版社2016年版，第98~99页。

的要求，这体现了刑法的谦抑性理念，即对于数额达不到较大要求的，从经济价值的重要性上讲，作为最后保障法的刑法没有必要介入。不仅如此，一些特殊类型的财产体现了其独有的重要性，刑法对这种特殊对象也介入保护，如通过设置拒不支付劳动报酬罪保护劳动者的劳动报酬。

财产在经济上的重要性最主要的体现是"数额"。数额越大，重要性也就越大。刑法设置相应的数额"门槛"表明了刑法对经济上较为"重要"的财产加以保护的思想。同时，"数额较大"这种对经济价值的要求也是行政法与刑法有效衔接的体现。我国《治安管理处罚法》第49条规定："盗窃、诈骗、哄抢、抢夺、敲诈勒索或者故意损毁公私财物的，处五日以上十日以下拘留，可以并处五百元以下罚款；情节较重的，处十日以上十五日以下拘留，可以并处一千元以下罚款。"这一规定中的行为类型与刑法中的盗窃、诈骗、聚众哄抢、抢夺、敲诈勒索、故意毁坏财物罪的行为样态是相同的，而这些罪名无一例外地均有"数额较大"的要求。因此，对于没有达到数额较大要求的，由治安管理处罚法处罚即可，达到了的就由刑法来规制。这样，基于财产在经济上重要性的不同，分别由行政法与刑法进行介入保护顺畅地实现了行刑衔接。

被害财产在经济上的重要性不仅通过数额表现出来，财产的不同类型也能体现出重要性的差别。例如，《刑法修正案（八）》设置了"拒不支付劳动报酬罪"，虽说该罪也有"数额较大"的要求，但人们的首要疑问是：为何只对拒不支付劳动报酬入罪，拒不支付其他类型的债务刑法为何不认定为财产罪？这是由财产类型的差异性导致的。劳动报酬是一种特殊的债权，关乎劳动者及其家庭的生存权，是一种类似"具有强烈的公益性质"的债权。对于这样一种债权，"经政府有关部门责令支付仍不支付"意味着政府干预失效，出于稳定市场秩序的需要，刑法才介入。这正是劳动报酬这一财产重要性之所在。

又如，盗窃罪原条文中有"盗窃金融机构，数额特别巨大"或者"盗窃珍贵文物，情节严重"的"处无期徒刑或者死刑，并处没收财产"的规定。抛开死刑的设置是否妥当不说，这一立法也集中体现了刑法对经济上"重要"的财产强化保护的思想。"盗窃金融机构，数额特别巨大"中既有"数额"这一"量"上的要求，又有财产类型（即"金融机构"）的设定，体现了"金融资产"作为一种特殊财产类型的重要性。"盗窃珍贵文物，情节严重"没有直接规定对数额的要求，但"珍贵文物"已足以宣示这种财产在经济上的重要性。

三、市场主体的自律性

随着国民权利意识的增强，权利主体趋向于在受到侵犯时积极维护自身的权益。其中，所谓的"过度维权"事件层出不穷，引起了很大的社会反响。例如，被害人遭受财产损失后，民法赋予其损害赔偿请求权，在现实生活中，有的被害人利用行使损害赔偿请求权之机，过度索取赔偿。那么，对于这种行为能否按照敲诈勒索罪处理？生活中，消费维权高额索赔不成反被控敲诈勒索的案例并不鲜见。此类案件有很多共同点，如都是遭遇消费侵权后高额或"天价"索赔，都有索赔不成则声称向网络、媒体等曝光的行为，都是协商赔偿过程中被控敲诈勒索。最著名的当属"黄某天价索赔案"。2006 年 2 月，女大学生黄某花 20 900 元购买了一台华硕 V6800V 型笔记本电脑，后因故障不断与生产商多次交涉，并提出 500 万美元的"惩罚性"赔偿，被警方以敲诈勒索罪刑事拘留，后被批准逮捕。又如，2014 年 12 月，黑龙江省绥化市明水县的货车司机李某峰在运货途中购买了 4 包今麦郎（日清）食品有限公司生产的"诱惑酸辣牛肉面"当午餐，发现其中的醋包中含有异物，且是过期食品，随后向今麦郎公司索赔 450 万元，今麦郎公司只愿"奖励性"赔偿 7 箱方便面和电话费，并于 2015 年 5 月向公安机关报案。2015 年 5 月 29 日，河北省邢台市隆尧县公安局以"李某峰涉嫌敲诈勒索"立案侦查，李某峰随后被河北警方列入网上追逃犯罪嫌疑人名录。[1]

对此，理论界一般主张，即使行为人以向媒体反映或者向法院起诉相要挟要求赔偿，即使所要求的数额巨大乃至特别巨大，也不成立敲诈勒索罪，因为行为人的手段与目的均具有正当性，而赔偿数额则取决于双方的商谈。但是，如果行为人以加害对方的生命、身体、财产等相要挟，而且所要求的赔偿数额明显超过应当赔偿的数额，由于手段不具有正当性，目的超出了应当赔偿的范围，应以敲诈勒索罪论处。[2]司法实务也持这种主张。对于"黄某天价索赔案"，2007 年 11 月北京市海淀区人民检察院作出不起诉决定后，又于 2008 年 9 月作出刑事赔偿确认书："黄某在自己的权益遭到侵犯后以曝光的方式索赔，并不是一种侵权行为，反而是一种维权行为，所要 500 万美

---

〔1〕　参见符向军："'天价索赔'不等于敲诈勒索"，载《人民法院报》2015 年 7 月 28 日。
〔2〕　参见张明楷：《刑法学》（第 5 版·下），法律出版社 2016 年版，第 995 页。

金属于维权过度但不是敲诈勒索。"可见，天价索赔只是"维权过度"的问题，向媒体曝光也不等于"威胁或要挟"，本质上都属于消费维权范畴，并不触及刑法。[1]

将这种"天价索赔"案件定性为"过度维权"，进而将其交由民法调整而不是归由刑法规制，无疑是正确的。但上述主张只是从教义学上"手段""目的"的"正当性"论证了其不构成敲诈勒索罪，并未深入阐释支撑这种"正当性"的实质理由。"应当认为，在天价索赔中的索赔数额不明确的情况下，并不能认为索赔数额过高就代表财产法益有被侵害的危险，谈判、起诉尽管会为企业带来不良影响，但这是企业运行本身应当承担的责任和风险，权利主张者的维权并没有创设或增加新的风险，因此财产法益的损害或损害风险自始至终都不存在。"[2]对于弱势群体消费者的"天价索赔"，商家完全可以拒绝，也可以协商解决，还可以建议消费者通过仲裁、诉讼等方式解决，其意志并不受消费者控制，"天价索赔"本身难言是敲诈勒索。至于消费者声称或已经向有关机关举报、控告，向社会、媒体曝光的行为，既是一种监督行为，也是一种维权手段，并不具有非法性和强制性，因而不属于敲诈勒索犯罪意义上的"威胁或要挟"。在市场经济运行过程中，风险可谓始终存在，刑法不可能对所有涉及风险的事项都一一介入，否则就可能极大违背市场主体本身所应具备的自律性要求。换言之，市场主体应具有必要的自律性，以自我应对市场运行的风险。作为市场主体的企业，对于因生产、销售不合格产品而可能面临的消费者维权所产生的种种不利风险，完全是有预知的。基于此，消费者与企业之间所进行的利益博弈都是可被接受的。面对消费者的"天价索赔"，企业作为理智的市场主体，在巨额赔偿和信誉受损之间进行取舍是其面对市场运行所产生的风险时价值衡量的结果。对此，作为最后保障法的刑法没有理由介入。因此，以"天价索赔"为代表的过度维权，原则上是市场运行过程中企业基于其自律性所应承担的风险，属于平等民事主体之间的民事纠纷，以民事法律应对即可。

---

〔1〕 参见符向军："'天价索赔'不等于敲诈勒索"，载《人民法院报》2015年7月28日。

〔2〕 简爱："过度维权的罪与罚——兼评李海峰天价索赔今麦郎获刑案"，载《法学》2017年第2期，第180页。

四、被害人的参与性

在侵犯财产的场合，有时被害人在一定程度上也参与了犯罪的进程，甚至在所谓的"关系犯"情形中，需要一方对另一方行为的配合，犯罪构成要件结果才能实现。如在诈骗罪中，被害人必须存在认识错误，并且基于这种认识错误交付财产。没有这种被害人的参与，诈骗行为是不可能既遂的。因此，在设定相关犯罪构成要件和解释构成要件时，就不得不考虑被害人参与对行为人罪责的影响。

在德国，诈骗罪被作为侵犯整体财产的犯罪，明显区别于盗窃罪这样的侵犯个别财产的犯罪。这种不同主要表现在两个方面：一是在客观上强调"财产损失"，即整体上财产的减损；二是在主观上要求"非法获利目的"。这两点是显著区别于盗窃罪的。盗窃罪在客观上强调的是"打破占有和建立占有"，在主观上要求的是"非法所有目的"。但在我国，诈骗罪与盗窃罪同属取得罪，即不法取得财产的犯罪种类，只不过在取得罪之下，盗窃罪属于违反被害人意志取得财产的夺取罪，而诈骗罪属于被害人基于意思瑕疵而交付财产的交付罪。〔1〕基于此，诈骗罪与盗窃罪并不具有上述客观面与主观面上的显著区别。

从罪质上看，诈骗罪的最重要特征在于：在事态发展的过程中，如果被害人没有产生错误认识，并基于错误认识处分财产，仅靠行为人的欺诈行为是不可能导致财产损失的。被害人以错误认识为前提的参与方式起着决定性的作用。诈骗罪属于关系犯，行为人不能以通常外在积极损害法益这种方式实现构成要件，而是同时需要被害人的参与和配合。如果被害人没有以完成犯罪计划所必需的方式参与到构成要件实现中的话，仅靠行为人自身的行为不可能实现构成要件该当性事实。而盗窃罪是行为人主动侵入被害人的财产支配领域，不存在与被害人的交流、沟通环节，无须被害人的参与和配合就能实现剥夺原占有与建立新占有。这就注定了对被害人财产保护的时点必须尽可能靠前，以实现对被害人的全面保护。盗窃罪"主观多于客观"的所谓"主观的超过要素"即主观上要求"非法所有目的"而客观上仅要求"转移占有"的犯罪结构，正是这种保护思想的充分体现。立法者通过目的犯的立

---

〔1〕 参见张明楷：《刑法学》（第5版·下），法律出版社2016年版，第938页。

法方式展现出"取得所有"只需存在于行为人主观目的中，客观上只要实现"窃取"即为既遂的犯罪结构。正因为如此，盗窃罪才被形容为结合了"既遂的窃取"与"未遂的取得所有"的构成要件，背后的根源在于立法者想要达到提前处罚时点的效果，也就是一种可罚性的前置化。[1]但在诈骗罪中，这种处罚前置化的需求并不存在。如果被害人没有陷入或维持认识错误，其不可能处分财产；即便其陷入或维持认识错误，但对是否处分财产仍有选择权，此时仍可能基于这种选择权选择不处分财产；甚至即使被害人选择了处分财产，但诈骗过程常体现为"互为给付"，完全存在行为人的给付与被害人相当甚至超出的可能，因此从整体价值总额的角度来看，被害人可能并未遭受损失。这样，与盗窃罪中处罚前置化不同，诈骗罪的处罚应当关注"损失"这一结局，既遂的时点应相应延后。因此，从立法论上来讲，我国诈骗罪的犯罪构成设计并未充分考量被害人的参与性，是否妥当值得反思。

在解释论中有时也需要考虑被害人的参与性。对于以"许霆案"为代表的利用取款机故障恶意取款行为的定性，学界争议很大，但许多论述并未抓住问题的核心。取款机运转正常是银行对自身提出的要求，而不是其对取款者提出的要求。如果说取款机出现故障时，银行的意志是不允许取款者继续取款，那么银行就应在设置取款机时将这一意志客观化，如出现故障时系统提示"本机现已出现故障，暂停运行"，进而关闭所有操作界面。但是，既然行为人尚能取款，那就证明银行并未考虑到出现这种恶意取款的情形，也就没有设置相应的应对程式。[2]所以，银行并未能将自己针对这种故障下不同意取款的意志进行客观化表达，对于这种"参与不力"[3]所致的危险，银行应充分担负相应的后果。将利用取款机故障恶意取款的行为定性为盗窃，恐怕值得拷问。再如，敲诈勒索罪的法定刑明显轻于抢劫罪，如果不在两罪之间进行区分，很可能会在具体案件中导致罪刑不均衡的结果。应注意到的是，同样是被害人意思自由受到侵害的欺诈勒索罪与抢劫罪，被害人的"参与性"是存在明显差异的。德国的司法判例认为，行为人是否创设并且利用了一个

---

〔1〕 参见蔡圣伟："财产犯罪：第三讲——窃盗罪之主观构成要件（上）"，载《月旦法学教室》2009 年第 4 期，第 65~66 页。

〔2〕 难以想象银行预见到了这种故障的发生，但不设计相应的应对程式以阻止取款。

〔3〕 虽然银行并未像在诈骗罪中的被害人那样"亲自"参与犯罪，但其通过事先的客观化表达预设了同意取款的条件，这一"预设"实际上也"参与"了后续的取款过程。

稳定的实力支配态势作为强制手段，是两罪最根本的区别。[1]而是否具有"一个稳定的实力支配态势"，需要结合被害人在整个犯罪过程中处于怎样一种"参与状态"来判断。

此外，被害人的参与性不仅体现在犯罪前和犯罪中，也可以在事后表现出来。财产罪具有强烈的事后恢复特征。被害人谅解表明其报复性倾向减少，不会通过犯罪手段实现报复目的，因此是表明一般预防必要性减少的情节，故被害人谅解是影响责任刑的酌定从宽情节。

五、行为样态与行为对象的统合性

在犯罪论中，"行为"与"对象"都是客观要件中极其重要的概念，学界对这两个概念都相当重视。在财产罪中，罪名主要就是根据侵犯财产的行为样态来设定的，如盗窃罪、抢劫罪等，描述的就是"行为"。有的罪名中既描述了行为，又点明了行为对象，如拒不支付劳动报酬罪，行为是"拒不支付"，对象是"劳动报酬"。但是，容易被忽视的是，某种行为能否与某种对象搭配，进而形成能被接受的动宾结构？这涉及行为与对象的统合性问题，也是刑法介入财产保护需要考量的。例如，车浩教授就对纯粹规范化的占有概念进行了批判，反对"占有对象的规范化"即将财产性利益作为占有对象，认为"它违反了在罪刑法定原则下通过教义学方法对构成要件要素进行定义和解释的方法论原理和基本的价值观念，在方法论和价值论上陷入双重困扰"。[2]

例如，诈骗罪的对象包括财产性利益一直得到公认，但是，财产性利益能否成为抢劫、盗窃罪的对象？如果就行为与对象的关系来讲，财产性利益能否被抢、被盗？对此，黎宏教授与张明楷教授先后撰写了同名论文，对盗窃财产性利益予以肯定。[3]不同的是，黎宏教授的论文似乎并未关注对财产性利益的盗窃罪是否符合"盗窃"特征的问题。这一点在张明楷教授的论文中得到了克服。而财产性利益的盗窃罪是否符合"盗窃"特征，这实际上是

---

〔1〕　参见王钢：《德国判例刑法（分则）》，北京大学出版社 2016 年版，第 113 页。

〔2〕　参见车浩："占有概念的二重性：事实与规范"，载《中外法学》2014 年第 5 期，第 1211~1221 页。

〔3〕　参见黎宏："论盗窃财产性利益"，载《清华法学》2013 年第 6 期，第 127~131 页；张明楷："论盗窃财产性利益"，载《中外法学》2016 年第 6 期，第 1417~1419 页。

"盗窃"这一"行为"与"财产性利益"这一"对象"是否具有统合性的问题。基于抢劫、盗窃罪中的抢劫、盗窃行为都具有转移占有的特征，作为其对象的财产性利益理应是"具有转移性的利益"才行。抢劫罪和盗窃罪都是转移罪，因此必须对其行为对象——财产性利益——施加重要限制，限于"具有转移性的利益"。这是因为，在转移罪中，必须将物、利益由占有人转移至行为人或者第三人，这就要求与行为人或者第三人所取得的物、利益相对应的法益侵害必须发生在先前的占有人身上。为此，对于作为转移罪之对象的"利益"，就要求具有与"物"一样的转移性。换言之，不具有这种转移性的利益，不可能发生转移罪所固有的法益侵害，因而也不能成立转移罪。[1]据此，逃避债务履行不具有"利益转移性"，不符合盗窃罪对象的特征。[2]同样，即使不正当获取他人劳务，劳务的提供者也并未丧失劳务，劳务本身就不能作为转移罪的对象。但是，基于劳务所形成的债权，理所当然是转移罪的对象。对于学界和实务界热议的虚拟财产是否属于财产的问题，也可以通过考察行为与对象的统合性来解决。就转移罪而言，必须是具有转移可能性的虚拟财产方能成为其对象。

再如，不动产能成为诈骗、侵占、敲诈勒索、故意毁坏财物、破坏生产经营罪的对象，不能成为抢夺、聚众哄抢、挪用资金罪的对象，这是没有疑义的。问题是，能否抢劫、盗窃不动产？事实上，科技的发展使抢劫、盗窃不动产也成为可能。但是，就具体案件而言，仍需要区分不动产本身与法益主体对不动产享有的权利。行为对象究竟是不动产还是对不动产享有的权利，涉及的是狭义财物与财产性利益的区分，需要根据具体案件进行判断。[3]

六、社会的变迁性

在财产罪中，盗窃、抢劫这样的形态是自古就有的，而诈骗、侵占、背信等则是晚近才被认可的新形态。在封闭的、相对固定的古代社会，交易规模相对较小，且在熟悉的环境下进行，由道德规范进行调整就足以对违反者

---

〔1〕 参见［日］山口厚：《刑法各论》（第 2 版），王昭武译，中国人民大学出版社 2011 年版，第 250 页。

〔2〕 参见张明楷："论盗窃财产性利益"，载《中外法学》2016 年第 6 期，第 1423～1424 页。

〔3〕 参见张明楷：《刑法学》（第 5 版·下），法律出版社 2016 年版，第 935 页。进一步的分析，参见本书第三章第三节。

予以严厉的制裁，没有必要由刑法来保护。当交易大规模进行且超越固定的地域时，当事者之间的信赖关系将难以由以前的道德或者业界的自律加以保护，为了维持相应的信赖关系，就必须由刑罚来制裁。由民法来调整信赖关系显然已是不够的，民事责任无非是返还财物、赔偿损害或者强制履行等，惩罚的意义稀薄。对于恶意侵占、诈欺他人财物的人来说，民事责任几乎是没有成本的法律责任，不足以遏制这些破坏信赖关系的行为。[1]为了确保流通中的信用关系，产生了处罚背信行为的必要，这是具有背信性质的诈骗、侵占、背信等新型犯罪登场的重要背景。从这些犯罪的产生中也可以看出财产犯罪历史性的一面。[2]

　　背信罪的出现就是社会的变迁性对财产罪影响的适例。为了维护财产交易的正常进行，各国在相当宽泛的范围内设置、适用背信罪。《日本刑法典》从 1907 年制定之日起就将背信罪的主体规定为"处理他人事务的人"，在解释论上，如已经设定抵押权的人再次对他人设定抵押权时将该人也理解为"处理他人事务的人"，成立背信罪，这样一来，背信罪与单纯不履行债务的界限就会变得模糊起来。在德国，近年来的金融危机使得企业时常采取一些非常规的措施规避风险，法院经常将这些措施认定为背信行为，从而造成了较大的争议。[3]但在我国，一直以来并未在财产罪中规定背信罪。随着我国经济的快速发展，背信行为作为财产罪的规制对象具有必要性。[4]

---

　　〔1〕　参见童伟华：《财产罪基础理论研究：财产罪的法益及其展开》，法律出版社 2012 年版，第 8~9 页。

　　〔2〕　参见付立庆："论刑法介入财产权保护时的考量要点"，载《中国法学》2011 年第 6 期，第 144 页。

　　〔3〕　参见王钢：《德国判例刑法（分则）》，北京大学出版社 2016 年版，第 239 页。

　　〔4〕　进一步的论证，参见本书第六章第一节。

第三章

财产分类体系与财产保护的刑法介入

总的来说，财产罪的对象是财物。德国、日本等国刑法明文区分了财物与财产性利益，但我国刑法一概使用"财物"这一概念。因此，需要根据我国刑法的规定，对财物的内涵和外延展开讨论。根据不同的标准，可以将财产划分为若干种类。对于不同种类的财产，刑法介入保护的情形也有所不同。本章拟从财产分类体系角度探讨财产保护的刑法介入问题。

第一节 个别财产保护与整体财产保护

根据成立犯罪是否要求整体财产损失，可以将财产犯罪分为对个别财产的犯罪和对整体财产的犯罪。对个别财产的犯罪，是指对被害人的个别财产进行侵害的犯罪，只要被害人丧失了个别财产，即使同时使被害人获得了相应的利益，也成立犯罪。对整体财产的犯罪，是指对被害人的财产状态整体进行侵害的犯罪，其特点是，将财产的丧失与取得作为整体进行综合评价，如果没有损害就否认犯罪的成立。[1]对这一分类，国内主流刑法教科书要么未予提及[2]；要么仅简略介绍，在未详尽论证的情况下提出自己的观点[3]；要么在讲述个罪中的"财产损害"时，在扼要介绍的基础上给出模棱两可的

---

〔1〕 参见张明楷：《外国刑法纲要》（第 2 版），清华大学出版社 2007 年版，第 527~528 页。

〔2〕 参见高铭暄、马克昌主编：《刑法学》（第 5 版），北京大学出版社、高等教育出版社 2011 年版，第 497 页。

〔3〕 参见张明楷：《刑法学》（第 5 版·下），法律出版社 2016 年版，第 938~939 页。

结论[1]。无论是立法、学界还是实务界，对这一分类都没有特别强调。这一分类虽是域外"舶来品"，但体现了刑法对财产保护的不同面向，在各国主要的财产犯罪具有诸多共性的前提下，能否重新审视我国财产罪的体系，通过个别财产保护与整体财产保护的区分介入体现不同的刑法保护面向？这是本节拟探讨的主题。

一、立法例与理论解说

《德国刑法典》第242条和第263条对盗窃罪和诈骗罪规定了不同的构成要件。盗窃罪的构成要件是"以使自己或第三人非法所有为目的，取走他人可移动的物"；诈骗罪的构成要件则是"以使自己或第三人获取非法财产利益为目的，通过虚构事实或者歪曲、隐瞒真相引起或维持认识错误从而损害他人财产"。根据这一立法例，盗窃罪与诈骗罪在客观要件与主观要件上均存在重大区别。在客观上，盗窃罪表现为"剥夺占有+建立占有"这一"取走"行为，并未要求财产损害；诈骗罪则明确提出了"损害他人财产"的要求。在主观上，盗窃罪在故意外要求的是"不法所有目的"，而诈骗罪则在故意外要求的是"不法获利目的"。这就为个别财产犯罪与整体财产犯罪的分类奠定了规范基础。对于盗窃罪等个别财产犯罪，立法者所要保护的是所有权人事实上对于个别动产的支配权利，强令他人尊重所有权人对于其所有物的支配关系，经济上的利益并非规范保护对象，所以即便是经济上不具有价值的财物，也受到此类构成要件的保护。对于诈骗罪等整体财产犯罪，其关注的重点是"财产损害"，这里的财产损害并非指财物的交付，而是指被害人的整体财产有所减损。对于整体财产犯罪而言，财产损害的发生是规范要件之一，是一个不法构成要件要素。但对于个别财产犯罪来说，财产损害的发生只是构成要件行为通常的伴随现象，而非规范上的前提要件。这是德国刑法理论的通说。[2]

《日本刑法典》第235条和第246条关于盗窃罪和诈骗罪的规定则与德国存在明显区别。根据《日本刑法典》的规定，盗窃罪是"窃取他人的财物"，

---

〔1〕　参见周光权：《刑法各论》（第3版），中国人民大学出版社2016年版，第127页。

〔2〕　参见蔡圣伟："财产犯罪：第一讲——概说：所有权犯罪与侵害整体财产之犯罪（上）"，载《月旦法学教室》2008年第7期，第54~55页。

诈骗罪是"欺骗他人使之交付财物",同时设有处罚所谓"利益诈骗"的"二项规定"。据此,一方面,立法并未明文规定不法目的;另一方面,对于诈骗罪也并未设置"财产损害"要件。正是基于这种立法例,理论界的通说认为,只有背信罪是针对整体财产的犯罪,除此之外的其他财产犯罪都是针对各个财物、各个债权等个别财产的犯罪。但是,即便是针对个别财产的犯罪,只要属于财产犯罪,就应该以发生了值得刑法保护的财产性损失为要件。[1]同时,盗窃罪与诈骗罪均要求"不法领得"这一不成文的主观要件要素,而且二者的含义完全相同。[2]这一解说存在的疑问是,既然盗窃罪、诈骗罪都是对个别财产的犯罪,那为何在"窃取""交付"外仍要实质性地判断是否存在财产损失?如果要另以财产损失作为构成要件,那就不得不说,它们都应被归类为对整体财产的犯罪才是。事实上,通说都是在诈骗罪中详细讨论了"财产损失"的认定,但在盗窃罪仅以讨论"窃取行为"为已足。这种区别对待的态度,恐怕难以应对"既然财产损失是共通要件,为何不讨论盗窃罪中的财产损失"的责难。当然,也有学者基于"二项犯罪"的规定,提出强盗罪、诈骗罪及恐吓罪既是针对个别财产的犯罪,同时也具有作为针对整体财产的犯罪的一面。《日本刑法典》第 236 条第(二)项、第 246 条第(二)项、第 249 条第(二)项等就是对整体财产的犯罪规定。[3]这种观点实际上是将背信罪和对财产性利益的犯罪作为对整体财产的犯罪。但是,对同一罪名,能否因为"财物""利益"这种行为对象的不同,就进行迥异的分层保护?不得不说还是有疑问的。

相比之下,我国财产罪的立法采取了简单罪状的设置方式。从我国刑事立法与司法解释来看,很难说立法者与司法当局心目中存在着对个别财产的犯罪与对整体财产的犯罪这一区分。[4]"财产损失"在具体罪名中被定位于何处难以推断,这恐怕也是我国学界一直以来"回避"个别财产犯罪与整体财产犯罪分类的主要原因。理论上一般认为,盗窃罪、抢劫罪属于对个别财

---

〔1〕 参见〔日〕西田典之:《日本刑法各论》(第 6 版),王昭武、刘明祥译,法律出版社 2013年版,第 136 页。

〔2〕 参见〔日〕山口厚:《从新判例看刑法》(第 2 版),付立庆、刘隽译,中国人民大学出版社 2009 年版,第 147 页。

〔3〕 参见〔日〕大塚仁:《刑法概说(各论)》(第 3 版),冯军译,中国人民大学出版社 2003年版,第 171 页。

〔4〕 周旋:《我国刑法侵犯财产罪之财产概念研究》,上海三联书店 2013 年版,第 123 页。

产的犯罪，背信罪则是对整体财产的犯罪，至于诈骗罪是对个别财产的犯罪还是对整体财产的犯罪，则取决于各国刑法的规定以及刑法解释。[1]不过，近来已有文献对此展开了探讨。有学者提出，我国财产犯罪的保护法益是一元的（即财产），因此所有的侵犯财产罪都是对整体财产的犯罪，客观上的财产损失是所有罪名的共通要件，主观上的获利意图是对逐利性的强调。[2]也有学者接受了德国的分类方式，主张盗窃罪与诈骗罪的不法类型性质不同：诈骗罪是财产犯罪、获利型犯罪，侵害的是被害人的整体财产；盗窃罪属于财物犯罪、取得型犯罪，侵害的是被害人的个别财物的所有权。[3]盗窃罪侧重保护所有权和占有本身，首要保障的是权利人对财物既有支配状态的存续，至于整体上是否有财产减损，在所不问；诈骗罪则是通过确保权利人享有正确的关键信息，防止其遭受财产损失，着眼于整体财产是否遭受减损。[4]一直以来，盗窃罪与诈骗罪在我国都是被作为取得罪看待的，只不过前者是夺取罪，而后者是交付罪。将诈骗罪从取得罪中剔除，赋予其"获利罪"这一全新的"身份"，不得不说，这一提法对我国传统财产罪的分类体系提出了很大挑战。张明楷教授主张我国刑法中的财产罪都是对个别财产的犯罪，但其未进行详细论证。本书推断其论据应与日本理论界通说一致。可见，当下在我国，既有认为所有财产罪都是对整体财产的犯罪的，也有认为所有财产罪都是对个别财产的犯罪的，还有主张按照德国的分类方式区分对整体财产的犯罪和对个别财产的犯罪的。这就不免使人疑惑：是我们对盗窃罪、诈骗罪等传统犯罪的认识出了问题吗？在我国立法简单罪状的背后有很大解释空间的情况下，如何把握不同罪名的教义学构造？

二、法益保护的基本方向

从立法论而言，德国刑法作出上述区分规定、学界作出不同解说，是因为财产价值对于权利主体而言有着不同面向的意义。刑法介入保护时，就不

---

[1]　张明楷：《诈骗罪与金融诈骗罪研究》，清华大学出版社 2006 年版，第 240 页。

[2]　参见徐凌波："论财产犯的主观目的"，载《中外法学》2016 年第 3 期，第 741~742 页。

[3]　参见王莹："盗窃罪'非法占有目的'对象刍议"，载《中外法学》2015 年第 6 期，第 1588 页。

[4]　参见王钢："盗窃与诈骗的区分——围绕最高人民法院第 27 号指导案例的展开"，载《政治与法律》2015 年第 4 期，第 30 页。

能不顾及这些不同面向的利益。在个别财产保护的场合，法益保护是围绕着民事法上的"所有权"概念展开的。一方面，所有人事实上均可以积极地任意利用、处分特定物；另一方面，也可以消极地排除他人对该物的干预、影响等。盗窃罪的保护法益应当是所有人对特定物于事实上的支配关系，或是任意行使所有权能的事实地位。在盗窃罪中，行为人主动介入了所有人领域，排除了其任意实现所有权能的可能性。行为人一方面否认他人的法主体地位，另一方面则擅自扩张了自己与特定物互动的自由。[1]对于侵犯所有权的犯罪而言，其所重视的是对所有权本身的保护，至于被害人的财产在整体上是否受到减损，在所不问。例如，A 急需摄像器材，用餐时碰巧看到一位客人将市价 2000 元的照相机放在桌上，A 便趁客人上厕所时自行将照相机取走，并留下一张致歉字条和 2000 元现金。在本例中，如果从整体财产而言，客人并未发生减损，但其持有财物的意义在于能积极地任意利用、处分特定物，也能消极地排除他人对该物的干预、影响等，而不是获得对价就行。因此，A 仍然成立盗窃罪。此时，法益保护的方向在于保护这种个别的财产支配自由，与财产整体的减损与否没有直接关联。相反，对整体财产的犯罪保护的则是被害人财产的整体价值，而非被害人处分财产的自由，当被害人虽然处分了财产，但在获得了同等或以上的价值补偿时，原则上不能认定财产损失。即便被害人如果了解了全部事实就不会进行财产处分，行骗人也不构成诈骗罪。[2]

但是，普通法的理念是保护权利人以自认为适当的方式处置自己财产的自由。例如，被告人想购买 2 台电视机，每台价值 150 美元，作为担保，其用自己价值 3000 美元的汽车作为动产抵押，并向批发商保证自己对该车的所有权没有瑕疵。在被告人取得电视机后，批发商才得知该车被有关债权人行使了 2000 美元的留置权。批发商坚持认为，即使 2 台电视机 300 美元的售价有该车 1000 美元的剩余价值作为担保，但其还是被诈骗了 2 台电视机的资产。也就是说，批发商如果事先知道真相就不会交易，这种交易自由被侵犯了就是诈骗罪所要关注的。哥伦比亚特区上诉法院的一个分院支持以诈欺取财定罪。[3]在这里，诈骗罪的法益保护方向被认为与盗窃罪一致，都是转移

---

〔1〕 参见古承宗："论窃盗罪之窃取"，载《月旦法学杂志》2014 年第 5 期，第 236、239 页。

〔2〕 参见王钢：《德国判例刑法（分则）》，北京大学出版社 2016 年版，第 218 页。

〔3〕 参见［美］乔治·弗莱彻：《反思刑法》，邓子滨译，华夏出版社 2008 年版，第 37~38 页。

财产所有权，即被害人如果不是被骗，其本不会冒险交易。与德国法的差异在于，英美法强调对商业自治权的保护，因而并不要求就被害人是否有整体财产减损进行实体判断。这种不同态度的支撑点在于对市场作为商业正义的仲裁者的信任程度有所不同。一种笃信市场文化，不会去二次判断是否自觉物有所值，不会考虑假如知道真相就不会交易这一点。但是，英美法的传统认识是，市场只有在商业自治不受限制的程度上才能起作用。因此，刑法的任务就应当是保护商业自治，而不是保卫实体性的商业正义。[1]在我国，有学者在考察上述英美法传统的基础上提出，财产处分自由不宜理解为财产权本身的内容或是诈骗罪的保护法益，这既是刑法谦抑原则下的结论，也有助于促进市场经济本身的自律和健康发展。在我国市场经济刚起步、尚欠发达的阶段，放弃实体性判断的限缩作用，而将之归结于市场的自律，不但导致在依然缺乏起码诚信的中国诈骗类犯罪处罚范围过宽，也无益于市场经济发展。[2]

在日本，与普通法一样，立法者也是将盗窃罪与诈骗罪的法益保护方向同视。那么，从立法论的角度，日本为何走上了与德国不同的道路？从形成史来看，很可能是日本在继受的过程中"拼装"德国法与法国法的结果。1880年《日本刑法典》是以《法国刑法典》为范本的，法国对于诈骗罪规定的一大特色在于明文列举客体方式。既然如此，对于财产损失的认定就不必如同德国法一般严格受结算原则的限制，这进一步导致了法国通说见解几乎把财产处分与财产损失等同视之的结果。其后，日本以1871年《德国刑法典》为母法起草了现行刑法典。德国法没有对客体采取列举的限制规定，为了避免处罚的扩张，必须要用结算原则加以限制，从而处分行为是否导致客观上出现无法平衡的财产状态将成为判断损失发生与否的重要依据，以结算原则作为判断损失的标准，同时也就等于宣示诈骗罪保护的法益不是个别财产，而是整体财产。1907年《日本刑法典》将第1项规定的客体由动产改为财物，并承袭了1901年《刑法改正案》诈欺得利罪的规定，将其作为第2项。诈欺得利罪的立法理由与强盗罪一致。[3]而强盗罪的立法显然旨在保护

---

〔1〕　参见［美］乔治·弗莱彻：《反思刑法》，邓子滨译，华夏出版社2008年版，第40页。

〔2〕　参见付立庆："论刑法介入财产权保护时的考量要点"，载《中国法学》2011年第6期，第135页。

〔3〕　参见恽纯良："不法意图在诈欺罪的定位、功能与判断标准"，载《东吴法律学报》2015年第10期，第165~166页。

个别财产。因此，日本刑法虽然放弃了最初对财物的列举式立法，改为了德国式的"动产"，但仍然保留了法国式对个别财产保护的思想。而所谓的诈欺得利罪的规定，也并非体现了德国式对利益进行整体保护的思想，而是与强盗罪中对利益的保护维持一致，也作为对个别财产的保护。

就当下各国的情形来看，盗窃罪的法益保护方向是权利人对财产事实上的支配关系，刑法就是要宣示禁止主动侵入他人支配领域的行为，这是立法论上的共识。问题是，诈骗罪的法益保护方向应如何把握？为何同是处置财产的自由，在盗窃罪中能作为法益保护，但在诈骗罪中，不同国家刑法理论产生了能否作为其法益的争论？这恐怕是需要明确的。

有学者指出，在诈骗罪中，被害人处分财物的行为是经过衡量斟酌后作出的决定。对其来说，在乎的不再是继续保有该具体财物也就是所谓个别的持有利益，而是处分该财物对其整体财产的意义，也就是重在财物的交换价值。基于此，被害人所需要的法律保护就不是在于让其继续持有该财物，而是要保护其不会因为受骗而作了对其不利的交易，进而损害到其整体的财产总值。这是就诈骗罪的本质所必然得出的结论，并不会受到实定法的规定方式影响。[1]按此，在 B 使用假币购买个体商户 C 出售的商品时，C 在交易中是愿意将财物交付给 B 的，只是不愿遭受只收到假币的不利益；B 贪图利益的不法内涵，也不在于取得商品的所有或持有，而是未支付真币的利益。换言之，C 的损失在于未获得其应有的财产对价，而导致其在处分财物后所拥有的整体财产价值总额减损，这一损失才是 C 在意的，且是诈骗罪所要防止的对象。诈欺下的你情我愿，不应是立法者所要介入干预的所有权侵害方式。[2]"就诈欺罪而言，既然被害人自己同意财产之交付或处分，表示被害人对于其财产的利益角度是存在于财产的交换价值，而不是财产本身的物质价值。因此，如果不是被害人财产的交换（整体）价值受损害，即不应认为有实质上的财产损害。"[3]

但是，上述解说可能会遭受如下质疑：

（1）为何在诈骗罪中被害人对于财产的利益角度只能是交换价值？例如，

---

〔1〕 参见蔡圣伟："财产犯罪：第一讲——概说：所有权犯罪与侵害整体财产之犯罪（下）"，载《月旦法学教室》2008 年第 8 期，第 51 页。

〔2〕 参见许泽天："诈欺罪的法条与论证"，载《月旦法学杂志》2011 年第 10 期，第 194~195 页。

〔3〕 黄荣坚："六合彩开奖那一天"，载《月旦法学杂志》1997 年第 11 期，第 15 页。

行为人想将被害人收藏的古董相机据为己有，谎称暂时借用，并提供了与该相机交易市价相当的金钱作为担保，被害人信以为真出借给行为人，但行为人取得后即潜逃。在此，被害人主观上并非想通过交换获取相机的对价，其所看重的财产利益依然是对相机的支配本身。即使被害人获得了足够的担保财产，但该古董相机对被害人的特殊价值是难以被担保财产取代的。在实务中大量出现的所谓"捐款诈骗"案件中，被害人在意的实际上也并非交换利益。可见，仅以诈骗罪中被害人对于财产的利益角度是交换价值这一点论证有以偏概全之嫌。

（2）即便被害人对于财产的利益角度是交换价值，可是，交换价值的利益角度不一定是自始就存在的（不排除有的被害人自始就重视交换价值），而是因行为人施行诈术发生转变而来的。即因为行为人施行诈术，被害人才从原本对支配利益的重视转为对交换价值的关注。这种关注利益的"转向"是行为人施行诈术所致。在这一过程中，支配利益中"任意处分"的自由实际上受到了侵害，对交换价值的期待也是一种有错误的期待。既然如此，就应像盗窃罪一样，让行为人对自己造成被害人关注利益"转向"的行为负责。例如，"目的不达"理论已在财产损失的认定中得到广泛认可："对所交付的财产的范围或者价值存在错误的，或者，对反向给付或者给付目的的内容存在错误的，……就能肯定具有法益侵害性"；[1]"即使行为人提供反对给付，但受骗者的交换目的基本未能实现（包括反对给付缺乏双方约定的重要属性）时，宜认定为诈骗罪"。[2]实际上，"对财产的任意支配的自由"已经转换为判断是否存在损失时所要考量的一个要素了，只不过不是独立的保护法益。即便强调"诈骗罪所保护的法益是财产，而非被害人处分财产的自由"[3]，但如果用"目的不达"理论，不得不说，诈骗罪在法益保护方向上有向盗窃罪靠拢的倾向，是否仍能一以贯之地坚守整体财产保护的立场存在疑问。

（3）诈骗罪中行为人施行诈术创设的是一个刑法上不被容许的风险，这一风险已经足以使一般人陷入认识错误。既然如此，就不能对被害人提出过

---

〔1〕　［日］山口厚：《刑法各论》（第2版），王昭武译，中国人民大学出版社2011年版，第313~314页。

〔2〕　张明楷：《诈骗罪与金融诈骗罪研究》，清华大学出版社2006年版，第249页。

〔3〕　王钢："德国刑法诈骗罪的客观构成要件——以德国司法判例为中心"，载《政治与法律》2014年第10期，第46页。

高的谨慎期许，否则将有违设置诈骗罪的旨趣。例如，行为人编造国家有关部门的内部文件，向被害人出示，意在证明被害人持有的物品已被列入违禁品目录，使得被害人陷入"应该将该物品马上卖掉"的错误，遂以3万元的价格将某古董相机出售给行为人，而事实上，该古董相机的市价最高不过3万元。与从被害人家中直接取走相机但放置3万元现金于其家中的行为相比，介入的是施行诈术与交付相机的过程，但诈骗行为使被害人陷入了"应该将该物品马上卖掉"的错误，这是一个刑法上不被容许的风险，不能对被害人提出消解这种风险的义务，相反，消解这种风险的义务在行为人身上。既然如此，在支配利益的保护上，就应与盗窃的情形一样。

的确，正如上述质疑所说，不能以偏概全地认为盗窃罪中被害人在意的就是支配利益，而在诈骗罪中被害人关注的就是交换利益，以交换利益是被害人所重视的利益论证诈骗罪保护的是整体财产并未抓住问题焦点。照此推论，如果被害人在意的是支配利益，那就应以盗窃罪对其进行前置化保护；如果被害人在意的是交换利益，那就没有必要前置性保护了。这显然没有说服力。更何况，按此论证，每起案件都要查明被害人在意的利益为何，这既不可能，也没有必要。关键在于行为人打破被害人原有支配状态的过程是怎样的。诈骗罪的最重要特征在于：在事态发展的过程中，如果被害人没有产生错误认识，并基于错误认识处分财产，仅靠行为人的欺诈行为是不可能导致财产损失的。被害人以错误认识为前提的参与方式起着决定性的作用。诈骗罪属于关系犯，行为人不能以通常外在积极损害法益这种方式实现构成要件，而是同时需要被害人的参与和配合。如果被害人没有以完成犯罪计划所必需的方式参与到构成要件实现中的话，仅靠行为人自身的行为不可能实现构成要件该当性事实。[1]这一特征使得诈骗罪与盗窃罪在构造上存在重大区别。盗窃罪是行为人主动侵入被害人的财产支配领域，不存在与被害人的交流、沟通环节，无须被害人的参与和配合就能实现剥夺原占有与建立新占有。这就注定了对被害人财产保护的时点必须尽可能靠前，以实现对被害人的全面保护。盗窃罪"主观多于客观"即所谓"主观的超过要素"的犯罪结构也是这种保护思想的充分体现。立法者通过目的犯的立法方式展现出"取得所

---

〔1〕 参见赵书鸿："论诈骗罪中作出事实性说明的欺诈"，载《中国法学》2012年第4期，第117页。

有"只需存在于行为人主观目的中，客观上只要实现"窃取"即为既遂的犯罪结构。正因为如此，盗窃罪被形容为结合了"既遂的窃取"与"未遂的取得所有"的构成要件，背后的根源在于立法者想要达到提前处罚时点的效果，也就是一种可罚性的前置化。[1]但在诈骗罪中，这种处罚前置化的需求并不存在。中外文献上都主张诈骗罪的客观不法构成要件是以施行诈术、陷入错误、处分财产和财产损失组成，且这四个要素间必须具有"贯穿"的因果关联。[2]诈骗罪要求有"被害人基于认识错误处分财产"这一过程，这就意味着：如果被害人没有陷入或维持认识错误，其不可能处分财产；即便其陷入或维持认识错误，但对是否处分财产仍有选择权，此时仍可能基于这种选择权选择不处分财产；即使被害人选择了处分财产，但诈骗过程常体现为"互为给付"，完全存在行为人的给付与被害人相当甚至超出的可能，因此在整体价值总额的角度，被害人可能并未遭受损失。这样，与盗窃罪中处罚前置化不同，诈骗罪的处罚应当关注"损失"这一结局，而不应在行为人与被害人"互动"过程开始或者尚在发展过程中就全面介入。[3]

这样看来，将诈骗罪中的"任意处分财产的自由"与盗窃罪中的"任意支配财产的自由"同视是有问题的。上述质疑（2）提到，被害人将关注重点从"支配"转向"交换"，是因为是行为人施行诈术所致，如果没有行为人施行诈术，其本可维系原有的支配状态不变，这和盗窃罪中打破原有的支配状态并无区别。可是，仔细分析诈骗罪与盗窃罪的犯罪过程，就会发现这一质疑站不住脚。虽然在诈骗罪中，行为人具有认知优势，对危险支配也更强势，但从始到终，行为人并不是主动侵夺被害人的财产，被害人仍可能以自我保护的方式把控事态的进展，如通过审慎辨识不陷入认识错误，或者在有选择余地的情况下不处分财产。换言之，直到被害人处分财产之前，行为人充其量只能使被害人对财产的支配有所"松动"，但要使其完全脱离被害人的支配领域，必须有赖于被害人的处分行为。最容易被忽视的是诈骗罪中被害人处分财产的自由。虽然被害人是在受骗的情况下做出了财产处分的意思决

---

〔1〕　参见蔡圣伟："财产犯罪：第三讲——窃盗罪之主观构成要件（上）"，载《月旦法学教室》2009年第2期，第65~66页。

〔2〕　参见许泽天："诈欺罪的法条与论证"，载《月旦法学杂志》2011年第10期，第193页。

〔3〕　这里之所以说"全面介入"，是因为在我国诈骗罪与盗窃罪一样也处罚未遂，没有造成财产损失只是不成立既遂而已。

定，但仍然是其自愿选择的结果，这里的自愿性并不要求被害人的处分行为毫无意思瑕疵。所谓自愿处分，是指被害人在知道有选择余地的情况下处分。[1] 这说明，直到处分财产这一关键时刻，被害人依然有选择不处分的余地。因此，是否由支配利益"转向"交换利益，是否处分财产，对于被害人而言，都是有自我决定的余地的。但是，被害人可能基于风险评估，最终选择了处分财产，这可能是不理性选择的结果，但无论是否理性，刑法都应尊重被害人的选择。只不过，刑法法益保护的方向就不是最初的支配状态了，而应是结局意义上的"财产损失"。由此看来，上述质疑（3）也存在未详加辨析诈骗罪过程的问题。这一点，对比盗窃罪可以看得更清楚。在盗窃的场合，行为人通过剥夺占有使被害人失去任意利用、处分财物的可能，又通过建立占有使得被害人排除他人对财物进行干预、影响的可能性也丧失，被害人任意实现所有权能的可能性遭到排除。[2] 在这一过程中，被害人没有任何"选择"的机会，其"任意支配财产的自由"没有任何发挥的空间。从盗窃罪与诈骗罪不同的犯罪历程切入，诈骗罪关系犯、参与犯的本质决定了对被害人财产的保护尚无须如同盗窃罪那样前置化，将其定位为对整体财产的犯罪或许更为合适。

但是，最根本的还是在于，将诈骗罪是否作为对整体财产的犯罪，取决于对不同法益保护方向的取舍。如有学者指出，该罪本身固然可以用来保护所有权，也可用于保护契约自由。为求所有权保护最大化，会遭遇对契约自由的保护不足与保护过当的两难境地。如果排除"财产损害"要件，对契约自由将形成过度保障，因为行为人主观上并无使被害人透过交易受损的意图，进入市场的被骗人未受侵犯，不会动摇一般人对于市场的信心，受骗人也不会因此怀疑其他与其交易的人对其财产不安好心。但如果一律使用为盗窃罪等个别财产犯罪设计的"不法所有意图"，则构成保护不足，因为其主观上要求剥夺所有的程度需达持续性与终局性，然而透过诈欺于市场的获利，其获利无须达到终局与持续的程度，且其财产损害也无须使受骗人终局或长时间地丧失其所有权。同理，为了达到契约自由的妥适保障，也将减损所有权的

---

〔1〕 参见王钢："盗窃与诈骗的区分——围绕最高人民法院第 27 号指导案例的展开"，载《政治与法律》2015 年第 4 期，第 39 页。

〔2〕 参见古承宗："论窃盗罪之窃取"，载《月旦法学杂志》2014 年第 5 期，第 238 页。

保障，因为这样将增添"财产损害"要件。既然这两种具体财产权类型在规范设计上不可兼得完整保护，就受骗人已经表露出其欲对外交易的态度，自然以认为该所有权的交换权能已被契约自由所吸纳为妥，故应以契约自由作为主要解释与设计法条的方向。[1]就此，从法益保护的方向上来讲，德国法选择"整体财产"保护而英美法重视"商业自治"都有各自的合理性。在此基础上形塑出的不同构成要件，难言有对错之分，可能更多的是一个政策选择问题。

三、"损失"要素定位的现状

"财产"是所有财产罪保护的对象。既然是财产犯罪，就应当要求有财产损失，未遂时要求财产损失的危险性，既遂时则要求现实的财产损失。如果某种行为不可能导致财产损失，那就没必要作为财产罪对待，或者说刑法没有必要介入。由此，不管立法是否有明文规定，"损失"都是所有财产罪的构成要件要素。不同财产罪构成要件的形成，除了行为样态可以区分为抢劫、盗窃、诈骗、毁坏等外，核心要件是"财产损失"。有学者在考察德国刑法个别财产与整体财产这一基本的分类保护基础上，洞察出了财产损失这一要素在体系上定位的不同。以盗窃罪为代表的领得罪，其财产损失限于所有权损害，在构成要件上，财产损失被主观化为故意之外的"不法领得目的"中的"排除所有人意思"，所有权侵害存在于主观目的中，客观上剥夺和建立占有只是对占有的侵害，在这个意义上盗窃罪被称为断绝的结果犯。在以诈骗罪为代表的侵害整体财产的犯罪中，财产损失这一要件被定位在了客观层面上，考察被害人的整体财产是否发生了减损，在主观上无须考虑所谓对所有权侵害的领得目的，只剩下了不法获利意思，这一目的与该罪的法益侵害内涵并无直接关系，它是古罗马法中的获利目的在现代财产犯罪中的延续。[2]这是德国财产罪立法的一大特色。

如果以日本刑法为参照系，针对"诈骗罪中应该要求的是不法获利目的"，通说认为这是意图将德国的刑法解释论导入与德国财产犯罪规范有很大差别的日本刑法解释论而得出的结论，不能不说是有疑问的。[3]的确，日本

---

〔1〕　参见吴致勋："财产犯罪主观要件之研究"，东吴大学 2015 年硕士学位论文，第 228~229 页。

〔2〕　参见徐凌波："论财产犯的主观目的"，载《中外法学》2016 年第 3 期，第 741 页。

〔3〕　参见〔日〕山口厚：《从新判例看刑法》（第 2 版），付立庆、刘隽译，中国人民大学出版社 2009 年版，第 146 页。

刑法没有将以利益为犯罪对象的犯罪作为"获利目的的财产侵害罪"的发展形态及财产利得罪加以规定，既未规定"损害财产"的客观要件，也未规定"获取非法利益"的主观要件。这一点显著不同于其刑法中背信罪的立法结构。因此，从解释论上来看，将其在基本构造上与盗窃罪进行同样的把握是具有充分的规范基础的。而且，仅根据行为对象是"财物"还是"财产性利益"就将诈骗罪中的第一项作为对个别财产的犯罪，而将第二项作为对整体财产的犯罪，对同一罪名进行不同归类，恐怕也不妥当。

但是，实际情况是，通说具有明显的两面性。对于诈骗罪中财产损失的认定逐渐倾向于实质的个别财产说，即在判断损失时不是仅以物的形式交付为准，而且必须考量标的物交付后被害人实际上是否确实受到损害。[1]"所转移的物或者利益丧失的本身，才是诈骗罪的构成要件的结果（法益侵害），并没有要去将区别于这种结果的'财产性损失'也作为诈骗罪的成立要件。问题不过是，对物或者利益的转移、丧失本身，能否肯定具有实质性的法益侵害性。"[2]这种说法虽然在极力维护形式的个别财产说，即以所转移的物或者利益丧失的本身作为财产损失，但又不能完全肯定这种物或者利益的丧失本身具有实质性的法益侵害性，结果必然是在判断是否存在财产损失时只能放弃形式的个别说，转而采取实质的个别说。可关键在于，实质的个别说已经是德国整体财产损害中结算原则的产物了。前田雅英教授就曾指出，日本刑法关于诈骗罪的解释受到了德国法的影响。[3]日本学者所称诈骗罪为对个别财产的犯罪，此处的"个别"已非德国法中盗窃罪所属的"个别"财产犯罪范畴，后者才是立足于保护所有权，以所转移的物或者利益丧失的本身作为财产损失，即便获得了同等或以上的价值补偿。因此，日本刑法诈骗罪的解释论，在财产损失的判断上与德国整体财产犯罪概念其实别无二致，徒有"个别财产犯罪"虚名罢了。相反，在同属于对个别财产犯罪的盗窃罪中，日本刑法理论对财产损失的认定未曾进行任何"实质的个别说"的展开，是因为学者们没有注意到盗窃罪中也存在需要实质认定的情形，还是注意到了但认为没有解说的必要或者有意回避？原因不得而知。但从通说的状况来看，

---

〔1〕 参见［日］西田典之：《日本刑法各论》（第6版），王昭武、刘明祥译，法律出版社2013年版，第212页。

〔2〕 ［日］山口厚：《刑法各论》（第2版），王昭武译，中国人民大学出版社2011年版，第311页。

〔3〕 参见［日］前田雅英：《刑法各論講義》，東京大学出版会2015年版，第244页。

直观感受是在盗窃罪中贯彻的是形式的个别说，而在诈骗罪中适用的却是实质的个别说。或许，和德国刑法中的领得罪一样，日本刑法在盗窃罪中将财产损失主观化为了"不法领得目的"中的"排除意思"，解释论是在"排除意思"中探讨实质的财产损失问题，[1]在客观面的"取得占有"中也就没有专门论及财产损失。可是，在其通说那里，"不法领得目的"对诈骗罪具有同样的意义，也需要考察所谓的"排除意思"。既然如此，对于诈骗罪中的财产损失，也应该将其放在"排除意思"中讨论，而不应在立法没有规定"财产损害"要件的情况下，在客观面上以所谓的"实质的个别说"专门论述。

在我国刑法学界，也存在对"损失"要素定位模糊不清的问题。张明楷教授指出，如果财产损失是独立的构成要件要素，则要求在转移财产之外判断被害人是否遭受财产损失；如果损失不是独立的构成要件要素，则意味着不需要在转移财产之外判断被害人是否遭受财产损失，但要求判断转移财产本身是否具有实质的法益侵害性。因此，财产损失是否是独立的构成要件要素，似乎只是形式问题，二者的对立呈现表面化的势态。[2]可是，如果财产损失是独立的构成要件要素，那就意味着必须在转移财产之外判断被害人是否遭受财产损失，这已经是对整体财产保护的价值取向；"如果损失不是独立的构成要件要素，则意味着不需要在转移财产之外判断被害人是否遭受财产损失，但要求判断转移财产本身是否具有实质的法益侵害性"的说法本身是矛盾的，既然立法并未将损失作为独立的构成要件要素，那就意味着转移财产本身就是所谓的"损失"，如果还要实质性判断转移财产本身是否能被认定为损失，那么像德国立法那样对盗窃罪与诈骗罪规定不同构成要件的意义何在？当然，我国刑法并未对盗窃罪与诈骗罪采取不同的规定方式，可以认为虽未明文规定"损失"要素，但要求在转移财产之外判断是否存在实质的财产损失。于是，与日本理论的通说一样，主张"不应将诈骗罪理解为对整体财产的犯罪，但应采取实质的个别财产说"。[3]他同时主张，日本的实质个别财产说与德国的整体财产说没有原则性区别。[4]可是，一方面将诈骗罪理解为对个别财产的犯罪，另一方面以实质的个别财产说理解财产损失，只能说

---

〔1〕　关于使用盗窃可罚性的讨论即是适例。

〔2〕　参见张明楷：《诈骗罪与金融诈骗罪研究》，清华大学出版社 2006 年版，第 205 页。

〔3〕　张明楷：《诈骗罪与金融诈骗罪研究》，清华大学出版社 2006 年版，第 247 页。

〔4〕　参见张明楷：《诈骗罪与金融诈骗罪研究》，清华大学出版社 2006 年版，第 247 页。

这里的所谓"对个别财产的犯罪"实际上已经不是德国法那种"财产损害的发生只是构成要件行为通常的伴随现象而非规范上的前提条件"[1]意义上的个别财产犯罪了,实际上已是"以个别财产犯罪之名,具整体财产犯罪之实"了。

此外,理论界又认为法条中的"数额较大"是指行为人取得的财物数额较大,而并不直接意味着被害人的财产损失数额较大。[2]这一点在司法解释中也得到了印证。《最高人民法院、最高人民检察院关于办理盗窃刑事案件适用法律若干问题的解释》第4条第2款指出:"盗窃行为给失主造成的损失大于盗窃数额的,损失数额可以作为量刑情节考虑。"这似乎表明,作为定罪和选择法定刑基础的"数额",是"取得的财物数额",而不是"造成的损失数额"。[3]可问题是,既然在"取得财产"之外另行进行"财产损失"的判断,那就应以损失数额作为定罪和选择法定刑基础的"数额"才对。如果将损失数额贬抑到"量刑情节"的地位,还需要在构成要件中专门论述么?

在我国,盗窃罪与诈骗罪同属取得罪,在基本构造上并无本质区别。[4]可是,在诈骗罪中实质性地认定财产损失的主张,并未充分贯彻到对盗窃罪财产损失的认定中。例如,对于甲在乙的办公室盗窃乙价值5000元手机时,将自己5000元现金放在乙的办公桌上的案例,张明楷教授认为不能以甲自愿给乙5000元现金为由否认乙的财产损失。因为盗窃行为违反了乙的意志,乙对手机的占有是值得刑法保护的。甲自愿给乙5000元现金的行为,不能阻却其违反被害人意志行为的违法性。但是,对于A去商店买手机时趁店员不在场,将标价2000元的手机拿走,同时将自己2000元的现金放在柜台里的案例,他又认为不成立盗窃罪,因为A的行为并不违反被害人的意志。[5]本来,如果和诈骗罪一样进行实质性的损失判断,在上述两个案例中,被害人都不存在财产损失,有什么必要转向"被害人意志违反"的判断?况且,对于案例二,说A的行为并不违反被害人的意志恐怕也是有问题的。除非有明确告示,

[1] Bockelmann, BT/1, 1982, S. 5; Wessels/Hillenkamp BT/2, Rn. 1.
[2] 参见张明楷:《诈骗罪与金融诈骗罪研究》,清华大学出版社2006年版,第205页。
[3] 实务中大量出现的"盗窃行为给失主造成的损失小于盗窃数额"的情形反而是最需要明确的,而司法解释却避而未谈。
[4] "违反被害人意志"和"被害人基于意思瑕疵"的区别不是本质上的。
[5] 参见张明楷:《刑法学》(第5版·下),法律出版社2016年版,第939页。

否则难以想象在商店购物的情形中，商家或店员会同意顾客自行取走商品并留下价金。

如果以德国法为参照，我国对于"损失"要素的定位实际上融合了对个别财产犯罪和对整体财产犯罪的特点，是两种面向犯罪结构的不同"混搭"。一方面，没有接受所谓的"获利型犯罪"这种意义上的对整体财产的犯罪种类，固守盗窃罪与诈骗罪均属于"取得罪"这一分类体系，反映在立法上就是简单罪状的设置和"损害"要素的缺失，在司法上则是以"取得的财物数额"作为定罪和选择法定刑基础的"数额"标准，并仿效德日"不法领得目的"建构了不成文的"非法占有目的"要素。另一方面，与日本刑法通说类似，在诈骗罪中全面采用了实质的个别财产损失判断，[1]与整体财产的保护取向趋同，但在主观上仍坚守与个别财产犯罪同样内涵的"非法占有目的"。由此，形成了与德国法迥异的"困惑"局面。基本的问题在于，既然认为在我国盗窃罪与诈骗罪都是对个别财产的犯罪，那就不应在财产损失的判断上采纳实质的个别财产说。同时，基于对个别财产犯罪的本质，"损失"要素不可能只定位在客观层面，"非法占有目的"中的"排除意思"也必须承载相应的功能。这样看来，"损失"要素的定位关乎犯罪结构的变化，更关乎具体财产罪的类属变化，因此有必要进行更加全面、深入的考察。[2]

四、"损失"要素定位的中国路径

可以看出，不同财产罪中"损失"要素的定位关系到该罪基本的犯罪结构，更表明了该罪的法益保护方向是个别财产还是整体财产。在我国，"损失"从来就是不成文的构成要件要素。"在简单罪状的模式下，我国刑法条文既无法成为证成某一重构方案的根据，也无法成为反对该方案的理由，它为解释提供了无限的可能性。"[3]在解释论上，"损失"要素的定位方案可能存在多种，需要仔细辨识取舍。

（一）对个别财产保护中的"损失"定位

我国刑法学一直将盗窃罪和诈骗罪都作为取得罪，只不过盗窃罪是违反

---

〔1〕　就目前的文献来看，在诈骗罪中单独讨论实质的财产损失是常态，但几乎没有学者在盗窃罪中讨论实质的财产损失问题。

〔2〕　我国刑法中"数额较大"以及根据数额确定法定刑的规定，也需要审慎研究。

〔3〕　徐凌波："论财产犯的主观目的"，载《中外法学》2016 年第 3 期，第 742~743 页。

被害人意志的夺取罪的代表，而诈骗罪则是被害人基于意思瑕疵而交付财产的交付罪的代表，但二者均是不法取得财产的犯罪。在这一分类体系下，"取得"作为客观的构成要件要素，是犯罪构造的重心，也是犯罪既遂的标准。在绝大多数情形中，从客观面上讲，取得就意味着损失。从主观面上看，行为人也都具有通说所要求的非法占有目的，犯罪认定没有难度。但是，从普适性上看，这一通说仍然存在可质疑之处，尤其是难以解决盗用、骗用等暂时使用行为构成犯罪的数额认定问题。此外，为了应对因保护个别财产导致处罚范围过宽，可能使得"非法占有目的"承载过多的出罪功能，使其概念流于空泛。

1. 暂时使用构成犯罪的数额认定

在盗窃罪对象只能是狭义财物的话语体系下，盗窃罪的法益包括所有权且以所有权为主是各国的学术和实务共识。但是，盗窃罪客观要件仅为转移占有，这样规定的目的是实现对所有权保护的"前置化"，即从立法角度难以将转移占有后对所有权的侵害行为作为客观要件。但是，客观上仅仅转移占有尚不能彰显对所有权的侵害，只能通过"不法所有目的"这样一种主观的超过要素进行处罚上的目的性限缩。而在所谓对所有权的犯罪中，财产损失是指所有权的受损。因此，在这一犯罪构造中，财产损失实际上已经相当程度地被主观化了。[1]在德国，财产损失被主观化为"不法领得"目的中的"剥夺占有"要素，即"长久地剥夺被害人的支配地位的意思"，[2]不法领得指的是对所有权这一形式性的法律地位的全面侵夺。在日本则被主观化为"不法领得"目的中的"排除意思"，即"试图引起可罚的法益侵害（利用妨碍）的意思"，该意思为法益侵害的危险奠定基础，被认为是主观违法要素。[3]我国刑法理论长期以来一直是将所有权作为盗窃罪乃至所有的财产犯罪的法益，认为盗窃罪所侵犯的是公私财产的所有权，而且是对所有权全部权能的侵犯，即对所有权整体的侵犯，并在故意之外要求非法占有目的。既然如此，就应

---

〔1〕 根据德国主流的所有权说，占有既然不是盗窃罪的法益，转移占有也就并不体现任何违法性。这一认识可能难以被我国学者接受。但至少应当认为，盗窃罪的不法性是由客观要件与主观要件共同体现的，虽有客观化的财产损失，但不能否认主观化的财产损失。

〔2〕 参见王莹："盗窃罪'非法占有目的'对象刍议"，载《中外法学》2015年第6期，第1575页。

〔3〕 参见［日］山口厚：《刑法各论》（第2版），王昭武译，中国人民大学出版社2011年版，第232~233页。

采取和德日保护所有权犯罪相同的解释论，将不法核心置于主观上的"非法占有目的"中。车浩教授看到了这一点。他指出，占有的转移原则上只是一种基本的构成行为，其本身并不具备可罚性，因为从教义学的逻辑上说，只有在行为人同时具有非法占有目的时，转移占有的取得行为才具有被刑法认真对待的意义。只有非法占有目的这个构成要件要素，才是真正对准和指向了一种法益侵害。[1]

但在我国，立法中"数额较大"和根据数额确定不同法定刑的规定和理论对"损失"要素定位的认识偏差导致了难以处理盗用、骗用构成犯罪后的数额认定问题。在德日，轻微使用盗窃等行为出罪正是通过"剥夺占有"要素或"排除意思"进行的，对于需要处罚的暂时使用行为，如相当程度消耗财物本身的使用价值或交换价值的，当消耗价值与取得的财物价值总额不一致时，因为没有"数额较大"的规定，也没有按照数额大小设置法定刑，在取得财物这一既遂时点上，无须考虑主观上"消耗价值"多少，认定为对财物本身的盗窃等并不存在任何障碍。但是，前已述及，在我国的数额犯规定之下，理论界以及司法解释都认为法条中的"数额较大"是指行为人取得的财物数额较大，而并不直接意味着被害人的财产损失数额较大，这一认识显然没有考虑主观化财产损失的余地。这不但违背了取得罪的不法内涵和教义学构造，也直接造成了实务认定中的困境。例如，黎宏教授主张，使用盗窃实质上是一种利益盗窃行为，这种利益就是消耗的财物本身的使用价值，是一种财产性利益。[2]张明楷教授认为，对盗用行为应认定为对财物本身的盗窃，并按获得（利用）的经济价值（即被害人损失的经济价值）认定犯罪数额。[3]周光权教授主张，使用盗窃在某些场合完全可能构成盗窃罪，其犯罪数额为被盗用的物品在被使用期间的损失或消耗。[4]这些主张有一个共同点，即在犯罪数额的认定上，不是以取得的财物数额而是以实际利用或者说被害人损失的数额为标准。值得质疑的是：盗窃罪的既遂时点是取得财物，在犯罪成罪数额认定上，如何考虑既遂后实际利用或者说被害人损失的数额？正

---

[1]　参见车浩："占有不是财产犯罪的法益"，载《法律科学（西北政法大学学报）》2015年第3期，第126页。

[2]　参见黎宏："论盗窃财产性利益"，载《清华法学》2013年第6期，第136页。

[3]　参见张明楷："论盗窃财产性利益"，载《中外法学》2016年第6期，第1429~1431页。

[4]　参见周光权：《刑法各论》（第3版），中国人民大学出版社2016年版，第100页。

是因为难以在客观要件中考察既遂后妨碍财物利用的情形，取得罪才将既遂时点设置为取得财物时，将既遂后的某种财产损失作为成罪的罪量标准，这显然是不妥的。这就将本来应该评价的对象从"以使用为目的的取走"转移到了"取走之后的使用"。可是，在很多情况下（如盗用汽车时），如果按照取得财物本身的价值计算盗用行为的犯罪数额，可能导致量刑畸重。基于此，学者们才转而在实际利用或被害人损失的数额上做文章。可是，这样可能忽视了取得罪的本质是取得行为而非利用行为，正如同挪用公款罪虽在罪名中有"用"字，但构成要件行为只在"挪"上一样。[1]转向考察利用行为，等于是在客观要件中增加了实质的财产损害要求，在一定程度上倒向了对整体财产保护的立场。

问题的症结在于，取得罪的不法内涵决定了财产损失部分被主观化进了"剥夺占有"要素或"排除意思"，即使要设置为数额犯，该数额也应以客观化和主观化两部分展现，无论是理解为"取得的财物数额"还是"获得（利用）的经济价值（即被害人损失的经济价值）"，都是一种客观化的损失，没有考虑到主观化的损失。显然，这是立法者在设置数额犯时未曾顾及的。当然，也可以考虑在暂时使用案件中将既遂后实际利用的经济价值转换为既遂时点上"非法占有目的"中的"拟利用的经济价值"，以此作为犯罪数额认定的标准，这样便维系了在既遂时点考虑罪量要素这一基点。问题是该主观化的数额如何认定？能否以实际利用的价值"推定"拟利用的价值？这给实务认定增添了巨大的难度。在司法实务中，对于 5 次盗用他人耕牛耕田 13 天的案件，法院以当地租牛价格约 760 余元计算犯罪数额，判处盗窃罪。[2]但是，判决并未明确这一数额是客观利用价值还是主观上"拟利用的价值"。

由此，会形成同罪中两种数额认定的路径：在绝大多数情形中，取得的财物价值与非法占有目的指向的财物价值一致，以取得的财物价值这种客观化的财产损失认定即可；在暂时使用的情形中，为了避免有时量刑畸重，只能以非法占有目的指向的财物价值（即"拟利用的价值"）这种主观化的财产损失作为犯罪数额。出现这种看似不协调的解释论局面，症结恐怕在于我

---

[1] 参见李强："挪用公款罪中'归个人使用'的解释逻辑"，载《法学》2015 年第 4 期，第 122 页。

[2] 参见王礼仁："使用盗窃可以构成盗窃罪"，载《人民司法》1995 年第 6 期，第 39 页。

国立法采取了数额犯的模式。

2. 处罚范围偏宽的处理

在我国，主张财产损失的实质判断采取整体财产说的学者提出：如果转移财物就意味着财产损失，就可能导致处罚范围过宽；我国财产罪的成立条件要严于德日等国，适用解释也应按照限制处罚范围的政策思想，严格界定成立范围。盗窃的同时留下对价的之所以不成立犯罪，是因为行为人不具有非法占有的目的。不管是交付型的诈骗罪，还是夺取型的盗窃罪，在财产损失的判断上都要坚持实质性的标准，采取整体财产说。[1]这主要是为了处理擅自取走他人财物但留下价值相当甚至高于财物价值的金钱、擅自换取零钱等从整体上看被害人并无财产损失的情形。在这些情形中，行为人客观上已取得财物，主观上有盗窃故意，似乎也不能说不具有非法占有目的，因而只能按照成立犯罪处理，但这样处理可能有违一般人的法感情，导致处罚范围过宽。

在德国，通说是通过"推测的承诺"或"欠缺利益原则"阻却违法的方式来解决的。[2]但是，对个别财产的犯罪本来就是对财产支配的形式地位加以保障的，"推测的承诺"或"欠缺利益原则"既存在说服力不够的问题，在标准把握上恐也难言明晰。值得注意的是，黄荣坚教授主张，在盗窃罪中，被害人对于其财产的利益角度可能是交换价值，也可能是物质本身的价值，也可能二者兼具，行为人是否破坏相对人的财产利益而构成盗窃罪，必须就具体情形看相对人对于其财产的实质利益在哪里。[3]即将被害人的"实质利益"与被害人同意结合，通过被害人同意否定客观构成要件符合性。问题是，被害人实质利益的判断标准为何？是否需要行为人认识到？[4]为何对于处于售卖状态的财物，就能说被害人同意行为人擅自取走？这难道不违背正常的

---

〔1〕　参见付立庆："论刑法介入财产权保护时的考量要点"，载《中国法学》2011年第6期，第136页。

〔2〕　参见蔡圣伟："财产犯罪：第一讲——概说：所有权犯罪与侵害整体财产之犯罪（下）"，载《月旦法学教室》2008年第8期，第54页。

〔3〕　参见黄荣坚："六合彩开奖那一天"，载《月旦法学杂志》1997年第11期，第15页。

〔4〕　例如，行为人以为大学教学楼门口桌子上的一本杂志是某位同学或老师暂时放置的，因非常喜爱而拿走，同时放下杂志上标价的金钱，后来查明该杂志是某同学放在那里准备售出的。那么，能否以被害人的实质利益在于交换价值而认为具有被害人同意不成立"窃取"？这是否可能导致行为人是否符合"窃取"的客观要件取决于是否要出售这种偶然事件？又如，被害人完全可能主张自己店里售卖的水果不仅用来出售，也随时供给家人取用。那么，被害人的实质利益岂不是处于游移不定的状态而难以判定？

交易方式？[1]

在主观要件中解决上述难点的主张也被提出。其中，罗克辛的"价值总额理论"引起了德国学界的广泛关注。该理论主张，货币是一种纯粹的价值载体，其价值在于实体中蕴含的价值总额，也就是经济上的交易兑换价值，当财产犯罪以货币作为客体时，行为对象就应从原本的实体转向其中所蕴含的价值。[2]据此，在擅自换钱的情形中，行为人主观上并没有持续剥夺被害人货币"价额"的意思，对所换取货币的价额不具有所有意图。如果将这种理论进一步适用于所有的替代物，那么对于在杂货店里以大包装的物品擅自换取小包装的同等质量的同类物品、擅自以钱易物等行为，便都能以行为人并无对交易价值的所有意图出罪。这一思考方法和学术上讨论所有意图对象所提出的价值理论有相似之处，只不过后者所要解决的是不打算剥夺本体但剥夺其中价值的情形，主要用以将不可罚的擅自使用行为与盗窃罪相区别。那么，能否说既然在未剥夺本体但剥夺其中价值的情形中肯定了犯罪的成立，那么就应当在未剥夺利益但剥夺本体的情形中否定犯罪的成立？二者的不同在于：在未剥夺本体但剥夺其中价值的情形中，通过价值理论认定具有所有目的，并没有脱逸"财物"进行讨论，无论是本体还是其中的价值，针对的都是该财物。但是，在未剥夺利益但剥夺本体的情形中，剥夺了本体的是 A 财物，而且 A 财物的价值也被剥夺了，只不过通过 B 财物的给付弥补了 A 财物的价值。这就已经不仅是 A 财物的本体和价值问题了，而是牵涉了另一个 B 财物。这种通过另一个财物的介入考察是否有财产损失的思考方式，已经不是所有意图的内涵所能涵摄的了，已然滑向了整体财产损失说的立场，个别财产保护的机制恐将面临崩溃。[3]

在我国，取得罪中的"非法占有目的"也是按照德日的解说来理解的。其中的"排除意思"是指排除权利人，[4]将他人的财物作为自己的财物进行

〔1〕 同意交易相对人自行完成交易终究是经济生活中的极少数。

〔2〕 参见蔡圣伟："财产犯罪：第一讲——概说：所有权犯罪与侵害整体财产之犯罪（下）"，载《月旦法学教室》2008 年第 8 期，第 55 页。

〔3〕 不过，在擅自换钱的场合，基于货币的特性，除非被害人对其拥有的货币具有特殊的收藏利益等，否则"价值总额理论"仍有相当说服力。

〔4〕 德国法上的"剥夺意思"指的是剥夺所有权人，日本法上的"排除意思"指的是排除权利人。在日本，所有权外的其他本权也是盗窃罪的保护法益。在我国，所有权外的合法财产权应该作为盗窃罪的保护法益也已得到广为接受。

支配的意思。[1]排除意思并没有承载区分不值得刑罚处罚的盗用行为和盗窃罪之外的机能。正因为如此，对于擅自取走财物同时留下相当价金的行为，也没有通过"非法占有目的"进行"整体损失"考量，而是在客观要件中的"违反被害人意志"中寻求通道。[2]但也面临被害人的实质利益概念模糊，是否违反被害人意志判断标准不明晰的问题。

（二）对整体财产保护中的"损失"定位

在德国刑法中，财产犯罪、获利型犯罪侵害的是被害人的整体财产。[3]在以诈骗罪为代表的对整体财产犯罪中，财产损失这一要件被定位在了客观层面，"损害他人财产""造成损失"等表述被明确规定在了相关罪名的法条中。这样，诈骗罪在主观上不可能是"不法领得"意图，而只能是"不法获利"意图。立法者将防御的重点从"获得利益"的阶段前移，客观上只要求"损害发生"即可。[4]损害是否发生是以整体财产是否受损为准。整体财产受损就意味着法益已经被侵害。因此，主观上的"获利"意图与保护法益并无直接关联，只是对逐利性的强调，并借以控制处罚范围。在我国，将"损失"要素从主观目的中抽离的结果是，"排除意思"不复存在，"利用意思"变为了"获利意思"，"非法占有目的"土崩瓦解。

"损失"要素的这种定位有利于解决上述由对个别财产保护所导致的处罚过宽问题。例如，如果将盗窃罪也作为对整体财产的犯罪，那么对于擅自换钱、擅自以钱易物或者换取不同规格的同种物等情形，便都可以通过客观上的整体价值是否受损来认定是否构成犯罪，无须通过"违反被害人意志"或将"对财物的所有意图"解释为"对财物价额所有意图"来寻找出罪通道。

但是，"排除意思"不复存在的后果是：即使不是旨在持续地排除权利人对财产的支配，也能认定具有获利意图。这样，原本可以从主观上区分的可罚与不可罚的暂时使用行为便都变为了具有可罚性。或者可以这样认为，如果被设定为获利型犯罪，那么在该罪中暂时使用便因为客观上具有财产损失而值得处罚。此时，依然存在需要认定犯罪数额的问题。例如，行为人盗

[1]　参见张明楷：《刑法学》（第5版·下），法律出版社2016年版，第957页。
[2]　参见张明楷：《刑法学》（第5版·下），法律出版社2016年版，第939页。
[3]　参见王莹："盗窃罪'非法占有目的'对象刍议"，载《中外法学》2015年第6期，第1588页。
[4]　Reinhart Maurach/Heinz Zipf, Strafrecht AT, 8. Aufl., 1992, §20 Ⅲ Rn. 39.

取了他人价值60万元的汽车,使用1周后归还,共计造成他人折旧、其他损耗等财产损失共计5000元。所谓客观的财产损失,也是以他人失去汽车占有[1]前后的财产损益来计算(即60万元)。[2]可是,在我国数额犯的立法模式下,要在"数额特别巨大"的法定刑区间量刑,处罚明显畸重。如果以后续利用行为导致的5000元作为犯罪数额,会导致盗窃罪的既遂时点延后且极不明确。那么,能否考虑以行为人主观上"拟获利"的数额作为犯罪数额?答案应该是否定的。在对个别财产的犯罪中,"损失"在相当程度上被定位在主观要件中,以主观上"拟获利"的数额作为犯罪数额尚有一定的说理空间。但是,在对整体财产的犯罪中,"损失"被完全客观化,主观要件中没有考虑具体损失数额的可能。

可能有人会提出,2013年《最高人民法院、最高人民检察院关于办理盗窃刑事案件适用法律若干问题的解释》第5条第2项规定:"盗窃记名的有价支付凭证、有价证券、有价票证,已经兑现的,按照兑现部分的财物价值计算盗窃数额;没有兑现,但失主无法通过挂失、补领、补办手续等方式避免损失的,按照给失主造成的实际损失计算盗窃数额。"[3]既然如此,在盗用的场合,也可以按照后续利用行为造成的损失计算盗窃数额。不得不指出,上述司法解释值得商榷。

(1)对于盗窃记名凭证的,凭证本身不可能数额较大,取得凭证不能认为就取得了凭证所记载的财产性利益。所以,盗窃记名凭证并不意味着盗窃了财产性利益。既然如此,就不能针对票面金额认定犯罪数额。事实上,盗窃记名凭证后兑现的,构成犯罪的是兑现这一诈骗行为,"兑现部分的财物价值"不应是盗窃的数额,而应是诈骗的数额。

(2)在没有兑现的情况下,即使失主无法通过挂失、补领、补办手续等

---

[1] 需要指出的是,被定位为获利型犯罪的盗窃罪的既遂时点也应由"建立占有"前移至"剥夺占有",此时被害人就已遭受财产损失。

[2] 根据2013年《最高人民法院、最高人民检察院关于办理盗窃刑事案件适用法律若干问题的解释》第4条第2款"盗窃行为给失主造成的损失大于盗窃数额的,损失数额可以作为量刑情节考虑"的规定,似乎不难推知在我国计算犯罪数额的标准是盗窃数额。这也表明我国司法实务将盗窃罪作为取得罪看待。当然,在绝大多数场合,在盗窃既遂的时点上,盗窃数额就是损失数额。

[3] 该规定的后半段与《最高人民法院、最高人民检察院关于办理盗窃刑事案件适用法律若干问题的解释》第4条第2款并不冲突,因为后者只是规定"损失数额可以作为量刑情节考虑",并没有说损失数额应当作为量刑情节考虑,在一定情况下,损失数额也可以作为定罪数额。

方式避免损失，行为人也没有取得凭证所记载的财产性利益，以损失作为盗窃数额显然违背了盗窃罪在我国被定位为取得罪的基本现实。

但是，如果盗窃罪被定位为获利罪，该司法解释就恰好符合了这一定位，即以造成的损失作为犯罪数额。那么，我们能否以此为依据，在盗用场合将盗取后利用行为造成的损失作为犯罪数额？通过比较两种情形，不难发现：即使没有兑现，取得失主事后无法避免损失的凭证也将意味着失主遭受损失，只不过直接以票面金额计算不如按照实际造成的损失计算更为准确，故以实际造成的损失"回溯性"地作为取得凭证时失主的损失数额。或者说，即使实际损失是失去凭证"后"发生的，也仍可以作为计算失去凭证"时"盗窃数额的依据。因为这一实际损失本来就是失去凭证"时"就已经发生了的，只不过在计算精确度上，实际损失比票面金额更为可取，无论是实际损失还是票面金额，都是围绕凭证记载的财产性利益这个"同一"对象的，不同的是针对这一对象的计算方法。这种在计算方法上从"票面金额"到"实际损失"的转变，并没有否定以失主失去凭证占有为盗窃数额的计算时点。但是，在盗用他人财物的情形中，事后实际发生的损失与盗用财物的价值本来就是分离计算的。在上述盗用汽车的场合，使用 1 周后造成的实际损失仅为 5000元，相比于 60 万元的汽车价值而言是微不足道的，对于汽车日后的使用价值和交换价值也几乎没有影响，是两个分别计算的价值，并不只是对同一对象在计算方法上的不同。在被害人失去汽车占有的时点，对于被害人而言，其财产损失就是汽车的价值（即 60 万元），此时并不存在 5000 元这一"损失"，这一损失是后来的利用行为所导致的，所以也就无法将其"回溯性"地作为被害人失去占有时的财产损失。在失去占有的时点，5000 元是行为人"获利意图"的指向，60 万元才是实际的财产损失。在获利型犯罪的构造下，"损失"要素完全被定位在了客观上，没有考虑将主观上"获利意图"指向的数额作为损失数额的余地。即使以利用行为导致的损失"回溯"作为失去占有时的盗窃数额，这一数额仍只是主观上"获利意图"的指向，并不是获利型犯罪所要求的客观化损失。

这一解释论困境仍然导源于我国数额犯的立法模式。如果摒弃数额犯的立法，改之以"情节严重"的情节犯模式，就不必纠结于被害人失去占有或处分财产时点的财产损失，对于只有盗用或骗用意图的情形，完全可以根据"获利意图"是否严重进行入罪与否的判断。

（三）"损失"要素的应然定位

在我国，除去毁弃罪、不履行债务罪、职务型的财产罪外，居于财产罪中心地位的是所谓"取得罪"。其中，盗窃罪、抢劫罪、抢夺罪是夺取罪，诈骗罪、欺诈勒索罪是交付罪。[1]如果按照这种主张，对于取得罪来说，"损失"要素应该主要定位于主观层面的"非法占有目的"上，起到甄别不可罚的暂时使用与可罚的取得罪的作用。这是一种可能的定位模式。但是，如果不承认夺取罪与交付罪是"取得罪"这一类概念下的属概念，则可能存在其他的定位模式：一种是将夺取罪和交付罪都作为对整体财产的犯罪，"损失"要素被定位在客观层面的"财产损害"上；另一种是将夺取罪和交付罪分别作为对个别财产的犯罪和对整体财产的犯罪，"损失"要素也会分别被主要定位于主观层面的"非法占有目的"上和客观层面的"财产损害"上。[2]

从应然层面讲，本书持"将夺取罪和交付罪分别作为对个别财产的犯罪和对整体财产的犯罪"的主张，理由主要是能根据不同罪质兼顾不同的法益保护。个别财产与整体财产是财产罪法益保护的两个基本方向。保护个别财产，着力于维护权利人形式上的支配地位，是一种对静态关系的保护；保护整体财产，关注于被害人整体财产是否有所减损，是一种对动态关系的保护。在夺取罪中，行为人主动侵入了被害人的财产支配领域，违背了被害人的意志，这一特点决定了将其定位于对静态关系的保护更为适宜。对于擅自以钱易物、以物易物等行为，如果将盗窃罪等也定位为对整体财产的犯罪，固然在客观要件层面就能避免所谓处罚范围过宽的问题，但这是以牺牲对个别财产（即权利人对财产形式上的支配地位）的保护为代价的，不利于对静态财产关系的维护，易导致对他人财产缺乏起码尊重的现象，恐非为宜。除去在擅自换取货币的场合适用"价值总额理论"外，应严格限制该理论的适用，以切实保障权利人对财产的支配地位不受侵犯。而在交付罪中，要求有"被害人基于意思瑕疵交付财产"这一过程，这就意味着：如果被害人不存在意思瑕疵，其不可能处分财产；即便其存在意思瑕疵，但对是否交付财产仍有选择权，这一特点决定了将其定位于对动态关系的保护更为稳妥。在违背被

[1] 参见张明楷：《刑法学》（第5版·下），法律出版社2016年版，第938页。
[2] 将交付罪和夺取罪分别作为对个别财产的犯罪和对整体财产的犯罪也是一种可能的模式，但基于交付罪与夺取罪质上"基于被害人意思瑕疵"和"违反被害人意志"的差异，没有道理采取这种模式。或者说，如果交付罪都是对个别财产的犯罪，夺取罪就不可能作为对整体财产的犯罪。

害人意志的场合，通过处罚前置化（即客观上取得占有就既遂）的方式维护被害人形式上对财产的支配地位。在被害人只是存在意思瑕疵的情形下，取得占有就既遂这种前置化的处罚方式被"财产损害"这一客观要件既遂标准所取代，通过实质性考察是否存在整体财产减损来保护被害人的财产。这样，就兼顾了两种基本的财产法益保护方向。

但是，在我国现有简单罪状的规范框架下，对夺取罪和交付罪的主观目的和"数额较大"尚难以采取不同的解释标准。从历来的解释论来看，都是在"取得罪"这一上位概念下展开的。有学者认为，我国《刑法》第92条对公民合法财产的界定，表明我国《刑法》分则第五章以下的侵犯财产罪全部是侵犯整体财产的犯罪，而非侵犯个别财产犯罪。[1]这一推论存在问题，混淆了保护对象与保护法益。对公民合法财产的保护，既可能通过保护整体财产的方式进行，也可采取保护个别财产的方式进行，并不是说保护对象是"公民合法财产"就意味着保护法益是整体财产。就立法表述而言，如果以财产损失为要件，就会明文规定"造成公私财产损失"等。但在盗窃、诈骗等罪中，并没有这种规定，将所有的财产罪都作为对整体财产的犯罪在解释论上是有疑问的。

从完善立法的角度，应对交付型犯罪设置不同的"损失"要素。对此，可以参考现有的相关挪用型与骗用型犯罪的立法。挪用型犯罪规制的是特殊的盗用行为。有学者认为，挪用型犯罪其实原本就属于盗窃罪的一种。[2]以挪用资金罪为例，立法者设置了"数额较大、超过三个月未还，或者虽未超过三个月，但数额较大、进行营利活动，或者进行非法活动"的入罪限定条件。挪用公款罪也有着与此类似的规定。[3]对此，张明楷教授指出，"挪而未用""挪而不用"也属于挪用，刑法条文是按照用途的风险大小分为三种情形的，而风险大小基本上取决于实际的使用途径，但这并不意味着"使用"行为是构成要件要素，使用行为只是确认用途的资料与根据。[4]据此，挪用资

〔1〕　参见徐凌波："论财产犯的主观目的"，载《中外法学》2016年第3期，第741页。

〔2〕　参见陈璇："财产罪中非法占有目的要素之批判分析"，载《苏州大学学报（法学版）》2016年第4期，第99页。

〔3〕　与此不同，挪用特定款物罪设置了"致使国家和人民群众利益遭受重大损害"的构成要件，该罪中的挪用是指有关单位改变用途公用，并非挪用财产归个人使用。而一般的盗用财产都是归个人使用。结合此规定，对于非职务型的盗用财产归公用的行为如何处理，还需要进一步研究。

〔4〕　参见张明楷：《刑法学》（第5版·下），法律出版社2016年版，第1189、1191页。

金罪与挪用公款罪基本上还是维系了可罚的盗用行为以取得占有作为既遂时点的认定标准，与盗窃罪中根据取得占有后的客观事实推定"非法占有目的"的内容如出一辙。而在《刑法修正案（六）》增设的骗取贷款罪中，立法者设置的入罪条件是"给银行或者其他金融机构造成重大损失或者有其他严重情节"。这就意味着，取得贷款并非本罪既遂，"给银行或者其他金融机构造成重大损失"是最主要的考虑因素。[1]如果将骗取贷款作为一种特殊的骗用行为看待，可以看出，处罚的基点在于取得贷款后的使用行为是否造成损失，这与上述挪用型犯罪的构造明显不同。因此，如果要维系数额犯的立法模式，骗用行为应采取与普通诈骗行为不同的损失认定时点，前者应以事后发现或报案等案发时点为依据，后者还是以被害人处分财产时点为凭据。

这样，能避免在不同罪质中"一刀切"地处理暂时使用行为。以盗用和骗用行为为例。既然盗窃罪和诈骗罪罪质不同，既遂标准有异，"损失"要素的定位有别，那么可罚的盗用和可罚的骗用就应适用不同的认定标准。对于盗用行为，由于"损失"要素被主要定位在了主观层面的"非法占有目的"中的"排除意思"上，在现行数额犯的立法框架下，就应以取得占有时点上"非法占有目的"中"拟排除权利人支配的经济价值"作为数额的认定标准，这也维系了盗窃罪作为夺取罪的教义学构造。对于骗用行为，"损失"要素被定位在客观层面的"财产损害"上，如果按照被害人处分财产的数额计算犯罪数额，可能导致刑罚畸重，基于其获利目的相对轻微，可以考虑以实际造成的损失作为犯罪数额。当然，这可能导致可罚的骗用行为既遂时点延后的问题，但这种延后具有正当性。相比于定位为对个别财产保护的盗窃罪，作为对整体财产加以保护的诈骗罪，其处罚相对"滞后"，即以财产损害为既遂；而相比于不打算归还的诈骗行为，骗用行为在"获利意图"上相对更为轻微，既遂时点应再为延后为是。

值得注意的是，对个别财产的犯罪与对整体财产的犯罪之分类有逐渐趋同的态势。在德国，对"整体财产损失"的判断也并非简单计算金钱价值总额是否有损失，而是采取个别化原则，即根据行为当时被害人的个别财产关

---

〔1〕 司法解释将"骗取数额在100万元以上"作为追诉标准之一值得商榷。即便是"其他严重情节"，仍要立足于"遭受重大损失"来解释。骗取数额大，不一定意味着将来遭受损失重大损失或遭受重大损失的风险就大。

系（包括金钱价值以外的市场情况、个人的利用可能性、个人的资产状况等）来确定，通过一般的市场价值与个别的价值两个阶段的判断来决定。而在日本，其财产价值减少说与德国通说相同，实质的个别财产说与财产价值减少说也没有原则区别。[1]对整体财产的犯罪在"财产损失"的判断上已个别化，既然如此，其与对个别财产的犯罪的分野就已趋同。以德国对诈骗罪（既遂）的两个阶段判断为例，首先对行为人取得的财产与其提供的财产在纯客观上进行比较，前者高于后者时被害人存在财产损失；相等时客观比较被害人处分的财产与接受的对价的主观价值，前者高于后者时被害人存在财产损失，主观价值的判断要素包括财物对被害人的有用性、目的等。[2]不能不说，财物对被害人的有用性、目的等要素，已经脱逸了整体财产损失判断的初衷，如果不将被害人最初对财物的支配利益（如任意处分的自由）考虑进来，被害人的有用性、目的等要素便无从考察。但不管怎样，从财产法益的基本方向来看，静态的形式支配地位与动态的财产价值总额这两点始终存在，如何在维系这两个基本方向保护的前提下形成更为合理的财产罪构造是今后需要进一步研究的课题。

第二节 实体保护与价值保护

前已述及，当货币作为财产犯罪对象时，引发了对个别财产的犯罪与对整体财产的犯罪的适用限制。在擅自换钱的场合，行为人留下的货币在价值上与取走的货币是相等的，只是在面额上有差异，往往只是整钱与零钱的差异而已。如果只考虑货币作为"实体"的一面，完全不考虑其蕴含的经济价值，擅自换钱行为便构成盗窃罪。但是，这样的结论显然有违国民的法感，造成了刑法介入过甚的局面。鉴于此，才有所谓"价值总额理论"的提出，认为在上述场合，应将行为对象由货币这一"实体"转换为其中蕴含的"价值"。[3]在生活中，大量存在不想将实体据为己有，而只想取得其中价值的情形，在处理上颇为

---

[1] 参见张明楷：《诈骗罪与金融诈骗罪研究》，清华大学出版社 2006 年版，第 241~242、246~247 页。

[2] 参见张明楷：《诈骗罪与金融诈骗罪研究》，清华大学出版社 2006 年版，第 242~243 页。

[3] 参见蔡圣伟："财产犯罪：第一讲——概说：所有权犯罪与侵害整体财产之犯罪（上）"，载《月旦法学教室》2008 年第 7 期，第 55 页。

棘手。本节拟主要围绕使用盗窃[1]等实务难点，尝试对该问题进行探讨。

一、排除意思与取得占有

（一）立法概览与问题提出

在我国，财产罪立法都只针对了故意违反的行为样态。刑法理论与实务的通说都认为，挪用型犯罪以外的取得型犯罪除要求故意外，还要求非法占有目的。但"非法占有目的"并非刑法明文规定，于是，非法占有目的是不是盗窃等夺取罪的主观要素、如何理解该要素还存在争议。[2]德国刑法明文设置了这种主观要素，称为"不法所有意图"，[3]是一种特殊的主观要素。对于盗窃等罪而言，因为该要素的设置，成了一种"带有超越之内在倾向的犯罪类型"，如果从客观面来观察，体现为一种"截断的结果犯"，即一种"主观多于客观"的犯罪结构。行为人最后是否居于类似所有权人的支配地位来处分、利用该财物，对于盗窃既遂的判断没有任何影响。该结果只需要在行为人的主观想象中出现即为已足。之所以采取这种立法方式，是因为立法者想要达到提前处罚时点的效果，也就是一种可罚性的前置化。[4]例如，在盗用他人快餐店储值卡的情形中，客观上只要行为人取得对充值卡的占有，就能认定其构成盗窃罪，因为行为人主观上就是计划要将充值卡中的金额（价值）用掉，至于其是否如愿地嗣后用到卡中的金额，则非所问，不法所有意图无须客观面上相对应的行为，故是一种"超过的主观要素"。本来，如果通过客观面考察对法益的侵害程度，应该延后至行为人居于事实上的排他性支配地位这种民法上的所有权地位、持续性地排除原所有的阶段。但是，立法者将既遂时点前置为"取得占有时"，同时设置"不法所有意图"，力图将不具有该种意图的取得占有行为排除出处罚范围。这就是一种"客观面前置+主观面设限"的立法方式，即一方面将既遂时点前置，另一方面在主观要素

---

[1] 在表述上，本书在等同意义上使用"使用盗窃"与"盗用"，而且不专门区分可罚的使用盗窃与不可罚的使用盗窃，具体含义需要结合语境分辨。

[2] 在这一点上，日本与我国情况接近，因为立法并未明文规定，对该要素便存在较大争议。

[3] 对于这一主观要素，各国称谓不一，德国谓之"不法所有意图"，日本称作"不法领得意思"，我国名曰"非法占有目的"。本书在同等意义上使用上述称谓。

[4] 参见蔡圣伟："财产犯罪：第三讲——窃盗罪之主观构成要件（上）"，载《月旦法学教室》2009年第4期，第65~66页。

上设限，避免处罚面过宽。

通过上述立法考察，实际上出现了两种规制夺取型财产罪的路径。一种是在立法上明文规定有"不法所有意图"的国家或地区，构成要件行为的设定只考虑"夺取"即"取得占有"，不再考虑嗣后行为，在主观要件的设定上通过增设"不法所有意图"控制客观面上处罚时点前置带来的处罚面过宽的问题。在立法并未明文规定该主观要素的国家，如果认为该要素为不成文的主观要素，实际上也是主张这种路径。另一种路径是，认为夺取型财产罪主观面上只需考察是否有构成要件故意即可，无须考虑"不法所有意图"这种"超过的内心要素"。考察客观面上则大体有两种做法：要么将既遂时点延后，考察夺取后对财物的支配、利用情况；要么仍将夺取时作为既遂时点，而将嗣后行为作为"可罚的违法性"内容来对待。两种路径，孰是孰非？

不仅如此，无论是"不法所有意图"还是"非法占有目的"，都是以财物"实体"作为对象模板，在盗用等案件中，行为人对实体不具有排除意思而有归还意思，而对于实体体现的"价值"部分却往往有消耗的意思。那么，能否就"价值"部分认定"不法所有意图"或"非法占有目的"？更何况，盗用情形纷繁复杂、形态多样，应设定怎样的标准解决刑法介入处罚的问题？这些问题都非常值得研究。

（二）"排除意思"机能的肯否之争

在日本，刑法并未明文规定"非法取得意思"，[1]但是，判例一直认为，除了构成要件故意外，还必须存在作为不成文的主观要素的"非法取得意思"，即"排除权利人，将他人之物作为自己的所有物，并按照该物之经济用途进行利用、处分的意思"。该定义前半段的"排除权利人意思"即"排除意思"，根据侵害占有的意思达到何种程度，具有将危害轻微的擅自暂时使用行为排除在盗窃罪之外的机能，排除意思就具有这种可罚性限定机能。[2]短时间借用他人橡皮擦或拖鞋后马上归还的，就是适例。由于利用意思尚未达到排除权利人的程度，排除意思便具有了从主观方面排除成立盗窃罪的机能。

排除意思机能肯定说的主要理由是：①盗窃罪是典型的状态犯，取得占

---

〔1〕　本来，日本刑法的称谓是"不法领得意思"，"领得"与"占有"两个概念完全不同，为避免与我国刑法中的"非法占有目的"混淆，一般将"不法领得意思"译为"非法取得意思"。

〔2〕　参见〔日〕西田典之：《日本刑法各论》（第6版），王昭武、刘明祥译，法律出版社2013年版，第158页。

有即构成既遂，[1]不可能将既遂之后的利用妨害程度作为盗窃罪成立与否的判断内容，充其量只能作为量刑考虑。②"可罚的利用妨害程度"使得既遂标准极不明确，放弃"取得占有"这一明晰标准是不明智的。③既然盗窃罪是状态犯，就应该根据取得占有时的事实来判断可罚性，要判断事后对权利人的排除程度是否具有可罚性，就只能根据取得占有时的具体意思，从主观上进行考察。[2]在日本，排除意思机能肯定说虽然避免了既遂标准极为不明确的弊病，却又陷入了"排除意思"标准不明确的困境，出现了一方面理论上强调排除意思必要，另一方面实务上又广泛承认使用盗窃的可罚性，与排除意思不要说同样得出了广泛处罚使用盗窃的结论。日本判例的主流倾向就是，即便是存在返还意思的短时间擅自使用，也肯定存在非法取得的意思。[3]

与此变化相对应，认为使用盗窃原则上具有可罚性，主张无须非法取得意思的学说，也成了学界有力的观点。大塚仁教授认为，暂时擅自使用他人财物的行为不可罚的理由在于其行为本身不能被认为是可罚的财物窃取行为，像擅自借用他人桌上的刀子削铅笔或者随意将他人放在广场角上的自行车绕广场骑行一周等行为，尚不能说取得了财物的占有，不属于可罚的窃取行为。[4]即使主张排除意思机能肯定说的学者，实际上也已经放弃了"有无返还意思"这一明晰标准，进而转向了异常复杂的可罚性程度标准。山口厚教授认为，即使存在事后返还的意思，但若是出于侵犯相当程度的利用可能性的意思，则存在达到可罚性程度的法益侵害的危险，能肯定具有排除意思，成立盗窃罪。至于可罚性的判断标准，有必要综合考量以下因素：占有人利用财物的可能性或者必要性的程度、行为人所预定的使用或者妨害利用的时间长短、财物本身的价值等等。[5]由此，排除意思的内涵和外延变得极不明确，似乎拟以盗窃罪处罚时就认为具有排除意思，否则就不具有排除意思。排除意思

---

〔1〕 通常的讨论是以实体作为对象的，对于"价值"部分，也应以"取得占有"作为既遂标准。

〔2〕 参见［日］山口厚：《刑法各论》（第 2 版），王昭武译，中国人民大学出版社 2011 年版，第 232~233 页；［日］西田典之：《日本刑法各论》（第 6 版），王昭武、刘明祥译，法律出版社 2013 年版，第 163 页。

〔3〕 参见［日］西田典之：《日本刑法各论》（第 6 版），王昭武、刘明祥译，法律出版社 2013 年版，第 163 页。

〔4〕 参见［日］大塚仁：《刑法概说（各论）》（第 3 版），冯军译，中国人民大学出版社 2003 年版，第 202 页。

〔5〕 ［日］山口厚：《刑法各论》（第 2 版），王昭武译，中国人民大学出版社 2011 年版，第 233 页。

实际上成了"面团",任人拿捏。[1]

在我国,包含"排除意思"的非法占有目的必要说一直是通说。张明楷教授指出,排除意思的主要机能是,将不值得以刑罚谴责的盗用、骗用行为排除在犯罪之外。排除意思是达到了可罚程度的妨害他人利用财产的意思,或者说,是引起可罚的法益侵害(妨害利用)的意思。[2]但也有学者否定排除意思的机能:使用盗窃是否构成犯罪,与行为人有无非法占有目的并无直接关系,关键在于客观行为是否具有可罚性。[3]可罚的与不可罚的使用盗窃在主观上并没有本质差异;在使用盗窃可罚的场合,实际上以客观的法益侵害为依据;仅仅以单纯的主观因素作为区分罪与非罪的标准,则有主观归罪之嫌;必要说所认定的非法占有目的都是从客观立场出发所得出的结论,不能视为主观的违法要素。[4]

本书认为,在以财物作为行为对象的场合,[5]还是应该要求排除意思。

(1)排除意思不要说会使盗窃罪丧失构成要件定型性。盗窃罪是典型的夺取罪,行为的完成时点应设定为取得占有时。排除意思不要说着眼于盗用行为所造成的实质损害,以"相当的利用可能性之妨害"作为判断标准,通过盗用时间的长短、使用盗窃的对象、使用目的、财物的保存状况、是否返还财物、财产利益的损害、其他因素等来客观化区分盗窃与盗用,[6]这就使得盗窃罪的客观构成要件实际上演变为了"取得占有+取得后的各种客观因素"之组合,后者是完全不具有定型性的,这样的解释论也没有立法支撑。

(2)即使认同取得占有是既遂时点,但将取得占有后的诸因素作为"可罚的违法性"来考察,也可能从表面上维护了构成要件定型性,但适用标准必然不明确,有扩大或滥用之虞,实际上还是破坏了构成要件定型性。

(3)前已论及,排除意思不要说认为主观说的实质理由是客观因素,与其这样,还不如直接以客观因素作为基准,这是对主观要素的误解。行为时

---

〔1〕 参见陈洪兵:《财产犯罪之间的界限与竞合研究》,中国政法大学出版社 2014 年版,第 37 页。

〔2〕 参见张明楷:《刑法学》(第 5 版·下),法律出版社 2016 年版,第 957~958 页。

〔3〕 尹晓静:"财产犯罪中的非法占有目的之否定——'侵害占有、建立占有'客观分析之提倡",载《政治与法律》2011 年第 11 期,第 42 页。

〔4〕 参见张红昌:"论可罚的使用盗窃",载《中国刑事法杂志》2009 年第 5 期,第 56 页。

〔5〕 以财产性利益作为行为对象时,当然也要求排除意思,但实务中通常不会出现对财产性利益的返还意思,因此排除意思的功能并不显著。

〔6〕 参见张红昌:"论可罚的使用盗窃",载《中国刑事法杂志》2009 年第 5 期,第 58~59 页。

的主客观事实是判断行为是否成立盗窃罪的基本依据。如果行为时存在盗取行为与非法占有目的，就应认定为盗窃罪，行为前、中、后的各种事实，有助于判断行为人在行为时是否具有非法占有目的。在区分贷款诈骗罪与贷款纠纷时，也是以获取贷款时是否具有非法占有目的作为界限。这一界限明确，也没有人以"主观说的实质理由是客观因素"来否认这一界限，为何到了盗窃罪这里，就有这种"欲加之罪"？严格地说，盗窃与盗用的界限与贷款诈骗罪与贷款纠纷的界限一样，不是理论界限问题，而是事实认定问题。首先应以行为时的各种事实为依据进行客观判断，同时也要参考行为前、后的各种事实，还要善于合理运用推定方法。[1]行为人盗取被害人自行车围绕校园骑行一周后归还原处的，当然不能被认定为盗窃罪；行为人已多次盗窃自行车销赃，这次盗取自行车后辩解说只是打算围绕校园骑行一周后即归还原处的，如果没有其他证据，也可以推定行为人具有非法占有目的；行为人盗取被害人自行车围绕校园骑行一周后，将自行车藏匿在深林中，可推定其具有非法占有目的。

　　（4）在行为对象是财物的场合，一旦行为人取得占有，就可以认定被害人遭受财产损失。在前文所讲的以物易物、以钱易物、以钱易钱等情形下，可能根据被害人的实质利益面向具体判断其是否遭受损失。但在单纯盗取的场合，被害人失去对财物的占有，即可认为其遭受损失，无论其实质利益面向是使用价值还是交换价值。就使用价值而言，被害人失去占有意味着其无法如从前一样正常使用自己的财物；就交换价值来说，被害人失去占有昭示着其无法自由交换该财物。因此，严格地说，以取得占有作为既遂时点，并非处罚的前置。更准确地说，应该是"不计算具体受损数额大小"下的既遂。相比较于计算被害人遭受的损失，处罚的确是前置了。[2]换言之，不要求侵犯了构成所有权内容的所有利益，只要求侵犯了构成所有权重要内容的利益即可。同时，为了弥补这种打击面过宽的问题，主观上要求行为人具有非法占有目的。

　　上述排除意思机能的肯否之争，似乎只关注到了财产保护的实体面，对

---

〔1〕　张明楷：《诈骗罪与金融诈骗罪研究》，清华大学出版社 2006 年版，第 540 页。
〔2〕　正因为如此，我国刑法财产罪中的"数额较大"规定，针对的是被盗财物的客观价值标准，而不是被害人遭受损失的客观价值。

盗用行为中"消耗价值"这一价值面，并未予以充分注意。行为人对于实体的确具有返还意思，但其对于价值部分能否认定具有排除意思？在我国，黎宏教授就主张，使用盗窃不是对被盗用财物本身的盗窃，而是对该财物本身的使用价值或者说是利用财物本身所产生的财产性利益的盗窃。[1]

在我国，普通盗窃有"数额较大"的要求，而多次盗窃、入户盗窃、携带凶器盗窃、扒窃等特殊盗窃则没有这一要求。这样，在认定既遂还是未遂时，不能只考虑行为人是否取得了财物，还必须进一步考虑行为人取得的财物是否达到了一定数额。价值低廉的财物不是刑法意义上的财物，取得价值低廉的财产也不能成为既遂标准。[2]针对不是刑法意义上财物的不能成立犯罪，数额未达较大标准的只能是未遂而不可能既遂。据此，我国刑法中可能存在如下盗用类型：①取得占有的实体本身数额较大，其价值与实体一体化，如一辆正在使用中的小汽车；②取得占有的实体本身数额较小，其价值与实体一体化，如一本价值50元的书；③取得占有的实体本身不是刑法意义上的财物或并未承载价值，如一张复印纸或一张金额已使用完毕的快餐店储值卡（无工本费）；④取得占有的实体本身不是刑法意义上的财物，其承载的价值数额较小，未达到数额较大标准，如快餐店储值卡（无工本费）中只剩100元；⑤取得占有的实体本身不是刑法意义上的财物，但其承载的价值数额较大，如快餐店储值卡（无工本费）中有6000元；⑥取得占有的实体本身数额较小，其承载的价值数额也较小，如快餐店储值卡（有10元工本费）中尚余100元；⑦取得占有的实体本身数额较小，其承载的价值数额较大，如快餐店储值卡（有10元工本费）中有6000元；⑧取得占有的实体本身数额与其承载的价值都数额较大，如指示交付中凭驾驶的车辆牌照提取货物，一方面必须开着特定牌照的车辆去提货，车辆本身数额较大，另一方面，提到的货物也数额较大，如价值数万元的水果。上述类型只是本书的初步归纳，可能没有完全穷尽（或许根本不可能穷尽）各种盗用类型。既然牵涉到的不仅是实体保护，还有价值保护的问题，那么在我国，根据具体情况下的具体问题加以不同处理而非"一刀切"恐怕是更为务实的态度。

---

〔1〕 黎宏："论盗窃财产性利益"，载《清华法学》2013年第6期，第137页。

〔2〕 参见张明楷：《刑法学》（第5版·下），法律出版社2016年版，第964页。

二、实体理论与价值理论

使用盗窃与普通盗窃的不同之处在于，行为人的目的不是将财物实体本身据为己有，而仅在于利用该财物的使用价值。最常见的实例是，A 将 B 的一张不记名、不挂失的公交卡偷走，多次乘坐公交车，将其中的余额耗尽后，再将该卡返还给 B。A 显然没有将公交卡实体据为己有的意思，但公交卡的价值重点不是卡的实体本身，而是可兑换的乘车利益。那么，是否应对 A 论以盗窃罪（假设不考虑数额）？又如，C 趁 D 取钱时不注意，悄悄记下 D 的取钱密码，后将 D 的银行卡盗取，在柜台和取款机将该卡户头内存款悉数取出，再将银行卡返还给 D。同样，银行卡的价值重点也不是卡的实体本身，而是账户内的金额。那么，是否应对 C 论以盗窃罪（假设取款金额已达入罪要求）？在德国，该问题被归入不法所有意图对象的讨论范畴，大体形成了实体理论、价值理论与综合理论学说之争。

实体理论强调盗窃罪保护动产形体，行为人的侵害意思是据动产形体为己有，除此之外都不构成盗窃罪。按照该说，只要夺取财物者以外形无缺损的原物返还给原所有人，就不成立盗窃罪。但是，实体理论只能应对经验上观察到的通常情形。事实上，并非每一个行为人都意在财物的实体本身，上面所举的公交卡与银行卡实例即是。随着社会的进步，财产流通方式日趋多元化，物理意义支配的重要性愈加不重要。如果仍然坚持只"盗用"未"盗走"、只"耗尽价值"未"物理取得"都不算盗窃罪的见解，似乎不符合现代社会的需求。为了解决上述处罚漏洞，部分支持实体理论的学者提出了修正的实体理论。该说认为，行为人据为己有的所有人地位，不必严格地限制为财物实体，应扩张到基于动产实体的支配从而串连所有人地位，只要行为人夺取财物后持续性地剥夺了本于财物持有可以享受的所有人财产用益权能，致使原所有人不能再享受同一用益效果，行为人即成立盗窃罪。按照该说，只要行为人在夺取期间已经持续性地剥夺了该财物的常态用益可能性，使得原所有人无从再享受同一利益，即便事后归还动产，仍构成盗窃罪。

另一支学说发展方向则倾向放弃所有意图必须以实体为标准的传统见解，主张盗窃罪保护的所有人地位应扩张到所有人享有的财产经济价值，行为人出于侵夺动产"经济价值"意思而夺取他人动产时，即可成立盗窃罪，此即广义价值理论。依照此说，上述盗用公交卡和银行卡的行为人在夺取时点都有侵夺卡中用益价值的主观意思，可构成盗窃罪。广义价值理论大幅扩张了盗窃罪的成罪范围，学说上开始有限制的呼声，基于同一思考脉络，另提出了进一步从财物价值与动产关系立论的狭义价值理论。该说主张，不是任何经济价值都可以被纳入盗窃罪保护范畴，盗窃罪除保护动产本身的物权取得外，只能扩张保护至财物"直接表彰"的经济价值，如果某动产只能"证明"存在财产权，而行为人无权使用这种证明机能而侵夺利益，这种财产价值仍不算据为己有的对象。

除了实体与价值理论两说外，还有第三种学说，强调盗窃罪应同时保护动产实体与经济价值，但以保护实体优先，经济价值仅是补充保护对象，此即综合理论。该说认为，行为人只要具有"据他人所有物为自己所有"或"夺取原所有人全部或部分的财物使用利益，使其无从回复"两种意思之一，即成立盗窃罪；不可罚的使用盗窃是指，行为人主观上仅有一时使用性取得他人所有物的使用利益，而其客观行为尚不妨害原所有人恢复原有的合法支配关系，换言之，不会造成财物实体的本质性改变，也不会严重减损财物的价值。

前已述及，"非法占有目的"的设置与盗窃罪既遂时点的前置密不可分。在德国，盗窃罪与诈骗罪立法的不同使得区分对个别财产的犯罪与对整体财产的犯罪成为可能，盗窃罪就属于前者。对个别财产的犯罪实质上保护的是对特定财物"形式上的权利地位"，确保权利人形式上的利益。所以，只要行为人实现犯罪构成要件的内容，就可以认为权利人的财产权已经受到损害，其行为即可成立犯罪，没有必要再去考虑权利人是否有经济价值上的损失。一旦行为人夺取财物，就能肯定被害人财产受损，取得占有即构成既遂。要考虑既遂之后的事态，只有在指向这种事态的取得占有当时的意思内容中才有可能。依赖于排除意思的机能，使用盗窃与普通盗窃得以区分。排除意思是"具有实施在一般情况下可能不为权利人所允许的程度或者形式的利用行为的意思"，在作具体判断时，必须考察擅自使用给权利人所造成的损害以及损害的可能性。[1] 这种思考路径是：通过"给权利人所造成的损害以及损害的可能性"来限定"排除意思"。

---

〔1〕 参见〔日〕西田典之：《日本刑法各论》（第6版），王昭武、刘明祥译，法律出版社2013年版，第164页。

在盗取对象是财物的场合，行为人取得占有就意味着被害人遭受损失。无论被害人的利益面向是使用价值还是交换价值，都因失去对财物的占有而受损。但是，刑法不能干预所有使使用价值或交换价值受损的行为，应当将处罚对象限于侵犯相当程度的使用价值或交换价值，或者说侵犯相当程度的利用可能性的行为。但是，盗窃罪的定型性又决定了不可能将考察"相当程度的利用可能性"的时点延后到取得占有后，只能通过侵犯相当程度的利用可能性的意思来判定是否达到可罚性程度的法益侵害的危险，这种意思就是所谓排除意思。实体理论、价值理论以及综合理论都是为了解决何为"侵犯相当程度的利用可能性意思"所提出的学说。

广义价值理论受到的责难是，盗窃罪属于对个别财产的犯罪，用以保护财物支配权能，其可罚界限不应轻易放宽至实体外的经济价值，否则会有把对个别财产的犯罪转变为对整体财产的犯罪之嫌。此外，对于没有经济价值之物，也就不再有成立盗窃罪的可能。[1]可是，只要是财产犯罪，便都应该要求存在实质性财产损失，即便认为盗窃罪保护的是个别财产，也不能否认其也存在财产损失的要求。至于第二点责难，可以通过适用综合理论回应。

修正实体理论与狭义价值理论在刑法明文处罚财物盗窃、不处罚利益盗窃的国家具有相当实益。在日本，只有处罚财物盗窃的规定，没有处罚利益盗窃的规定。这种差别规定使得利益盗窃不可能受刑法规制。使用盗窃对实体部分具有返还意思，但是一概因为具有返还意思就不处罚所有的使用盗窃显然存有较大的处罚漏洞。但是，也不能走向另一个极端，即只要对"价值"部分有据为己有意思的就都处罚，变为广泛处罚利益盗窃。为了寻求平衡，不得不对价值保护有所限制。无论是修正实体理论提出的"持续性地剥夺了该财物的常态用益可能性"的要求，还是狭义价值理论主张的只能保护财物"直接表彰"的经济价值，都在尽可能使价值部分"紧密依附"于实体部分，以使得最终的处罚能归入"财物盗窃"而非"利益盗窃"的范畴。但在没有区分财物盗窃和利益盗窃的我国，有越来越多的学者承认利益盗窃应该入罪。一旦有关"价值"部分能被作为财产性利益看待，就无须扩张解释对"财物"的排除意思。

---

［1］ 参见蔡圣伟："财产犯罪：第三讲——窃盗罪之主观构成要件（上）"，载《月旦法学教室》2009年第4期，第70页。

排除意思旨在排除权利人对财物的支配权，这种支配权表现在两个方面：要么是财物本身的使用权能，要么是通过财物交换获得利益的权能。所以，排除意思的对象应该是财物的"使用利益"或"交换利益"。问题是，财物所有的使用利益或交换利益是否都在其列？本书认为，为了使盗用与盗窃界限尽可能明确，还是应立足实体对价值部分加以限制。就此而言，上述修正实体理论值得肯定。例如，行为人在公园游玩时盗用他人数码相机照相数张，后通过数据线将相片导入自己手机，再将相机归还，该相机不会因本次盗用丧失其再使用可能性，其使用价值并未被破坏，即便可能存在相机磨损这种折旧，但该折旧也是微乎其微，完全可以忽略不计，故该行为属于不可罚的使用盗窃。又如，行为人意图使用他人一次性湿巾擦脸，用后再返还，该行为已足以耗尽湿巾的使用可能性，使得原所有人不可能再次使用，可以认为行为人的主观意图是终局性破坏财物使用价值，如果不考虑湿巾数额大小问题，构成盗窃罪。再如，为了伪装退货、取得商品对价而从超市拿出商品的，主观上有消耗财物的交换价值的意思，超市不可能通过售卖获得商品对价，该商品的交换价值不能获得实现，因此行为人具有排除意思。

在个案中，判断行为人主观上是否具有排除意思仍有难度，因为财物体现的利益价值不是实体理论或价值理论所能精确确认的。例如，多长时间的剥夺与使用才算具有排除意思？财物的价值减损多大、功能丧失到什么程度才算具有排除意思？德国通说认为，如果以所有人自居的使用达到一定期间，造成由客观的第三者观察，原所有人对财物的占有已经永远丧失以及无可避免地必须以其他物替代，肯定排斥所有或占有。[1]例如，行为人为了冬天御寒，擅自取走了朋友的围巾，打算等春天变暖时再归还，其知道朋友非常怕冷，找不到围巾一定会再买一条，可以肯定其具有排除意思。基本上，行为人以短暂使用为目的，在不使财物发生质变、不是明显减损财物经济价值以及不否定原所有权人的财产的情况下而具有归还意思，可以否定排除意思。

三、"价值"保护的路径选择

对于财物"价值"的保护，可能存在两种路径。如果立法明确排除利益盗窃的可罚性，解释论上只能通过归结为"财物"盗窃来对盗用行为中的

---

〔1〕　Maurach/Schroeder/Maiwald, Strafrecht BT Teilband 1, 1988, § 33 Rd. . 40.

"价值"进行保护；倘若立法并未明确排除利益盗窃的可罚性、解释论上有处罚利益盗窃的空间，就可以将"价值"进行适当切割：一部分仍作为"物的实体"本身所具有的使用价值与交换价值，与实体一体化；另一部分作为与"物的实体"相分离的财产性利益。对前者依然通过处罚"财物"盗窃进行保护，对后者则借助处罚"财产性利益"盗窃加以保障。

以日本为例，其盗窃罪对象限于财物的立法决定了其只能选择第一种路径。一方面，不可能处罚利益盗窃；另一方面，出于保护财物"价值"的需要，淡化盗窃与使用盗窃的界分、广泛处罚盗用行为。例如，对于驾驶他人汽车 18 小时再归还的，夜间使用他人汽车次日早上归还的，驾驶他人汽车兜风、4 小时后发生事故的，深夜无证驾驶他人汽车、4 小时后因无证驾驶被逮捕的，判例均认定存在排除意思。[1]与判例相对应，理论上以"试图引起可罚的法益侵害（利用妨害）的意思"来阐释"排除意思"。[2]从理论基础上说，"可罚的利用妨害意思"表述并无问题。"利用妨害意思"就是指对财物使用价值与交换价值的利用妨害意思。但是，不能说只要妨害了对财物使用价值与交换价值的利用，就认定为具有排除意思，因此，以"可罚的"加以限定。问题是，"可罚的"有很大的再解释空间，难以据此限定处罚范围。判例将驾驶他人汽车 18 小时再归还的认定为具有排除意思，那么 10 小时后归还的呢？12 小时后归还的呢？恐怕难以回答。

在我国，立法并未明确排斥财产性利益是盗窃罪对象，如果承认盗窃罪对象可以是财产性利益，那么完全可以选择第二种路径。即，在盗窃"财物"的场合，严格限定"价值"保护的范围；对于符合财产性利益条件的"价值"部分，认定为盗窃财产性利益。这样，不但可以使盗窃与盗用的界限尽可能明晰，而且还可以通过对财产性利益的限制解释，使盗窃财产性利益的处罚范围不至于宽泛。

本书认为，不可将"实体-价值"理论中的"价值"与"财产性利益"混同。如果某种价值已经不是实体本身的物质属性所体现出的，而是以实体作为载体，该种价值就应被作为某种财产性利益看待。换言之，财物与财产

---

〔1〕 参见 [日] 西田典之：《日本刑法各论》（第 6 版），王昭武、刘明祥译，法律出版社 2013 年版，第 163 页。

〔2〕 参见 [日] 山口厚：《刑法各论》（第 2 版），王昭武译，中国人民大学出版社 2011 年版，第 233 页。

性利益是相对的、非此即彼的关系，不是你中有我、我中有你的关系。当行为人盗取实体时，作为实体本身的物质属性所体现的价值，也随着实体一起被转移占有。区分价值与财产性利益的标准在于是实体本身的物质属性所体现出的，还是仅以实体作为载体。盗用行为对象一般是财物，该财物是实体及实体本身物质属性体现的价值的统一体，行为人盗取财物时意在价值部分而不在实体部分。典型的如盗取书籍、读后归还。书籍是装订好的纸张，是实体与阅读价值的统一体，阅读价值是纸张本身的物质属性所体现出来的，盗取书籍时，实体与价值部分均转移至行为人处占有，行为人将书籍阅读完后归还，就存在评价其是否值得动用刑罚加以处罚的问题了。同样的还有将电池盗取、使用完其中的电量后将电池归还，擅用他人汽车搬运货物后归还，等等。判断盗用行为是否可罚，应着眼于财物本身的使用价值与交换价值是否明显减损。或者说，对权利人的再使用是否会产生明显不利影响。以常见的盗用汽车为例。驾驶他人汽车数小时再归还的，汽车的里程数会有所增加，但对汽车的残值不会产生实质影响，汽车的使用价值通常也不会受到影响。驾驶他人汽车数月再归还的，汽车的里程数会大幅上升，对汽车的残值会有较大减损，即使归还汽车，其交换价值也已明显减损，汽车的老化也会对使用产生影响。

　　与此相对，如果某种实体只是作为价值载体，行为人只是意图取得其中的价值部分，那么对这种价值，就应该以财产性利益对待。对实体部分，显然不能评价为盗窃；对价值部分，则应视情形认定为盗窃财产性利益[1]或其他财产罪。最典型的是，行为人盗取他人话费充值卡，旨在将其中的余额充值到自己手机上，再将卡归还。对该种行为，无须通过"实体-价值"理论来考察，直接认定其构成盗窃罪即可，对象为充值额这种财产性利益。又如，行为人盗取他人银行卡，旨在取款后归还，其在银行柜台取完卡中余额后将卡还回。对这种行为：一方面，存在对银行卡中财产性利益的盗窃；另一方面，如果其后不是通过转账方式获取卡中余额，而是通过银行柜台或自动取款机取款，对现金又构成诈骗罪或盗窃罪。[2]但是，对债权这种财产性利益

---

〔1〕　盗窃对象是否包括财产性利益，在学界仍有较大争议，对此，将在下节探讨。

〔2〕　这里，不但涉及对《刑法》第 196 条第 3 款"盗窃信用卡并使用的，依照本法第 264 条的规定定罪处罚"的理解，而且还牵涉到非法使用他人信用卡在自动取款机上取款的定性。学界对这两个问题都存在较大争议。本书只是以我国通说的立场在学理上对取得财产性利益与取得现金的前后两个行为进行分析。

的保护与对现金这种财物的保护，都是针对被害人的同一财产，没有必要并罚。这种情形的共性是，对财产性利益的部分，行为人不可能归还，不存在盗用的评价问题，也就不存在认定排除意思的问题。因此，当某种实体只是作为价值载体，对实体部分的盗用评价就截然不同于实体本身的物质属性体现价值的情形，这种评价应聚焦于财产性利益部分，即便后续可能存在针对财物的犯罪。

对于财物产生的孳息，应区分天然孳息与法定孳息。对天然孳息部分的盗用，当其与原物未分离时，理所当然要按照盗用原物对待；如果其与原物已分离，对分离的孳息部分按照盗窃财物处理即可。例如，行为人将他人母鸡盗走，待母鸡产下鸡蛋后，将鸡蛋留下，同时归还母鸡，既然鸡蛋已与母鸡分离成为新物，盗用母鸡便只是其盗窃鸡蛋的手段，应按照盗窃鸡蛋处理。至于法定孳息，既然与原物已分离，就应视法定孳息表现为财物还是财产性利益，分别按盗窃财物与财产性利益处理。例如，某租车行已与租车人签订租车协议，每日租金为1000元，正打算将车交给租车人时，租车人将车盗走，使用5日后才归还。租车人实际上免费享受了5日的汽车使用权，对租金5000元具有排除意思，应认定为盗窃财产性利益。

当然，不排除少数情况下，行为对象既指向财物又指向财产性利益。例如，买方指示卖方，将货物交付给某号牌的车辆驾驶员，该车辆除了具有本身装载的功能外，还具有类似"提单"的作用，即驾驶该车能提货。行为人盗用车辆提货后，再将车辆返还的，就涉及对车辆的盗用和对车辆所具有的提货功能这种价值的盗取问题。对此，应该分别加以评价。再如，提单、仓单既有物权属性，又有债权属性。对于取得货物后将提单、仓单归还的，既可以按照盗窃财物处理，也可以依照盗窃财产性利益对待。为避免重复评价，只需择一即可。

第三节　财物保护与利益保护

关于财产罪的对象，我国刑法一般表述为"财物"或"公私财物"。但是，《刑法》第91、92条只是对"公共财产"与"公民私人所有的财产"作出了界定。存在的疑问是，财产罪中规定的"财物"，理解的重点是在"财"还是在"物"？如果重视"财"的一面，就可以按照《刑法》第91、92条的界定，在"财产"的意义上把握"财物"，"财物"以外的"财产性利益"也在财产罪对象之列。如果关注的是"物"的一面，恐怕只能在民法"物"的框架下理解"财物"，财产性利益不能作为财产罪对象。近年来，盗窃网络虚拟财产、盗卖他人房产等案件层出不穷，也对理论研究提出了新课题。本节主要就财物保护与利益保护的界分、利益保护是否违反罪刑法定、利益保护的限制等问题展开探讨。

一、财产、财物与财产性利益

（一）概说

刑法保护财产的目的是保护财产权。物权与债权是近代以来大陆民法上的两个基本概念，被称为大陆法系财产权的二元体系。尽管晚近以来，物权与债权的分野出现了相对化的动向和"物权概念的相对化""债权的第三人效力"、预告登记和租赁权等债权的物权化等所谓的"中间现象"。但可以肯定的是，在大陆法系乃至英美法系的现在乃至将来的一个相当长的时期内，区分物权与债权仍然是十分必要的，各种"中间现象"不可能改变二者区分的基准、模糊二者的界域。[1]既然如此，在物权与债权二分意义上理解财产权就是理所当然的。财产是财产权的客体，对财产的解释当然也应当在物权客体与债权客体的二分中进行。

在物权与债权性质的差异中，物权为支配权、债权为请求权的区分最重要。物权的权利人无须借助他人的行为就能独立自主地行使其对标的物的支配，并通过对标的物的支配而享受其利益。而债权在性质上为请求权，债权的实现必须借助于债务人的行为。由以上性质所决定，物权的客体原则上只能是特定物、独立物与有体物。电气、热气、冷气、光和各种能量、能源等，只有在可以管理的范围内，方可成为物权的客体。知识产权的权利人对于自己的专利、商标、著作等智力成果虽然享有支配权，具有排他的独占权的性质，类似于物权，但与作为纯粹财产权的物权是不同的，民法理论把知识产权作为准物权与无体财产权对待。债权的客体既不是物，也不是债务人的人身，而是债务人为一定行为或不为一定行为。"为一定行为"称为"给付"，

---

〔1〕 参见梁慧星、陈华彬：《物权法》（第5版），法律出版社2010年版，第19页。

"不为一定行为"称为不作为。[1]

刑法对财产权的保护，不能无视民法的上述制度安排。例如，考虑到知识产权是一种无形财产权，并未将其作为一般的财产权进行保护，而是在分则"破坏社会主义市场经济秩序罪"一章中单设"侵犯知识产权罪"节，这样便与各种有形财产权区分开来，进而避免出现专利、商标、著作、商业秘密等知识产权客体属于"物"还是"利益"的纷争。除去无形财产权的知识产权，便是各种有形财产权。有形财产权即是物权与债权。物权客体为"物"，"物"又分为有体物与无体物，有体物又有动产与不动产之分。债权客体为"作为与不作为"。刑法学者一般是在"财产性利益"的意义上理解作为债权客体的"作为与不作为"。取得财产性利益主要有三种类型：一是使对方负担债务；二是使自己免除债务（或延期履行债务）；三是接受别人提供的劳务。[2]在刑法解释论上，对于有体物、动产的保护均无异议，争议主要在无体物、不动产与财产性利益的保护上。

（二）无体物

刑法上关于财物是否包含无体物的争议与窃电案件的出现密不可分。在19世纪末与20世纪初，德国、法国与日本都出现了窃电案件。德国法院否认电力属于财物，德国国会不得不颁布了一项特别法（即现行《德国刑法典》第248条c），规定了盗用电力罪。但刑法理论对财物是否包含无体物仍然存在争论。法国与日本法院则将电力解释为财物。现行《日本刑法典》第245条规定："就本章犯罪，电气也视为财物。"刑法理论对此规定的性质产生了争议。主张财物含义为管理可能性说的学者认为，财物以管理可能性为要件，而不必是有体物，电能、热能等能源也可以成为财物。因此，应该根据管理可能性说来理解刑法中的财物，不应认为《日本刑法典》第245条的规定只以电力为对象，而是必须将其扩张适用于能够在性质上与电力同视的热和冷气等能量。[3]照此理解，《日本刑法典》第245条的性质应为注意规定。主张财物含义限于有体物的学者认为，"电气也视为财物"这一表述的前提在于电能并非财物，管理可能性说对财物概念不加限制地解释，实质上有违罪刑法定主

---

〔1〕 参见梁慧星、陈华彬：《物权法》（第5版），法律出版社2010年版，第21、10页。

〔2〕 参见［日］前田雅英：《刑法各論講義》，东京大学出版会2015年版，第149页。

〔3〕 参见［日］大塚仁：《刑法概说（各论）》（第3版），冯军译，中国人民大学出版社2003年版，第175页。

义，作为对现行法的解释，就应该采取有体物说，将《日本刑法典》第245条视为例外规定。[1]按此来看，《日本刑法典》第245条的性质应为拟制规定。的确，管理可能性说存在界限不明确的弊病，按照此说，不但电能、水力等能量，就连牛马的牵引力、未经许可观赏电影、无票乘车、擅自使用他人电话，甚至债权，也都可能构成财物，这实际上是通过"无体物"的概念突破了"物"的范围，侵入了财产性利益的界域。所以，即便是主张管理可能性说的学者也指出：物的范围应限于具备了物质性的东西上，牛马的牵引力虽说是一种能量，但很难说具有与电力同样意义的物质性；将债权这样的权利认为是财物，无视了区别财物与财产性利益的刑法立法态度，有违反罪刑法定主义之嫌。[2]在日本，将"电气也视为财物"理解为注意规定确实存在疑问，将电气以外的无体物解释为财物，存在刑法规定上的障碍。[3]事实上，除了盗电案外，再未曾出现把无体物认定为财物的判例。在学界，有体物说也一直处于支配地位。

但在我国，将电能等无体物认定为财物不存在刑法规定上的障碍。不但如此，《最高人民法院关于审理盗窃案件具体应用法律若干问题的解释》第1条第3项规定："盗窃的公私财物，包括电力、煤气、天然气等。"既然如此，能源形式的无体物当然可以成为财产罪对象。我国刑法学者一般未清晰界定无体物，但对无体物成为财产罪对象持肯定态度。[4]也有学者主张以有体物说为原则，对法律未明文规定的无体物，不得任意解释为财物。[5]从管理可能性来看，无体物与财产性利益都能为人们控制和利用，但财产性利益不具有物质性，是一种抽象的权利。"权利"仅在法律有规定的情况下才能成为物权的客体（如权利质权、权利抵押权）。[6]因此，不能随意将某种权利作为无体物看待，否则将破坏物权与债权的基本区分。无体物与有体物的区别在

〔1〕 参见［日］西田典之：《日本刑法各论》（第6版），王昭武、刘明祥译，法律出版社2013年版，第138~139页。

〔2〕 参见［日］大塚仁：《刑法概说（各论）》（第3版），冯军译，中国人民大学出版社2003年版，第175页。

〔3〕 参见［日］平野龍一：《刑法总论Ⅰ》，有斐阁1972年版，第38页。

〔4〕 参见张明楷：《刑法学》（第5版·下），法律出版社2011年版，第932页。

〔5〕 参见刘明祥："论侵犯财产罪的对象"，载《法律科学（西北政法大学学报）》1999年第6期，第103页。

〔6〕 参见梁慧星、陈华彬：《物权法》（第5版），法律出版社2010年版，第21页。

于进行管理的难易程度不同,而现今科技的发展使得人们能轻易实现对能源的度量和控制,能源与有体物的管理难度并无明显不同。所以,就当下来讲,应将无体物范围限定为各种物质性能源,如电能、核能、风能等,这也与我国司法解释的立场保持了一致。

(三)不动产

财物包括动产与不动产,作为财产罪对象的财物,理当既包括动产,也包括不动产。但一般认为,基于财产罪的具体表现形式不同,不动产只能成为某些犯罪的对象。例如,诈骗罪、侵占罪、敲诈勒索罪、故意毁坏财物罪、破坏生产经营罪的对象可以是不动产,抢夺罪、聚众哄抢罪、挪用资金罪的对象只能是动产,盗窃、抢劫罪的对象能否是不动产,则存疑问。日本学者对此现象的解说是,这实际上是由来于"骗取"与"窃取"这种构成要件行为概念的反射性限制,而不是财物概念本身的问题。[1]我国学者认为,这并非不动产能否成为财产罪对象的问题,而是能否将非法取得不动产的行为评价为"盗窃""抢劫"的问题。[2]在日本,1960年《日本刑法典》增设"侵夺不动产罪"之前,对盗窃罪中的"财物"是否包含不动产,曾存在争论,通说、判例对此一直持否定态度。理由主要是:不动产是完全不动的,不会出现所在不明的情况,通过民事诉讼很容易恢复损害,没有必要运用刑罚来进行一般预防。[3]在增设该罪名后,争论得以平息。纵览世界各国刑事立法,许多国家在财产罪中均明确区分动产与不动产。例如,《德国刑法典》明文规定,盗窃的对象只能是动产,为了解决擅自移动土地界桩行为是否入罪、如何定罪的问题,后来专门规定了移动界桩、界碑等罪。在我国,财产罪立法并未区分动产与不动产,所以不动产问题的重点不在于财产罪要不要保护,而是在于通过什么方式加以保护。以盗窃为例,在什么情况下应认定盗窃了不动产,在什么情况下又应认定为盗窃了不动产相关的财产性利益,的确非常值得研究。有学者认为,将房屋的有效证明盗取后进行买卖交易,其实已经对房屋所有权进行了事实上的占有、控制和处分,从而使房产在法律上、事实上脱离了权利人的占有和控制,即使房产的空间位置并未发生变化,但

---

〔1〕 〔日〕团藤重光:《刑法纲要各论》,创文社1990年版,第553页。

〔2〕 张明楷:《刑法学》(第5版·下),法律出版社2011年版,第935页。

〔3〕 参见〔日〕藤木英雄:《刑法讲义各论》,弘文堂1976年版,第266页。

是其占有状态却已经在法律上和事实上发生了变化，即已经不再为权利人所占有了。这正是盗窃犯罪所要达到的客观效果，这种行为可以构成盗窃罪并没有什么法律障碍和理论障碍。[1]该观点即主张对不动产的盗窃。也有学者提出，如果住宅被强占或窃住，房主就会丧失占有期间的住宅收益权，而住宅收益权正是一种财产性利益。此时，抢劫、盗窃的对象是财产性利益。[2]还有学者指出，在未经房主同意住进其房屋的场合，很难以盗窃不动产定罪处罚，但是，如果将房屋本身和房屋的使用价值分开考虑，认定侵害了房主出租收益这种财产性利益的话，则将偷住行为认定为利益盗窃也未尝不可。[3]这两种观点是从财产性利益的视角处理针对不动产的侵夺行为。对于这两种处理路径，有学者表达了如下看法："对于侵夺不动产行为的入罪问题，只需要确认不动产的财物属性即可，并没有必要舍近求远地解释为财产性利益。"[4]

本书认为，获得房主证明文件后非法出卖房产的，所获价款就是房屋这一实体本身的物质属性所体现出的交换价值，该行为属于针对财物的犯罪，而房屋属于不动产，故应评价为针对不动产的盗窃。如果仅仅出卖了房产，但买受人还未入住就被房主发现从而不可能入住，由于不动产这一财物本身的占有并未发生移转，因此尚不能认定盗窃既遂。只有既出卖了房产，买受人又实际入住的，才能认为作为财物的不动产的占有发生移转，才可以认定盗窃既遂。对此，有学者认为，如果买受人已经入住，就能认为盗窃了住宅本身；如果买受人并未入住，就应当认为盗窃了该住宅的所有权产生的财产性利益。[5]对于该观点的前半部分，本书是赞成的，但对其后半部分，本书持有异议。同是获得房主证明文件后非法出卖房产的行为，不可能依据买受人是否入住决定其行为是针对财物的犯罪还是针对财产性利益的犯罪。"该住宅的所有权产生的财产性利益"太过笼统，在非法出卖住宅的场合，这一所谓"利益"正是该住宅本身物质属性所体现出的交换价值，不属于与该住宅

---

〔1〕　参见杨兴培："龚某盗卖其父房产一案之我见——兼谈不动产可以成为盗窃罪之对象"，载《政治与法律》2012年第3期，第132页。

〔2〕　参见王骏："抢劫、盗窃利益行为探究"，载《中国刑事法杂志》2009年第12期，第13页。

〔3〕　参见黎宏："论盗窃财产性利益"，载《清华法学》2013年第6期，第137页。

〔4〕　陈烨："刑法中的财产分类再研究"，载《政治与法律》2013年第1期，第57页。

〔5〕　参见张明楷：《刑法的私塾》，北京大学出版社2014年版，第428页。

有关的财产性利益。如果连财物的所有权也认为是财产性利益，刑法中财物与财产性利益的界限将不复存在。但是，如果只是窃住或抢住他人住宅，就不能将盗窃、抢劫的对象评价为住宅这种不动产。窃住或抢住不会使得住宅的使用价值与交换价值这种实体本身物质属性体现的价值有明显减损，不能评价为对住宅这种"财物"的犯罪。即使要入罪，也只能在被害人因住宅被占而多有支出（如不得不另行租房、预期的租金无法收回等）时，才能认定被害人遭受现实具体损害。这时，盗窃、抢劫的对象才是与住宅有关的财产性利益。

（四）财产性利益

所谓财产性利益，大体是指普通（狭义）财物以外的财产性利益，包括积极财产的增加与消极财产的减少。[1]日本学者一般认为，行为人取得或侵犯财产性利益的形态有以下三种：一是让对方处分某种财产性利益，如欺骗债权人让其免除自己所承担的债务，或延长债务履行期限；二是让对方提供一定劳务，如无钱强行乘坐出租车；三是让对方做一定的意思表示，如使用暴力或胁迫手段，让对方做土地所有权转移的意思表示，或是让被害人表示承担某种债务。[2]

关于财产性利益与财物的关系，我国刑法学界存在两种理解：一种是将财物分为"狭义"与"广义"。广义的财物包含了财产性利益，或者说，"狭义的财物"与"财产性利益"是"广义的财物"的下位概念，共同构成了广义的财物。[3]另一种是将"财物"与"财产性利益"作为"财产"的下位概念，财产罪法条中的"公私财物"应当等同于财产。[4]这两种理解并无本质区别：所谓"广义的财物"实际上就是指"财产"，只不过第一种理解为了维护立法上"公私财物"的表述，避免将"财物"与"财产"等同而已。两种理解都是在与"财物"相对的范围内把握财产性利益的。本书认为，既然"财物"与"财产性利益"是相对的范畴，不存在交集，第一种理解将"财

---

〔1〕 张明楷：《诈骗罪与金融诈骗罪研究》，清华大学出版社 2006 年版，第 18 页。

〔2〕 参见［日］大谷实：《刑法各论》（新版第 2 版），黎宏译，中国人民大学出版社 2008 年版，第 172 页；［日］大塚仁：《刑法概说（各论）》（第 3 版），冯军译，中国人民大学出版社 2003 年版，第 180 页。

〔3〕 参见张明楷：《诈骗罪与金融诈骗罪研究》，清华大学出版社 2006 年版，第 34 页。

〔4〕 参见王玉珏：《刑法中的财产性质及财产控制关系研究》，法律出版社 2009 年版，第 127 页。

产性利益"作为"广义的财物"的下位概念，会使人产生财产性利益是财物的一部分的误解。因此，从提法上来说，还是将财物与财产性利益作为财产的下位概念为好。

对于财物与财产性利益的区分，有学者提出，二者的根本区别在于：财物罪的场合下，作为对象的财物是特定的，如盗窃电视机，作为被盗对象的电视机是确定的；而在利益罪的场合下，行为的对象一般是不特定的，如欺骗债权者使其暂时免除债权，尽管被害金额是特定的，但作为欺诈对象的债权是观念上的财产。另外，财物罪是通过侵犯财物而侵犯财产权，财物是财产权的载体，利益罪则是直接指向财产权。[1]当行为指向的仅是某种权利而没有财物作为承载财产权载体时，该行为当然只能评价为针对财产性利益，这一点没有疑义。值得研究的是，指向财产权凭证的行为是评价为财物犯罪还是利益犯罪？[2]财产权凭证的特点是：一方面，作为凭证具有物质性；另一方面，其承载了一定的财产权。作为财物的一面，其自身价值一般微不足道，但其承载的财产权通常具有相当大的价值。在日本，财物罪与利益罪是分别规定的，对财物部分，需要考察的是其是否具有"财产性价值"，且没有"数额较大"的要求；对财物所承载权利部分，作为财产性利益部分进行考量。例如，盗窃他人活期存折后，由于不知密码，为追问密码，对被害人实施了足以抑制其反抗的暴力，事后又利用该存折去银行柜台取钱，会被认定为三个犯罪。盗窃活期存折的行为会被认定为盗窃罪，对象是存折这一财物；压制被害人反抗获取密码的行为会被认定为抢劫罪，对象是被害人的存款债权这一财产性利益；利用该存折去银行柜台取钱的行为会被认定为诈骗罪，对象是银行现金。

本书认为，在财产罪中，一般的财产权凭证本身不能被作为"财物"看待。在我国，财产罪一般有"数额较大"的要求，只要不是"入户盗窃"或"扒窃"等对数额无要求的情形，针对财产权凭证本身的行为就难以被评价为财产罪，因为财产权凭证本身的价值并没有达到"数额较大"的入罪要求。换言之，财产权凭证本身并不能被作为财产罪中的"财物"。此外，一般的财

---

〔1〕 参见童伟华：《财产罪基础理论研究：财产罪的法益及其展开》，法律出版社 2012 年版，第 114 页。

〔2〕 需要指出的是，在我国，仍有部分学者认为财产性利益不能作为财产罪对象。对此，下文将予以讨论。

产权凭证仍只是作为财产权的承载体，这一点显著区别于已经物化的财产权凭证（如货币）。在金融经济中，货币债权化的最大意义就在于将货币请求权转变成相对固化的财产形态，从而获得一种类似于物的属性。[1]即便是具有一定流通性、见票即付的凭证（如提单、支票等），其也未取得如同货币般的流通性以及支付效力，更不用说银行卡、存折等凭证了。退一步说，即使现实中对凭证进行了交易，实际上也是对其承载的权利进行交易，而不是对凭证本身进行交易。除去货币等已具有物的属性的凭证外，不可轻易将凭证与其承载的权利一体化为某种物。

2013年《最高人民法院、最高人民检察院关于办理盗窃刑事案件适用法律若干问题的解释》第5条规定："盗窃有价支付凭证、有价证券、有价票证的，按照下列方法认定盗窃数额：（一）盗窃不记名、不挂失的有价支付凭证、有价证券、有价票证的，应当按票面数额和盗窃时应得的孳息、奖金或者奖品等可得收益一并计算盗窃数额；（二）盗窃记名的有价支付凭证、有价证券、有价票证，已经兑现的，按照兑现部分的财物价值计算盗窃数额；没有兑现，但失主无法通过挂失、补领、补办手续等方式避免损失的，按照给失主造成的实际损失计算盗窃数额。"与1998年《最高人民法院关于审理盗窃案件具体应用法律若干问题的解释》相比，对记名凭证部分，改为了"按照兑现部分的财物价值计算盗窃数额"，而不是"如果票面价值已定并能即时兑现的，以及不需证明手续即可提取货物的提货单等，按票面数额和案发时应得的利息或者可提货物的价值计算"。"按照兑现部分的财物价值计算盗窃数额"意味着记名凭证与凭证承载的数额是分离的，不能说盗窃凭证就盗窃了其承载的数额，刑法评价的重点也不在于是否盗窃了凭证本身，而是在于是否兑现或给失主造成了多大损失。对于不记名、不挂失的凭证来说，失主失去凭证就等于失去了凭证承载的权利，按照票面数额和盗窃时应得的可得收益一并计算无可厚非；对于记名的凭证而言，失主失去凭证并不意味着就失去了凭证所承载的权利，其可以通过挂失、补领、补办手续等方式避免损失，只要盗取人不去兑现，一般也不会对失主造成较大损失，也就不应按照票面金额计算盗窃数额。如果说盗取凭证的是财物罪，只要对凭证具有排除意思且实际占有凭证，就应评价为盗窃既遂，可谈何区分"已经兑现的"与

---

[1] 王卫国："现代财产法的理论建构"，载《中国社会科学》2012年第1期，第151页。

"没有兑现，但失主无法避免损失的"？无论是对不记名、不挂失的凭证还是对记名凭证，都是以"获取凭证承载的财产性利益"作为客观要件。这一结论，从其计算盗窃金额的方式中可以轻易得出。

有学者认为，财产性权利凭证本身与其表彰的财产权利构成的整体，应当被明确看作财物而不是财产性利益。理由是：当财产性权利由凭证表彰时，权利内容已经特定化，盗窃、骗取财产性权利凭证与盗窃、骗取特定财物没有差别；盗窃、骗取财产性权利凭证仍然是以凭证作为犯罪对象，进而侵犯财产权，与利益罪直接指向权利本身有所不同。[1]可是：其一，既然该整体是凭证与其表彰的财产权构成的，为何该整体就应该被看作是财物？在本书看来，作为凭证这一财物来说，其终究只是一个工具，其承载的财产性权利才是内容，将整体看作是财物显然有舍本求末之嫌。其二，刑法并不是泛泛保护所有的财产性利益，其所保护的财产性利益当然是特定化的，刑法也从不保护所谓抽象的财产性利益，刑法保护的都是具体的财产性利益，"特定化"不是财物的专利。其三，"利益罪直接指向权利"的说法难以成立。众所周知，日本刑法明文规定了利益抢劫罪，出现了将掌握银行卡后追问密码的行为认定为利益抢劫罪的判例，[2]这种利益罪也是通过银行卡指向权利的，并不是什么"直接指向"。如果一定要说"利益罪直接指向权利"，那也是利益罪的特点，不能说只要有凭证出现就不可能成立利益罪。更何况，论者提出"盗窃、骗取财产性权利凭证，仍然是以凭证作为犯罪对象，进而侵犯财产权"，既然其最终侵犯的还是凭证承载的财产权，那为何又说犯罪对象是凭证？

有学者指出，被害人损失的，必须与行为人所盗取的是同一个东西。不可能说，被害人损失的是财物，行为人盗窃的是财产性利益。换句话说，行为人盗窃的对象与被害人损失的内容必须具有同一性。[3]在上述盗取凭证的场合，损失凭证这一财物，对被害人而言微不足道，被害人在意的是凭证承载的财产性利益，而不是凭证本身。既然如此，就不能说行为人盗窃的是作为财物的凭证。只有将盗窃对象认定为财产性利益，才能保证被害人损失与

---

[1]　参见童伟华：《财产罪基础理论研究：财产罪的法益及其展开》，法律出版社2012年版，第115页。

[2]　参见［日］西田典之：《日本刑法各论》（第6版），王昭武、刘明祥译，法律出版社2013年版，第180页。

[3]　张明楷：《刑法的私塾》，北京大学出版社2014年版，第457～458页。

行为人盗取内容上的同一性。

二、利益保护与罪刑法定

（一）立法例与问题提出

关于财产罪对象，外国刑法存在以下几种立法例。[1]

（1）将财物与财产性利益分别规定。如《日本刑法典》第246条规定的诈骗罪对象仅限于"财物"。但该条第2项规定："以前项方法，取得财产上的不法利益，或者使他人取得的，与前项同。"在日本刑法分则关于财产犯罪的规定中，如果某种犯罪的对象既可以是财物，也可以是财产性利益，那么分则条文通常是在第一项规定对财物的犯罪，在第二项规定对财产性利益的犯罪。所以，对财产性利益的犯罪被称为"二项犯罪"。因此，一方面，"财物"不包含财产性利益；另一方面，如果没有"二项犯罪"的规定，则侵犯财产性利益的行为不成立犯罪。例如，《日本刑法典》第235条规定的盗窃罪对象仅限于"财物"，故盗窃财产性利益的行为不具有可罚性。英国1968年的《盗窃罪法》也将诈骗财物与诈骗财产性利益分别规定：第15条规定的是诈骗财物的犯罪，第16条规定的是诈骗财产性利益的犯罪。

（2）将财物与财产性利益规定在同一款中。如《韩国刑法典》第347条第1款规定诈骗罪的对象为"财物"或者"财产上之利益"（其第329条所规定的盗窃罪对象仅限于"财物"）。《俄罗斯刑法典》第159条第1款规定的诈骗罪对象包括"他人财产"与"他人财产权利"（其第158条所规定的盗窃罪对象仅限于"财产"）。

（3）以"财产""不正当利益"等概念包含财物和财产性利益。例如，《德国刑法典》第242条与第249条规定的盗窃罪与抢劫罪的对象仅限于"动产"（或"可移动的物品"），而第263条所规定的诈骗罪对象是"财产"。其中的"财产"便包含了动产、不动产等财物以及财产性利益。再如，《意大利刑法典》第624条与第628条规定的盗窃罪与抢劫罪的对象仅限于"他人的动产"，但第640条规定的诈骗罪的对象则为"不正当利益"，后者显然包括财物与财产性利益。

三种立法例体例虽然形式不同，但共同点也一目了然：在财产罪中，财

---

〔1〕参见张明楷：《外国刑法纲要》（第2版），清华大学出版社2007年版，第533页。

物与财产性利益是两个不同概念，如果刑法明文规定的对象是财物或动产，财产性利益则不能成为该种犯罪的对象。在日本、韩国、德国、意大利等国，财产性利益不是盗窃罪对象，日本、韩国将抢劫财产性利益规定为犯罪，而德国、意大利未规定财产性利益可以成为抢劫罪对象。普遍的立法例是，财产性利益可以成为诈骗罪对象。

　　我国财产罪章的标题为"侵犯财产罪"，但条文对财产罪对象的表述是"财物"。于是，存在的疑问是，财物以外的财产性利益是否能作为财产罪对象？如果肯定财产性利益是财产罪对象，将财产性利益解释为财物的一部分，或将财物解释为财产，是否有违罪刑法定原则？

　　因应财产保护的需要，财产罪的对象不能仅限于具体财物、对抽象的债权等财产性利益予以刑事保护的呼声日趋高涨，从最初支持诈骗的对象可以是财产性利益扩展到盗窃、抢劫罪。[1]但是，也有学者对将财产性利益纳入财产罪保护持否定态度，[2]对盗窃罪对象包括财产性利益，也有学者持保留意见。[3]有学者认为，从实质合理性角度出发论证财产性利益可以成为财产罪对象的观点并无不妥，但既然刑法没有明确作出规定，目前阶段在解释论上应当采取非常谨慎的态度。[4]还有学者提出，作为财产罪对象的财物，有的包含财产性利益，有的不包含财产性利益。在立法论上，我国刑法并未对财产性利益作出明确规定，从罪刑法定主义出发，明确规定应当更为合理。[5]可见，因财产罪立法并未明确规定财产性利益是否是财产罪对象，对于是否有违罪刑法定，我国学界存在很大争议。

---

　　〔1〕　参见张明楷："财产性利益是诈骗罪的对象"，载《法律科学（西北政法大学学报）》2005年第3期，第73~79页；王骏："抢劫、盗窃利益行为探究"，载《中国刑事法杂志》2009年第12期，第10~13页；马卫军："论抢劫罪中的财产性利益"，载《政治与法律》2011年第7期，第35~36页；张红昌："抢劫罪中的财产性利益探究"，载《中国刑事法杂志》2012年第7期，第51~52页；黎宏："论盗窃财产性利益"，载《清华法学》2013年第6期，第127~131页。

　　〔2〕　参见陈烨："财产性利益与罪刑法定问题"，载《上海交通大学学报（哲学社会科学版）》2013年第5期，第44~51页。

　　〔3〕　参见车浩："占有概念的二重性：事实与规范"，载《中外法学》2014年第5期，第1211~1221页；姚万勤、陈鹤："盗窃财产性利益之否定——兼与黎宏教授商榷"，载《法学》2015年第1期，第53~59页。

　　〔4〕　参见童伟华：《财产罪基础理论研究》，法律出版社2012年版，第104~108页。

　　〔5〕　参见刘明祥：《财产罪比较研究：财产罪的法益及其展开》，中国政法大学出版社2001年版，第38页。

(二）主要观点评判

1.“财产性利益解释为财物违反罪刑法定”的观点

有学者认为，将财产性利益解释为财物违反了罪刑法定原则，属于刑法禁止的类推解释。其理由主要是：

（1）财物是“具有财产性质的物品”，而不应当将中心语换作“利益”。

（2）不可偷换犯罪法益与犯罪对象两个概念，作为章罪名的侵犯财产罪只是一系列具有同类法益的罪名的集合，并不承载具体的定罪功能，定罪必须以相应条文的规定为依据，与章罪名没有任何关系。

（3）处罚必要性不能跃居刑法规定之上，如果刑法并未对侵犯财产性利益的行为作出明确的性质界定，将其定罪处罚就是不公正的。

（4）我国与国外财产罪刑事立法的差距需要以严格的立法过程去弥补，不能以刑法解释代行之。

（5）刑法总则中有关保护财产的条款只具有一般性的概括意义，对分则条文起着积极的指导作用，但具体如何保护还是应当由刑法分则的相应罪名加以规定。[1]

本书认为，上述责难不能成立。

（1）将财物界定为“具有财产性质的物品”，不具有必然的妥当性。“财物”的字面含义，究竟是仅指有体物，还是包括无体物乃至财产性利益，这不是读读字面就可以回答的问题。“具有财产性质的物品”这一字面含义的妥当性并非不证自明。论者实际上是先验地认为对“财物”采取平义解释就是正确的，以此排斥对其进行其他形式的（如扩大解释）或实质的（如体系解释）解释。

（2）“刑法总则存在许多一般原则、一般概念的规定。这种一般原则、一般概念的规定不仅指导总则的规定与对总则的解释、适用，而且指导分则的规定与对分则的解释、适用。所以，在解释分则时，一定要以总则的规定为指导。”[2]《刑法》第91、92条对“公共财产”与“私人财产”作了列举式规定，其中显然包括了财产性利益。《刑法》分则第五章规定的是“侵犯财产

〔1〕　参见陈烨：“财产性利益与罪刑法定问题”，载《上海交通大学学报（哲学社会科学版）》2013年第5期，第46~48页。

〔2〕　张明楷：《刑法分则的解释原理》（第2版），中国人民大学出版社2011年版，第112页。

罪"，《刑法》分则中的章节标题，对于理解章节之下法条的保护法益，具有不可低估的指导意义。只有将财产罪对象的"公私财物"解释为财产，才能使总则与分则保持协调。如果肯定财产罪章的保护法益是"财产权"，那么"财产权"这一法益当然具有解释论上的指导机能。如明晰财产罪对象，怎么能说"并不承载具体的定罪功能""与章罪名没有任何关系"？

（3）解释论上也要考虑处罚必要性，处罚必要性不仅仅是立法论上的问题。"解释的实质的容许范围，与实质的正当性（处罚的必要性）成正比，与法文通常语义的距离成反比。"[1]刑法不可能只保护财产中属于"物"的部分，将"财物"解释为"财产"具有实质合理性。

（4）我国刑法并未明文区分财物与财产性利益，反而可以将财物作扩大解释。例如，德国、日本刑法没有规定抢夺罪，但将通常的抢夺行为解释为盗窃，将利用机动车抢夺解释为抢劫。在刑法没有规定抢夺的情况下，完全可能将抢夺行为解释为盗窃或抢劫。《俄罗斯刑法典》没有使用变造概念，但刑法理论仍然认为伪造包括变造。[2]因此，只要能肯定财产性利益属于财产，解释论上就有充足空间处理财产性利益的入罪与否问题，无需求诸于立法论。

2. 质疑"占有对象规范化"的观点

有学者对纯粹规范化的占有概念进行了批判，反对"占有对象的规范化"即将财产性利益作为占有对象，认为"它违反了在罪刑法定原则下通过教义学方法对构成要件要素进行定义和解释的方法论原理和基本的价值观念，在方法论和价值论上陷入双重困扰"。

（1）在方法论上，法概念的解释应该是去规范化而实现具体化，"权利的占有"这种解释增加了抽象度，对理解力要求更高，大大增加了人们认识占有和盗窃行为的难度。

（2）在解释论上，"权利的占有"使得盗窃罪变为了"以侵犯权利人权利的方式侵犯了权利人的权利"的循环论证解释。

（3）在修辞学上，"权利的占有"会破坏占有与物之间的动宾关系，导致占有的核心含义消失，模糊了法律解释与文学修辞的界限。

（4）在罪名适用上，"权利的占有"完全取消了盗窃实行行为的定型化，

---

〔1〕　［日］前田雅英：《刑法総論講義》，東京大学出版会1998年版，第85页。

〔2〕　参见张明楷：《诈骗罪与金融诈骗罪研究》，清华大学出版社2006年版，第32~33页。

打破占有变为了损害权益。

（5）在罪刑法定明确性要求上，"权利的占有"使得"打破他人对财物的占有"这一相对明确的、能够为规范接收者易于理解的构成要件结构空泛化。

（6）在概念内涵上，占有规范化范围难以限制，难免会出现任意决定概念适用场合的问题。所以，财产性利益能否成为财产犯罪的对象，是一个如何理解和运用法教义学原理和是否坚持构成要件观念的问题。[1]

本书认为，上述批判有失偏颇。

（1）有些概念的解释不可能完全实现去规范化。众所周知，构成要件要素可以分为记述的构成要件要素与规范的构成要件要素，后者需要法官根据具体的事实关系进行判断与评价，这种判断与评价既可能是基于法官自由裁量，也可能需要基于道德、礼仪、交易习惯等法以外的规范才能确定。规范的构成要件要素的本质，是只有通过精神的理解才能获得其内容的要素。[2]就这样的概念而言，无论怎样解释，都必然仍存有相当程度的抽象性，完全的去规范化而实现具体化是不可能的。论者认为："说盗窃行为可以是……'破坏对权利的占有'，恐怕不仔细研究这种主张的刑法专家，都不太明白个中真意，就更别指望普通人通过这种解释能够搞清楚盗窃罪要惩罚的具体行为到底为何物了。"问题是，"占有"这种概念，当然需要"仔细研究"的专家才能解释，民法中的很多概念都与日常生活息息相关，但也并非普通人能够通过民法专家的解释就能弄懂。为了普通人能够完全明白，放弃对部分财产法益的保护不是刑法应有的态度。例如，《刑法》第367第1款规定："本法所称淫秽物品，是指具体描绘性行为或者露骨宣扬色情的诲淫性的书刊、影片、录像带、录音带、图片及其他淫秽物品。"这一解释完全实现了"淫秽物品"概念解释的具体化和去规范化吗？当然没有。"具体描绘""露骨""色情""诲淫性"这些解释术语仍然需要"再解释"，但我们决不能凭此指责该定义背离了法学方法论关于解释工作的一般原理。

（2）盗窃罪解释论的核心是"转移占有"，占有对象为权利时依然如此。从法律上讲，拥有债权的人是债权占有人，这是债权占有的特点，不能说此

---

〔1〕 参见车浩："占有概念的二重性：事实与规范"，载《中外法学》2014年第5期，第1211~1221页。以下未注明的，均出自该文。

〔2〕 参见张明楷：《刑法学》（第5版·上），法律出版社2016年版，第121页。

时将占有解释为"法律上的支配"就是文字游戏。否则，在设置有抢劫利益罪的国家，对债权的抢劫行为的解释难道就都是文字游戏？事实上，盗窃罪解释论的核心问题是"转移占有"，在占有对象是财产性利益的场合，成立盗窃罪，仍然要求将他人占有的财产性利益转移为自己占有。如果不能将某种行为解释为将他人占有的财产性利益转移为自己占有，那么该行为就无法被评价为盗窃财产性利益。绝非论者所说的，在占有对象是权利的时候，只能将盗窃罪解释为"以侵犯权利人权利的行为方式，侵犯了权利人的权利"。

（3）占有对象的范围与盗窃罪等财产罪的成罪范围是两个论题，不可混淆。刑法中的盗窃罪等财产罪有无将财产性利益作为行为对象，当然会影响成罪范围，如果财产性利益不在盗窃罪行为对象之列，盗窃财产性利益行为就不能入罪。但是，这并不意味着占有的对象也不能是财产性利益。即便否认财产性利益是盗窃罪的行为对象，那也仅仅是说盗窃财产性利益的行为不能入罪，不是说财产性利益不能成为占有对象。占有本是民法上的概念，其对象范围一般是民法讨论的问题。"事实上对于物有管领力者，法律既予以保护，则对于事实上行使某种权利之人，也同样有保护之必要。"[1]因此，各国民法均另设保护事实上行使权利（即准占有）的规定。准占有，即指对于某种权利的占有，准占有准用关于占有的规定。既然如此，占有的对象为财产性利益时，占有的核心含义并未消失，"财产性利益"与"占有"搭配，也并未破坏所谓的动宾结构。将占有对象扩展为包括财产性利益，仍然会根据盗窃、抢劫、侵占等罪的构成要件，对财产性利益进行限定，刑法不会规制所有侵犯财产性利益的行为，论者担心的财产罪认定变得无边无沿、被司法者任意解释和适用的局面也不会出现。

（4）"对权利的占有"不会导致盗窃罪构成要件被虚置。盗窃罪、抢劫罪、诈骗罪都是伴有占有转移的转移占有罪（即夺取罪），其共同点在于占有移转。在日本，抢劫、诈骗的对象都可以是财产性利益，从来没有人说抢劫、诈骗罪的构成要件被虚置。盗窃罪与抢劫罪的区别在于手段的平和性，通过平和性转移占有的就是盗窃，通过暴力、胁迫等方式转移占有的就是抢劫。盗窃罪与诈骗罪的区别在于是否有违对方意思以及对方是否处分财产。将盗窃财产性利益入罪的路径，是认定"平和方式转移财产性利益"，这并未取消

---

[1]　梁慧星、陈华彬：《物权法》（第 5 版），法律出版社 2010 年版，第 413 页。

盗窃罪实行行为的定型性，不可能如论者所说那样"打破他人占有就被置换或者等同于损害他人的权益"，"所有不能被其他财产犯罪的构成要件所涵摄的案件，几乎都可以认定为盗窃罪"。即使是在财产性利益的场合，也仍然要实质性判断财产性利益的占有是否移转，绝不是"只能看权益是否最终受到侵害来反向认定行为"。论者认为，将财产性利益作为诈骗罪中"处分财物"的处分行为的对象，形成"处分利益"的动宾结构，没有脱离日常用语习惯，也没有增加理解的难度。问题是，在我国通说的取得罪框架下，作为交付罪的诈骗罪也是转移占有的犯罪，处分利益前利益难道不是处于处分人的占有之下？"处分利益"容易理解，为何"占有利益"就难理解？显然，该观点缺乏一贯性。

（5）适度抽象的解释与罪刑法定所要求的明确性可以并行不悖。在我国，诸多财产罪的规定实际上只有罪名的明确性而无构成要件的明确性，如"盗窃公私财物""诈骗公私财物"即是。当占有对象为有体物时，"打破他人对财物的占有"的确使得构成要件由含混变得相对明确。但是，罪刑法定的明确性并不意味着怎么解释更简单就怎么解释，更不能说只要是抽象就是不明确。在利益的流转越来越不依靠实物的现今，固守所谓的"对财物的占有"并非明智之举。

（6）概念内涵要受构成要件约束，不会无法控制。将财产性利益作为财产罪对象，当然是考虑到了处罚必要性。处罚必要性也不仅仅是立法论的问题，解释论同样要考虑处罚必要性。同时，处罚必要性受制于刑法条文所展现的具体犯罪构成要件。占有对象即使规范化，在认定具体犯罪时，也不可能脱离构成要件。例如，即便主张存款人对债权的占有，也不会随意认定盗窃债权构成盗窃罪，也一定要通过"将他人债权现实性地转移为自己占有"这一构成要件来进行。

总体来看，该观点最主要的问题在于，将"财产罪对象是否包括财产性利益"与"占有对象是否包括财产性利益"两点混为一谈，前者才是罪刑法定问题。一国刑法如果只是将有体物作为某种财产罪的对象，那也仅仅是说对于财产性利益不成立该罪，而不是说对于财产性利益不能有占有。从刑法规范中能读出来的，只是针对财产性利益的行为不构成该罪。即使某国刑法将财产性利益明确规定为某种财产罪的对象，那也与肯定"占有财产性利益"这种动宾结构是两回事。申言之，财产罪行为及其对象组成的动宾结构与

"占有"及其对象组成的动宾结构不是决定与被决定的关系。

3. 扩大解释"财物"的观点

张明楷教授主张对"财物"进行扩大解释，解释为包括财产性利益，但财产性利益的内容仅限于财产权本身。其主要理由是：

（1）《刑法》分则第五章仅使用了"财物"一词，而财产性利益则被包括在财产中。

（2）财产性利益与狭义的财物对人的需要的满足，没有实质的差异。况且，财产性利益具有财产价值，甚至可以转化为现金或其他财物，因而是值得保护的重要利益，将其作为盗窃、诈骗等罪的对象具有现实的妥当性。

（3）司法实践中，一般将财产性利益作为财产罪的对象。

（4）刑法的相关规定表明财产性利益可以成为盗窃、诈骗等罪对象。如《刑法》第265条、第276条之一明确肯定了财产性利益是财产罪的对象。为避免保护范围过宽，财产性利益必须被限定为具有经济价值、管理可能性、转移可能性、取得利益时能够导致他人遭受财产损害。[1]

此外，他还详细论证了盗窃财产性利益构成盗窃罪的可能性：

（1）对财产性利益能够进行合理限定，特别是盗窃罪有数额较大的成立条件，即使处罚盗窃财产性利益的行为，也不至于使盗窃罪的处罚范围漫无边际。

（2）在我国，盗窃罪的成立有数额较大的要求，对单纯盗窃财产性利益的凭证的行为，不可能以凭证本身的价值认定盗窃罪，只有肯定财产性利益可以成为盗窃罪的对象才能有效地保护财产性利益。

（3）我国刑法规定与审判实践也肯定了财产性利益可以成为盗窃罪的对象。如《刑法》第265条以及2000年《最高人民法院关于审理扰乱电信市场管理秩序案件具体应用法律若干问题的解释》第7、8条的规定。

（4）我国刑法没有规定利用计算机诈骗等犯罪，只有将财产性利益也作为盗窃罪的对象，才不至于产生处罚上的空隙。[2]

黎宏教授也提出了财产性利益可以成为盗窃罪对象的理由：

（1）我国《刑法》第五章"侵犯财产罪"中的"财产"，能够而且已经

---

〔1〕　参见张明楷：《刑法学》（第5版·下），法律出版社2011年版，第933页。

〔2〕　参见张明楷：《诈骗罪与金融诈骗罪研究》，清华大学出版社2006年版，第100~102页。

包括了"财产性利益"。

（2）如果财产性利益能够成为诈骗罪的对象，就没有理由将其排除在盗窃罪的对象之外。

（3）不处罚盗窃利益的行为会导致刑法适用上的不协调。

（4）无体物可以成为盗窃罪的对象并不意味着财产性利益不能成为盗窃罪的对象。[1]

本书基本赞成上述两位教授的观点，主要理由已在上文论述。不过，从提法上来说，认为还是将财物与财产性利益作为财产的下位概念为好，避免使用"广义的财物"这种概念。即，将财产罪立法中的"财物"与"财产"在相同意义上使用。

三、侵犯财产性利益的认定

即便肯定财产性利益可以成为财产罪的对象，但财产性利益毕竟有别于财物，其无形性和相对抽象性决定了其转移、取得的认定有相当难度。因此，从明确对财产性利益犯罪的成立范围、防止不当扩大处罚范围的角度出发，有必要对财产性利益的内容加以限定。"财产性利益的劫取必须尽可能与抢劫财物中财物的占有与转移同视，故作为取得客体的利益必须是具体的。"[2]限定财产性利益的基本指导思想应当是能将侵犯财产性利益的行为与侵犯财物的行为同视。盗窃、抢劫、诈骗罪等夺取罪是最为典型的财产罪，为了论述方便，以下以夺取罪为例展开分析。

（1）财产性利益必须具有可转移性。在夺取罪中，必须将财物、利益由原占有人处转移至行为人或者第三人处，这就要求取得财物、利益相对应的法益侵害必须发生在先前的占有人身上。这样，"利益"必须与"物"一样具有转移性。在物的场合，能够认定发生了对应于"物的取得"的"物的损失"。同样，就利益而言，也必须发生了对应于"利益的取得"的"利益的丧失"。不具有转移性的利益，不可能发生夺取罪固有的法益侵害，也就不可能处理夺取罪。[3]例如，强迫被害人在自动取款机上操作，将其存款转入行

---

〔1〕 参见黎宏："论盗窃财产性利益"，载《清华法学》2013年第6期，第127~131页。

〔2〕 ［日］大塚裕史：《刑法各論の思考方法》，早稻田经营出版社2003年版，第154页。

〔3〕 参见［日］山口厚：《刑法各论》（第2版），王昭武译，中国人民大学出版社2011年版，第250页。

为人的银行账户，该存款是被害人对银行的债权，这种存款转移实际上是一种债权转移，也就是一种财产性利益的转移。因此，行为人可能成立抢劫罪。较有争议的是劳务的性质。就劳务而言，即使行为人不正当地取得了劳务，也不能认为劳务的提供者就此丧失了劳务。但是，针对劳务的侵犯行为，刑法一概不介入也不合适。日本有学者提出，应当支付的劳动报酬，当然可以成为财产性利益，即便是所谓的无偿劳动，只要具有社会一般观念上所认可的、应当支付对价的质和量，也应当是财产性利益。[1]这种观点实际上是将劳务对应的报酬作为财产性利益。我国有学者认为，劳务只是财产性利益产生的前提基础之一，只有在劳务现实地转化为财产性利益后，针对该利益的侵犯行为才可能被评价为财产罪。[2]例如，行为人使用暴力强迫出租车司机将其送到目的地，没有支付车费。在此，双方并未达成运输合意，司机所提供的劳务也就不是财产性利益的产生基础，难以认为形成了运输劳务的对价。但是，如果是到达目的地后使用暴力迫使司机免除车费，因为运输合同已履行完毕，运输劳务的对价也已产生，该行为便可以被评价为对财产性利益的抢劫。

（2）财产性利益的转移必须具有确定性、现实性。对于债务人杀害债权人以逃避还债的案件，只有债权人的死亡使得不再有人知道该笔债务存在，即债权人的死亡造成了事实上的债务免除，方有可能认定为抢劫财产性利益。毕竟，在很多时候，即使债权人死亡，也还保存着有关此债权的大量证据。同样，对于唯一的继承人为了继承杀害被继承人的，即使其获得了继承人地位，但还不能说其确定、现实地获取了财产性利益。或者说，不能将获得继承人地位与获取财产性利益等同。再如，行为人抢得被害人存折后，逼被害人讲出取款密码，在取款同时安排同伙控制被害人，一旦密码不对即逼其说出正确密码。要将存款这种财产性利益评价为确定性、现实性，只有同时掌握存折及其密码才行。在取款前持续性控制被害人直到获得正确密码的情形下，被害人不可能采取挂失、改密等阻止存款被取的手段。应当说，行为人是确定、现实性地转移了财产性利益。与此相对，如果盗取了被害人的存折

---

[1]　[日]大谷实：《刑法各论》（新版第2版），黎宏译，中国人民大学出版社2008年版，第215页。

[2]　参见马卫军："论抢劫罪中的财产性利益"，载《政治与法律》2011年第7期，第37页。

和密码，只要还未取款，该财产性利益就不能被评价为确定性、现实性地被转移，因为对被害人来说尚有阻止存款被取的救济空间。对于债务的暂缓履行这种利益，日本判例曾肯定对其成立抢劫罪。但是，暂缓履行并不意味着债权转移，因此不具有利益转移的具体性、确定性，不应将这种情况纳入财产性利益的保护范围。对于诈骗、敲诈勒索等罪，同样要注意控制刑法的过度干预。[1]

（3）财产性利益必须具有既存性。对于被害人而言，损失的必须是对其而言既存的某种财产性利益。如果某种利益的丧失对被害人来说只是将来的可能性损失，那么就不能将可能造成该损失的行为评价为夺取罪。在日本曾发生过这样一起案件：被告人 A 和 B 经过共谋，出于将登机牌交给在中转站等机的中国人 C，帮助其偷渡至加拿大的目的，由 B 将以自己名义经过正常手续购买的机票以及护照交给登记柜台，换取了登机牌。大阪高等裁判所认定，不具有同一性的人使用登机牌即搭乘飞机，会导致航空公司的社会信用降低、业绩恶化，并且会被会被加拿大政府科处最高额 3000 美元的罚款，对航空公司而言，防止非法使用登机牌具有极大的经济利益。西田典之教授也认为，不切实管理登机牌与登记人员，会失去公众对该航空公司业务的信赖，也会对航空公司的经济性运营造成重大影响。因此，就本案而言，完全可能存在财产性损失的危险性、可能性。[2]张明楷教授也认为，在诈骗罪对象是财产性利益的情况下，行为人只要通过欺骗行为为被害人设定了一个债务，就可以肯定行为人的诈骗行为既遂。这是因为，当诈骗的对象是财产性利益的时候，很难认定行为人的欺骗行为使他人占有的财产性利益转移为自己占有了，因此即使财产性利益没有发生转移，也可以肯定诈骗财产性利益行为的既遂。[3]不过，林幹人教授认为："仅仅使他人负担债务，利益还没有在手实质的侵害。"[4]本书认为，诈骗罪是转移占有的夺取罪，这一点不能因占有对象是财物还是财产性利益而有所改变，如果不能认定行为人的欺骗行为使

〔1〕 参见［日］西田典之：《日本刑法各论》（第6版），王昭武、刘明祥译，法律出版社2013年版，第157~158页。

〔2〕 参见［日］西田典之：《日本刑法各论》（第6版），王昭武、刘明祥译，法律出版社2013年版，第220~221页。

〔3〕 张明楷：《刑法的私塾》，北京大学出版社2014年版，第415页。

〔4〕 ［日］林幹人：《刑法各論》，東京大学出版会1999年版，第184页。

他人占有的财产性利益转移为自己占有，当然不能按照诈骗财产性利益既遂处理。在上述日本偷渡案件中，航空公司的社会信用降低、业绩恶化导致的财产性损失并非一种既存的财产性利益，只是将来可能的损失，也就不存在财产性利益的转移占有，不应被评价为诈骗财产性利益。至于航空公司会被加拿大政府科处最高额 3000 美元的罚款，该罚款也只是使得航空公司负担债务，但并未发生航空公司与行为人之间的占有转移，也不应按照诈骗罪处理。

（4）取得利益同时导致他人有遭受财产损失的，才能认定该利益为财产性利益。例如，行为人欺骗被害人使其免除债务的，被害人在免除债务的同时，也遭受了财产损失。如果行为人冒充受灾群众，搭乘政府提供的免费车辆，行为人的确获得了免费乘坐利益，但提供免费运输的政府却并未遭受损失，不能以诈骗财产性利益论处。同样，在窃取商业秘密的情形中，对方并不会由于行为人的窃取而丧失商业秘密，不能将该行为评价为盗窃财产性利益。盗窃不记名、不挂失的有价支付凭证、有价证券、有价票证的，之所以按票面数额和盗窃时应得的孳息、奖金或者奖品等可得收益一并计算盗窃数额，是因为"不记名、不挂失"意味着失主失去凭证即遭受财产损失；盗窃记名的有价支付凭证、有价证券、有价票证，之所以区分"已经兑现的"与"没有兑现，但失主无法通过挂失、补领、补办手续等方式避免损失的"，也是因为损失的计算方式存在差别。只要失主能通过挂失、补领、补办手续等方式避免损失，就不能说失主遭受了财产损失。

第四章

不法原因与财产保护的刑法介入

为了赌博、雇佣杀人、毒品买卖、行贿等所为的给付，都是基于不法原因所为。按照民事法理，原本欠缺法律上原因的受领属于不当得利，应该返还给给付者。但是，由于该种给付系基于不法原因，如果得以请求返还的话，国家将为不法给付助力，这显然有违法的目的。因此，诸多国家和地区的民事法理中均存在"不法原因给付不得请求返还"的明文规定。我国民法目前尚未对不法原因给付加以规定，只是确立了合同无效相互返还的基本原则。

与民法中的不法原因给付密切相关的是，基于不法原因受给付的财物，能否得以成为侵占罪的对象？受托人将代为保管的不法原因给付物据为己有的，是否成立侵占罪？欺骗他人使其为不法原因给付的，是否成立诈骗罪？此外，赃物处分也与不法原因给付密切相关，也需要明确侵吞赃物等行为的刑法评价。上述问题都牵涉"基于不法原因的财产是否值得刑法保护"这一共通议题，是本章拟研究的对象。

第一节　不法原因给付的民事立法例

一、不法原因给付的民事立法概说

不法原因给付是指基于违反强行法规或公序良俗的原因而为的给付。[1]在罗马法上，给付人的给付具有污辱性时，虽无法律上的原因，法院亦否认其诉权。所谓污辱性，系指违反传统的伦理观念，尤其是背于善良风俗而言。

---

〔1〕　谭启平："不法原因给付及其制度构建"，载《现代法学》2004年第3期，第131页。

其基本思想为：任何人置社会伦理秩序于不顾时，均不能请求返还其应受非难行为而为的给付。[1]法国民法继承了罗马法的精神，在法典中提出了不法原因给付的概念，后来的《德国民法典》《瑞士债务法》《意大利民法典》也纷纷效仿。英美法上的不法约定制度的处理模式与大陆法上的不法原因给付也基本一致。

与此不同，俄罗斯民法与我国民法均无不法原因给付的概念，只存在一些处理不法原因给付的规则，这些规则主要是通过合同无效等制度来体现的。即原则上基于无效的合同或民事行为，所为的给付应当返还或追缴。

两种民事立法例立论基础不一，制度设计也不同，由此形成的处理机制也大不一样。应当说，各有其优劣。深入研究不同的立法例，有助于全面理解不法原因给付的制度构建与处理机制。

二、不得请求返还的立法例

当代诸多国家和地区民法多肯认上述罗马法上的基本思想，在民法中设置相关规定。例如，《德国民法典》第 817 条规定："给付之目的，因受领人之受领而违反法律之禁止规定或善良风俗者，受益人应负返还义务；如给付人对此种违反行为也应负责任时，不得要求返还；但给付系承担债务为其内容者，不在此限；为清偿此项债务所已为之给付，仍不得请求返还。"《日本民法典》第 708 条规定："因不法原因实施给付的，不得请求返还。但是，如果不法原因仅存在于受益人一方的，则不在此限。"《瑞士债务法》第 66 条规定："凡意图引致违法或不道德的结果所为之给付不得请求返还。"

（一）立法意旨

关于这种立法例的意旨，大致有以下几种学说：

（1）惩罚说，即对从事不法行为当事人进行惩罚。但该说受到很多批评，因为惩罚不是私法的功能，在受领人也有不法性甚至不法性较给付人更大时，反而使其保有给付，与惩罚原则实有不符。

（2）拒绝保护说，即当事人因不法行为将自己置身法律规范之外，无保护的必要，任何人均不得以自己的不法行为而主张恢复自己的损失。但该说只是描述了法律效果，并未阐释法律理由。同样，当不法原因也存在于受领

---

〔1〕　参见王泽鉴：《不当得利》，北京大学出版社 2009 年版，第 94 页。

人一方时，受领人何以能主张"不法"抗辩而拒绝履行返还义务？难道不违背正义？

（3）一般预防说，即双方当事人对所约定的给付都有主动权，风险必须置于给付人身上，改变其行为动机，才能有效避免自愿提出给付的结果发生，在双方各自基于规避风险的考量而不愿提出给付的情况下，不法契约将形同虚设。

相较于惩罚说和拒绝保护说，一般预防说更有说服力。惩罚说将不法原因制度视为事后对给付者的惩罚，一般预防说认为不法原因给付制度的设计旨在于事前对不法原因给付行为进行遏制，效果发挥更理想。拒绝保护说只是强调了不法原因给付的法律后果，并未阐释造成这种法律后果的原因，从制度适用的角度讲，无法提供有益的解释论支撑；一般预防说则全面解读了不法原因给付下拒绝保护给付者的原因，使得不法原因给付制度获得了立法上的正当理由。按照一般预防说进行设计的不法原因给付制度实际上发挥了相当于侵权行为法一般预防的功能，成了刑罚与行政处罚的有益补充。

（二）构成要件

构成民法上的不法原因给付，其要件有三个：给付、因"不法原因"而给付、对不法原因的认识。对这三个要件，民法理论上都展开了研究。例如，关于"不法原因"，有学者提出，在买卖房屋开设私娼馆的场合，买卖房屋的债务本体，在于支付价金和转移房屋所有权，约明开设私娼馆只不过是买卖房屋契约的附随债务。这种附随债务类似于无因管理中为他人管理事务的中性事务，应为"中性不法原因"，与为使人犯罪而给予金钱不同，后者为当然原因不法。因此，不法原因给付应限于"当然不法原因之给付"，而不及于"中性不法原因之给付"。[1]但是，争议最大、与财产罪认定关系最为密切的要件是"给付"。

所谓给付，系指有意识地基于一定目的所为财产的给予，权利的移转、物的交付、土地的登记、劳务的从事等均属之。[2]对于"给付"的认定，存在两种"终局性标准"。

在德国民法中，认定"给付"的"终局性标准"是：只有在使受领人终

————

[1] 参见林诚二："债务本体论与不法原因之给付"，载《中兴法学》1984年第3期，第248页。
[2] 王泽鉴：《不当得利》，北京大学出版社2009年版，第98页。

148

局性地获得财产时，才能构成给付；如果给付者只是意图使受领人暂时性地获取财产性利益或者使之在特定范围内支配或利用相应财物，则其并未将相应财产给予受领人，也就不是民法意义上的给付。提供财产担保时，担保权人只能支配担保物的交换价值以及临时占有，不存在给付；借贷时，出借人也只是将本金在一定时间内交借款人使用，并非给付；租赁时，出租人只是将租赁物在约定时间内交付承租人使用和收益，也不是给付。依据这种终局性标准，"给付"就与"委托"区别开了，不法原因给付不包括不法原因委托。〔1〕这一标准也为一些民法学者所继受，对于交付支票或债务约束、出租房屋等情形，认为尚不具有终局性的财货转移。〔2〕

例如，在德国，普遍认可《德国民法典》第 817 条第 2 句的适用存在一个明确的限制范围。这一点在高利贷问题上尤为明晰。此时，由排除返还请求权可以得出放高利贷者不得要求返还借贷的结论。但是，从经济的视角看，贷与人的给付绝对不在于所有权的转移，而只是允许借用人在一定期间内使用金钱，对于消费借贷或类似情形而言绝不意味着排除返还请求权，贷与人只是在约定期间不得要求返还，这才相当于贷与人的给付。〔3〕举例来说，A 为 B 提供了为期 3 年的高利借贷，B 支付 1 年利息后拒绝再为清偿。A 的给付内容是 3 年的金钱移转，所以 3 年内 A 不得依不当得利请求返还本金。3 年期满后，A 可得行使不当得利返还请求权。在高利借贷例子中，实际上只是借贷的方式、条件违反了法律或道德，契约无效部分限于利率约定等条件部分，关于本金部分的契约仍为有效，从而基于契约产生的借款返还请求权使得借用人只在约定的还款期已满时才负有返还义务。但是，如果系以提供借贷换取不法目的，如为犯罪分子提供贷款用以犯罪，提供资金本身就违反了法律或道德，不法性及于契约整体，因此契约全部无效，贷与人不得请求返还本金。

在瑞士，有一个案件涉及在先前的借贷尚未完全返还前，即违反当时的命令规定提供新的借贷。瑞士联邦最高法院判决认定该借贷契约无效，并且排除借用人偿还借款的义务。有学者对该判决予以批评，理由是，贷与人的

---

〔1〕　参见王钢："不法原因给付与侵占罪"，载《中外法学》2016 年第 4 期，第 933~934 页。

〔2〕　参见王泽鉴：《不当得利》，北京大学出版社 2009 年版，第 98 页。

〔3〕　参见〔德〕迪特尔·梅迪库斯：《德国债法分论》，杜景林、卢谌译，法律出版社 2007 年版，第 540 页。

给付仅仅指向暂时的本金使用权限的转让而不是本金本身的转让，当借贷契约无效时，这种暂时的转让构成不当得利返还的客体。借用人被允许保留并使用其所取得的本金直到契约或法律所规定的期限。也有学者指出，瑞士联邦最高法院在这一案件中"走得太远了"，对于银行违反法律的处罚已经非常严格，没有必要驳回银行恢复原状的请求，从而使顾客取得不应得的额外收益。而且，法律的目的是避免经济过热，而不是保护借方，将金钱留给借方恰恰与此效果相反。[1]

在日本民法中，对于"终局性利益"，学界主流的理解是无须对方当事人与裁判所的帮助便可获取利益。在寄托与委托的情形中，当然是存在给付的，因为此时的领受人即使得不到对方当事人与裁判所的帮助也可以确保获得利益。因此，所谓"委托不是给付"的思考方法成为民法学的主流观点的可能性是零。因为自始就无法理解为何可以说领受人的利益取得并非终局性的，领受人可以自己消费该金钱的事实本身便显示出了这完全构成取得了利益。一般而言，接受"委托并非给付"的可能性是不存在的。[2]按此理解，上述德国民法中不属于给付的担保、借贷、租赁等情形，均可能被认定为给付。不过，对于在败坏风俗的不法经营活动中，当契约涉及共同经营人参与有关利益分配而租赁不动产时，有学者认为不允许出租人请求返还明显不当：出租增加的使用收益属于给付，出租人已在过去完成的不法原因给付，不得请求复原。即便租借人不付租金，出租人也仍不得请求返还相当于租金的金额。相反，因将来的终局性给付还未发生，故出租人能以主张不法契约无效为由请求返还占有。[3]

(三) 法律效果

在民法中，不法原因给付制度是对给付不当得利请求返还权的例外排除。即因不法原因而为给付者，不得请求返还。这是不法原因给付制度最为直接的法律后果。例如，为了使公务员为违背职务行为而赠与汽车时，不得基于

---

〔1〕 参见［德］海因·克茨：《欧洲合同法》（上卷），周忠海、李居迁、宫立云译，法律出版社 2001 年版，第 244 页。

〔2〕 参见［日］佐伯仁志、道垣内弘人：《刑法与民法的对话》，于改之、张小宁译，北京大学出版社 2012 年版，第 55、57 页。

〔3〕 参见［日］我妻荣：《债权各论》（下卷一），冷罗生、陶芸、江涛译，中国法制出版社 2008 年版，第 258~259 页。

不当得利请求该车的返还。但是，基于德国民法的立场，对于存在"不法原因委托"情形的，要谨慎使用。例如，出租房屋给对方从事不法活动的，就房屋而言，出租人并未终局性地将房屋转移给承租人，并非不法原因给付，在租赁期满后，仍然可以请求返还房屋。但是，就承租人在租赁期对房屋的支配和使用来说，出租人构成不法原因给付，在租赁期内不得要求承租人返还。

不法原因给付制度能否类推适用于所有物返还请求权？对此，德国判例与部分学者持否定态度。[1]如果基于物权无因性理论，物权行为本身在伦理上是中立的，因此基于不法原因转移物的所有权的，其物权行为仍然有效，并无所有物返还请求权，不当得利请求权因不法原因给付制度而被排除。当债权行为与物权行为均因违反强行规定或公序良俗而无效时，本来给付者可以主张所有物返还请求权。但如果赋予其该种请求权，就会使请求人可以主张不法的情事而行使权利，从而使不法原因给付制度的意旨落空，因此，此时应将不法原因给付制度类推适用于所有物返还请求权。[2]德国大多数学者也都认为，在具体交易行为的道德违反性过高以至于不仅原因行为无效，连带着履行行为也一并无效时，如果不排除给付者的所有物返还请求权，将有轻重失衡、价值判断矛盾之嫌。

如果基于不承认独立物权行为的立场，在不法原因给付的场合，债权行为因违反强制性规定或公序良俗而无效，所有权转移也无效。由此，如果不将不法原因给付制度类推适用于所有物返还请求权，那就意味着，不法给付者可以凭借所有物返还请求权请求返还给付物，这无疑会使得不法原因制度被虚置。因此，在此情形下，应认为不法原因给付制度类推适用于所有物返还请求权。

不法原因给付与侵权行为有时也有关联，如给付人是由于受到受领人的欺骗而实施不法原因给付，给付人能否依据侵权行为的规定请求损害赔偿？对此问题，有学者持否定说的见解。[3]德国实务与部分学者的见解是拒绝将不法原因给付不得请求返还的规定类推适用于侵权行为损害赔偿请求权，不

---

[1]　参见王钢："不法原因给付与侵占罪"，载《中外法学》2016年第4期，第938页。
[2]　参见王泽鉴：《不当得利》，北京大学出版社2009年版，第106页。
[3]　参见林诚二：《民法债编总论——体系化解说》，中国人民大学出版社2003年版，第134页。

过多数学者仍持类推适用于侵权行为损害赔偿请求权的态度。

（四）目的性限缩

对于不法原因给付制度的争论，主要原因是构成要件概括抽象、法律效果欠缺弹性。因此，各国在适用过程中均尝试对其进行目的性限缩，即在否认给付者的返还请求权并不能实现一般预防目的，甚至可能会促进不法状态的实现时，限制不法原因给付制度的适用。

例如，在非法雇佣黑工的场合，如果不允许雇员请求雇主支付薪酬，反而会鼓励雇主从事非法雇佣。[1]对于非法传销中所为的费用缴付，最初的参与者是在后来的参加者的费用上获取利润，若想矫正这一不正当的状态，则必须寻求可导致所有参与者取回其资金费用的返还请求权。因此，不法原因给付制度一方面并不阻碍向主办人请求返还资金费用，另一方面基于相同理由，主办人也得以因最初的参与者请求返还其所支付的获利，因为其需要金钱去满足后来的参加者所提出的已支付的资金费用的返还请求。

三、返还与追缴的立法例

与前述不得请求返还的民事立法例形成对照的是，《俄罗斯民法典》第169条继受1964年《苏俄民法典》第49条，认定以故意违反法律秩序或道德为目的而订立的法律行为是自始无效法律行为。在双方均存在故意的情况下，如果双方均履行了法律行为，则双方按照该法律行为所获的全部所得均应予追缴，收归俄罗斯联邦所有；在一方已履行时，则向另一方追缴其全部所得和另一方作为补偿应付给履行方的全部对价，以作为俄罗斯联邦收入。在此种法律行为中，如果仅有一方存在故意，该方按照该法律行为所获的全部所得应返还另一方，而另一方已得到的或作为补偿已履行部分应付给其的全部对价应收归俄罗斯联邦所有。

这种立法避免了不法原因给付不得请求返还立法例下给付人一方履行时不法原因给付物被保留于受领人一方局面的出现，"不合法即合法"现象不会出现，表面上合乎公平正义，合乎一般民众的道德良心。[2]其着眼点是使给付回到原出发点，这实际上也体现出了法律对不法行为不予保护的旨意。此

---

〔1〕　参见王钢："不法原因给付与侵占罪"，载《中外法学》2016年第4期，第940~941页。

〔2〕　参见谭启平："不法原因给付及其制度构建"，载《现代法学》2004年第3期，第138页。

外，追缴国家所有是一种制裁措施，这种禁止不法给付返还的措施可以起到对不法行为进行惩罚的作用。然而，其缺陷也是显而易见的。"国家利益"的边界难以把控，这就会使得"收归国家所有"易被滥用。而且，收缴很难说是一种民事责任形式，在民事法律中明确规定这样的责任形式不够妥当。此外，对于将被收缴的财产，如果刑法要介入，是作为当事人财产保护，还是按照国家财产对待，也是一个疑问。

四、返还、补偿或赔偿的立法例

在我国《民法典》施行前，《民法通则》第 61 条规定："民事行为被确认为无效或者被撤销后，当事人因该行为取得的财产，应当返还给受损失的一方。有过错的一方应当赔偿对方因此所受的损失，双方都有过错的，应当各自承担相应的责任。双方恶意串通，实施民事行为损害国家的、集体的或者第三人的利益的，应当追缴双方取得的财产，收归国家、集体所有或者返还第三人。"第 134 条第 3 款规定："人民法院审理民事案件，除适用上述规定外，还可以予以训诫、责令具结悔过，收缴进行非法活动的财物和非法所得，并可以依照法律规定处以罚款、拘留。"《合同法》第 58 条规定："合同无效或者被撤销后，因该合同取得的财产，应当予以返还；不能返还或者没有必要返还的，应当折价补偿。有过错的一方应当赔偿对方因此所受到的损失，双方都有过错的，应当各自承担相应的责任。"第 59 条规定："当事人恶意串通，损害国家、集体或者第三人利益的，因此取得的财产收归国家所有或者返还集体、第三人。"简言之，对于不法原因给付，原则上恢复原状，恶意串通损害国家、集体或第三人利益的，应当追缴。

与此不同，《民法典》第 157 条规定："民事法律行为无效、被撤销或者确定不发生效力后，行为人因该行为取得的财产，应当予以返还；不能返还或者没有必要返还的，应当折价补偿。有过错的一方应当赔偿对方由此所受到的损失；各方都有过错的，应当各自承担相应的责任。法律另有规定的，依照其规定。"第 153 条规定："违反法律、行政法规的强制性规定的民事法律行为无效。但是，该强制性规定不导致该民事法律行为无效的除外。违背公序良俗的民事法律行为无效。"第 154 条规定："行为人与相对人恶意串通，损害他人合法权益的民事法律行为无效。"

从上述立法演进可知，原来《民法通则》对民事制裁措施的规定已被

《民法典》删除，当事人从事违法行为所获得的利益，应当通过行政责任、刑事责任等予以收缴，对第三人造成的损害，应该由第三人自行通过法律渠道主张权益保护。因此，我国已从返还与追缴的立法例演变为返还或补偿的立法例。

第二节　不法原因给付与侵占罪

不法原因给付与侵占可以被分为两个议题：一是对于普通财物的侵占，如受贿人将受领财物据为己有或受托转交行贿款者将款项据为己有的情形，这是一般侵占类型；一是对于特殊财物（即赃物）的侵占，如代为保管赃物者将赃物侵吞的情形，这是特殊侵占类型。基于不法原因给付的两种民事立法例，本节对于普通财物的侵占，拟按照两种民事制度框架进行探讨，而赃物侵占与不同的民事立法例关涉不很紧密，故单独论述。

一、"不得请求返还"制度框架下的侵占罪认定

在刑法上，将基于委托信任关系占有的财物非法据为己有的，构成侵占罪。如果这里的财物是不法原因给付物，会对行为定性有影响吗？例如，受领行贿款的代为行贿人将行贿款据为己有的，是否构成侵占罪？受托向第三人行贿的委托合同当然是违法且无效的，受托实施行贿并受领行贿款的受托人也不负有向第三人行贿的义务，如果委托他人向第三人行贿并交付金钱的行为可以构成不法原因给付，根据不得请求返还的民事立法例，委托人可能已丧失了返还请求权，不能取回该款项。受托人既不负有向第三人交付款项的义务，也不负有对委托人的返还义务。那么，其据为己有的行为会构成侵占罪吗？一方面，这涉及民法对上述立法例的解释论；另一方面，还牵涉刑法对民法解释论采取何种态度，刑法对民法的所谓从属性或独立性关系也充分显现。因此，不法原因给付下是否构成侵占罪是刑民关系立场的"试金石"。

（一）刑法判例

1. 德国

《德国刑法典》第246条通过两款规定区分了单纯侵占罪与委托物侵占罪，后者要求所侵占之物为行为人受托保管。对于不法原因给付的情形下是否成立侵占罪，德国判例持肯定态度。例如，给付人委托他人从地下市场以

较低的价格购买国家定价 23 马克的管制品，交付 4 马克后，受领人将该 4 马克据为已有。对此，法院认为该案中金钱已经转移到受领人，委托人的行为本身就不是给付，委托人对受领人有不当得利的请求返还权，该请求权不适用不法原因给付不得请求返还的规定，因此肯定受领人成立委托物侵占罪。在另一个案件中，给付人委托受领人购买伪造的货币，交付了 250 马克，但受领人将钱花掉了。法院认为，虽然委托契约无效，但是受领人接受金钱没有法律根据，其负有不当得利返还的法律义务，该义务不适用不法原因给付不得请求返还的规定。不法原因给付中的"给付"，只有在所有权移转给接受者的场合才适用，基于一时的目的而履行的不是给付。[1]

德国判例采取的是限缩解释《德国民法典》第 817 条中"给付"的路径，排除适用不法原因给付不得请求返还，进而肯定侵占罪的成立。问题是，这样理解《德国民法典》第 817 条中的"给付"是否有规范依据？这需要结合民法规范与理论进一步阐明。

2. 日本

在日本，对于某人受托斡旋行贿却用掉了用来行贿的钱款的，最高裁判所的判例认为，即使可适用《日本民法典》第 708 条，但"侵占罪的目的物，仅以该物属于犯罪行为人所占有的他人之物为要件，而并不一定要求该物的给付人在民法上具有返还请求权"，进而判定成立侵占罪。[2]基于这种将"不当得利返还请求权"与"他人之物"分开考虑的立场，对于侵占用于购买走私品的资金、侵占用于购买黑市米的资金等，判例都肯定了侵占罪的成立。[3]日本判例的理由主要是两点：其一，给付者虽然不能请求返还，但并未丧失所有权；其二，侵占罪的对象，仅以占有的他人之物为已足，未必以得以请求返还之物为要件。

但是，一起标志性的民事判例对刑事判例的肯定立场提出了严峻挑战。在该案中，为了维持情人关系，A 将尚未登记的不动产赠与情人 B，且已经交

---

〔1〕　参见童伟华：《财产罪基础理论研究：财产罪的法益及其开展》，法律出版社 2012 年版，第 125 页。

〔2〕　参见［日］西田典之：《日本刑法各论》（第 6 版），王昭武、刘明祥译，法律出版社 2013 年版，第 253 页。

〔3〕　参见［日］山口厚：《刑法各论》（第 2 版），王昭武译，中国人民大学出版社 2011 年版，第 353 页。

付于对方。不久后，两人之间发生不和，A 诉求对方搬出，并利用手头掌握的房屋确认书作了保存登记。A 以本案中的房屋仅供 B 使用为由提出诉求，但因未得法院支持，后主张该行为是维持情人关系而作出的无效赠与。而 B 以不法原因给付为由拒绝返还请求，并以房屋的所有权属于自己为由，提起转移登记的反诉。判例认为，赠与因违反公序良俗而无效，履行赠与交付房屋的行为构成不法原因给付。《日本民法典》第 708 条的宗旨是对自身采取反社会行为之人诉求复原行为结果不予支持。因此，给付人不仅不得请求返还不当得利，而且不得以标的物的所有权在于己方为由，请求返还给付之物。当赠与人无法请求返还给付之物时，作为反射性效果，标的物的所有权脱离赠与人而归属于受赠人的解释，不仅应被认为最合乎事情的本质，而且是使法律关系更为明确的原因。[1] 既然侵占罪的保护法益是所有权，当民事上已经认为所有权转移至受领人处时，刑法上仍然肯定受领人成立侵占罪，不得不说，这是存在重大疑问的。此外，该民事判例只是就赠与这种所有权转移的情形给出了结论，对于租赁、借用、委托等情形是否也适用“反射性效果”论，承认标的物所有权的移转？对此，还需要进一步研究。

3. 韩国

在韩国，对于委托受领人转交行贿款但受领人任意消费该金钱而不转交的，判例认为，《韩国民法典》第 746 条不法原因给付不得请求返还的意思是：既不能以原因行为无效为根据，对相对方提起不当得利返还请求诉讼，也不能以给付物品的所有权仍然属于自己为理由，对相对方提起所有权返还请求诉讼，给付物品的所有权终究归属于收到给付的相对方。该案中委托转交的金钱属于不法原因给付物，因此该金钱的所有权已经归属于受领人。总之，判决受领人不成立侵占罪的结论正当，并没有误解侵占罪的法理。在另一起案件中，被告人与卖淫女约定，领取其从嫖客处收到费用的一半，但趁保管收到的总计 270 万元之机，不按约定还给卖淫女 130 万元，而任意将其作为自己的生活费。原审法院认为，卖淫女不能以原因行为无效为根据，对相对方提起不当得利返还请求诉讼，因而该笔款项归被告人所有，故以“既然不是他人的财物，该行为就不成立侵占罪”为理由，判决无罪。但是，大

---

[1] 参见 [日] 我妻荣：《债权各论》（下卷一），冷罗生、陶芸、江涛译，中国法制出版社 2008 年版，第 263~264 页。

法院（韩国最高级别法院）认为，在受益者的不法性明显大于给付者，而给付者的不法性微弱时，如果也不允许给付者请求其利益返还，则有违公平和诚实信义原则。因此，此时应排除适用《韩国民法典》第746条的规定、允许给付者的返还请求的解释是合理的。该案中，被告人屡次诱惑被害人到其经营的卖淫馆卖淫，因被害人的丈夫酒精中毒没有能力养家，被害人才开始卖淫。由于被告人的不法性明显大于被害人的不法性，因此应排除适用《韩国民法典》第746条的规定，被害人保管在被告人处的利益仍然属于被害人，可以请求其全部返还。对被告人任意消费该钱款的行为，不能不认为构成侵占罪。[1]

显然，对于侵占委托转交的行贿款的行为，韩国判例显著不同于德日，既未通过限缩解释民法中的"给付"排除适用不法原因给付不得请求返还的规定，也没有将"不当得利返还请求权"与"他人之物"分开考虑，在双方均有过错时，直接肯认"给付物品的所有权终究归属于收到给付的相对方"。但是，在侵占卖淫款案判例中，通过比较双方不法性的大小，软化解释不法原因给付不得请求返还的规定，这也是值得瞩目之处。可能存在的疑问是，对于这种民法中广泛采用的综合性、弹性的事后评价方法，刑法是否也能引入？对于是否成立侵占罪，"比较双方不法性大小"能否作为刑法解释上一般性的判断方法？

4. 小结

综上，对于不法原因给付的情形下是否成立侵占罪，各国判例结论并不完全一致。德国判例提出"基于一时的目的而履行的不是给付"，肯定了委托事项不法时侵占委托款成立侵占罪；韩国判例根据"给付物品的所有权终究归属于收到给付的相对方"，否定了委托事项不法时侵占委托款成立侵占罪。日本相关标志性的民事判例解决了类似赠与等情形下的所有权归属问题，但对委托等情况下尚存疑问。最后，韩国判例引入了民法理论"比较双方不法性大小"这种弹性空间很大的解释方法，对刑法解释明确性提出了挑战，也引发了刑法能在多大范围和程度上吸纳民法解释结论的思考。

（二）刑法学说

1. 概览

根据德国司法判例和多数学者的见解，侵占不法原因的委托物的，构成

---

[1] 参见［韩］吴昌植编译：《韩国侵犯财产罪判例》，清华大学出版社2004年版，第155~157页。

委托物侵占罪。[1]这一结论与其民法中"给付"的认定保持了一致。既然委托尚不构成给付,那么对于不法原因委托的,不能适用不法原因给付不能请求返还的规定。既然如此,侵占不法原因的委托物的,当然构成委托物侵占罪。

但是,在日本刑法理论上,对于不法原因给付下受领人能否构成侵占罪,见解相当分歧对立。大体而言,有肯定说、否定说和折中说三种。[2]

根据肯定说的立场,其理由主要有:①刑法上犯罪存在与否,应该脱离民法上有无保护加以思考,即强调刑法效果与民法效果的差异,即使民法不加以保护,刑法亦可以加以保护。换言之,着眼于私人间利益调整的民法解释与作为侵占罪处罚要素的"他人性"的刑法解释,有微妙的差异性。委托关系在民法上不受保护不一定妨碍刑法上成立侵占罪。[3]侵占罪不仅仅保护被害者具体的所有权,刑法还要通过禁止侵害具有所有权外观的行为来保护一般的所有权。②如日本判例的见解,委托者虽然在民法上不能请求返还该物,但是给付者并未因此丧失所有权,刑法只要求侵占的对象是自己占有的他人之物,因此受托者据为己有时依然得以构成侵占罪。

根据否定说的立场,其理由主要有:①由于不法原因给付物的给付者对于受给付者不能请求返还,受给付者对于给付者亦不负担任何义务,因此给付者对于受给付者亦不存在应受保护的所有权,就受给付者的行为而言,无成立侵占罪的余地。②在不法原因给付的情况下,无法承认有成立侵占罪所必要的"委托信赖关系的违反",因此不成立侵占罪。③以刑罚制裁强制民法上没有返还义务返还一事,会破坏整体法秩序的统一性。"在以调整个人间利益为目的的民法的领域,对轻微利益的存否都一一进行法的介入,而在以调和国家与个人之间的利益为任务的刑法中,只以侵害某种程度以上的重要利益为对象,对细微的利益问题基本上不进行法的干涉,鉴于此,在民法的领域不受到保护的不法原因给付物,却在刑法上一般地作为横领罪的客体,可以说存在给作为整体的国法秩序带来不协调之嫌。"[4]

---

〔1〕 参见王钢:《德国判例刑法(分则)》,北京大学出版社 2016 年版,第 190 页。

〔2〕 参见陈子平:"不法原因给付与侵占罪、诈欺罪(上)",载《月旦法学教室》2014 年第 3 期,第 64~65 页。

〔3〕 [日]小野清一郎:《新订刑法讲义各论》,有斐阁 1950 年版,第 267 页。

〔4〕 参见 [日]大塚仁:《刑法概说(各论)》(第 3 版),冯军译,中国人民大学出版社 2003 年版,第 281~282 页。

　　折中说主张应限定性地理解不法原因给付。具体而言，所谓给付，应该是终局性地转移利益，出于不法目的而"寄托"的，则不属于"给付"，而是属于不法原因寄托。因此，寄托物的所有权仍为寄托者所有，受托者非法处分寄托物的，应成立侵占委托物罪。[1]有学者对于不法原因给付与侵占罪，一开始就区分不法原因给付物、不法原因委托物进行论述。在不法原因给付物的场合，遵从上述日本具有标志意义的民事判例的结论，主张不成立侵占罪。例如，A 委托 B 杀死 C，作为报酬的预付款支付了 100 万日元，结果 B 并未杀 C 却用掉了这 100 万日元，B 不能成立侵占罪。对于不法原因委托，例如，出于购买麻药或者行贿的非法目的，而将金钱托付给某人的，就属于委托而非给付，完全有可能理解为仍然存在返还请求权。按此，对于出于不法原因的委托，仍有可能认定成立侵占罪。[2]不过，也有持折中说的学者主张，即便是对于不法原因委托物的情形，虽可能成立侵占罪，但应该加以限缩。例如，A 想以赠送珠宝方式贿赂公务员 B，委托 X 交付给 B，而 X 却将珠宝侵吞变卖，由于 A 在将珠宝委托 X 的时点，已经没有期待该珠宝的返还，因此 A 的委托属于不法原因给付，而无返还请求权，X 不成立侵占罪。[3]换言之，在被看作为不法原因寄托物的场合，即使没有将所有权转移给受托人的意思，只要给付者并没有期待返还该物，受托人即便将该物据为己有，也不应当成立侵占罪。[4]这种折中说系以"给付者有无期待返还"作为区分标准，不同于前述区分"给付"与"寄托"的折中说。

　　2. "给付"与"寄托"的区分

　　林幹人教授区分"给付"与"寄托"的观点受到了民法学者的强烈批判。在日本民法学中，关于给付概念的通说是"我妻说"。我妻先生指出，给付必须在事实上成为受领人的终局性利益。[5]至于何为"终局性利益"，民法学者的理解是无须对方当事人与裁判所的帮助便可获取利益。在寄托与委托的情形中，当然是存在给付的，因为此时的领受人即使得不到对方当事人

---

　　〔1〕　参见 [日] 林幹人：《财产犯の保護法益》，东京大学出版会 1984 年版，第 169 页。

　　〔2〕　参见 [日] 西田典之：《日本刑法各论》（第 6 版），王昭武、刘明祥译，法律出版社 2013 年版，第 252~254 页。

　　〔3〕　参见 [日] 曾根威彦：《刑法各論》，弘文堂 2012 年版，第 173 页。

　　〔4〕　参见 [日] 曾根威彦：《刑法学基础》，黎宏译，法律出版社 2005 年版，第 262 页。

　　〔5〕　参见 [日] 我妻荣：《债权各论》（下卷一），冷罗生、陶芸、江涛译，中国法制出版社 2008 年版，第 254 页。

与裁判所的帮助也可以确保获得利益。因此，所谓"委托不是给付"的思考方法成为民法学的主流观点的可能性是零。因为自始就无法理解为何可以说领受人的利益取得并非终局性的，领受人可以自己消费该金钱的事实本身便显示出了这完全构成取得了利益。一般而言，接受"委托并非给付"的可能性是不存在的。[1]应该说，这种区分"给付"与"寄托"的刑法学思考方式着眼于控制侵占罪的介入范围，有一定的积极意义。但问题是，在民法之外另起炉灶创设刑法上的所谓"给付"概念，是否是一种妥当的做法？另外，提倡这一思考方式的林幹人教授始终围绕"所有权之所在"展开讨论，似乎只要给付人保有所有权，受领人据为己有的就可能成立侵占罪。但问题是，无论是让与等转移所有权还是出借等保有所有权，在民法通说那里，都是民法中的给付，都适用不能请求返还的规定。所以，终究还是应立足于该给付是否值得保护来论证，而不是纠结于所有权归谁所有。

不过，在德国民法中区分了"给付"与"委托"，日本民法也通过"暂时性给付"限制给付的范围。因此，道垣内弘人等民法学者对林幹人教授区分"给付"与"寄托"的观点批判似乎太过激烈。无论是民法学者提出"暂时性给付"这一除外事由，还是作为刑法学者的林幹人教授区分"给付"与"寄托"，将"寄托"排除在不法原因给付之外，其目的都是一样的，即将某些不是永久转移所有权的情形排除。只不过，各自采取了不同的路径去达到这一共同目的。民法学者的路径是：将给付界定为"无须对方当事人与裁判所的帮助便可获取利益"，这是较为宽泛的，再通过将"暂时性给付"作为除外事由来限缩解释"不法原因给付"。与此相对，持折中说的刑法学者一开始就将"寄托"从"给付"中排除，由此也招致了民法学者的批判。但是，既然民法学界广泛认可"暂时性给付"这一除外事由，那么，其对刑法理论区分"给付"与"寄托"的观点应该能够理解。唯一能指责的，恐怕只有刑法学者将两个部门法中的"给付"作了相对化的不同解释。但实际上，这已经不是问题关键点，需要进一步研究的是："暂时性给付"的除外事由也好，"寄托"的情形不适用不法原因给付也罢，这样的思考能否肯认？如果能够肯认，理由何在？如果肯认，应采取怎样的标准认定这种除外事由？

---

〔1〕 参见［日］佐伯仁志、道垣内弘人：《刑法与民法的对话》，于改之、张小宁译，北京大学出版社 2012 年版，第 55、57 页。

3. 立足点

肯定说往往从违法多元论的立场出发，认为刑法上是否构成犯罪应该与民法上是否值得保护分开来论。委托关系不值得保护，并不一定导致在刑法上不成立侵占罪。按此，民法规定不法原因给付不得请求返还的立足点是给付者不值得保护，刑法认为受领者构成侵占罪的立足点是受领者需要惩戒。如果说因为是不法原因委托物，即使占为己有也不成立侵占罪的话，受领人就是"坐收渔翁之利"的人，违反了健全的国民感情。所以，即便不再具有具体的所有权，刑法也应禁止在形式上侵害所有权的情形，以保护所有权的一般情形。但是，判断是否构成财产罪，关键仍旧是给付者有无法律上值得保护的利益，这一判断可以归结为给付者的利益能否依赖于国家的保护这样的判断。如果脱离开个别具体财产的保护，将"通过保持一定的秩序来唤醒、发扬市民的守法意识"作为处罚的目的的话，那就恐怕是采用了秩序维持模式了。[1]既然民法上给付人的财产权不能成为保护对象，将侵占不法原因给付物作为侵占罪处罚，就过分强调了行为的违法性。一方面认为侵占罪的保护法益是所有权，另一方面又将"所有权"解释为"一般的所有权"或"所有权的一般情形"而非"具体的所有权"。不得不说，所谓"一般的所有权"或"所有权的一般情形"已经脱逸了财产权保护的范畴。法益保护必然会陷入形式化、空洞化，进而使得侵占罪丧失其作为财产罪的特点，成为维系财产秩序的工具。此外，受付人成为"坐收渔翁之利的人"，是不法原因给付不得请求返还制度本身已经考虑到了的、容忍的个别不合理现象，在解释论上，刑法不能无视该民法规定的意义。

否定说从违法一元论的立场出发，认为既然受领人对给付人不承担任何义务，给付人不存在应当被保护的所有权，因此受领人不可能成立侵占罪。用刑罚手段对民法上没有返还义务的人进行强制，要求其返还，破坏了统一的法秩序，在刑法上是否值得保护应当根据民法的结论来考虑。这种见解从被害法益的角度出发考虑理论构成，站在了结果无价值论的立场上。[2]

折中说立足于"给付"的解释，试图将"是否转移所有权"作为问题核

---

[1] 参见付立庆："论刑法介入财产权保护时的考量要点"，载《中国法学》2011年第6期，第142页。

[2] 参见［日］曾根威彦：《刑法学基础》，黎宏译，法律出版社2005年版，第261~262页。

心，这也是立足于侵占罪的保护法益是所有权而展开的。林幹人教授区分
"给付"与"寄托"的观点是从所有权的客观面去阐释的，曾根威彦教授以
"给付者有无期待返还"作为区分标准则是从所有权的主观面去论证的。这一
点与否定说一样，都是从被害法益的角度去考虑的，立足点是妥当的。只不
过，如何认定给付人有无转移所有权的意思也是一个难题。在托人转交行贿
款物的时候，委托人到底是否期待返还？恐怕难有定论。对于基于不法原因
而为的给付是否转移了所有权，刑法学者似乎没有充分探讨相关的民法理论。
日本与我国一样，并未采纳物权行为无因性理论。既然不采纳物权行为无因
性理论，那么债权行为无效当然会使得所有权转移也无效。由此，侵占罪肯
定说似乎有立论依据。但问题是，基于所有权的返还请求权是否适用不法原
因不得请求返还给付的规定？对此，日本学者我妻荣认为，拒绝将所有权的
返还请求权适用《日本民法典》第 708 条的理由可能在于所有权归属不明，
但该问题应以别的途径解决，而不应以技术上的困难，拒绝适用体现崇高法
理的《日本民法典》第 708 条的规定。[1]不法原因给付不得请求返还的规定
实际上是契约无效的特别条款，如果可以主张所有物返还请求权，将使得该
特别条款失去意义。这些民事主张也是需要刑法学者认真研究的。

(三) 侵占罪中区分"不法原因给付"与"不法原因委托"的思考方式

首先需要回答的是，对"给付"进行目的性限缩的旨意何在？《德国民法
典》第 817 条规定，给付系以债务之负担为其内容者，不属于不法原因给付不
得请求返还的范围。在这一点上，各国理论未见异议。一个重要原因是，当受
益只是对方负担债务时，如果不允许请求返还，不仅受领人无法实现终局性结
果，而且给付人也不得请求返还，从而形成了不完整的财产价值移动关系，致
使法律纠纷关系发生，造成不利于物资利用等社会无法容忍的问题。[2]但在不
法原因委托的场合，受领人可以实实在在地享受利益，无论是属于给付的赠
与、出卖还是属于委托的租赁、借用，在这一点上都没有区别。这也是日本
民法坚持以"是否需要对方当事人与裁判所的进一步帮助"作为给付的"终
局性标准"的原因。正是基于这一标准，有日本刑法学者指出，无论从司法

---

〔1〕 参见 ［日］我妻荣：《债权各论》（下卷一），冷罗生、陶芸、江涛译，中国法制出版社
2008 年版，第 272 页。

〔2〕 参见 ［日］我妻荣：《债权各论》（下卷一），冷罗生、陶芸、江涛译，中国法制出版社
2008 年版，第 254 页。

不介入不法的原则，还是从一般预防的观点出发，都欠缺将"给付"与"委托"区分开来的实质性理由。在 A 拜托 B 杀害 C 的场合，交付给 B 的手枪无论是"让与"还是"寄托"的，都应该是不能请求返还的，这样在刑法上 B 据为己有的行为便也不可能成立侵占罪。[1]

　　我国有学者基于法秩序统一性的立场，主张侵占罪的认定应与民事法律中不法原因给付与不法原因委托的区分保持一致，并将民事法律效果考虑到犯罪认定中。具体来说，在不法原因给付的场合，给付行为已经现实地造成了不法状态。此时，为了预防将来可能发生的不法给付才特别认定，即便受领人违背约定不为对待给付，原则上也不允许给付者请求返还所付的利益。但是，在不法原因委托的场合，当前的给付行为尚未完成，这时如果能认可给付者对受托人的返还请求权，便可以有助于抑制进一步的不法，防止不法状态的形成。相反，如果这时也像不法原因给付时那样否定给付者的返还请求权，便意味着即便受托人将委托物交给受领人，给付者也不得阻止。这就造成了法秩序自己促成了给付行为的实施与不法状态的出现的局面。所以，区分不法原因给付与不法原因委托，在前者场合原则上否定给付者的返还请求权而在后者场合对其予以肯定都是为了有效实现民事法律预防不法状态形成的规范目的，并无内在矛盾。[2]也有日本学者持这种主张，认为认定委托人具有返还请求权，具有遏制非法行为的意义，即受托人之所以受到处罚，并不是因为没有实施后续不法行为，而是因为中止后续不法行为之后，没有将受托的财物返还给委托人。[3]

　　在侵占罪的认定中，区分不法原因给付与不法原因委托，无论是通过"给付"要件解释的方法区分，还是通过不同的效果意思的方式区分，赋予其不同的民事法律效果，进而判断给付人的财产是否值得刑法保护，这样一种思考方式是较为明快的。同时，从预防进一步不法的实现的角度，允许委托人的返还请求也是有益的。

　　本书认为，这样可能存在如下问题：

---

　　〔1〕　参见〔日〕佐伯仁志、道垣内弘人：《刑法与民法的对话》，于改之、张小宁译，北京大学出版社 2012 年版，第 58 页。

　　〔2〕　参见王钢："不法原因给付与侵占罪"，载《中外法学》2016 年第 4 期，第 943~944 页。

　　〔3〕　参见〔日〕西田典之：《日本刑法各论》（第 6 版），王昭武、刘明祥译，法律出版社 2013 年版，第 254 页。

（1）偏离不法原因给付不得请求返还的规范目的。无论是采惩罚说、拒绝保护说还是一般预防说，立足点都是对给付人予以警戒，预先告知其需要承担无法请求返还的不利后果，使其不投身到不法活动中去，而不是阻止所谓不法结果的进一步或最终出现。

（2）忽视了是否值得国家保护这一视角。诚如佐伯仁志教授所说，仅凭给付与委托的不同导致法律结论上出现很大的不同，这是不能正当化的。在请求返还为了实行杀人而拿出的现金的场合，不论当初现金是借给的还是送给的，恐怕都不能说是刑法上值得保护的财产。从刑法的角度来说，因为是出借的现金所以值得保护，而如果是赠与的就不值得保护，这恐怕是说不过去的。

（3）防止进一步或最终不法结果的出现或存续的任务本就由其他法律规范承担。例如，即使出租房屋的房东不能请求返还，承租人得以继续占有房屋，但占有房屋并不意味着承租人可以继续不法经营，对于不法经营，完全可以予以行政取缔。将能否更好地防止进一步不法状态的出现作为不法原因给付制度的目的，似乎让这一制度承载了过多的任务，反而会削弱其对"源头"即给付者投身不法这一点的预防。

（4）标准难以在实践中操作。对于不法目的的实现，应到何种程度？受领人不愿意履行或是被外部环境阻止而未能履行，能否与给付人主动请求不要履行同视？例如，对于委托交付行贿款的，受领人已完全转交于受贿人时固然可以说不法目的已经实现，如果只是部分转交呢？剩余的未转交钱款能否允许返还？再者，如果一直未转交是由于没有机会，并非不想转交，能否允许返还？因此，即便是基于阻止最终部分目的的实现，要考虑的因素也是非常复杂多样的，导致该标准难以适用。

（5）为给付者规避法律后果指明了方向。既然给付者对于不法原因委托的财产可以请求返还，受托人据为己有也成立侵占罪，那么给付者就会在将财产投入到不法活动时，尽可能选择委托的方式进行，而规避所谓给付的方式。即使实际上采取了给付的方式，也可以在表面上维持一种"委托"的外观进行规避。这样一来，不法原因给付不得请求返还制度一般预防的目的还能实现多少？

由此看来，日本民法学界"为了确定转移利益，是否需要对方当事人的与裁判所的进一步帮助"这样一种"给付"的"终局性标准"是有其道理的。当 A 只是因欠 B 赌债而设定不动产抵押时，为了实现 B 的所谓债权，最终需要借助于裁判所的帮助，通过向裁判所申请抵押权的实行程序并优先受偿才能实现。[1]此时，B 所受领的是一种无法"自如"使用或处分的财产，这也表明 A 对投入财产偿付赌债这种不法活动是"有所保留"的，这也是法律本应赋予 A 的选择权。当 A 选择"有所保留"的方式时，当然应该允许其返还请求，如果 A 选择了让 B 能自如使用、处分财产的方式，就应否定其返还请求权。这样一种"终局性标准"也与不法原因给付制度一般预防的意旨相契合。一般预防的意旨在于，当给付者将自己置于法秩序之外时，通过否定其返还请求权，彰显法秩序对其行为的否定性评价，以此强化国民的法律意识。同时，也增加了不法给付者的经济风险，达到吓阻潜在的不法给付行为的效果。[2]这一意旨无论是对于给付还是委托，都应当是适用的。不能说，只否定性评价给付，不否定性评价委托；也不能说，只增加给付者经济风险，不增加委托者的经济风险。但是，如果受领者还"需要对方当事人的与裁判所的进一步帮助"，那就表明：一方面，给付者对财产的投入依然"有所保留"，还没有完全将自己置身于法秩序外，此时给予否定性评价为时尚早；另一方面，当不法给付者的经济风险尚在其自我掌控下时，一般预防所谓的吓阻效果也无从发挥。

（四）弹性的民法解释论与侵占罪认定

在德国、瑞士等欧洲大陆国家民法理论中，不法原因给付制度的适用存在诸多除外的考虑因素，如"规范目的的实现""双方不法性的衡量"等。在日本民法理论中，"不法性的强弱""拒否救济导致的苛酷性""信赖关系"等也是被作为限制适用所考虑的因素，整体考察后寻求柔性解决方案是其特色。[3]问题是，这种弹性的民法解释论，在刑法中认定犯罪时应如何被考虑？

关于双方不法性的程度比较问题，我妻荣先生指出，在但书中关于不法性"仅存在于受益人一方时"的规定，若被狭义地理解为给付人不存在任何的不法性，责任仅存在于受益人一方时，则无法实现该制度的宗旨。在有关

---

〔1〕　参见［日］佐伯仁志、道垣内弘人：《刑法与民法的对话》，于改之、张小宁译，北京大学出版社 2012 年版，第 48~49 页。

〔2〕　参见王钢："不法原因给付与侵占罪"，载《中外法学》2016 年第 4 期，第 931 页。

〔3〕　参见［日］佐伯仁志、道垣内弘人：《刑法与民法的对话》，于改之、张小宁译，北京大学出版社 2012 年版，第 53~54 页。

出借犯罪资金并参与犯罪行为的情形中，需要考虑参与人通过犯罪行为而获取的利益分配关系，以及提供犯罪条件的人与受领人在谋划犯罪行为时主动参与程度的大小等。如果受领人的不法性相对特别严重，则应支持提供犯罪条件者的返还请求。〔1〕对此立场，我国有刑法学者持原则上认同的态度，但又认为"不宜认定不法原因仅存在受领人一方"，而应通过肯定受领人对给付者构成侵权，使给付者依据侵权损害赔偿请求权请求返还更为妥当。〔2〕就此而言，如果受领人一方的不法性较大，给付人仍得请求返还给付，如果受领人拒不返还，受领人可能成立侵占罪。

本书不能接受上述结论，理由是：

（1）不法原因给付制度的旨意在于一般预防，即通过交易风险的增高而积极形成自动遵守强制规定或公序良俗的诱因，使得给付人权衡利弊，不再投入到不法活动之中。即便受领人的不法性相对严重，给付人依然存在不法性，只要给付人存在不法性，就有一般预防的必要，而不是受领人的不法性相对严重时对给付人没有一般预防的必要了。

（2）在性质相同的不法活动中，同等不法性的给付人可能遭遇不法性程度迥然有别的受领人，而这种遭遇往往是偶然的，不能因其遭遇的受领人不法程度与已不同而使不法程度相同的给付人承担不同的法律后果，毕竟受领人的不法程度不是其所能控制的。

（3）在类似诈骗这样的情形中，行骗人的不法性是否一定大于受骗人？合同的不法性是由合同内容违法或违反公序良俗所致，而非诈骗所致，就参与不法合同的双方当事人而言，如何区分不法的大小？所谓的诈骗，应该是独立于合同不法之外的因素，最多只能作为侵权损害赔偿请求权的基础。

（4）双方当事人的"可耻度"是很难被量化的。〔3〕例如，在诸多民事理论中，都将"首创者"作为不法程度较高的一方。可是，这种判断未免武断。不法程度的判断只能是综合评价的结果，但实际上又不可能提出一种明晰的评价指标，因此不法程度的比较可谓难以量化。

（5）"不法性较小时不丧失返还请求权"会使得给付人权衡自己的不法

〔1〕 参见［日］我妻荣：《债权各论》（下卷一），冷罗生、陶芸、江涛译，中国法制出版社2008年版，第232、237页。

〔2〕 参见王钢："不法原因给付与侵占罪"，载《中外法学》2016年第4期，第940页。

〔3〕 谭启平："不法原因给付及其制度构建"，载《现代法学》2004年第3期，第137页。

性大小，可能出现在自己不法性较小时主动投入不法活动的现象，这样会使得不法原因给付制度的适用大打折扣。

至于原则上认同"不法性较小时不丧失返还请求权"，但又认为"不宜认定不法原因仅存在受领人一方"，这一立场显然具有摇摆性。民法中将"仅存在于受益人一方时"扩张解释为包含"受领人的不法性相对严重时"，这是一种极为弹性的解释论。长期受到罪刑法定原则熏陶的刑法学者对这种解释论通常是不敢贸然接受的，所以才出现了这种摇摆性的立场。不管民法的解释论怎样弹性，对于投身不法活动的给付人而言，刑法应该释放的信号是：只要具有不法性，就丧失返还请求权，进而不能得到刑法保护。这样一种明确的态度是作为公法的刑法所应坚守的。在这一点上，刑法的诉求是显著不同于作为当事人利益调整者的民法的。那么，能否"通过肯定受领人对给付者构成侵权，使给付者依据侵权损害赔偿请求权请求返还"？问题是，当受领人的不法性大于给付人时，不一定都具备受领人对给付者构成侵权的条件，在很多情形下，受领人并不是通过诈骗等侵权方式，而是以劝诱方式使给付人投身不法活动的，如何适用侵权损害赔偿请求权请求返还？

另外一个得到民法理论广泛肯定的除外考虑因素是规范目的的实现。即当适用不法原因给付制度不能实现该制度意旨，反而可能会促成法秩序所欲避免的不法状态时，应限制该制度的适用。黑工对工作报酬的返还请求、非法传销中下线成员所为的费用缴付即是适例。如果不允许黑工请求支付报酬，反而会鼓励雇主对黑工的雇佣。同样，如果排除传销组织中下线成员的返还请求权，反而会刺激下线成员发展新成员，从而促成传销组织的壮大。据此，在上述场合中，雇主或传销组织的上线成员拒不支付报酬或费用的，可能构成侵占罪。对此，我国有刑法学者持肯定态度，尤其是对于出借工具进行不法活动的，主张允许其提前请求返还，既有利于阻止受领人造成更为严重的不法，也不会过度削弱不法原因给付制度的预防功能。[1]对于承租房屋从事卖淫的，有学者指出，不应取决于原告能否主张其所有权，而应取决于同意或驳回恢复原状的请求是否能够更好地推进被违反的法律的目的或在不道德交易中被压抑的公共利益。关于这一点，原告的不法行为是否采用提供实物或借出金钱的形式，或被非法所卖之物之所有权是否转移给买方，都无关紧要。

---

〔1〕　参见王钢："不法原因给付与侵占罪"，载《中外法学》2016 年第 4 期，第 941 页。

不允许将房屋作为妓院的承租人以房东也有不道德行为之责为由，驳回房东取得房屋占有权。这惯例的背后真实的原因不是房东可以依赖其所有权，而是如同德国联邦最高法院所正确地认识的那样，如果这一辩驳得到支持，承租人会继续将房产用于为法律所不赞成的目的，结果就成了"妓院营业法"了。[1]

本书认为，是否将"规范目的的实现"纳入刑法中侵占罪的认定，应取决于刑法如何认识不法原因给付制度的意旨。当个案中双方当事人无法同时提出给付时，先为履行的风险大大提升，再辅以一旦未得到对方对待给付、契约目的达不到也无法取回自己所为的给付这一制度规制，从事不法交易的风险将会超出参与者所能接受的合理范围。排除先为给付者的不当得利返还请求权，并不在于惩罚先为给付者而宽恕受领给付者，而是因为双方当事人就其所约定提出的给付都有主动权，风险必须置于给付者身上，改变其行为动机才能有效避免自愿提出给付的结果发生，在双方各自基于规避风险的考量而不愿提出给付的情形下，不法契约即形同虚设，并不影响强制规定、公序良俗的实效。由此，不法原因给付制度旨在从"源头"上吓阻不法活动，似乎并未涵摄"避免进一步不法状态的出现"这一目的。无论是鼓励雇主雇佣黑工，还是刺激下线者再去发展下线，都是已经形成的不法给付所可能导致的进一步的不法状态，已非不法原因给付制度所要遏制的最初的不法给付。对于雇佣黑工的情形，黑工先行提供劳动的风险将显著降低从事非法劳动的数量。而在传销组织发展的情形下，下线成员先行缴付费用的风险也将显著降低加入传销组织的人员数量。换言之，如果所谓"黑工"不提供劳动、下线成员不缴付费用，自然就不会有鼓励雇佣黑工、传销组织壮大的问题。不法原因给付制度的作用发挥，应依赖于源头上最初给付的未实现，而非给付发生后依靠返还给付而避免进一步不法状态的实现。

在几乎所有的不法原因给付场合，似乎都存在如果允许给付人请求返还给付，将会抑制进一步不法状态实现的问题。如果秉持这种旨意，就会将"能否阻止最终不法目的的实现"作为是否允许恢复原状请求的标准。如此一来，不法原因给付制度岂非没有适用余地？事实上，强调对进一步不法的抑制，就会削弱对原初给付的吓阻。正因为如此，才有刑法学者"既有利于阻

---

〔1〕 ［德］海因·克茨：《欧洲合同法》（上卷），周忠海、李居迁、宫立云译，法律出版社2001年版，第246~247页。

止受领人造成更为严重的不法，也不会过度削弱不法原因给付制度的预防功能"的谨慎表达。可是，"不会过度削弱"的理由何在？在不法原因给付制度的作用发挥上，允许返还与不允许返还是两个不同的方向，如何"不会过度削弱"？难道能兼顾两个方向的效果？应当说，"阻止受领人造成更为严重的不法"会"削弱不法原因给付制度的预防功能"。既然如此，本书主张，不应将不法原因给付制度的意旨扩展到"阻止进一步不法的实现"，刑法上对这样一种与吓阻最初的不法给付在反方向上起作用的弹性解释应采取审慎态度。

就民法理论的研究特点来看，极为弹性地解释不法原因给付、对其予以限缩已是学界常态。实际上，学界在讨论不得请求返还的除外事由时，已经完全突破了立法语言的限制。例如，有学者就区分了"不法之原因仅存于受领者一方"与"不法之原因非仅存在于受领者一方下的例外事由"，归属于后者的事由被拓展为包括"欠缺对不法原因的认识""限缩的给付概念""受胁迫或强制执行""双方不法性程度的衡量""第三人的合法利益""规范目的取向""后悔余地""综合考量"等，主张应以法律行为整体的违法性、当事人违法性程度的比较、结论的妥当性及交易安全等为综合考量后，检讨违反公序良俗的不法是否有适用不法原因给付不得请求返还规定的余地。在日本，谷口知平先生指出，无论原因是赠与、买卖、租赁还是寄托，对是否适用不得请求返还的规定，均应根据具体情况进行其他考虑，例如根据不法性的强弱、拒否救济导致的苛酷性、信赖关系等。[1]四宫和夫先生认为："在不法原因给付的领受人的不法尚未实现时，作为倾向于肯定返还请求的要素，必须考虑与'给付'完成的程度、不法程度等的相关关系。"[2]例如，在已将部分行贿款转交的场合，对剩余部分不能认可返还请求权，这便是"在相关关系中的综合考虑"。由此可见，所谓的"暂时性给付"，无论在怎样的情况下，都只是"综合考虑"中的一个因素，本身并不具有决定全局的作用。正因为如此，作为整体性判断，谷口先生在考虑当事人之间的公平以及抑制进一步违法行为的基础上，得出了为行贿寄托给中介人时肯定委托人返还请求的结论，而对于出于杀人目的而出借手枪的，即便与寄托行贿款一样都是暂时性给付，但考虑具体情况的综合结果得出了不认可出借人返还请求权的结论。

〔1〕　参见［日］谷口知平：《不法原因给付の研究》，有斐阁1970年版，第199页。
〔2〕　［日］四宫和夫：《無因管理・不当得利・侵権行為》（上卷），青林书院1981年版，第70页。

对此，道垣内弘人教授一针见血地指出："这种整体性的考虑是谷口民法学的特色，说得清楚一些的话，是存在理论上的暧昧之处的。"[1]

民法采取的是事后包括性的利益衡量，这与刑法要求设定事前的明确的行为规则是对立的。[2]换言之，以民法理论对不法原因的解释，受领人难以事前判断自己的拒不返还行为能否构成侵占罪，这与罪刑法定原则要求的明确性、预测可能性都有冲突。所以，民法上综合判断的结论恐怕不能为刑法所用。在仅有一方履行了义务时，如果因不法原因给付使其丧失返还请求权，不可否认会出现具体违反当事人之间公平的结果。但是，"在一个不法原因给付中的受领人，在另一个不法原因给付中则完全有可能是给付人"。[3]从总体上看，这种制度对给付双方适用机会是平等的，因此必须容忍该制度中这种个别的不合理。就刑法而言，还是应尽量使判断明晰化，在这一要求下，民法综合判断的思考方法在侵占罪认定中难有作为。

二、"返还、补偿或赔偿"制度框架下的侵占罪认定

曾经发生过这样一起案件：某县农民蔡某之弟因奸淫幼女被起诉，蔡某找到一个在县城工作的远房亲戚李某，央求李某帮忙找人为其弟开脱罪责。蔡某将1万元现金交给李某，用于给法院的人送礼。李某与担任刑庭副庭长的熟人张某联系，但张某出差未归，蔡某托付之事没有办成。蔡某找李某索要已给付的1万元，但李某谎称已经送礼用掉了，拒绝返还。一审法院存在两种意见：一种意见认为，蔡某的行为系属违法，打算行贿的1万元应予以没收，李某不负有返还义务；另一种意见认为，李某将委托保管的财物非法据为己有，拒不退还，而且数额较大，已构成侵占罪，应移交刑庭追究刑事责任。最后合议庭采纳了第一种意见，作出了没收1万元，李某不负有返还义务的民事判决。[4]按照我国民法原来"返还与追缴"框架下的规定，行贿行为完全有被解释为损害国家机关公信力、国家工作人员职务行为廉洁性这

〔1〕 ［日］佐伯仁志、道垣内弘人：《刑法与民法的对话》，于改之、张小宁译，北京大学出版社2012年版，第53~54页。

〔2〕 参见付立庆："论刑法介入财产权保护时的考量要点"，载《中国法学》2011年第6期，第142页。

〔3〕 谭启平："不法原因给付及其制度构建"，载《现代法学》2004年第3期，第136页。

〔4〕 参见赵秉志主编：《中国刑法案例与学理研究》（第4卷），法律出版社2004年版，第540页。

一"国家利益"的空间，收归国有的决定有规范支撑的。

在我国，相当多的学者也关注不法原因给付与侵占罪的问题。例如，张明楷教授在分析委托转交行贿款案件时指出：给付者没有财物返还请求权，不能认定受领者侵占了给付者的财物。另一方面，由于财物由受领者占有，也不能认为该财产已经属于国家财产。因此，他支持否定说。此外，他还明确指出，区分不法原因给付与不法原因委托欠缺实质理由。[1]周光权教授起初持肯定说，理由是：①占有事实本身客观存在。②民法上有无保护与刑法上是否成立犯罪是两回事。不法原因给付的财物虽不再属于给付人，但总有给付人以外的第三人对财物享有合法所有权，在物的所有权并不因不法原因给付而丧失的情况下，接受者不法侵占时，与侵占自己持有的他人之物的行为相当。③就本罪罪质及其保护法益来看，肯定说更有道理。④委托信任关系是事实上的关系，在这种不法委托的情况下，仍然应当认为存在委托信任关系。[2]但其后，他似乎改变了原来的观点。他以上述韩国侵占卖淫女卖淫款的案件为例，对法院通过比较双方不法性大小来决定是否构成侵占罪的做法持肯定态度，认为这样可以使案件得到妥当处理，值得我们考虑。[3]梁根林教授认为，在不法原因委托给付的情况下，该委托关系并非法律所保护的委托信任关系，委托人也不能行使财物返还请求权，委托人侵占基于不法原因而委托给付的财物，不存在具体被侵害的法益，因而缺乏犯罪的本质要素（即法益侵害）。如果认定为侵占罪，不仅可能纵容不法委托给付人对被侵占的不法委托给付的财物主张返还请求权，从而间接地发生纵容不法行为的反效果，而且可能因民法不承认对基于不法原因而委托给付的财物的返还请求权、刑法却间接地承认这种返还请求权而破坏了刑法与民法在法理与逻辑上的协调与一致。不过，虽然不构成侵占罪，但对财物依法应予以没收。[4]

按照《合同法》第58条的规定，合同无效或被撤销后，因该合同取得的财产应当予以返还；不能返还或者没有必要返还的，应当折价补偿。对此，《民法典》第157条也基本保留，规定民事法律行为无效、被撤销或者确定不发生效力后，行为人因该行为取得的财产应当予以返还。至于合同无效后的

〔1〕　参见张明楷：《刑法学》（第5版·下），法律出版社2016年版，第967页。

〔2〕　参见周光权：《刑法各论讲义》，清华大学出版社2003年版，第139页。

〔3〕　参见周光权：《刑法各论》（第3版），中国人民大学出版社2008年版，第149~150页。

〔4〕　参见梁根林：《刑事法网：扩张与限缩》，法律出版社2005年版，第57~58页。

这种返还请求权，是不当得利返还请求权还是所有物的返还请求权，素有争议。[1]对此，可以简化思考，以原物是否存在作为区分标准。如果原物存在且可以返还，实际上是两种请求权竞合，认定当事人行使的是所有物返还请求权更为有利；如果原物被处分致使已经不存在或者无法返还时，则当事人行使的是不当得利返还请求权。如果不可能行使物权返还请求权恢复原状，如无效行为系以劳务为标的，只能适用不当得利返还请求权。"不能返还"包括事实上不能与法律上不能，前者是指标的物已经毁损、灭失或已经混合、附和等导致客观上无法返还，后者是指债权人接受标的物后将其转让，第三人因善意取得等情形而取得标的物的所有权，致使原物无法返还。所谓没有返还必要，是指返还在经济上不具有合理性，例如返还所需费用过高。不能返还或没有必要返还时，债务人应当折价赔偿。[2]由此，当原物存在时，给付人有所有物返还请求权，拒不返还给付物的，当然构成侵占罪。如果原物被处分致使已经不存在或者无法返还，给付者有不当得利返还请求权，表面上看拒不履行返还义务时侵犯的已经不是所有物返还权，但实质上还是通过侵犯不当得利返还请求权最终侵犯了给付人的所有权，论之以侵占罪也是理所应当。在没有返还必要的情况下，如果受领人拒不折价赔偿，实际上也是侵犯了不当得利返还请求权，结论与原物不存在或无法返还时一样。值得注意的是，当给付方提供的是劳务时，受制于侵占罪对象只能是"财物"而不能是"财产性利益"的学界通说，尚难以将拒不返还不当得利的行为认定为侵占罪。但是，如果是可以移转的既存的财产性利益，取得利益就能导致对方遭受损失，该利益就应被与财物同视，值得刑法保护。因此，从精确的角度讲，将侵占罪法益定位为返还请求权可能比传统的所有权说更有包容性与解说力。

按照原《合同法》第59条的规定，当事人恶意串通，损害国家、集体或者第三人利益的，因此取得的财产收归国家所有或者返还集体、第三人。此时，双方均存在不法情事，给付人的标的物所有因没收这一民事制裁措施而丧失。对此，有学者认为，国家利益是一个极其宽泛的概念，几乎所有违法行为均可被纳入损害国家利益的范围，从而可得适用追缴措施，这一处理机

---

[1] 参见崔建远：《合同法总论》（第2版·上卷），中国人民大学出版社2011年版，第435~436页。

[2] 参见王利明：《民法总则研究》（第2版），中国人民大学出版社2012年版，第605~606页。

制有待修正。[1]但是，在当时的解释论上，还是必须对该规定加以尊重。例如，委托他人转交行贿款的，意在收买国家工作人员的职务行为，属于损害国家利益，该行贿款应收归国有。有学者认为，在国家收缴不法原因给付的财物以前，不能否定委托者的财物在民法上和刑法上应受保护的权利，委托人丧失返还请求权只是没收的反射效果，其相对受托人并没有丧失返还请求权。因此，受托为他人行贿的人擅自将委托人交付的金钱据为己有，拒不退还的，成立侵占罪。[2]本书认为，受制于追缴制度，在受托人拒不返还的时点上，其占有的财物处于应被没收的状态，既然最终要被没收，而且也不是先返还委托人再没收，肯定委托人对受托人的返还请求权就没有意义了。因此，委托人既不可能向国家请求返还，也不可能向受托人请求返还。换言之，对于委托人，受托人的拒不返还并未侵犯其值得保护的财产权，不应构成侵占罪。同时，"收归国家所有"的立法表述意味着在国家没收之前，该财物的所有权尚不属于国家。既然如此，拒不交给国家的行为也难以构成侵占罪。但是，现今追缴制度已被民事法律取消，在以返还为主的制度下，"返还请求权"具有民事法律基础，拒不返还行为当然可能构成侵占罪。

三、赃物侵占

赃物侵占是不法原因给付与侵占罪的特殊情形。对此，刑法中一般是区分"侵吞赃物"和"私吞销赃价款"两种情形来讨论。

受托保管赃物或者处分赃物的人，将赃物据为己有或非法处分了赃物的，是否成立委托物侵占罪？肯定说认为，虽然受托人接受的是本犯的委托，但其受托占有的财物仍然是他人所有的财物，而且事实上占有着该财物。因此，其行为属于将自己占有的他人财物据为己有，成立委托物侵占。否定说认为，受托人虽然接受了本犯的委托，但本犯并不是财物的所有权人，既然如此，委托人与受托人之间就不存在任何形式的所有权人与受托人之间的委托关系，故不成立委托物侵占。[3]本书赞成否定说的结论。此时原所有权人仍然对赃

---

〔1〕　参见谭启平："不法原因给付及其制度构建"，载《现代法学》2004年第3期，第138~139页。

〔2〕　参见童伟华：《财产罪基础理论研究：财产罪的法益及其展开》，法律出版社2012年版，第140、139页注释1。

〔3〕　参见〔日〕西田典之：《日本刑法各论》（第6版），王昭武、刘明祥译，法律出版社2013年版，第254页。

物享有所有权，而且也能够基于所有物返还请求权要求返还赃物。但是，受托保管赃物的人并非基于原所有权人的意思或为了维护原所有权人的利益而行事。相反，这种保管或处分是违背原所有权人意思且有损于其利益的。所以，原所有权人与受托保管人之间不存在委托关系。只不过，相对于原所有权人而言，赃物属于脱离占有物，受托人将赃物据为己有的行为，属于侵占脱离占有物，但被赃物罪所吸收，应成立相对更重的赃物罪。[1]对于是只按照赃物罪处理，还是将其与侵占罪并罚，我国学界尚存争议。一种观点认为，行为人将替本犯窝藏的赃物据为己有的，仅构成掩饰、隐瞒犯罪所得罪，不另成立侵占罪。[2]另一种观点认为，掩饰、隐瞒犯罪所得罪属于妨害司法罪，其所保护的法益不局限于被害人的财产利益，也包括正常的司法活动。因此，如果实施侵占行为之前就因窝藏赃物符合了该罪的构成要件，而后又起意侵占赃物的，应当数罪并罚。[3]本书认为，在既实施了窝藏又有据为己有的行为时，对其以掩饰、隐瞒犯罪所得罪论处，既能保护正常的司法活动，又能对原所有权人的财产加以救济，没有必要再论以侵占罪进行数罪并罚。或者说，所谓的"据为己有"本身也是"掩饰、隐瞒"的表现形式之一。

受托处分赃物的人侵吞了出售所得价款的，是否成立委托物侵占罪？对此，日本学界一般认为，成立相对更重的赃物有偿处分斡旋罪，侵占遗失物等罪则可作为不可罚的事后行为，包括在前罪之中。[4]对于销售所得价款，原所有权人并不具有所有权，其只能依据侵权损害或不当得利返还请求权要求赔偿损失或返还所得价款。本犯与受托处分人之间的委托关系无效，当然对所得价款也不享有任何民事权利。销售价款是赃物交换价值的体现，不是本犯无权占有的对价利益，行为人的获利与本犯损失的无权占有之间并无因果关联，本犯自然不得行使不当得利返还请求权。[5]既然如此，受托人将销售价款据为己有的，就不能对原所有权人或本犯成立侵占罪。与上述侵吞赃

---

〔1〕 参见［日］山口厚：《刑法各论》（第2版），王昭武译，中国人民大学出版社2011年版，第354页。

〔2〕 参见张明楷：《刑法学》（第5版·下），法律出版社2016年版，第1103页。

〔3〕 参见王钢："不法原因给付与侵占罪"，载《中外法学》2016年第4期，第953页。

〔4〕 参见［日］山口厚：《刑法各论》（第2版），王昭武译，中国人民大学出版社2011年版，第354~355页。

〔5〕 参见王钢："不法原因给付与侵占罪"，载《中外法学》2016年第4期，第953页。

物不同的是，原所有权人对于销售价款并不具有所有权，所以销售价款也不能被评价为"脱离原所有权人占有的物"，相对于原所有权人，受托人也不成立侵占脱离占有物。当然，受托人侵吞出售所得价款的行为只要能被认定为"掩饰、隐瞒犯罪所得收益"，就能以掩饰、隐瞒犯罪所得收益罪论处。

第三节 不法原因给付与诈骗罪

在不法原因给付中，如果采取欺骗方式使他人进行给付，行骗人是否得以成立诈骗罪？这就会引发不法原因给付与诈骗罪的问题。例如，行为人欺骗诉讼当事人说可以帮其向法官行贿，对方信以为真，交付了 10 万元，行为人后逃之夭夭。又如，行为人欺骗吸毒者说可以帮其买到便宜的毒品，骗得了对方 5 万元。其他还有欺骗对方提供资金以伪造货币、欺骗购买违禁枪支、欺骗雇佣杀手等。这些是不法原因给付与诈骗罪议题的一般类型。此外，尚有骗取卖淫、"黑车"运输等所谓劳务的情形以及不法债务形成后通过欺骗手段使对方免除该债务的类型。在这些情形中，也存在行为人是否构成诈骗罪的问题。

一、骗取不法给付的财物

（一）德国判例与学说

《德国刑法典》第 263 条明确将"损害其财产"作为诈骗罪构成要件，这是其一大立法特色。在诈骗罪基本构造中，骗取不法财物主要关涉能否将不法给付的财物评价为"财产损失"。因此，德国判例与学说也是围绕该要件展开讨论的。

德国判例与学说交互影响非常明显。众所周知，关于何谓"财产"，刑法理论上存在法律的财产说、经济的财产说和"法律-经济"财产说。判例起先一般否认骗取不法财物构成诈骗罪，但后来要求处罚的呼声高涨。以此为契机，判例采取了经济的财产说。德国法院在 1910 年以前采取的是"法律-经济"财产说，但其后转向经济的财产说。在著名的"堕胎案"中，被告以不具有堕胎功效且客观价值仅为 30 芬尼至 40 芬尼的药品，向被害人谎称为堕胎药，而以 10 马克的价钱出卖给被害人。德意志帝国法院认为，被告以欺骗方式，使得被害人交付金钱，由客观面观之，被害人并未获得真正的堕胎药，其处分金钱的行为，在经济上受到了 10 马克的金钱损失，因此被告的行为应该成立诈骗罪。[1]大致理由是，即使民法不承认被害人有返还请求权，但刑法上没有理由否认损害的存在。如果说民法不将违反公序良俗的利益作为权利，拒绝对之进行保护，那么刑法的任务便是使违反法秩序所表现出来的犯罪者的意思回到最初。孕妇遭受了损害是事实，法律也不能否认这一事实。民法只是决定这种损害由谁来负担的法律后果，但犯罪则随着损害的发生而达到既遂；损害的恢复与损害的存在本身是没有关系的。[2]这一判例明确表达了经济的财产说，对后来的判例趋势产生了很大影响，当时的学说也接受了这一观点。此后的判例也都认定骗取不法原因给付物的行为构成诈骗罪。例如，谎称卖淫而骗取对方现金的，谎称支付货款而使对方提供黑市交易物资的，诈称自己具有某种职务而骗取对方"贿赂"的，[3]谎称会帮助被害人杀人让其事先支付部分报酬的，谎称卖 35 公斤毒品并收取对价但实际上只交付 4 公斤毒品的，都应认定为诈骗罪。理由是，尽管被害人将自己的财物用于非法活动或违反公序良俗的目的，但其对财物的占有本身仍然是合法的，并且为法秩序所保护，行为人就事实进行欺骗导致被害人转移对财物的占有，同样造成了被害人的财产损失。[4]欺骗被害人说可以帮助被害人杀死仇敌，从而收取被害人"定金"的，部分持"法律-经济"财产说的学者否定被害人存在财产损失，理由是用于非法目的的财物不受刑法保护，有关不法原因给付不得请求返还的规定也表明，将财物用于非法目的的人必须自负财产损失的风险。而持经济的财产说和一部分持"法律-经济"财产说的学者则仍然肯定被害人遭受了财产损失，因为即便是被用于非法目的的财物也具有经济价值。如果认为此时被害人的财物不受保护，就会在财产犯罪领域产生法外空间，使行为人获得随意侵犯被害人财产的"特权"。[5]

在学说上，迈尔基于刑法独立性思想，认为刑法并非在保护特定的民事关系，因为刑法上犯罪构成要件在形式上并非以各种民事制度为基础。因此，

---

〔1〕 参见张明楷：《诈骗罪与金融诈骗罪研究》，清华大学出版社 2006 年版，第 221 页。
〔2〕 参见［日］林幹人：《財産犯の保護法益》，东京大学出版会 1984 年版，第 118 页。
〔3〕 参见张明楷：《诈骗罪与金融诈骗罪研究》，清华大学出版社 2006 年版，第 211 页。
〔4〕 参见王钢："德国刑法诈骗罪的客观构成要件——以德国司法判例为中心"，载《政治与法律》2014 年第 10 期，第 45 页。
〔5〕 参见王钢：《德国判例刑法（分则）》，北京大学出版社 2016 年版，第 213 页。

不能将刑法上所要保护的法益理解为民法上的权利。而法律的财产说将民法上的财产权利当作是财产法益的基础，在作法上有所不当。所以，即便是民法上所不保护的违法利益，也仍然是刑法所要保护的财产法益。这就为经济的财产说奠定了日后发展的基础。格朗胡特认为民法上的无效债权只是民法诉讼上的抗辩事由，但如果被害人对于事实上的真正债权额具有认知，其就应具有完全实现利益的事实上的可能性。因此，应该就行为人个人的意思、支付能力与社会通念相结合，基于事实上与经济上的观点加以考量：对于以诈骗等违法手段所取得的财产利益是否应该加以保护。而不可能一方面禁止行为人如此行为，却在另一方面认为在道德上弱势者的获利权利未受牺牲，对于相关行为自应予以处罚。布伦斯极力提倡刑法独立性思想和"事实-经济"的考量方式，主张刑法上的财产概念应该是直接由生活事实来形成，而不是由民事规范来形成，不可忽略刑罚法规所具有的特有目的性。对于实务界在"堕胎案"中的见解，布伦斯采取了肯定的态度。对于不法原因给付中是否成立诈骗罪，他还特别指出，保护法益并非完全是刑法的本质，刑法也是国家共同生活的基石，也是在维护社会伦理及良心价值。在法秩序支配下却反抗法秩序的犯罪者，应该对其论以犯罪。之后，科尔哈斯、毛拉、肖恩克以及施罗德等人，也采取了支持经济的财产说的立场。[1]

（二）日本判例与学说

在第二次世界大战前，对于行为人欺骗给付者说如果提供资金的话，可以帮给付者伪造纸币的案件，判例认为，即便财物的交付系基于不法原因，而在民法上不能请求返还，既然行为人适用欺骗手段使他人交付财物，就应成立诈骗罪。第二次世界大战后，对于欺骗他人说可以供给黑市的管制品，而使被骗者支付一定金额的案件，判例认为，诈骗罪是以侵害他人财产权作为本质的犯罪，行骗人之所以受到处罚，是因为以违法手段所为的行为具有扰乱社会秩序的危险，因而即便属于依经济管制法规而受到处罚的黑市交易行为，在民法上无法请求返还或损害赔偿，既然行为人以欺骗手段而侵害了对方对于财物的支配权，就成立诈骗罪。可见，日本判例从维护社会秩序的观点出发，将重点放在行为本身的违法性，即便属于不法原因给付而不受民

---

[1] 参见张天一："刑法上之财产概念——探索财产犯罪之体系架构"，辅仁大学 2007 年博士学位论文，第 159~165 页。

法保护的财产，也能肯定诈骗罪的成立。[1]此外，谎称会替雇主卖淫而事先从雇主处骗取借款的、赌博诈骗等案件，均认定成立诈骗罪。此类判例的理由在于："只要是通过欺骗手段侵犯了对方对财物的支配权，即便对方交付财物是基于不法原因，在民法上不能请求返还或者损害赔偿，也无碍诈骗罪的成立。"[2]

学说上则有肯定说与否定说的对立，肯定说是通说。肯定的理由大致有：①虽说被害人具有不法目的，但由于是受骗而交付其适法占有的物品，所以被害人交付物品时领受人成立诈骗罪。在交付之后，被害人是否可以请求返还这种不法原因给付的问题，在诈骗的场合已经不再成为问题。[3]②如果不是因为受骗，被害人就不会交付财物。③被害人所交付的财物在交付之前并不具有违法性，是因为欺骗行为而侵犯了被害人的合法财产状态。否定说是极少数学者的主张。其理由是，给付者是为了实现法所禁止的目的，因此处于法的保护之外，如果不存在应受法的保护的财产，也就不发生财产损失。相应地，应否认诈骗罪的成立。[4]

但是，出于非法目的处分财产的，可以认为这种财产不值得保护，因而上述通说也不是完全没有质疑的余地。[5]即便立足于不应打破被害人受骗前的合法财产状态，如果否定其给付后的返还请求权，那么从财产损失的角度来看，也是存在疑问的。不但如此，如果不具有返还请求权，至少从追索权说的角度来看，就不能认定存在赃物性，因此无法成立赃物罪，这也尚存疑问。于是，有学者尝试从否定该给付属于不法原因给付的角度来论证，即从行为人制造了不法原因来看，不法原因只存在于受益人一方，因而可以适用不法原因给付不得请求返还的但书规定，进而可以认定存在返还请求权。这

---

〔1〕 参见陈子平："不法原因给付与侵占罪、诈欺罪（下）"，载《月旦法学教室》2014年第4期，第50~51页。

〔2〕 参见［日］西田典之：《日本刑法各论》（第6版），王昭武、刘明祥译，法律出版社2013年版，第221页。

〔3〕 ［日］佐伯仁志、道垣内弘人：《刑法与民法的对话》，于改之、张小宁译，北京大学出版社2012年版，第61页。

〔4〕 参见［日］西田典之：《日本刑法各论》（第6版），王昭武、刘明祥译，法律出版社2013年版，第221~222页。

〔5〕 参见［日］山口厚：《刑法各论》（第2版），王昭武译，中国人民大学出版社2011年版，第354~355页。

样，也便有可能认定成立诈骗罪。[1]

(三) 我国学者观点

关注该议题的我国学者不多，且对此均持肯定意见。张明楷教授阐述的理由主要是：

(1) 诈骗行为在前，被害人的不法原因给付在后，没有行为人的诈骗行为被害人就不会处分财产，故被害人的财产损害是由行为人的诈骗行为造成的，这就说明行为人侵犯了财产，当然成立诈骗罪。

(2) 虽然从为了实现不法目的的角度而言，被害人处分财产是基于不法原因给付，但被害人处分财产的更重要原因是行为人的欺骗行为。正是因为财产转移的主要原因是行为人的欺骗行为，所以应当认定被害人具有财产损失。

(3) 诈骗罪是基于被害人有瑕疵的意思而取得财物，被害人交付财产的动机不影响诈骗罪的成立。

(4) 虽然一般来说，给付者在给付后没有返还请求权，但是在给付之前，被害人所给付的财产并不具有违法性。

(5) 从刑事政策的角度来考虑，如果否认被害人有财产损失，进而否认行为人的行为构成诈骗罪，那么不仅不利于预防诈骗犯罪，而且给诈骗犯人指明了逃避刑事制裁的方向和手段。[2]

童伟华教授则从两方面论证了诈骗罪的成立：

(1) 即便是不法原因给付也不是一概否定返还请求权，应考虑不法的程度、不法的反伦理性以及预防进一步的不法行为等因素。例如，黑市交易中给付者的不法程度不高、背德性不强，不应否定返还请求权。在这种场合下，不但应该予以民法保护，而且应该予以刑法保护。

(2) 在诈骗的场合，原则上行为人以不法所有意图取得财物的占有侵犯了给付者的本权，不法原因给付一般是诈欺的结果。不法原因给付具有双重意义：既是不法原因给付，同时也是诈欺中被害人的交付行为。从不法原因给付是诈欺的结果来看，作为给付者的被诈欺者原本对财物的所有应该得到

---

〔1〕　参见［日］西田典之：《日本刑法各论》（第6版），王昭武、刘明祥译，法律出版社2013年版，第222页。

〔2〕　参见张明楷：《诈骗罪与金融诈骗罪研究》，清华大学出版社2006年版，第222～223页。

民法和刑法保护。进言之，即便从不法原因给付这一角度来说给付者不值得保护，从"不法原因给付是诈欺的结果"这一角度来看也仍有必要予以刑法保护。[1]

（四）诈骗罪否定说之证立

主张刑法中是否成立诈骗罪应独立于民法中给付人是否有返还请求权进行判断的立场，在法益观上基本上已经脱离了对具体财产的保护理念，而追求对所谓抽象"财产秩序"的维护。上述德国学者布伦斯的主张和日本判例社会秩序维护的理由，都是这种立足于行为本身进行思考的反映。诈骗罪的规范意旨不在于实施了骗人这种恶行的人应该受到处罚，而应根据被害人实质上是否具有值得保护的利益来决定是否发动刑罚。应当说，无视民法不得请求返还的规定提倡所谓刑法对财产秩序的维护，脱离了财产罪保护具体财产的法益框架，是站不住脚的。因此，脱离不法原因给付制度进行的刑法判断，在方法论上是不妥当的。

持肯定说的学者中，也不乏为了维系刑民违法性判断的一致性而力图软化解释民法不得请求返还规定的。西田典之教授将行骗作为制造不法原因看待，在此场合不法原因只存在于受益人一方，可适用《日本民法典》第708条但书的规定。我国学者陈子平也是持这种主张。[2]童伟华教授考虑不法的程度、不法的反伦理性以及预防进一步的不法行为等因素，以决定是否属于不法原因给付，也是同样的思维方式。但是，将诈骗的场合一律作为"不法原因只存在于受益人一方"，恐怕并不是对民法但书的妥适解释。"不法原因"系指给付目的的不法，不包括给付行为本身的不法性与作为给付原因的行为的不法性，实施诈骗只是作为给付原因的行为的不法性，充其量只能作为判断双方不法性强弱的资料，不能据此直接认定"不法仅存在于受益人一方"。毕竟，即便行骗人"首创"了不法，但并未消解对方（也就是给付人）的不法，何谈"不法原因只存在于受益人一方"？前文已指出，对于比较双方不法性强弱这样一种极其弹性的民法解释方法，刑法解释论不应轻易引入。

值得注意的是，我国有学者认为，当给付者是由于受到欺骗而实施不法

---

[1] 参见童伟华：《财产罪基础理论研究：财产罪的法益及其展开》，法律出版社2012年版，第151页。

[2] 参见陈子平："不法原因给付与侵占罪、诈欺罪（下）"，载《月旦法学教室》2014年第4期，第52页。

原因给付时，其本身也是被害人，不法原因给付的诱因在于受领人，受领人的不法程度显然更高，不法原因给付制度预防的必要性应当被认为更在于受领人。如果排除了给付人的侵权损害赔偿请求权，反而可能导致不法程度更高的受领人获益，这不妥当。肯定给付人仍然可以请求返还所受利益才能更加契合不法原因给付制度的意义与目的。[1]按此观点，且不说给付人在给付前的合法财产状态值得刑法保护，既然给付后给付人仍可以请求返还利益，那么行骗人当然成立诈骗罪。这种主张实际上是通过否认将不法原因给付制度类推适用于侵权损害赔偿权，进而肯定在诈骗的情形下给付人因受骗而依然享有侵权损害赔偿权。但是，个案中与不当得利返还请求权相竞合的侵权行为损害赔偿请求权应不得行使，否则将使得不法原因给付制度的立法意旨因与事理无关的考量而无法实现。为避免给付人借由行使侵权损害赔偿请求权而规避不法原因给付制度的适用，应认为针对不法原因给付的返还请求，无论其请求权基础为何，都应加以排除。更何况，不能因诱因在于受领人就一概肯定其不法程度更高，预防必要性更大，肯定给付人的侵权损害赔偿请求权理由不充分。因此，这样一种肯定诈骗罪成立的思考进路并不可取。

在骗取不法财物的场合，最值得重视的是诈骗罪肯定说的"合法财物被侵害在前，不得请求返还在后"这一论据。侵占罪是将已在自己占有之下的财物据为所有。严格地说，侵占罪侵害的是被害人的返还请求权。侵占发生在给付完成后，如果给付人没有返还请求权，侵占罪的法益从何被侵害？但是，如果按照我国与日本的刑法通说所认为的诈骗罪是取得罪，此时侵害的不是返还请求权而是对财物的支配权。在诈骗罪的场合，处分财产与不法给付一体化，处分与给付完成后才有返还请求的问题。在处分与给付之前，给付人对财物的支配本身是合法的，因此值得保护。正因为如此，即便交付后不得请求返还，但所交付的财物或者利益本身，并不存在任何的非法性，因此仍应肯定成立诈骗罪。[2]即便被害人此时将自己的财物用于非法或违反公序良俗的活动，其对财物的占有本身也仍然合法且为法秩序所保护，行骗人的欺骗导致被害人转移对财物的占有，同样造成了被害人的财产损失，应当

---

〔1〕　参见王钢："不法原因给付与侵占罪"，载《中外法学》2016年第4期，第939页。

〔2〕　参见［日］山口厚：《刑法各论》（第2版），王昭武译，中国人民大学出版社2011年版，第319页。

成立诈骗罪。

然而，本书无法赞同这一结论。站在个别财产保护的立场，或者说仅仅从整个诈骗过程的某一环节来讲，诈骗罪肯定说的上述论证可能站得住脚。那就是，给付人对财物的支配权本身是合法的，这种合法的支配权值得刑法保护。可是，如果从诈骗罪是典型的保护整体财产的犯罪，或者从整个诈骗过程所导致的结局来讲，既然国家最终会没收不法给付的财物，那就意味着该财物的给付对受骗者而言已经不能算作"损失"，其财产也并未得到诈骗罪这一刑法上罪名的保护。换言之，如果我们不把考察对象停留在给付人原本的所谓合法支配状态，而是往后推进一步，到达给付后形成的局面，就能清晰地看出对受骗者而言，因为国家会没收给付的财物，其并不存在财产损失。正因为如此，有学者指出："由于基于不法原因给付的被害人欠缺应保护性，因此从一开始，就不应当对行为人认定是一种欺诈行为。"[1]虽然说从一开始就不能认定为欺诈言过其实，但指出被害人欠缺应保护性，应该是抓住了"财产损失的阙如"这一关键点。

简言之，只要被害人认识到向行为人请求的是缺乏应保护性的给付，或者说给付标的不属于法秩序所要保护的财物，那么被害人在规范上"注定"无法获得相对给付，也就难以评价其遭受了"损失"。更提前一步，可以说行为人的欺骗没有形成导致被害人"财产损失"的风险，也就不具有实行行为性。

二、骗取不法服务或骗免不法债务

(一) 德国判例与学说

根据德国司法判例，违反公序良俗的、非法的，尤其是应当受到刑事处罚的劳动或服务，即便是有偿提供的，也不能认定为财产。例如，谎称自己将提供酬金，欺骗职业杀手去实施杀人的，并不成立诈骗罪。因为杀人行为为法秩序所禁止，不能被认定为财产。在 2002 年前，嫖妓和卖淫违反公序良俗，因此嫖客谎称事后会向妓女支付酬劳，欺骗对方提供性服务的，不成立诈骗罪。因为当时性服务违反公序良俗，不能被认定为财产。骗取所谓电话

---

〔1〕 梁根林主编：《当代刑法思潮论坛》（第 2 卷·刑法教义与价值判断），北京大学出版社 2016 年版，第 55 页。

性服务的，亦同。但是，2002 年开始施行的《德国色情交易法》承认了嫖客和妓女之间有关嫖资的自愿约定有效，从而排除了性服务违反公序良俗的性质，性服务也属于法秩序认可的财产。谎称支付嫖资或报酬骗取性服务的，同样成立诈骗罪。与此类似，民法上无效的"请求权"也不能被认定为财产。从经济的财产说来讲，即使是无效的请求权，在双方之间具有亲友关系或密切的生意往来关系等时，仍然可能得以实现，因而并非完全没有价值，但其并无法律依据，也不应当受到刑法保护。例如，行为人与同伙约定平分销赃所得，实际销赃 2000 欧元，行为人却谎称只有 1000 欧元，仅分给同伙 500 欧元的，不成立诈骗罪。因为同伙对其未分给其的 500 欧元的所谓"请求权"不受法律保护，不是诈骗罪意义上的财产。[1]

从法律的财产说出发，不法债权不能说是财产；在"法律-经济"财产说看来，不法债权虽然具有经济价值，但并不为法秩序所认可，也不能说是财产。但是，站在经济财产说的立场，不法债权对于"权利人"而言仍然是具有经济利益的，能被作为财产看待。就上述分赃案件，德国学者普珀的论述颇为深刻。他认为：首先，如果法律曾经无条件地禁止某种交易，它就不能再提出任何关于应如何处理这种交易的规范，因为这些规范会抵触这一禁令。其次，从目的论的视角来看，如果法秩序对于被禁止的交易提供保护，这对该禁令的贯彻来说将会是有害的；将侵权责任的规定延伸到进行禁止交易时的诈骗，便会导致受骗者可以行使侵权损害赔偿请求权，并且能够对于违反公序良俗的交易要求民法上的保护。再次，对于对所约定的给付有所欺瞒，但也决意纵使对方看穿自己的骗局，也不让对方得到约定给付的行为人而言，对方就不再有任何通过诈术而失去的事实上具有经济价值的状态，反而不能适用诈骗罪对其进行处罚，使得更应受到非难的人逍遥法外。最后，就性服务而言，顾客仍受诈骗罪保护，因为其所给付的是"干净的钱"，但性工作者则否，这是一种难以看透的道德观。[2]

（二）日本判例与学说

对于卖淫这种案件，日本判例的观点并不一致。有的判例认为，诈骗罪

---

〔1〕 参见王钢：《德国判例刑法（分则）》，北京大学出版社 2016 年版，第 214~215 页。

〔2〕 参见［德］英格博格·普珀：《法学思维小学堂：法律人的 6 堂思维训练课》，蔡圣伟译，北京大学出版社 2011 年版，第 72~73 页。

的处罚根据并不仅仅在于保护被害人的财产，行骗人的施行诈术的手段行为也扰乱了社会秩序，因此成立第2款诈骗罪。也有判例认为，由于卖淫行为有违公序良俗，此类契约应归于无效，行为人并不承担所谓的债务，因此不构成诈骗罪。[1]在刑法学说上，支持两种观点的学者都有。例如，大谷实教授就主张，合同在民事上是否无效与刑事上是否有责任，在本质上并不相同，不能因为被害人所处民事关系的不法而否认诈骗罪的刑事违法性。[2]西田典之教授则认为，不法债务本身不存在值得法律保护的财产性利益，那么通过实施欺骗行为而逃避付款的行为就并未造成财产上的损失。[3]

（三）诈骗罪否定说之证立

在我国，主张对不法债权不构成诈骗罪也是学界通说。张明楷教授明确指出，使用欺骗手段使对方免除无效请求权的，不成立诈骗罪；通过欺骗方法使他人免除非法债务的，不成立诈骗罪。[4]极少数学者主张，对于骗免不具有市场交易性的不法债务的，如杀人酬金和赌博债务，不成立诈骗罪。相反，对于骗免具有市场交易性的不法债务的，如嫖娼费、购买违禁品的货款，因为对方存在财产损失，根据经济的财产说和占有说，应作为诈骗罪进行处罚。[5]可是，所谓"市场交易性"的标准难以把握，需要追问的是，为何嫖娼费是具有市场交易性的债务，而赌债就不是具有市场交易性的债务？即便是站在经济的财产说和占有说的立场，也只能得出不管是否具有市场交易性，只要不法债务具有经济价值，就都值得刑法保护的结论才对。在我国，卖淫等不法行为不可能存在对价，卖淫者等所谓债权人并不享有任何能够向嫖客等所谓债务人请求的财产权。相应地，所谓债务人构成诈骗罪也就无从谈起。

值得注意的是，日本有学者主张，以欺骗手段免除卖淫费用的，与高利贷的情形类似，高利贷中借款人对超过利息限制法部分的利息是没有必要支付的，同样，嫖客对于卖淫费用也是没有必要支付的。但是，支付后无法请

---

〔1〕 参见陈子平："不法原因给付与侵占罪、诈欺罪（下）"，载《月旦法学教室》2014年第4期，第53~54页。

〔2〕 参见［日］大谷实：《刑法各论》（新版第2版），黎宏译，中国人民大学出版社2008年版，第256页。

〔3〕 参见［日］西田典之：《日本刑法各论》（第6版），王昭武、刘明祥译，法律出版社2013年版，第222页。

〔4〕 参见张明楷：《刑法学》（第5版·下），法律出版社2016年版，第1005页。

〔5〕 参见陈洪兵：《财产犯罪之间的界限与竞合研究》，中国政法大学出版社2014年版，第209页。

求返还，受领人可以保持给付。这一类型不同于暴利行为的债务。在暴利行为中，超出本应支付限额的部分，可以请求返还。因此，即使就可以请求返还的部分进行诈骗，使得对方免除返还，因为对方不存在值得保护的利益，所以也不能构成诈骗罪。相反，在骗免卖淫费用和骗免超过利息限制法部分的利息的情形下，因为只要支付就无法请求返还，这种支付具有保持力，那就意味着对方还是存在值得保护的利益，因此构成诈骗罪。[1]这里牵涉的是自然债务这种不完全债务的问题。在民法上，自然债务是指债权人虽然可以向债务人请求履行，但欠缺法律上的效力。因此，债权人不得借由民事诉讼及强制执行程序实现该债权，是否履行完全依循债务人的意思。[2]由此看来，在自然债务的情形中，债务人的意思是履行债务还是不履行债务都不是法律所能干涉的，而是属于债务人的意思自由。既然如此，债务人即便采取诈骗的方式使得债权人免除其债务，那也只是表明其不履行债务的意思，至于是采用何种方式来表达这种不履行意思，应该也不是法律上所要关注的。自然债务之所以被称为不完全债务，是因为其履行后能形成保持力，债务人不得再强求返还。而自愿给付后受领人可以保持给付效力，那也只是说明给付后受领人对财物的占有受到国家保护，不表明自愿给付前的债权是受法律保护的。因此，对此种债务的欺骗免除，不成立诈骗罪。

有学者正确地指出，如果一个法规范禁止了某种交易的缔结与进行，对于违背此禁令的案件来说，也就不会形成既不能评价为合法也不能评价为违法的法外空间。而"应诚实地缔结与进行这个交易"的诫命，在逻辑上是与"禁止缔结与进行这个交易"的禁令互不兼容的。一个行为的可罚性不是建立在"行为人的行为应受指摘"上，而是要以"行为人对于他人施予不法"为基础。当受骗者被骗走的利益是其依法根本不应拥有或保有的利益，就没有如此的不法。[3]至于有的学者提出，如果考量目前社会的实际状况，例如卖淫当事人的生活状况、行为状态、卖淫相较于其他犯罪对于社会的危害性等，

〔1〕　参见［日］佐伯仁志、道垣内弘人：《刑法与民法的对话》，于改之、张小宁译，北京大学出版社2012年版，第66~68页。

〔2〕　参见张天一："论民事请求权对窃盗罪中'不法所有意图'之影响"，载《月旦法学杂志》2014年第3期，第233页。

〔3〕　参见［德］英格博格·普珀：《法学思维小学堂：法律人的6堂思维训练课》，蔡圣伟译，北京大学出版社2011年版，第165~166页。

刑法应该依然有保护的必要。但是如何合理说明法秩序的统一性，似乎又有不得已的难点。[1]这种观点对于"刑法有无保护必要"这一点，并未提出一个明晰的标准，判断难免流于恣意，故难以采纳。

---

[1] 参见陈子平："不法原因给付与侵占罪、诈欺罪（下）"，载《月旦法学教室》2014 年第 4 期，第 55~56 页。

第五章

财产保护刑法介入的被害人因素

对于财产保护，除了民法、行政法、刑法等法律措施以外，作为被害人的权利人可以说是保护自身财产的"第一顺位人"。对于被害人同意侵犯其财产的，行为人当然不成立财产罪。在参与型犯罪中，被害人自陷风险对于结果归责也有重要意义。此外，被害人身份对于刑事责任也可能施加影响。本章拟探讨被害人因素与财产保护的刑法介入问题。

第一节 被害人同意

在各国刑法中，被害人承诺都是一种重要的违法阻却事由。罗马法上就有"得承诺的行为不违法"的格言。被害人请求或者许可行为人侵害其利益，表明其放弃了该法益，放弃了对该法益的保护。既然如此，法律就没有必要予以保护，损害被放弃的法益的行为，就没有侵害法益，因而没有违法性。[1]在采取构成要件符合性、违法性、有责性的犯罪论体系的德日，有部分学者主张被害人的同意阻却构成要件符合性，被害人的承诺阻却违法性。在侵犯财产的领域，有的行为明显是不符合构成要件的，如经被害人同意转移占有的不可能符合盗窃罪的构成要件，但有的行为很难区分是被害人同意还是被害人承诺，如经被害人请求将其财物毁坏的行为，难以认定是不符合构成要件还是阻却违法。本节拟着重探讨占有转移的同意，这种同意显然是构成要件符合性阶层讨论的，故采用"被害人同意"的提法。

---

[1] 参见张明楷：《刑法学》（第 5 版·上），法律出版社 2016 年版，第 223 页。

一、转移占有同意的解释论意义

盗窃罪是最为典型的有违对方意思的夺取罪。所谓"有违对方意思",就是指转移占有是未经对方同意的。或者说,能否将取走他人财物的行为评价为"窃取",除了应具备"打破原占有"以及"建立新占有"外,还需"未经原占有人允许"。财物的占有人一旦同意转移占有关系,便会形成构成要件不该当的效果,即所谓"阻却构成要件的同意"。正因为盗窃罪客观要件的核心是"转移占有",在占有人与所有人不一致的情况下,认定有无同意仍应取决于占有人的意思而不是所有人的意思。同意意味着主观上支配意思的放弃,对于财物不具有事实上支配关系的所有权人,自然无这种支配意思可言,也就谈不上放弃了。因此,在行为人未得到占有人同意,但获得了所有人"首肯"的情况下,当然不会阻却"窃取"要件的该当,但有可能在一定情形下阻却行为的不法,如不该当"物之他人性"要素,或是影响到行为人主观上不法所有意图的成立,或者是通过被害人承诺这种阻却违法性事由来排除行为的违法性。[1]

刑法上的同意与民法上的意思表示不同,在有效性的判断上,并不受表意人在民法上是否具有行为能力的影响,只要求表意者具有自然的判断能力,或者说只需联系同意的事项(法益侵害的种类、程度)进行判断。[2]只要不是完全丧失辨认控制能力的人、婴儿,即便是患有精神病的人或幼童,只要其在表意时具有自然的意思,就能进行刑法上有效的同意。如果有数个级别相同的共同占有人,就只有当行为人得到全体占有人的同意时,才能阻却窃取要件的该当。如果多个共同占有人之间存在着位阶关系,则必须也只需要上位占有人同意转移占有。因此,行为人欺骗未成年的儿童,让其将身上的财物交给自己的,虽然由于儿童的同意没有破除儿童对财物的占有,但仍然可能因为破除了儿童监护人对财物的共同占有而成立盗窃罪。[3]

与被害人承诺不同,被害人同意具有事实性属性,只要客观上存在占有人的同意,且这种同意并非因为受到暴力或胁迫被压制反抗而作出,就不能

---

〔1〕 参见蔡圣伟:"财产犯罪:第二讲——窃盗罪之客观构成要件(下)",载《月旦法学教室》2009年第1期,第48~49页。

〔2〕 参见张明楷:《刑法学》(第5版·上),法律出版社2016年版,第224页。

〔3〕 参见王钢:《德国判例刑法(分则)》,北京大学出版社2016年版,第160页。

认为行为人破除了占有人的占有。即便占有人只是基于认识错误同意转移占有，也同样如此。因此，如果基于认识错误作出同意，那只是表面意思上有瑕疵，不能否认同意转移占有的效果，此时不该当窃取要件而只是是否该当"行骗"要件的问题。同样，如果基于有选择的胁迫被迫同意，此时也不该当窃取要件而应考虑是否符合敲诈勒索罪的要件。

二、同意的范围与时点

我国刑法理论通常认为，盗窃罪中的窃取行为是排除他人对财物的支配，建立新的支配关系的过程。倘若只是单纯排除他人对财物的支配，如将他人喂养的鱼放走，便不是窃取。至于何为建立新的占有，要以具体事实作为判断资料，根据社会的一般观念进行判断。其中最为重要的是，行为人能否在没有先前占有者的妨碍的情况下支配财物，先前的占有者能否在不排除行为人的支配的情况下自主地处置财物。[1]在德国，窃取行为也被分为"破除占有"与"建立占有"两个行为步骤。破除他人占有是指违背占有者的意志或者在没有占有者相应意志的前提下排除其对相应物品的占有；建立新的占有必须根据具体案件中的情形结合社会一般观念进行判断，决定性的因素是，行为人是否根据社会一般观念取得了对物的实际支配，也即其是否能够避免前占有者阻碍控制相应物品，而且导致前占有者如果不排除行为人的控制就无法再支配相应的物品。[2]由于窃取有上述行为步骤上的划分，因此产生了如下疑问：被害人同意的范围与时点是否仅包括排除占有，或是也要包括建立占有？与此相关的是，在自助式卖场这种受到原占有人监视的情形下，窃取的既遂时点为何？

在德国，多数说的见解是，同意与否的问题仅存在于破坏占有阶段。但是，按照语义逻辑或概念要素的对应关系，同意必须存在于窃取行为之时，而且窃取概念又可以被区分为破坏占有与建立占有等先后行为步骤，所以同意的对象内容不只是应当包括这两个行为步骤，而且同意的时点也没有理由不存在于这些行为步骤实施之时。依此，窃取的同意本质上实为一种"累积

---

〔1〕 参见张明楷：《刑法学》（第5版·下），法律出版社2016年版，第950页。

〔2〕 参见王钢：《德国判例刑法（分则）》，北京大学出版社2016年版，第159、161页。

性的同意"。[1]在绝大多数的案件中，破坏原占有与建立新占有几乎均是同步完成的，原占有人的同意也难以被区分为对破坏原占有的同意与对建立新占有的同意，并没有认定上的困难。但是，对有些情形尤其是自助式卖场的窃取行为，同意的范围与时点认定起来就颇为棘手。按照德国司法判例，在超市或自助商店中将小件、易于携带的物品藏于衣内或者放入衣兜或裤兜内的行为人，即便其仍然身处超市或自助商店内，也已经建立起了对这些物品的新的独立的占有，因而构成盗窃既遂。因为当这些小件物品被藏于衣服下或者兜内时，便进入了行为人贴身的、高度人身化的私人领域，权利人若要再侵入这一领域取回相应物品（如搜身），需要特别的正当化事由，所以不能认为超市或自助商店的店主仍然占有着这些物品。即便相应物品上附着可以引发报警的安全装置，或者行为人的行为完全处于权利人的监控之下，也同样如此。行为人是否被当场抓获，或者其是否在收银台主动交还相应的物品，都不影响对盗窃罪的认定。[2]可是，自助式卖场通常的交易习惯是，不会特别限制顾客拿取货物的方式，重点只在于其最终有无在结账处取出货物结账。因此，卖场工作人员不会刻意关注每位顾客的取货方式，最多只是跟踪可疑顾客，如果其在结账处并未取出货物结账，再行与其交涉。据此，有学者认为，商家实际上只是同意顾客破坏占有而已，其始终并未同意其对商品建立占有。但是，即便商家只是部分放弃对物的支配意思，那也意味着行为人取走商品的行为确定已无法完整实现盗窃罪的不法，不可能再被认定为盗窃罪，这里所产生的所有权保护的漏洞，应通过侵占罪予以填补。[3]

在中外刑法理论中，排除占有或破坏占有都是指排除原占有人对财物的支配，对排除占有的同意也就是指对不再支配财物的同意。在自助式卖场中，交易习惯是让顾客自行取货，至于其是将货物放置在购物车或购物篮中，还是放在衣服口袋等"贴身领域"，应该都不是重点。[4]之所以如此，不是卖场

---

〔1〕 参见古承宗："论窃盗罪之窃取"，载《月旦法学杂志》2014 年第 5 期。

〔2〕 参见王钢：《德国判例刑法（分则）》，北京大学出版社 2016 年版，第 161~162 页。

〔3〕 参见古承宗："论窃盗罪之窃取"，载《月旦法学杂志》2014 年第 5 期，第 242 页。

〔4〕 设想如果顾客一开始就没有推购物车或提购物篮，在购买商品较多仅凭双手已无法拿好全部商品时，其将部分商品暂时放置在衣袋中恐怕是理所当然的。

能通过监控设备监视着每位顾客的一举一动，[1]而是卖场的商品上都附着可以引发报警的电子标签等安全装置，只要这种装置不被破坏，顾客如果没有结账，在走出闸机时就会触发报警。正是在这种意义上，卖场并未完全失去对财物的支配。卖场允许顾客任意拿取商品，也只是同意其在保证不破坏电子标签等安全装置有效性的前提下的拿取，既然如此，就不能说卖场同意不再支配商品。因此，本书认为，即便是对小件、易于携带的商品，仍然应以通过收银台或报警闸机作为"破坏占有"的时点，而不是将这种商品置于"贴身领域"就是破坏原占有。而通过收银台或报警闸机为建立新占有，更不是一旦将商品置于"贴身领域"就是盗窃既遂。当然，如果行为人拿取商品时就采取撕毁、涂抹电子标签或者将商品藏于衣服深处避免触发报警等方式，就不可能是卖家所同意的。该行为既是破坏原占有也是建立新占有的过程，一旦其完成相应的行为，就应论之以盗窃既遂。至于大件商品：一方面，行为人不可能藏匿；另一方面，即便行为人破坏了报警装置收银员也能发现商品需要结账，只能以行为人将商品带离出卖场时作为既遂时点。

适用"累积性的同意"，关键在于把握"破坏占有"与"建立占有"的内涵，并对之进行正确区分。例如，甲、乙在某餐厅共同计划窃取丙的名牌包。甲在餐厅内趁丙不注意之时取走其包，并且侧背在身上。几分钟后，丙发现包遭窃，虽然心中难过，但同桌的好友丁当下决定送丙一个新的，丙因此表示被偷走的包就当作是送人了，不想再费神报警追讨。就在丙作出这一表示后，甲将偷得的包递交给在餐厅窗口外等候的乙，由其带离现场。有学者指出，本例中甲取走包属于破坏占有，随后递交给乙才是建立占有，就整个行为历程来说，丙虽然没有同意破坏占有，但同意建立占有，这实质上形同丙部分放弃了对物的支配意思，盗窃罪的不法内涵已不可能完整，无法对甲乙论为盗窃既遂，最多成立共同盗窃未遂。[2]对于本例，关键还是在于对包的建立占有是甲"侧背在身上"还是"递交给餐厅窗口外等候的乙"。就此，恐怕还是要结合具体情形分析。如果案发地是那种经营面积和人流量都很大的餐厅，甲将包侧背在身上就已完全实现了支配，丙已难以对其形成阻

碍，此时就可认为建立了占有。相反，如果是在小餐馆或虽然经营面积较大但当时顾客极少的餐馆，即便甲已将包侧背在身上，丙只要稍稍环顾四周就能发现自己的包，只能认为甲并未建立占有。不管怎样，一旦认定甲已建立占有，丙即便同意甲建立占有，那也是盗窃既遂"事后"的同意，不可能起到"被害人同意"阻却构成要件该当性的作用。

三、附条件的同意

同意的时点必须是在行为人拿取他人之物时，方能产生阻却构成要件符合性的效果。在有的场合，占有人当然也可以预先进行同意转移占有的表示，而且占有人可以对这种预先的同意附加一定的条件。但是，占有人必须将所附加的条件客观化，也就是在客观上可得认知，而不能只是单纯在主观上有所保留。在附有条件的情形中，当条件符合时，拿取财物的行为就不该当窃取要件。反之，如果条件不符合，就属于未得到同意。[1]附条件的同意的典型范例是自动取款机、售货机、兑钞机等自动设备。这些自动设备的共同点在于，设置者已经预先附加了转移财物的条件，使用者必须按照规定操作机器，如果使用者提取财物符合相关的规程，就认为设置者同意转移财物的占有关系。例如，行为人使用伪造的信用卡在 ATM 机上取款的，当然不符合设置者预先设定的条件，而且事实上设置者肯定也已针对形形色色的伪卡事先在机器识别、运转等各个环节加以了防范。或者说，"不准使用伪卡"这种主观意志已经客观化了。

有所疑义的是，行为人冒用他人真实有效的信用卡取款的，是否满足"附条件的同意"？张明楷教授指出，该取款行为取得的是银行占有的现金，直接被害人是银行，只不过银行没有过错，又直接将其现金损失转嫁给持卡人，即以使持卡人的债权减少的方式弥补了现金损失，行为人所取得的财产与被害人所损失的财物具有同一性。机器不可能被骗，盗窃罪与诈骗罪才是一种排他关系，承认机器可以被骗只会导致诈骗罪与盗窃罪产生交叉，而不能直接否认该取款行为符合盗窃罪的构成要件。[2]刘明祥教授主张上述取款

---

[1] 参见蔡圣伟："财产犯罪：第二讲——窃盗罪之客观构成要件（下）"，载《月旦法学教室》2009 年第 1 期，第 51 页。

[2] 参见张明楷："也论用拾得的信用卡在 ATM 机上取款的行为性质——与刘明祥教授商榷"，载《清华法学》2008 年第 1 期，第 104 页。

行为应当被认定为构成信用卡诈骗罪。其理由主要是：信用卡诈骗罪具有不同于传统诈骗罪的特殊性。这种特殊性表现在机器本身不能被骗，但机器是按照人的意志来运作的，机器背后的人可能受骗。与传统诈骗罪中人是直接受骗不同，涉机器诈骗中人受骗具有间接性。同时，处分财物也由机器完成，人的处分也是间接的。既然如此，不能用传统诈骗罪的解释观念来解释信用卡诈骗罪。[1]车浩教授提出，"非法使用他人信用卡在 ATM 机上取款，并未违反机器设置者的意志，是得到了占有人同意的行为"，"只要在插卡和输入密码等程序性、技术性的环节上没有瑕疵，取款行为就能够得到银行的同意"，"至于使用者是不是本人或是否得到本人合法授权，根本不在发卡银行的考虑范围之内"。[2]

可能有人会认为，只要是"无权"取款，就一定是窃取，即使信用卡真实有效、密码正确，因为机器设置者在这种情形下不会同意将现金的占有转移给无权使用机器的行为人。但是，"仅仅在人所输入到贩卖机的程式作用所及的范围里，人的意思是延伸到贩卖机上，如果超过了这个范围，机器依然是没有意思作用的机器，也不可能是人的意思的延伸了"。[3]同意的条件必须客观化、可辨认，绝不能把单纯的主观上的、内心的保留意见也考虑进来。[4]在涉及自动设备的情形中，设置者转移占有的同意取决于其通过设备所设定的条件，所有未被设置者列入使用条件的资讯，均不能被考虑。在冒用他人信用卡的过程中，只要持真卡并且密码相符，提款的金额也在约定的额度内，ATM 机就会付款。或者说，ATM 机设置者如果要将取款人身份作为附加的条件之一，就应在机器上设置相应的身份识别系统。但是，事实上，设置者并未如此。在设置 ATM 机这样一种概括的面向不特定人的占有转移的同意中，取款人身份并非预设的条件。既然如此，冒用他人信用卡取款的，就不成立盗窃罪。但问题是，这种行为能否按照信用卡诈骗罪处理？一直以来，信用卡诈骗罪都被作为诈骗罪的特殊类型，诈骗罪要求对"人"施行诈术，而在 ATM 机上取款并未对人欺骗，怎么能评价为"诈骗"？这涉及对存

---

〔1〕　参见刘明祥："用拾得的信用卡在 ATM 机上取款行为之定性"，载《清华法学》2007 年第 4 期，第 26~28 页。

〔2〕　车浩："盗窃罪中的被害人同意"，载《法学研究》2012 年第 2 期，第 109 页。

〔3〕　黄荣坚：《刑法问题与利益思考》，中国人民大学出版社 2009 年版，第 43 页。

〔4〕　参见车浩："盗窃罪中的被害人同意"，载《法学研究》2012 年第 2 期，第 110 页。

款性质的认识问题。存款的占有似乎具有两面性：一方面，现金处于银行的物理支配之下；另一方面，存款名义人在法律上支配着与存款等额的金钱。[1]存款具有不同含义：一是存款人对银行享有的债权；二是存款债权所指向的现金。存款人占有着债权，银行则占有着现金。[2]依此，对于存款作为债权的一面，存款人不可能同意占有的转移，冒用者如果利用 ATM 机转账，成立对债权的盗窃。对于存款作为现金的一面，银行同意了占有的转移，取款者不可能成立盗窃罪。同时，《刑法》第 196 条实质上是将多种滥用信用卡的行为规定为信用卡诈骗罪，与传统诈骗罪有较大差异，不能用传统诈骗罪的观念来解释信用卡诈骗罪，[3]信用卡诈骗罪并非在所有场合均是诈骗罪的特殊类型，参照德国刑法规定的计算机诈骗罪，可以将冒用取款的行为考虑为"类似欺诈"，归入信用卡诈骗罪中的"冒用他人信用卡"处理。

对于利用取款机故障恶意取款行为的定性，一直存在较大争议。轰动一时的"许霆案"就是例子。一种观点主张，当取款机出现技术故障和瑕疵时，银行同意取款的条件已经不可能被客观化了，如果行为人此时还对机器进行操作，使其向外吐出现金，但又未付出相应对价，就构成盗窃罪。[4]另一种观点认为，以银行的最终意愿判断会过度扩大其刑法机能，如果要使用者担责，就只不过是抬出一个未曾在交易结构中真正出现的银行意志，甚而满足银行想要营利又想要卸责的不合理期待而已。取款行为在客观上属于完全合法的行为，不能仅因其主观上知悉设备故障还取款而处罚。[5]本书同意后一种观点。机器出现"许霆案"中的故障是罕见的，对此银行并未考虑到，也就不可能设置相应的应对程式。既然如此，"不同意取款"这种主观意志就并未在客观上进行表达。或者说，预先附加的条件中并未包含这种情形。这不同于一般的机器故障（如并未识别伪卡而吐出现金等情形）。在这种情形中，机器设置者已经充分预见了使用伪卡的各种情形，并进行了有针对性的防范。即便因防范能力有限导致仍然吐出现金，那也不能否认其将"不得使用伪卡"

〔1〕 参见李强："日本刑法中的'存款的占有'：现状、借鉴与启示"，载《清华法学》2010 年第 4 期，第 155 页。

〔2〕 参见张明楷：《刑法学》（第 5 版·下），法律出版社 2016 年版，第 947 页。

〔3〕 参见刘明祥："用拾得的信用卡在 ATM 机上取款行为之定性"，载《清华法学》2007 年第 4 期，第 28 页。

〔4〕 参见车浩："盗窃罪中的被害人同意"，载《法学研究》2012 年第 2 期，第 113 页。

〔5〕 参见许恒达："电脑诈欺与不正方法"，载《政大法学评论》2015 年第 3 期，第 139 页。

这种主观意志早已客观化表达的事实。所以，对于"许霆案"，不应肯定适用盗窃罪，而应考虑其是否成立类似诈骗的相关罪名或侵占罪。

四、骗取的同意

行为人也可能通过欺骗的方式获取被害人的同意，来达成取得被害人财物的目的。此时，就形成了所谓"骗取的同意"。在这种情况下，究竟应将该种行为评价为窃取还是诈骗？其中的典型案件如，行为人假冒工商执法人员，到被害人店中"扣押"疑似假冒伪劣产品，被害人信以为真，认为对方是在执行公务，没有反抗意义，便任由行为人将货物取走。行为人成立盗窃罪还是诈骗罪？

对于这种案件，德国通说认为，被害人的内在自由意志已经完全被压制，主观上并无处分的意思，因此不能评价为自损的财产处分行为，而应属于未获同意转移占有关系的窃取，成立盗窃罪。同意者必须要认知到，自己在忍受占有的变更外还有其他的选择，如果同意者认为自己别无选择，也就是相信无论其是否配合，都将不可避免地丧失财物的占有，便不存在有效的同意。[1]这牵涉到盗窃罪中"窃取"与诈骗罪中"处分财产"的分界问题。问题的关键在于，行为人是否得到了原占有人转移占有的同意。

诈骗行为的基本特征是行为人对被害人进行欺骗，并利用被害人的认识错误使被害人造成自身的财产减损。换言之，在诈骗罪的场合，行为人并没有像实施盗窃行为时那样积极地侵入被害人的权利领域，而是促使被害人给出或者说交付财物，从而实现自己的犯罪计划。当权利人有意识地允许行为人取走财物时，就不能认定行为人的行为属于盗窃罪意义上的窃取行为。被害人同意与被害人承诺不同，作为阻却构成要件符合性的事由，其具有事实属性，即便是受到欺骗而给出的同意也是有效的。由此，要求诈骗罪中的被害人具有处分意识可以与盗窃罪中的被害人同意相对应，从而使得诈骗罪中的处分行为与盗窃罪中的窃取行为相互衔接，既避免了盗窃罪与诈骗罪的交叉重叠，又不至于造成处罚漏洞。[2]据此，在上述假冒工商执法人员，到被

---

〔1〕　参见蔡圣伟："财产犯罪：第二讲——窃盗罪之客观构成要件（下）"，载《月旦法学教室》2009 年第 1 期，第 49~50 页。

〔2〕　王钢："盗窃与诈骗的区分——围绕最高人民法院第 27 号指导案例的展开"，载《政治与法律》2015 年第 4 期，第 35~36 页。

害人店中"扣押"疑似假冒伪劣产品的案件中：从外表上看，被害人是"主动"将货物转交给行为人的，权利人是有意识地允许行为人取走货物，似乎属于"自愿造成财产减损"，行为人应成立诈骗罪。但是，该种"骗取同意"类型案件还有一个突出特点，那就是行为人冒充公权力，一旦被害人不配合，行为人就将强制扣押货物。这就完全不同于普通的所谓"骗取的同意"案件了。在普通的案件类型中，行为人只是施行诈术，期望被害人能陷入认识错误，并不打算像实施盗窃行为那样积极地侵入被害人的权利领域，而是促使被害人给出或者说交付财物。或者说，如果被害人不主动交付财物。行为人不会"夺取"被害人的财物。在这种情况下，将行为人的行为论之以诈骗罪是完全适当的。可是，在上例中，行为人保留了被害人不服从情况下使用强力剥夺其占有的成分，被害人正是意识到了面对"公权力"的强制手段不得不配合，这才"主动交付"的。因此，其不符合诈骗罪所要求的"行为人不主动侵入被害人权利领域"特征，被害人实为"被动交付"，行为人的行为也就不能被认定为诈骗罪，只能被定性为盗窃罪。

对于骗取的同意，被害人至少也要认识到这种意思表示将会导致其丧失对财物的占有。如果对于这一点并无认识，而只是认识到占有的弛缓，便不存在转移占有的同意。例如，行为人假装购买金项链，待售货员将金项链交给其观看时，乘售货员接待其他顾客之机，将金项链拿走。在这种情形中，售货员并无转移占有的同意，充其量只有占有弛缓的认识。所以，行为人不成立诈骗罪，只成立盗窃罪。

此外，在伴有欺骗的获取同意中，同意的有效性一般要求不能对财物的数量或同一性有误认。例如，行为人在超市结账时，用外套盖住购物车中的部分货物，或是将 CD 碟片插在啤酒箱的夹缝中，使得收银员未发觉而放行，此时收银员转移占有的同意仅及于其看到并结账的货物。但如果只是对财物的价值或特性有误认（如误将真品作为赝品、实际有价值误认无价值）或对于对待给付有误认（如误将假币当真币），就只是单纯的动机错误，并不影响同意的效力，仍会阻却窃取的该当，只是是否成立诈骗罪的问题。[1] 对于替换商品或放入其他或多余商品的行为，张明楷教授主张根据商品种类区分判

---

〔1〕 参见蔡圣伟："财产犯罪：第二讲——窃盗罪之客观构成要件（下）"，载《月旦法学教室》2009 年第 1 期，第 55 页。

断：如果放入同种商品，则肯定收银员具有概括的处分意识，行为人构成诈骗罪；如果放入了不同种类的商品，则应否定收银员对放入商品的处分意识，行为人构成盗窃罪。[1]本书认为，诈骗罪是自我损害型犯罪，在这种犯罪类型中，被害人是否"自我损害"是需要重点对待的。在收银的场合，应结合收银操作要求来考察收银员是否进行了有效的转移占有的同意。例如，实践中常常发生行为人在商品已过秤打出条形码封口后，又利用封口不严或重新打开封口塞入同种商品的行为。[2]对此，收银员不可能再次过秤，只会按照先前打印好的条形码收银。收银员当然认识到了自己将塑料袋中的"全部"商品转移给了行为人占有，因而具有有效的占有转移同意，符合诈骗罪中的"处分意思"要求。又如，行为人利用技术打开贴好密封条的完全密封好的包装盒，塞入同种或不同种商品的，如果对于这种密封程度的商品，收银员的操作规程是"无须打开检查"，那么收银员便不可能观察到包装盒内的情形，也就无法认识到"多出"财物转移的事实。因此，不能认为收银员存在对该财物转移占有的同意，只能认为是行为人窃取了该财物。相反，对不是严格密封的包装盒，超市往往要求收银员打开检查。如果收银员打开检查，当然不会使得行为人"浑水摸鱼"而得逞。但如果收银员并未遵从操作规程打开检查，那就表明其对包装盒包装的商品"整体"进行了有意识地处分，即便包装盒中有"多出"的商品，对该商品而言，也是具有处分意识的。因此，此时应认定收银员存在对该财物转移占有的同意，行为人就该商品构成诈骗罪。这种处理方式，更加契合诈骗罪自我损害型犯罪的不法类型。

五、被害人自设陷阱

在有些场合中，所有权人或占有人为了抓获犯罪嫌疑人，会设定陷阱引诱犯罪嫌疑人窃取，一旦犯罪嫌疑人实施盗窃，就通过预先设置好的视频录像等方式证明其罪责。这就是所谓的"盗窃陷阱"。在这种盗窃陷阱案件中，当窃取者一如陷阱设置者所愿地取走财物时，是否能评价为盗窃？这一问题尚有研究的空间。

按照德国的通说，如果陷阱设置者的意思是让窃贼取得作为诱饵的财物

---

〔1〕　参见张明楷：《刑法学》（第5版·下），法律出版社2016年版，第1003~1004页。

〔2〕　在这种过秤封口的情形下通常都是使用透明塑料袋，难以想象行为人塞入不同种商品。

的占有，那么就可能因为这种默示的同意而阻却盗窃罪客观构成要件的该当，不会构成盗窃既遂。但窃贼主观上对同意事项并无认知，且已着手实行，所以还是会构成盗窃未遂。但如果设置者只是打算在窃贼一接触到诱饵时便出面抓获，自然就没有转移占有的同意存在。如果原占有人为了预防盗窃案的发生，加装了监视录像机，当然不能算是表达了放弃占有的意思，因为设置这些器材只是意在佐证，希望在遭窃后能够通过录像机证明该不法犯行，不代表被拍摄的行为人之窃取行为已得到原占有人的同意。[1]由此，所谓盗窃陷阱，应限于通过默示的同意允许窃贼转移占有的情形，对于期望通过陷阱当场抓住窃贼的以及仅仅通过设置有关监视器材防止财物被盗的，都不能认为原占有人同意了占有转移，也就不能被作为盗窃陷阱看待。例如，被害人怀疑与其同办公室的行为人盗取了其放置在抽屉中的1万元钱，于是在办公室悄悄安装了摄像头，并在抽屉中再放入1万元，后来这1万元又不见了，其通过视频发现，果然是行为人所为，于是马上报警。警察到现场调出视频，行为人只能承认自己实施了盗窃。在该例中，被害人设置摄像头只是为了获取视频证据，而不是同意现金被取走，因此行为人构成盗窃罪的既遂。同样，如果行为人安装了摄像头并放置1万元后就安排了其他人与自己一起24小时在另一间办公室不间断地进行视频监控，待行为人打开抽屉取钱时，将其人赃并获，那么就不能认为被害人有占有转移的同意。恰恰相反，其打算在行为人试图转移占有时实施抓获。但是，如果设置的陷阱必须依赖于行为人将财物取走即必须同意占有转移，这种情况才是所谓的盗窃陷阱。例如，某医院发生多起财物失窃案件，领导怀疑是内部人员作案，于是在医护休息室的柜子里悄悄放置了一个装有已做好标记的现金的钱包。结果，钱包又失窃了，后来在某护士的抽屉中发现了已经做好标记的现金。在此例中，对于现金的占有转移，就存在有效的同意。[2]

在原占有人通过设置陷阱的方式同意财物占有的转移时，存在需要澄清的两点疑问：一是陷阱设置者是否需要将同意的意思对外表达出来；二是当行为人并未认识到盗窃陷阱的存在，也就无从对陷阱设置者的同意有所认知

---

〔1〕 参见蔡圣伟："财产犯罪：第二讲——窃盗罪之客观构成要件（下）"，载《月旦法学教室》2009年第1期，第50页。

〔2〕 参见车浩："盗窃罪中的被害人同意"，载《法学研究》2012年第2期，第116页。

时，同意对行为的认定还能否发挥作用以及发挥怎样的作用。对于同意的表示，刑法理论存在意思方向说和意思表示说之争：前者认为，只要具有现实的同意，即使没有表现于外部，也是有效的同意；后者认为，同意的意思必须以语言、举动等方式向行为人表示出来。[1]一般而言，主张结果无价值的学者赞成意思方向说，认同行为无价值论的学者支持意思表示说。意思方向说从理论根基上来说具有说服力，因为同意本身是自我决定权的表现，只要存在于同意人的内心即可。但问题是，没有外化出来的一种精神性过程难以辨识，也就难以明了其真实意思。上述德国通说"默示的同意"实际上是意思方向说与意思表示说之间的中间立场，即虽然同意人并未明确表达同意的意思，但以沉默的方式同意了相关行为或结果。在盗窃陷阱的场合，同意人当然不会明示其同意意思，否则就失去了设置陷阱的意义。但是，根据其设置陷阱以及在盗窃整个过程中的表现，可以推定出来一种默示的同意。[2]

对于是否要求行为人认识到同意，理论上也存在必要说与不要说，这也与是处于结果无价值论还是行为无价值论阵营密切相关。持结果无价值论的学者往往认为，既然已经同意行为人的行为与法益损害结果，就不存在受保护的法益，故不必要求行为人认识到同意。因此，行为人要么不成立犯罪，要么最多成立未遂。黎宏教授就主张，只要客观上存在被害人同意，即使行为人没有意识到该种同意，也不能说发生了违反被害人意思的侵害财产权的具体危险，该行为只能被看作是不能犯，不能受到处罚。[3]赞成行为无价值论的学者则会主张，同意最多只能排除结果不法，但不能排除行为不法，行为人没有认识到同意存在时，可能成立未遂，但不可能无罪。车浩教授指出：一方面，如果行为人对同意不知情，其行为就只受到其主观故意的支配，被害人的同意未干扰其行为，更不能要求法秩序改写其行为性质，故必须将其认定为未遂；另一方面，法秩序应当承认被害人同意，这是对其自我决定权的尊重，这样就不存在一个法益损害的结果了，这就是不能认定其为既遂的原因。[4]本书认为，是否应将行为人的盗取行为认定为未遂，应取决于行为是否具有侵害法益的危险。行为人是否认识到被害人的同意，与其行为是否

---

〔1〕　参见张明楷：《刑法学》（第5版·上），法律出版社2016年版，第225~226页。

〔2〕　参见车浩："盗窃罪中的被害人同意"，载《法学研究》2012年第2期，第114~115页。

〔3〕　参见黎宏："被害人承诺问题研究"，载《法学研究》2007年第1期，第92页。

〔4〕　参见车浩："盗窃罪中的被害人同意"，载《法学研究》2012年第2期，第116页。

具有侵害法益的危险无关。一般而言，在被害人同意的场合，基于其对法益侵害结果的同意，侵害法益的危险将不复存在，行为人不构成未遂。然而，在设置盗窃陷阱的情形中，被害人只是通过默示的同意允许窃贼转移占有，事后再根据陷阱取得的证据抓获窃贼，并不意味着一定能证明或抓获，那么就还是存在最终的所有权被侵害这种财产损失的危险性。根本的原因在于，在盗窃陷阱的场合，被害人只是同意了占有转移，而并未同意对所有权的转移。既然如此，所有权被侵害的危险性还是存在的，只不过占有被侵害的危险并不存在。因此，只要将盗窃罪的法益侵害定位于失去占有，行为人就不可能构成未遂。

需要指出的是，对于设置监视是否意味着同意占有转移，不能一概而论。像是在超市与住宅设置监控摄像头的，都是为了监控需要，设置者对占有转移难言有同意。例如，行为人在超市中将小件货物放入口袋中，整个过程都被保安在监控设备中看到，一直到其并未将该货物拿出结账就要离开收银台时，工作人员迅速上前将其抓住。问题的关键在于，将小件货物放入自己口袋，是否为超市方同意的结账前的放置方式？前已述及，超市的交易惯例是，只要还未在收银台结账，对于顾客放置在购物篮或购物车中的货物，占有者仍是超市方。例外的是，理论上一般认为，就体积很小的财物而言，行为人将该财物夹在腋下、放入口袋、藏入怀中时就是既遂。[1]但是，通常而言，超市不会要求顾客只能将货物置于购物篮或购物车中，顾客最后在收银台能将货物取出交款才是其关注所在。因此，应认为只要顾客尚未结账，无论其将货物置于何处，通常都是超市同意的。在超市内将小件货物放入自己衣服中的行为，不能被评价为窃取，只有当在收银台应结账而未结账的时候，才成立盗窃罪。在许多自助式餐厅或咖啡厅，店主允许顾客自行拿取饭菜或点取咖啡，待食用完毕后凭打印的付账单付款方能离开。在这种情况下，食物和饮料一旦被食用，就不可逆转地改变了占有关系。但是，从交易条件上来看，食用行为因为占有转移得到了店主的同意而不可能成立盗窃，只能就后续不付款逃走的行为再行评价。

---

[1] 参见张明楷：《刑法学》（第5版·下），法律出版社2016年版，第963页。

第二节　被害人自陷风险

一、问题提出

在诈骗罪中，被害人自陷风险时的归责一直就是一个问题。在我国刑法中，诈骗罪的罪状表述极为简单，即"诈骗公私财物"。[1]为了给司法实务以有效指引，理论界通常认为，诈骗罪（既遂）的基本构造是：行为人使用诈术→被害人陷于错误→被害人基于错误处分财产→行为人或第三人取得财产→被害人遭受财产损害。[2]这一点与德国学说相同。[3]根据这一构造，"被害人陷于错误"与"被害人基于错误处分财产"都是独立的要素。在被害人完全陷入错误的情况下，基于此错误处分财产进而遭受损失，行为人成立诈骗罪既遂固无疑义；在被害人完全没有陷入错误时，上述基本构造就被打破，即便被害人处分财产，也并非基于错误进行的处分，行为人不成立诈骗罪既遂也当无争议。问题是，如果被害人对于行为人施行的诈术只是有所"怀疑"，但仍然处分了财产，对行为人能否论以诈骗罪既遂？换言之，被害人对处分财产的"风险"已有一定认知，但基于权衡利弊，仍然"自陷风险"与行为人进行互动，最终遭受损失，能否将这一损失归责于行为人？

按照德国通说，这实际上是一个客观归责的问题，即行为人制造了一个不被容许的风险，并且这一风险在该当于不法构成要件的结果中实现。但是，到底怎样才算是行为人所制造的风险事实上已经实现？或者说，当被害人参与危险行为并促成结果发生时，对于制造危险或者是促进被害人实施危险行为的人，在什么条件下可以免除罪责？[4]就诈骗罪而言，行为人使用诈术便

---

[1]　罪状描述上，德国刑法相当详尽，日本刑法虽说较为简略（"欺骗他人使之交付财物"），但也体现出了诈骗罪的因果进程。在这一点上，我国刑法似有改进之必要。

[2]　张明楷：《刑法学》（第5版·下），法律出版社2016年版，第1000页。

[3]　Nur Krey, Strafrecht, Besonderer Teil Bd. 2（BT/2），10. Aufl.，1995, Rdnr. S. 336. 需要指出的是，日本刑法并未如德国刑法那样对财产损失提出要求，故学界认为诈骗罪的构造为"欺骗行为→错误→处分行为→诈取"。参见［日］西田典之：《日本刑法各论》（第6版），王昭武、刘明祥译，法律出版社2013年版，第196页。

[4]　［日］岛田聪一郎："被害人的危险接受"，王若思译，陈兴良主编：《刑事法评论》（第32卷），北京大学出版社2013年版，第239页。

创出了一个不被容许的风险,〔1〕在被害人对此风险已有一定认知并自陷风险的情况下,还能说该风险在构成要件的结果中实现吗?针对这一客观归责的核心问题,学说提出了诸多建立或阻却客观归责的考量理论,如被害人信条学、被害人自我答责、因果进程支配等。在我国,受域外学说的影响,主张"被害人对诈骗行为诈称事实存在具体怀疑时应否认被害人陷入认识错误"的文献〔2〕也已出现。

诈骗罪中被害人自陷风险的问题,直接涉及被害人行为是否可以影响行为人不法评价以及基于何种观点来影响行为人不法评价的问题。显然,这一问题关乎刑法介入财产保护的界域,具有重大的理论与实践意义。〔3〕就研究进展来看,针对过失犯中的被害人自陷风险,学者着墨甚多,成果丰硕。但对于诈骗罪等故意犯中被害人的自陷风险,研究极为匮乏。〔4〕回答被害人自陷风险(无论故意犯还是过失犯)问题,存在多种理论方案。本节拟以诈骗罪为中心,对解决被害人自陷风险的诸种教义学模型进行检视,提出负责范围的划分应从"人的行为对于利益侵害结果的意义"来考量,并对其间适用目的性限缩存在的一些问题进行初步反思。

二、不同教义学理论

(一)被害人信条学

德国学者阿梅隆首次将被害人怀疑这一事实创造性地引入到诈骗罪"错误"要素的判断中。他认为,刑法乃国家保护法益所使用的最后手段,如果被害人本身可以经由适当的手段来保护其法益,则刑法自无介入之余地。在诈骗罪中,对诈术已经产生具体怀疑的被害人,却仍然交付财物予行为人或

---

〔1〕 如果创出的是被容许的风险,使用诈术本身便难以被评价为实行行为。

〔2〕 参见綦泽昆:"诈骗罪中被害人的怀疑与错误——基于被害人解释学的研究",载《清华法学》2009年第5期,第115页以下。

〔3〕 2011年3月1日《最高人民法院、最高人民检察院关于办理诈骗刑事案件具体应用法律若干问题的解释》第5条第1款规定:"诈骗未遂,以数额巨大的财物为诈骗目标的,或者具有其他严重情节的,应当定罪处罚。"据此,相当多的诈骗未遂事实上难以成罪。因此,本书的讨论仍在相当程度上涉及刑法介入不介入或者说刑法处罚范围的问题。

〔4〕 甚至有学者下定义时直接将故意犯排除。"所谓被害人自冒风险,是指法益主体即过失犯的被害人在事前就对所存在的危险具有认识,但仍然决定冒险,结果,还是由于行为人的行为使得该种危险成为现实的场合。"参见黎宏:《刑法学》,法律出版社2012年版,第164页。可是,故意犯中行为人要不要归责与故意犯中有无被害人自陷风险是两个问题。

为其他财产处分，可以认为被害人在此情况下并未陷入认识错误，其具有保护自己法益的可能性，因而对其不予刑法保护。因为在评价上被害人的行为仅属于涉及风险的投机行为，欠缺刑法保护的必要性。因此，并不该当诈骗罪中"陷于错误"这一犯罪构成要件。[1]此后，先后有许内曼、哈塞默等学者对此问题展开了深入持续的研究，逐渐形成了一个以诈骗罪为主要演练平台的所谓"被害人信条学"理论。按照该理论，行为人刑罚之必要性与被害人保护之必要性是相对存在的，因为刑罚作为国家预防社会侵害的最后手段，在被害人能够自我保护的情况下，疏于自我保护，即被害人并不值得也不需要保护的情况下，国家刑罚权自无发动之余地，行为人也就没有处罚的必要。[2]当被害人以一种可被期待的或者很容易的方式，可以充分地自我保护以回避法益侵害时，刑法就没有必要给予保护。被害人信条学是作为最后手段原则在刑法分则中的具体化，是一种犯罪构成要件的"解释的准则"，目的是对犯罪构成要件进行目的论的缩限性解释，将不应当也必要受到刑法保护的行为方式，即不具有值得保护性和需保护性的被害人，在构成要件允许的解释范围内，排除于刑事可罚性范围之外。[3]

本书认为，被害人信条学在论据与结论上均难言妥当。其主要问题是：

（1）刑法规范指引发生偏差。按照被害人信条学，禁止诈骗的刑法规范将变为阻止被害人投机的规范。可是，交易本就难免风险，在风险面前，被害人普遍存在投机心态。刑法凭什么要求被害人认识到风险就必须回避？如果这样，刑法就不是在制裁行为人，而是在限制被害人的交易自由。阿梅隆教授"属于涉及风险的投机行为，欠缺刑法保护的必要性"的推断似乎过于跳跃。"涉及风险的投机行为"为何就"欠缺刑法保护的必要性"？按照阿梅隆教授的观点，刑法在这里等于宣示了"只要认识到交易涉风险，就必须尽可能回避，否则后果自负"，这就发生了刑法规范在指引国民行为上的偏差。行骗人创出一个不被容许的风险后，一旦被害人认识到风险，刑法就对被害人提出了消解风险的责任要求，这显然是对被害人提出了过高的期待。但问题是，这样的要求和期待是从诈骗罪规范中导引不出来的。就常理而言，即

---

[1]　Amelung, Irrtum und Zweifel des Getäuschten beim Betrug, GA1977, S. 1.
[2]　参见林钰雄：《刑事法理论与实践》，中国人民大学出版社2008年版，第121页。
[3]　参见申柳华：《德国刑法被害人信条学研究》，中国人民公安大学出版社2011年版，第104~105页。

便认识到交易风险，但核不核实、回不回避均是被害人交易自由的题中应有之义。我们不能说，被害人面对风险产生怀疑的，如果核实后未识破诈术、仍在半信半疑中与行为人作出交易的，刑法对该被害人就予以完整保护；被害人在怀疑之下并未核实就与行为人作出交易的，刑法就对该被害人不予以完整保护。简言之，禁止诈骗的规范不能变为限制被害人交易自由的规范。

（2）刑罚功能被自我保护取代。罗克辛教授质疑，刑法补充性的基本内涵是，国家能够使用较轻微的方法以预防社会损害时，就并无刑法适用余地。该原则是针对国家的行为而言，适用对象并不包括一般国民，不是说"国民可以自我保护时，刑法便没有适用的余地"。将刑罚权赋予国家独占，正是为了解除国民的自我保护任务。如果个人因为轻信他人就不能得到国家保护，那么个人在公众生活中就必然时时刻刻提心吊胆，个人行为的自由也会随之受到限制。[1]诈骗罪既然已被立法，那就意味着相应的诈骗行为被宣告为具有犯罪意义，被宣告具有犯罪意义就等于相当程度地免除了被害人的自我保护义务。对于使用诈术所创建出的风险，被害人没有义务承受。与其去探究被害人在个案中有没有自我保护可能性，不如去论证被害人在个案中应不应该有免于自我保护的权利。就诈骗罪中的被害人自陷风险而言，要追问的不是被害人是否因自陷风险遭受财产损失就不应该受到刑法保护，而是其有没有在认识到风险的情况下交易而不遭受财产损失的权利。如果否认被害人有这种权利，整个社会交往以及社会风险状态就不会朝着更安全、更进步的方向前进，而是慢慢萎缩，每个人都会把他人视为潜在的敌人。林钰雄教授对上述罗克辛教授的质疑进行了回应。他指出，如果将"被害人自我保护"理解为限制国家刑罚权发动之要件，则被害人信条学一样是针对国家而发，一样是限制国家刑罚权范围的基准。[2]但是，为何"被害人自我保护"能理解为限制国家刑罚权发动之要件？既然各种手段都是针对国家而发，不能不说被害人自我保护应该除外。

（3）以自我保护可能性作为可罚性基础。被害人信条学的立论是，被害人具有自我保护可能性却放弃自我保护，因此不值得刑法保护。问题是，被害人是否具有自我保护可能性，对于行为人而言是偶然的事情。例如，行为

---

〔1〕 Roxin, Strafrecht Allgemeiner Teil, Band Ⅰ, 3. Aufl., 1997, S. 508.

〔2〕 参见林钰雄：《刑事法理论与实践》，中国人民大学出版社 2008 年版，第 125 页。

人面对谨慎的甲与轻率的乙，甲在对诈术产生怀疑后检验了行为人的说法，但仍未识破，在半信半疑下处分了财产，乙在对诈术产生怀疑后有办法验证但就是不去验证，也是在半信半疑下处分了财产，按照被害人信条学，甲仍然值得刑法保护，因此行为人成立诈骗既遂，对乙则只能成立诈骗未遂。但甲乙是怎样的人并不应该影响行为人相同行为的评价意义，如果有时候刑法回应有时候不回应，规范效力就将处于一种极不稳定的状态。更何况，按照被害人信条学的释义，甲乙处分财产时都是处于"怀疑"状态，即便甲已经检验过一次行为人的说法但并未完全奏效，按照被害人信条学的原则，甲应该放弃交易才是。这便产生了另外一个尖锐的问题：甲到底要检验到何种程度才算尽到回避义务，才能得到刑法保护？换言之，何谓被害人信条学的"能够"自我保护？实际上，影响被害人能否自我保护的因素有很多，如被害人能力、获取信息的渠道、风险认知的程度、采取措施的可能性等。可见，能否自我保护完全是一种概率，并没有办法回答上述规范问题。

例如，被害人信条学认为，被害人的不同辨识能力导致对诈术怀疑程度不同，这无疑会影响其自我保护可能性。哈塞默就将"怀疑"区分为"模糊的怀疑"和"具体的怀疑"。[1]大体而言，怀疑程度越高，越能期待其实施自我保护。通常的理解是，在"确信"与"完全不信"之间的地带，应当都属于"怀疑"。被害人信条学对被害人心理层面作出如此复杂的细分，虽说对其解说理论有所助益，但对司法实务者而言，只能用"一筹莫展"来形容。试想，针对不同个案，司法者如何针对不同的被害人进行怀疑程度上的区分？既然这还只是影响自我保护可能性判断的因素"之一"，那么司法者又该如何进行包含其他更多因素的"综合"判断？

显然，以自我保护可能性作为可罚性基础，无论从理论上还是从实务上，都是行不通的。

（4）仅以关系犯作为论证场域。哈塞默将犯罪构成要件区分为对等与不对等。不对等要件中，需要一方对另一方行为的配合，犯罪构成要件才能实现，这被称为"关系犯"，诈骗罪就是典型的关系犯；相对的就是干预犯，即不以加害人与被害人的互动作为犯罪实现前提的犯罪，如故意杀人罪。具体

---

〔1〕　Hassemer, Schutzbedürftigkeit des Opfers und Strafrechtsdogmatik-Zugleich ein Beitrag zur Auslegung des Irrtumsmerkmals in §263 StGB, 1981, S. 134~136.

来说，在关系犯中，如果被害人没有主动"配合"，行为人就不可能完全实现构成要件，如诈骗罪中行为人实现犯罪有赖于被害人主动交付财产。在干预犯中，构成要件并未预订被害人的"配合"，即使没有任何加害被害互动，犯罪也能完成，如故意杀人罪中行为人朝被害人开枪，被害人就死亡了。因此，关系犯之被害人的保护必要性要更低，一旦被害人自陷风险，便可能会使其在个案中失去需保护性。[1]

但是，自我保护可能性不是仅仅在关系犯中才会发生。即便是构成要件中并无互动的要求，但个案仍可能表现为互动形式，这时不能说构成要件没有规定就与所谓关系犯区别对待，否则就违背了被害人信条学要求自我保护的初衷。例如，行为人声称是煤气公司检修人员（但实际上是打算非法侵入住宅者），以检查煤气为由要求屋主开门。此时，按照合理期待，屋主应查验其身份后再开门。非法侵入住宅罪本身并非关系犯，但此时也涉及认识风险与回避风险进行自我保护的问题。又如，实务中发生的利用女性被害人将行为人当成自己丈夫或男友进行"骗奸"的案件，也存在被害人因能辨识对方却未尽力辨识是否需要保护的问题。因此，不能说非法侵入住宅罪与强奸罪构成要件中没有预设被害人的所谓互动，就区别对待关系犯与干预犯。关系犯与干预犯只有现象上的区别而已，在涉及互动时判断自我保护可能性方面应该是一致的，因为它们在"风险回避"上完全可能共通。按照被害人信条学，构成要件预设时，固然需要考量自我保护可能性问题，构成要件并未预设但个案涉及被害人"配合"时，难道不是也应考虑自我保护可能性？就此而言，被害人信条学仅将关系犯作为论证场域是缺乏说服力的。

被害人信条学发端于犯罪学中的被害人学，为了避免"起源于犯罪学，因而无法直接推衍出刑法学中的规范解释标准"[2]的责难，被害人信条学始终不敢承认自己能作为广泛适用的独立原则，谨慎地认为"终究只在解释构成要件的范围内有效"。[3]可是，试图以"怀疑"否认错误，以此消解刑法

〔1〕 Hassemer, Schutzbedürftigkeit des Opfers und Strafrechtsdogmatik-Zugleich ein Beitrag zur Auslegung des Irrtumsmerkmals in §263 StGB, 1981, S. 54, 63, 97.

〔2〕 Zaczyk, Strafrechtliches Unrecht und die Selbstverantwortung des Verletzten, Heidelberg 1993, S. 11.

〔3〕 [德] 许内曼："刑事不法之体系：以法益概念与被害者学作为总则体系与分则体系间的桥梁"，王玉全等译，载许玉秀主编：《不疑不惑现身法与正义》，新学林图书出版公司2006年版，第214页。

干预的思考进路，本书无论如何都不能赞同。既然不被允许的风险已由行为人创出，只要被害人没有完全识破，被害人主观上就有"相信"成分（即"错误"）存在，刑法就应持续干预。"怀疑"产生自我保护义务且应回避风险是被害人信条学对被害人的苛求，没有任何规范支撑。实务中，一般将处分财产作为"错误"的判断根据。有学者认为，这实际上将诈骗罪的构造变为了"实施欺诈→处分财产"，完全忽略了"错误"作为独立构成要件要素的地位。[1]可问题是，"错误"这一主观要素不通过"处分财产"这一客观事实如何得以反映？[2]"错误"要素的主要意义是将"怜悯"等与错误无关的"完全识破骗局"的心理除外。总之，只要承认"怀疑"与"确信"只有程度之别，就必须认为"怀疑"也属于"错误"。

与诈骗罪中这种"半信半疑"的"怀疑"类似，强奸罪中也存在被害人"半推半就"的认定难题。本书可能面临的质疑是：在强奸罪中被害人"半推半就"的情形下，必须区分"真推假就"与"假推真就"，从而判断是否违背被害人意志。在诈骗罪中，被害人"半信半疑"的时候难道不存在同样的问题吗？应当说，无论是诈骗罪中的"怀疑""确信""完全不信"等，还是强奸罪中的"部分同意""完全同意""完全不同意"等，均是被害人不同程度的主观心理状况。这些主观心理状况都要通过整个案件的客观事实进行反映，而不能仅通过单一客观事实确认。在诈骗罪中，同样有"真信假疑"与"假信真疑"的问题。只不过，被害人"处分财产"这一行为具有标志性的意义，只要没有事实表明被害人是在基于怜悯等已识破骗局的情况下处分财产，那么就应认为其"信任"（无论是完全信任还是部分信任）对方。但是，在强奸罪中，情况要复杂得多。"半推半就"这种客观事实就被害人意志而言，只是表明一种犹豫不决或矛盾的心理，尚不足以认定被害人是否同意。强奸一般发生在没有第三者在场的场合，双方陈述也常不真实，证据采信相当困难。认定是否违背被害人意志，除了查明行为人是否实施了足以压制被

---

〔1〕　参见缪泽昆："诈骗罪中被害人的怀疑与错误——基于被害人解释学的研究"，载《清华法学》2009 年第 5 期，第 110 页。

〔2〕　当今代表性的日本教科书都是在"欺骗行为"后直接论述"处分行为"，并无专门"错误"之论述。参见［日］西田典之：《日本刑法各论》（第 6 版），王昭武、刘明祥译，法律出版社 2013 年版，第 200~203 页；［日］山口厚：《刑法各论》（第 2 版），王昭武译，中国人民大学出版社 2011 年版，第 292~297 页。这并不代表其不承认"错误"要素，而是认为从"处分行为"已充分显现出被害人具有错误，无须专论"错误"要素。

害人反抗的行为外，还要结合双方平时的关系，案发时的时间、地点、环境，被害人的事中事后态度，告发原因等情况全面分析。在认定是否陷入"错误"和是否"违背意志"这一构成要件要素上，诈骗罪与强奸罪是共通的。需要指出的是，"半推半就"是被害人的客观行为，"半信半疑"是被害人的主观心理状况。前者只是认定"违背被害人意志"这一构成要件要素的事实之一；后者是否符合"陷入错误"这一构成要件要素取决于被害人是否有相应的处分财产等客观事实。即使将二者相提并论，也不能无视这种区别。

（二）与正犯相关联的事实支配说

德国通说认为，具有责任能力的被害人对事态有支配时，如果被害人认识到自己招致危险（可能存在有认识的过失），原则上行为人是不可罚的（自我危险化的参与）。与此相对，对于行为人支配事态（或者说是被害人不支配事态）的情况的处理，则意见不一：第一种见解认为，在行为人支配事态的情况中，肯定了行为人的正犯性并在行为人的目的等方面进行限制之后，根据被害人对危险的同意，成立违法阻却。第二种见解则是不区分自我危险化的参与与基于合意基础上的他人危险化，两者的基本要件相同，因而不可罚。第三种见解认为，当合意基础上的他人危险化可以和自我危险化的参与同样看待时，就应该否定结果归责。[1] 在我国，张明楷教授接受了自己危险化的参与和基于合意的他者危险化的分类，并认为应在与正犯论相关联的意义上区分二者，区分标准在于是自己侵害还是他者侵害。被害人自己支配了实害结果的发生时，被告人的行为属于自己危险化的参与；被告人的行为支配了实害结果发生时，则是基于合意的他者危险化。换言之，在自己危险化的参与中，被告人是共犯、被害人是正犯。而在基于合意的他者危险化中，被告人是正犯、被害人是共犯。[2]

即便理论上有这种分类，但不可否认它们仍有许多共同点。盐谷毅教授认为，自己危险化的参与和基于合意的他者危险化有三个共同特点：一是实害结果的发生由行为人与被害人的不注意态度相互作用而共同引起；二是行为人与被害人都不希望、放任实害结果的发生，而是都相信、期待实害结果

---

〔1〕 参见［日］岛田聪一郎："被害人的危险接受"，王若思译，载陈兴良主编：《刑事法评论》（第 32 卷），北京大学出版社 2013 年版，第 251~252 页。

〔2〕 参见张明楷："刑法学中危险接受的法理"，载《法学研究》2012 年第 5 期，第 173 页。

不发生；三是被害人"过失地"参与了结果发生，所涉及的都是行为人最终是否承担过失犯刑事责任的问题。[1]据此，似乎诈骗罪中被害人的自陷风险既非自己危险化的参与，也非基于合意的他者危险化。然而，自己危险化的参与和基于合意的他者危险化本就是一种事实分类，故意犯在事实层面也存在被害人危险接受的现象，预先作出过失犯的设限理由何在？在张明楷教授所给出的自我危险化的参与和基于合意的他者危险化定义以及所列出的讨论危险接受的理论前提下，也看不出他对行为人是故意犯还是过失犯作出了限定。[2]如果以"支配力"而论，不能说行为人是故意犯时被害人不可能形成"支配"，行为人是过失犯时才有所谓被害人"支配"的问题。既然没有充分的理由说明故意犯不存在危险接受的问题，那么就可以尝试以与正犯论相关联的支配论作为研讨诈骗罪中被害人自陷风险的进路。

　　首先，诈骗罪中被害人自陷风险是否属于自己危险化的参与？在自我危险化的参与中，被害人的行为是导致实害结果发生的直接原因。正因为如此，学者们才认为被害人自己支配了实害结果的发生，而行为人只是参与了被害人的自己危险化。因此，不能将实害结果归属于行为人。[3]表面上看，在诈骗罪中，如果不是被害人处分财产，行为人不可能获得财产，被害人当然也就不会遭受损失。因此，被害人处分财产是其受损的直接原因。换言之，被害人虽然认识到了风险，但被告人并未强迫其处分财产，正是在其自身"冒险一搏"的心态下，被害人自己处分了财产。不得不说，即便行为人创出了风险，但这个风险既然已被被害人认识，那么风险就能够被其掌控，处分财产的过程就是被害人支配的。然而，这一推论忽视了至关重要的一点，那就是诈骗罪构造中尚有"行为人取得财产"这一环节。申言之，即使被害人自陷风险作出处分，还有一个行为人取得财产的问题，取得财产才是导致被害人受损的直接原因。在这一点上，诈骗罪的情形与通常的被害人自陷风险存在很大区别：在诈骗罪中，最后的损害结果是以交付给行为人且行为人接受表现出来的，存在一种明显的"对价"关系；而在通常的自陷风险中，即使行为人可能希望发生损害结果，但不是以这种交付形成"对价"的形式出现。

〔1〕　参见［日］盐谷毅：《被害者の承诺と自己答责性》，法律文化社 2004 年版，第 178 页。
〔2〕　参见张明楷："刑法学中危险接受的法理"，载《法学研究》2012 年第 5 期，第 172、176 页。
〔3〕　既然回溯禁止理论未被通说承认，"直接原因"与"自己支配"就不能随意画等号。

可能存在的疑问是：法规范是否应当期待行为人不取得财产？应该来讲，诈骗罪的规范不仅"禁止施行不被容许的风险的诈术"，它还对"禁止取得被害人处分的财产"提出了要求。[1]这一点，从此时行为人如果基于悔悟不接受财产就能成立犯罪中止也能看出来。所以，不能说被害人自己支配了实害结果的发生。

其次，诈骗罪中被害人自陷风险是否属于基于合意的他者危险化？在基于合意的他者危险化中，是行为人的危险行为直接导致实害结果发生的。正因为如此，学者们才认为行为人支配了实害结果的发生，原则上应将实害结果归属于行为人。这样看来，既然诈骗罪中被害人财产受损的直接原因是"行为人取得财产"，那就意味着是行为人支配了实害结果的发生，应对行为人进行归责。但是，这样的结论未免草率。

先看一个典型案例。2005 年 6 月，被告人田某富与其妻康某清为违法生育第三胎被本乡计生工作人员带至计生指导站实施结扎手术。25 日 11 时许，为了使其妻逃避结扎手术，田某富谎称其妻要到住院部三楼厕所洗澡，骗取信任后，田某富用事先准备好的尼龙绳系在其妻胸前，企图用绳子将她从窗户吊下去逃跑。但由于绳子在中途断裂，致使康某清从三楼摔下后当场死亡。法院认为这是一起共同冒险案件，二人均存在过失，认定田某富构成过失致人死亡罪。[2]张明楷教授认为，在本案中，危险完全掌控在被告人手中，被告人的过失行为支配了死亡结果的发生，因此是典型的基于合意的他者危险化。[3]但是，从生活常识来讲，在吊绳子下去的过程中，不仅放绳子的一方要掌握好力度等，系着绳子的一方因自身体重、控制技巧等原因也在相当程度上掌控着风险。换句话说，这是一个需要双方紧密配合的动作，怎么就成了"危险完全掌控在被告人手中"了？如果一定要说谁支配了实害结果，那只能说这是一起双方共同支配实害结果的案件。因此，本案既非自己危险化的参与，也非基于合意的他者危险化。

---

〔1〕 实务中，行为人通常不可能不接受财产的事实与规范是否对其有所期待是两回事。当行为人面对被害人交付的财产时，规范当然对他提出了"不能接受"的期待。因为，"使对方继续维持错误"也是诈骗罪的实行行为。换句话说，"接受财产"的背后存在"使对方继续维持错误"这一特点。

〔2〕 参见最高人民法院应用法学研究所：《人民法院案例选》（2008 年第 2 辑），人民法院出版社 2009 年版，第 16~18 页。

〔3〕 参见张明楷："刑法学中危险接受的法理"，载《法学研究》2012 年第 5 期，第 184 页。

同样，在诈骗罪被害人自陷风险的情形中，被害人在认识到风险的情况下依然冒险处分了财产，这对实害结果的发生具有重要性不言而喻；行为人通过施行诈术、接受财产等行为，也在相当程度上引起、强化了发生财产损失的风险。尤其是，从语义上而言，既然被害人只是对诈术有所怀疑，那就意味着对行为人保留着信任，否则也不会有处分财产的行为。就此来说，行为人的"支配力"自始至终存在。所以，一定要说"支配力"的话，诈骗罪中被害人自陷风险属于双方共同支配。

至此，以属于自己危险化的参与还是基于合意的他者危险化作为分析进路，似乎遇到了很大障碍。那么，问题出在哪里？本书认为，"与正犯论相关联"、将"支配实害结果"作为处理危险接受的法理是主要症结所在。

众所周知，犯罪行为参与论发展至今，形成了两种不同的体系，分别是从参与形态上区分正犯与共犯的区分制与不区分参与形式的单一制。采取区分制面临的最大难题便是正犯与共犯如何区分，即便是在德国占据主流的所谓"支配理论"，对于共犯的认定也相当模糊。区分制不断向处罚的合理性妥协，实质解释大行其道，正犯这种本来按形式上的分工标准划分和确立的犯罪类型在事实上成了按照实质上的作用分类标准所确定的"主犯"范畴。[1]按照区分制，在处理犯罪参与案件中，必须区分正犯与共犯，但又不可能找出合理、准确区分的标准。以采取"支配理论"区分正犯与共犯为例，既然很多情况下分不出是正犯还是共犯，如何得出"在自己危险化的参与中，被告人是共犯，被害人是正犯；而在基于合意的他者危险化中，被告人是正犯，被害人是共犯"的结论？这说明，"自己危险化的参与"与"基于合意的他者危险化"的区分注定是模糊不清的。这种区分只有事实意义，没有规范意义。[2]此外，从实证法而言，我国刑法实际上采取的是单一制犯罪参与体系，[3]这就决定了"支配实害结果"这样的标准不可行。因此，通过区分正犯与共犯，采用"结果支配"解决诈骗罪中的被害人自陷风险难言妥当。

---

〔1〕　参见钱叶六："双层区分制下正犯与共犯的区分"，载《法学研究》2012年第1期，第132页。

〔2〕　参见江溯："日本刑法上的被害人危险接受理论及其借鉴"，载《甘肃政法学院学报》2012年第6期，第87页。

〔3〕　参见刘明祥："论中国特色的犯罪参与体系"，载《中国法学》2013年第6期，第118~120页。

（三）自我答责理论

应对被害人自陷风险问题，除了被害人信条学以及与正犯相关联的方法之外，有的学者发展出了一个独立的自我答责原则予以解答。就被害人自我答责而言，如果应该由被害人对自己损害结果的不发生负责，那就不存在对行为人的归责。[1]该原则目前通常是被放在客观归责概念下的风险实现的层次，也就是一个法益侵害结果如果是经由被害人有意介入之后才发生的，那么这个结果便只能被认为是被害人所创造的风险的实现，而不能被认为是行为人所创造的风险的实现。在哲学基础上，"自我答责"直接与"自我决定"联系在一起。"自我决定就是主体基于对自由的普遍承认和尊重而通过行为来决定和实现自己的自由，它是意志自由的客观表现。普遍存在于主体之间的自我决定，是能够被一般化的实践原则，这种自我决定乃是判断行为正确与否的标准，也是判断行为是否具有合法性的标准"。[2]"自我决定是自我答责的前提和根据，也是回答被害人自陷风险问题的终极依据。"[3]

在本书看来，解决被害人自陷风险问题，将自我决定作为前提和根据是正确的。对此，下文将会论述。但是，自我答责原则只是表达了对于个案归责问题的结论，"自我答责"本身显然不是否定归责的理由，否则无异于形成一种不讲理由的独断——因为自我答责，所以自我答责。[4]这一点，从冯军教授虽划分出被害人自我答责的四种类型但论证寥寥即可看出。以诈骗罪涉及的被害人自陷风险为例，应该属于其第四种类型，即"参与并且强化危险行为"。对此种类型，冯军教授基本上只给出了结论，几乎没有论证："如果被害人参与并且强化了他人的危险行为，被害人就必须'自担风险'。"[5]问题是，为何"参与并且强化"就能导致行为人免于归责？只有结论没有论证。[6]

就被害人自我答责的学说状况来看，基本上没有超出所谓"回溯禁止"思想的范围。弗兰克认为，如果在整个因果历程中，存在一个针对结果的发

〔1〕参见冯军："刑法中的自我答责"，载《中国法学》2006年第3期，第100页。
〔2〕冯军："刑法中的自我答责"，载《中国法学》2006年第3期，第96页。
〔3〕车浩："自我决定权与刑法家长主义"，载《中国法学》2012年第1期，第95页。
〔4〕参见黄荣坚：《基础刑法学》（第3版·上），中国人民大学出版社2009年版，第206页。
〔5〕参见冯军："刑法中的自我答责"，载《中国法学》2006年第3期，第102页。
〔6〕不仅是第四种类型如此，其他三种类型也存在论证不足的问题。参见冯军："刑法中的自我答责"，载《中国法学》2006年第3期，第101~102页。

生是以一个自由并且有意识的人作为不可或缺的条件，就不允许在这个条件发生的时间点前面，存在任何先行条件。[1]不得不说，回溯自由理论可谓"掷地有声"。肯定人具有自我决定自由，在规范上就不得不将其和其他事实关系区别对待。正是在回溯禁止理论的基础上，学界发展出了因果关系中断的学说，即行为与结果之间的因果关系会因为一个故意并且有责的行为介入而中断，在此之前的行为人不能对最后的结果负责。在被害人自由且有意识的情况下，介入结果发生的流程，就存在可以中断因果关系的可能。所以，回溯禁止理论的假设可以被当作划分行为人与被害人负责范围的基本观点之一。自我答责原则的说法是，一个人只要负责自己不去危害法益，而不必负责他人不去危害法益。可是，不管后来事情的过程是怎么发生，只要事情的发展还是行为人所支配出来的，那么行为人的负责就不算是为别人负责。[2]以教唆犯为例，如果套用回溯禁止，教唆人是否也可以说其有权相信被教唆人不会犯罪，因此教唆人的行为不构成犯罪？答案很清楚。所以，所谓"被害人是自由的"说法，对于被害人的规范立场而言是对的，但是对于加害人的规范立场而言却是不对的。[3]

本书认为，行为人对于介入他人意志的事件完全欠缺支配性的说法难以成立。从行为人对于事件的支配力来看，即使他人在事后有意介入事件的过程，也可能成为行为人对于事件规划的一部分，但也可能如同其他偶发的、不可捉摸的事后的变数一般，成为不在行为人规划之内的变数之一。一个具有自由意志的人，可能会让行为人以一种对事件控制力很高的状态介入事件，也可能让行为人以一种对事件控制力很低的状态介入事件。回溯禁止理论主张不同主体所创造的支配力之间相互排斥，是一种基于质差的观点所做的判断，不是因为后行为人的介入使得支配力降低或者降低到没有支配的程度，因此根本不是通过量差的支配性可以说明的。例如，在诈骗罪中，除去被害人完全识破骗局的情形，行为人对事件的支配实际上只有程度高低的区别。一方面，就行为人一方来说，诈术越精细，其支配力越高；就被害人一方而言，抵御诱惑的能力越高，行为人的支配力就越低。林钰雄教授虽赞成被害

[1] Frank, Das Strafgesetzbuch für das Deutsche Reich, 18. Aufl., 1931, S. 15.
[2] 黄荣坚：《基础刑法学》（第3版·上），中国人民大学出版社2009年版，第228页。
[3] 黄荣坚：《基础刑法学》（第3版·上），中国人民大学出版社2009年版，第207页。

人信条学，但其所举的二例[1]却均是说明行为人并未丧失支配力的适证。

案例一：画廊经纪人甲向富商乙佯称，其有张大千名画一幅，因欲移民加拿大结束画廊营业，急于将画脱手，仅索价20万元，因该行情远低于市价，乙心生怀疑该画之真实性，但估算果为张大千名画，则获利丰富，因此与之交易，交付20万元予甲，事后鉴定该画为赝品。

案例二：妓女甲从事该业多年，为求更高利润，与老鸨乙共谋，由乙向男子丙宣称，其认识"处女"甲，因需款甚急，可中介与丙从事性交易，代价为10万元，丙颇感怀疑：何以此业中有众多处女？尽管如此，仍抱着姑且一试之想法，与甲从事交易，并交付10万元予甲。

在案例一中，甲本人是画廊经纪人，给一般人的感觉是其拥有真迹的可能性远较非专业人士高。此外，其宣称"因欲移民加拿大结束画廊营业，急于将画脱手"，这就给"20万元"这一低价做了很好的注脚。乙是富商，这一身份决定了其"出手"的可能性远比低收入者高，低收入者即便想占这个便宜也没有机会，因为20万元对他们而言并不是一个小数目，更何况难辨真假。但是，对于乙这样的富商来说，20万元很可能只是"九牛一毛"，即使是赝品，他也"输得起"。换言之，乙是富商的身份决定了他"意欲"获利可能较为强烈。综上可以看出，甲对这起诈骗案的支配力不可谓不强，怎么能说乙的介入使其丧失了支配性？

在案例二中，妓女甲的支配力显然就没有案例一中的画廊经纪人甲那么强了。老鸨乙的"从中斡旋"以及声称"需款甚急"都不能较好地缓释正常理智人对其"处女"身份的怀疑。在本案中，骗术毫不高明甚至可以说低劣（妓女中找寻处女无异于海底捞针），要想形成相对强力的支配，只能寄希望于"猎奇者"的出现。所以，促成交易的主要还是丙的"姑且一试"。但是，老鸨乙的"从中斡旋"以及声称"需款甚急"的作用仍不可小视。毕竟，对比妓女甲自己游说的几乎毫无支配力，这种骗术的支配力虽然小，但仍有一定的发挥余地，尤其是碰到如丙这般轻率之人。

需要指出的是，我国学者主张的自我答责有混淆议题之嫌。冯军教授认

[1] 林钰雄：《刑事法理论与实践》，中国人民大学出版社2008年版，第117页。

为，只要被害人应对损害结果的不发生负责，就完全不存在他人对损害结果的不法，即使他人以故意或者过失参与了损害结果的发生过程，他人的行为也不成立犯罪未遂。[1]可是，既然行为人创出了一个不被允许的风险，那么从规范上就有谴责、预防的必要，不管后续被害人如何介入，"禁止创设不被允许的风险"这一规范都不允许违反。就诈骗罪而言，从学理上讲，只要施行诈术达到了一定程度，就可以论之以未遂。没有达到相应程度的，就是一般所允许的"夸大"等，并未符合实行行为的定型性，当然不成立犯罪。自我答责解决的应是是否对最终结果承担责任的问题，而不是实行行为定型性是否符合的问题。

例如，甲在一个破花瓶上涂抹了泥土，在马路上花言巧语地鼓吹是从古墓中盗取的文物，一个酷爱古董的教授花高价买了这个几乎一文不值的破花瓶。对此，冯军教授认为，该案中的错误应纯粹由被害人自己加以避免，甲的行为是民事欺诈。而行为人乙也在一个破花瓶上涂抹了泥土，还伪造了有关的古董证书，并在一个正式的古董商店里把它当作古董高价销售，一个酷爱古董的教授花了自认为不高的价钱买下了这个几乎一文不值的破花瓶。对此，冯军教授认为，被害人的信赖完全有正当理由，乙必须消除被害人的认识错误。因此，乙的行为是刑事诈骗。所以，被害人越是在认识错误上存在过错，就越是可能成立民事欺诈，反之就越是可能成立刑事诈骗。[2]冯军教授似乎混淆了欺骗行为的程度与被害人介入后行为人对损害结果的归责这两个议题。民事欺诈与刑事诈骗界分的主要标准只可能是欺骗行为在具体事态下是否具有使他人陷入或继续维持认识错误进而处分财产的一定程度的危险性，达到程度要求并符合其他构成要件的，就是刑事诈骗，否则就是民事欺诈。这里的"他人"，是指像受骗人那样具体的一般人，不是抽象的一般人。[3]不管怎样，面对个案，都要具体分析：其一，是否足以使一般人陷入或维持错误；其二，是否因被害人的介入使得行为人无须为财产损害负责，而只需承担未遂的责任。

（四）被害人承诺理论

对于被害人自陷风险问题，也有观点认为不需要建立自我答责概念，只

---

〔1〕　参见冯军："刑法中的自我答责"，载《中国法学》2006年第3期，第102~103页。

〔2〕　冯军：《刑法问题的规范理解》，北京大学出版社2009年版，第35~36页。

〔3〕　参见张明楷：《诈骗罪与金融诈骗罪研究》，清华大学出版社2006年版，第84~85页。

要援引被广泛接受的阻却行为人不法的被害人承诺理论就可以了。林幹人教授认为，被害人危险接受的情况应被置于被害人同意的延长线上理解，被害人同意与被害人危险接受的不同仅仅是次要的问题，二者具有同样的法律效果，即排除行为人的不法（准同意说）。[1]杰西克和威根认为，被害人承诺理论可以扩张适用到被害人对于侵害流程的最低限度参与情形，只要被害人意识到风险却仍然行动，受害法益的处分权都在其手上，这与被害人承诺在刑事政策上系由法律赋予被害人变更他人行为犯罪意义的权利是一样的，即保护每个人都可以行使个人自由而不受到妨害。[2]多莉更进一步的论述是：对于一个有效的承诺来说，重要的只是被害人在个案中有没有放弃对于法益的法律保护，以及有没有将其法益置于危险行为或者状态之下，至于被害人的心理状态是目的性地去危害法益，还是单纯地容忍法益受到危害，甚至是信赖损害不会发生，都不会影响其对于法律保护的放弃。假如基于投机心态认为法益不会受到损害，那么一旦发生了损害，这个损害就会落在被害人的负责范围而非行为人的负责范围里面。[3]黄荣坚教授认为，被害人承诺是自陷于几近确定会实现的风险，被害人自陷风险中的风险状态则不是几近确定会实现的；二者在概念上很可能只是量差的关系。承诺的被害人在态度上是接受侵害结果的实现的，自陷风险的被害人在态度上则排斥风险的实现；但在法律意义上，二者考量的重点可能都是在兼顾被害人自主利益观点下的容许风险，因此态度上的差异并不足以导致不同的法律效果。[4]

　　通常认为，自陷风险只是危险接受，不同于属于结果接受的被害人承诺。危险接受与被害人承诺最主要的区别是：危险接受时，被害人只认识到了行为的危险，并没有承诺实害结果的发生，没有放弃自己的法益；被害人承诺时，被害人同意实害结果的发生，放弃了自己的法益。[5]就此而言，将二者同视的观点存在疑问。

　　林幹人教授认为，在危险接受的场合，被害人认识到结果发生的可能性

---

　　〔1〕　参见［日］林幹人：《刑法総論》，东京大学出版会 2000 年版，第 180~182 页。当然，对于"同意"与"承诺"是否同一所指仍有争议，但与本书论题并无关涉，故不予展开。

　　〔2〕　Jescheck/Weigend, Strafrecht Allgemeiner Teil, 5. Aufl. , 1996, S. 590, 377.

　　〔3〕　Dölling, Fahrlässige Tötung ber Selbstgefährdung des Opfer, GA 1984, S. 84.

　　〔4〕　黄荣坚：《基础刑法学》（第 3 版·上），中国人民大学出版社 2009 年版，第 213 页。

　　〔5〕　张明楷："刑法学中危险接受的法理"，载《法学研究》2012 年第 5 期，第 174 页。

低，或者只有抽象的认识，并且不希望结果发生。但是，这不妨碍将被害人承诺运用于危险接受。[1]但是，被害人的心理态度包含认识与意志两方面因素，在认识因素上，被害人承诺时对于危害结果的认识非常明晰，而被害人自陷危险时相对要模糊一些，[2]这个可能是量差的关系；在意志因素上，被害人承诺时被害人是"意欲"或者说"积极追求"结果的发生，而被害人自陷风险时被害人并不想要结果的实现。"即使认识到了结果发生，也不意味着法益主体希望或者容忍结果发生。如果认为认识到了危险，就意味着容忍实害结果发生，实际上就否认了危险接受的现象。"[3]摒弃意志因素实际上就是将认识到危险拟制为同意实害结果发生，这完全是不顾事实的假设。在诈骗罪中，被害人认识到其中可能有诈，但还是抱着对己有利的"希望"而为财产处分，对于财产受损的结果，是无论如何都不会接受的。杰西克和威根基于"受害法益的处分权都在其手上"这一点同视危险接受与结果接受。然而，在危险接受与结果接受中，处分权延及的范围是大不一样的，前者只是对危险行为进行了处分，后者对危险行为与实害结果都进行了处分。而且，两种情形下被害人自由的指向也完全不同，前者指向的是希望实害结果发生，后者则是指向甘冒风险所要达到的实害结果外的目的。多莉的论证则似乎超脱了将危险接受与结果接受进行概念比较的范围，并不是将承诺理论本身的法理用于解说自陷风险，而是通过"自我负责"来强化自己的说理。可是，刑法中的自我答责是一个居于自陷风险与承诺上位的原则，这种做法的可行性值得怀疑。同时，被害人对风险的认识与容忍，不等同于其放弃了刑法保护。黄荣坚教授的观点看上去有自相矛盾之嫌。一方面，他承认二者在"态度"上有区别，另一方面又认为这一区别不足以导致不同的法律效果，但他基于"容许风险"所做的推论仍值得重视。

黄荣坚教授指出，在美容手术中，如果说对于风险行为的承诺不等于风险实现时的免责承诺，那么对于风险行为的承诺将完全没有意义，结果是医师要为全部失败的手术负责，或者例如理财顾问要为全部的失败投资者负责。

---

[1]　参见［日］林幹人：《刑法総論》，东京大学出版会2000年版，第173页以下。

[2]　但也不一定如同林教授所言只是"可能性低"或"抽象"的认识，认识到可能性高也不妨碍属于被害人自陷风险，例如大幅度超量注射毒品或者暴风雨天气下强渡湍急的河流等，认识到严重危及健康甚至生命的可能性还是很高的。

[3]　张明楷："刑法学中危险接受的法理"，载《法学研究》2012年第5期，第175页。

因此，对于风险行为的承诺，其事实上的意义不外乎是，对于风险行为所实现的非意愿内的结果也予以承诺。因此，他支持杰西克和威根仅仅对风险的承诺并不影响被害人承诺的法律效果的观点。[1]然而，在本书看来，无论是美容手术还是投资理财，其阻却行为人不法的依据均并非被害人承诺，而分别是医疗行为与正当业务行为。被害人承诺所要解决的是，行为人实施了一个外观上呈现构成要件的行为，换言之，实施了一个不能被被害人信赖的不被容许的风险的行为。此时，能否通过被害人承诺阻却行为人的不法？美容手术与投资理财虽有风险，但都属于社会生活中参与人必须承受的风险，对于这种风险，刑法期待其能够承受，是其应该接受的风险。只要从事社会生活，必然要认识到一定风险，只有那种达到构成要件预设风险程度的情形才可能需要被害人承诺理论解决。

就诈骗罪而言，以被害人承诺观之，当中似乎也有一个"承诺"存在，即"你可以取得我的财产"，"取得财产"在某种程度上也是一种"结果"。但是，正如诈骗罪构造所揭示的那样，"取得财产"并非终极结果，只是过程中的"结果"而已，"财产受损"才是规范意义上的最终结果。显然，这一结果在任何诈骗罪中，被害人都是不可能去承诺的。更何况，被害人承诺必须出于真挚，基于诈术所为的承诺，即使对诈术有所怀疑，被害人一方因资讯欠缺导致其判断不力，也应该不属于真挚的承诺。

三、被害人的自由实现与结果归责

如果刑法规范所设定的目的是利益侵害的预防，而规范效力所要反应的对象是造成利益侵害的行为和结果的话，那么刑法上负责范围的决定，应该是从人的行为对于利益侵害结果的意义来切入。在被害人自陷风险导致实害结果的情形中，对于被害人自主的尊重才是实质上的阻却不法的理由，被害人的自我危害是其自我实现的方式。因此，容许这种自我危害就是给被害人自由。一个人有权选择自己所要成为的状态，这是其最基本人性尊严的一部分。被害人自主就是被害人的利益，而且是重大的利益。因此，其他行为人对于被害人自陷风险行为的加功，无论是事前加功还是事后加功，都是在促成被害人自我选择权的实现，都是被害人自主利益的体现。既然所谓"加害"

---

〔1〕 参见黄荣坚：《基础刑法学》（第 3 版·上），中国人民大学出版社 2009 年版，第 208 页。

的行为人的行为是在实现被害人的自主利益，则在刑法处罚利益侵害的基本意义上就不能不考虑这一基本事实。[1]

由此，被害人自我答责原则与被害人承诺理论，至少在理论基础上，与被害人自陷风险问题保持了一致。只不过，被害人自我答责说理尚显粗糙、不够透彻，被害人承诺在被害人意志上与被害人自陷风险有所不同罢了。

现在，我们可以透过被害人自由的实现解决被害人自陷风险问题了。在一个人追求自己认为的高价值的目的结果而冒着负面价值发生的情形中，有时需要利用到他人的行为。而这些利用他人的行为，其中一些在现象上会符合不法构成要件所描述的事实关系。例如，在著名的"德国梅梅尔河案"中，在狂风暴雨之际，两名被害人不顾危险警告，要求船工载其过河，结果渡船翻沉乘客死亡。[2]乘客冒着生命危险是为了渡河，船工正是帮助其实现渡河目的。如果处罚行为人，等于否定了被害人可以直接利用他人行为来实现自己某种主观目的而自陷风险的机会，也就直接破坏了某个人可以从事冒险行动而实现心中价值选择的机会。与被害人承诺一样，这时行为人与被害人表现出的也是一种合作关系，只不过被害人承诺中被害人的意志直接指向了危害结果的实现，而被害人自陷风险中被害人并非希望危害结果实现，而是抱有其他目的。因此，如果行为人的行为是指向被害人的自由实现，那么将发生的实害结果归责于他，就是没有意义的。

诚如冯军教授所说，现代社会已经不是人们互相知根知底的熟人社会，在这样一个广泛的活动领域里，人们的自由和安全必须得到保障，而且人们不能认知地获得自由和安全的保障，而是必须实在法规范地获得这种保障。例如，当人们在一个陌生的正规商店里买东西时，如果需要买东西之前充分地发挥自己的认知能力，如果需要人们努力地去认识卖东西的人是优秀的卖家还是诈骗犯，那么人们购物的自由和安全就仍然没有保障。谁能保障优秀的卖家就一定不诈骗呢？人们之所以能够在一个陌生的商店里放心地购物，不能是因为相信优秀的卖家不会卖假货，而是相信即使优秀的卖家卖了假货也会因为法律的有效性而得到赔偿。这样，实在法规范保障着人们在匿名的

---

〔1〕　黄荣坚：《基础刑法学》（第3版·上），中国人民大学出版社2009年版，第208~209页。

〔2〕　RGSt 57（Urt. v. 3. 1. 1923），S. 172.

陌生社会中不受侵犯,保障着人们在匿名的陌生社会中获得自由和安全。[1]面对足以使一般人产生认识错误的诈术,在认识到其中风险的情况下,被害人既可以选择回避,也可以选择冒险一试。允许被害人冒险的理由在于,被害人相信实在法规范能在自己冒险受损后对自己予以救济。相反,如果不允许被害人冒险或者说冒险会使得行骗人对损害结果免责,那就意味着实在法规范不允许冒险。果真如此,刑法就是在宣示其不保护冒险这种不理性的选择。问题是,理性与不理性对于被害人而言都是其自由的体现。不能说只有被害人作出理性的选择才体现出了自我决定自由,作出不理性选择同样是其自我决定自由。更为主要的是,即使是选择不理性,被害人也未危及除其自身外的他人法益。所谓自由的实现,始终是被害人自认为的自由实现,理性也好、不理性也罢,我们都要给予足够的尊重。从实证上来看,现实生活中诈骗罪中的被害人认识到风险或者说对诈术产生怀疑的极多,如短信中奖诈骗等情形,如果对于这样的情形最多只能对行骗人论以未遂,那么诈骗罪的规范意义就值得怀疑了。一旦刑法要求被害人面对诈骗风险只能裹足不前,限制的便不仅是被害人的交易自由,社会发展也将陷于停滞。更何况,司法机关也难以有效证明被害人是"确信"还是"怀疑"诈术。

那么,行为人是否必须主观上认识到他的行为在提供被害人实现自由的机会呢?这与被害人承诺中行为人是否需要认识到被害人的承诺是类似的。在被害人承诺中,存在意思方向说与意思表示说之争。前者认为,只要被害人具有现实的承诺,即使没有表示于外部,也是有效的承诺;后者认为,承诺的意思必须以语言、动作等方式向行为人表示出来。行为无价值论与结果无价值论在此存在对立。[2]在多数情形下,行为人都对其行为意义有认知,但少数时候可能没有意识。例如,出租车司机在雨天路滑且视线不佳的情况下,为了赶时间去交班,采取了超速飙车的方式,乘客发现了司机超速,但他心想快一点也好,能够早点到达目的地。如果后来发生事故,能否归责于司机?一般来说,行为无价值论者认为,司机对乘客的意愿有认知时,规范指示对其才有效应;结果无价值论者则认为,只要司机行为客观上指向帮助乘客意愿的实现,那么就足以满足免责要求。这取决于不同立场上对不法的理解。

---

〔1〕 参见冯军:《刑法问题的规范理解》,北京大学出版社 2009 年版,第 40 页。
〔2〕 参见张明楷:《刑法学》(第 5 版·上),法律出版社 2016 年版,第 225~226 页。

就诈骗罪中被害人的自陷风险而言，完全不存在上述"合作"关系。行为人不但明知被害人没有完全的风险意识，而且还利用了对方这种不完全的风险意识。行为人主观上不是帮助被害人实现"冒险获利"，而是使被害人遭受财产损失；客观上，其在被害人自陷风险后取得被害人财产的行为，也根本不是指向使得被害人获利的所谓"自由实现"。有学者指出，被害人必须具备资讯判读能力，才能确保其接收资讯的正确性，进而作出在主观上有利于自己的决定。诈骗罪的特征决定了被害人作出的自陷决定不可能是"有利于自己"的。所以，只要以"自由实现"作为结果归责的根据，那么诈骗罪中行为人不可能不对损害结果负责，即使被害人是自陷风险。

所以，就被害人自陷风险问题，结论就是：只要行为人的"助力"与被害人所要冒险实现的损害结果外的目的"背道而驰"，那么行为人对于损害结果就不能免责。

四、余论——目的性限缩的方法论反思

可以看出，被害人自陷风险中行为人对结果负责与否，必须从价值判断层面上展开。整体而言，如果制裁的好处大于坏处，那么就把事实上发生的结果归责于行为人；如果制裁的坏处大于好处，就不能归责于行为人。[1] 客观归责本身是一种限缩解释形态，起着限缩刑法干预范围的作用。从上述各种教义学的论述来看，基本上都是采取的目的性限缩。目的性限缩是指，因字义过宽而适用范围过大的法定规则，其将被限制仅适用于依法律规整目的或其意义脉络宜于适用的范围。[2] 最典型的就是所谓的被害人信条学，"被害人的需保护性与要保护性"的命题，加上"刑法的最后手段性"原则，构成了其核心骨架。当得出"自我保护"优于"刑法保护"的结论时，"不可归责于行为人"的判断也就顺理成章了。目的性限缩都是解释者带着对不同"目的"的理解形成的"前见"进行的。在被害人信条学那里，"被害人是保护自己法益的第一责任人"这一"前见"正是引领其系列观点的"旗帜"。

在很多时候，纠结于不同学者的"前见"是否妥当并不一定合适。例如，对于伪造货币罪，我国理论界很多人主张行为人应具有"意图行使目的"。本

---

[1] 参见黄荣坚：《刑法问题与利益思考》，中国人民大学出版社2009年版，第86~87页。
[2] ［德］卡尔·拉伦茨：《法学方法论》，陈爱娥译，商务印书馆2003年版，第267页。

来，不具有这种目的的伪造行为也符合伪造的语义，这种目的的要求就成了一种目的性限缩。刑法是法益保护与自由保障的衡平法，既要保护法益免受个人侵害，也要保护个人自由免受国家侵害。就伪造货币罪，刑法一方面要保护货币的公共信用，另一方面又不能过于干涉个人自由，这就是为何有的国家要求"意图行使"目的的原因。最终，这场争论演变为了国家应持自由主义观还是权威主义观这样已经完全脱逸构成要件解释的国家观之争。[1]这已不是单凭方法论工具就能解答的了，更进一步涉及法理学的深层思考。就此而论，"刑法的最后手段性"能否导出"被害人是保护自己法益的第一责任人"这一问题，可能不适合在方法论层面进行论争。

那么，究竟应如何进行目的性限缩？围绕被害人自陷风险问题，本书初步提出几点主张：

（1）目的设定应充分体现利益思考。刑法一方面固然保护国民生活中重要的利益，但另一方面又侵害了其另外一些生活中重要的利益。诈骗罪保护财产法益，但也限制了诈骗的自由。如果诈骗可以满足欲望，又不会损害到别人的财产利益，那诈骗当然就不是一件坏事，甚至可能是两全其美的事。之所以对诈骗行为作出否定评价，主要还在于它事实上造成了别人财产利益的损害。基于此，限制诈骗的自由就是希望通过这种限制而对他人财产的保护有所助益。所以，对诈骗行为的限制是一种目的制约下的产物，一旦诈骗行为的限制或处罚对他人财产的保护并无实益，那么这种限制或处罚的合法性就消失了。[2]在被害人承诺的场合，被害人与行为人之间是一种合作意义的互动模式，本来具有侵害意义的行为，经由被害人承诺，变为了非侵害意义的行为。行为人的行为可以被视为一种其提供给被害人的"给付"。这种给付所产生的效应刚好是实现被害人设定目的即损害自身法益所必要的。同样，在被害人自陷风险时，如果行为人的行为"助益"的是被害人意图实现的除危害结果外的目的，那么他们之间也是一种"合作"关系，既无损于被害人的利益，也无损于他人利益。既然如此，处罚行为人，不但无助于保护被害人的财产，还与实现被害人的自主愿望产生了抵触，成了一种极为"不经济"

---

〔1〕 欧阳本祺："论真正非法定目的犯的解释适用——兼论刑法漏洞的补充"，载《法学论坛》2008年第1期，第61~62页。
〔2〕 参见黄荣坚：《刑法问题与利益思考》，中国人民大学出版社2009年版，第82页。

的手段。因此，目的设定需要充分考虑处罚的有用性。

（2）避免偏离目的导向。既然是目的性限缩，就应始终以目的为导向。例如，张明楷教授指出："被害人自我答责与被害人承诺是基于相同的理论根基，即被害人的自我决定权。"[1]对客观归责起影响的，是能够表征被害人自己与其利益状态的关系，以及由此产生的与他人行为评价的关系。但是，在论述危险接受时，他却以共犯从属性作为论证根据，即支配犯罪事实的是正犯，没有支配犯罪事实的是共犯，正犯才是需要对犯罪结果负责的人。这就完全是在循环论证了：正犯是要负责的人，要负责的人才是正犯。"自我决定权"对被害人及行为人的意义完全被忽略了。"自己危险化的参与"与"基于合意的他者危险化"只是基于事实形态所作的现象上的区分，这种区分没有目的性思考的痕迹，也就不会体现自我负责的实质思考。就被害人自陷风险而言，目的性限缩的思考方式应是：为了达到这一"目的"，归责于行为人好还是不归责行为人好？而不是从所谓事实上的"支配力"出发，试图得出"支配力在行为人，所以行为人应该被归责"这样的结论。[2]

（3）抽象说理不能替代具体论证。在某种意义上，所有的限缩解释都是由"刑法的最后手段性"原则导出的。所以，"刑法的最后手段性原则"本身不足以作为任何限缩解释的具体论据。以抽象原则而非具体利益进行论证，必然出现所谓的"思维跳跃"。在被害人信条学那里，为何由"刑法的最后手段性"原则可以推衍出被害人的自我保护义务？显然，这里存在一个论证"不能"。这种"不能"导源于犯罪学与刑法学的学科差异。犯罪学中我们可以说从犯罪预防的角度上，被害人应该采取必要的防范措施，不能将预防责任完全推给刑法。但在刑法这样一个行为规范法中，被害人应该做什么从来都不是重点。将犯罪学的成果直接用于刑法，这可能是被害人信条学的一大问题。与此类似，被害人自我答责原则由哲学中的"自由意志"论出发，论证了自我决定是意志自由的客观表现。所以，由基于自由意志所作之自我决定产生的损害，就必须由决定者自我答责。可是，为何所谓被害人的"自由意志"能够切断行为人的负责可能性？这中间缺乏实质说理。我们不否认学

---

〔1〕　张明楷："刑法学中危险接受的法理"，载《法学研究》2012年第5期，第185页。

〔2〕　在被害人自陷风险中，行为人与被害人对损害结果发生的原因力都不可否认地存在，任何试图将原因力完全归置于其中一方的努力都注定会失败。

科之间的交融互补，但此学科的结论要想被用于彼学科，仅仅抽象说理是远远不够的。毕竟在研究旨趣上，不同学科之间的差异性不可小视。

（4）预测可能性是目的性限缩的底线。被害人信条学试图以"被害人能自我保护而不自我保护"为由，将"怀疑"从"错误"的释义中排除。许内曼教授秉承"将被害人不应该也不必要受到保护的行为方式，在构成要件所允许的解释范围内，排除于可罚性范围之外"这一立场，认为"这必须要看被害人是不是在有具体怀疑的情况下，而眼睁睁地进行投机交易，这样他的投机期待就不应受保护，也不需受保护"。[1]我国学者主张，在存在论上，"怀疑"与"信任"是相互排斥、不能并存的，既然已经表示怀疑，那就不可能说还存在"信赖"。[2]可是，从心理事实的角度看，既然只是"怀疑"，那就意味着有"相信"骗术的成分，也就是说有"错误"留存，我们通常说的"半信半疑"就是指这种心理状况。"投机"是被害人对诈术外另一"可能"的"获利"的主观追求，不能以"投机"反证"错误"。从被害人其后还是处分了财产这一点可以看出，其存在"错误"。[3]针对被害人信条学，有学者质问，是否只要有被害人牵涉，解释者就得面临这种限制解释的考验？谁能保证这种考量不会突破规范的界限？如果无法始终做到坚守规范界限，刑法安定性机能何在？[4]被害人信条学的倡导者与追随者都应自问：我是否站在了规范的对立面？解释者在考虑文义射程时，必须将国民的可预测性作为界限，这不仅是对扩大解释而言，对限制解释也是如此。[5]将"怀疑"这种"错误留存"的心态解释为"没有错误"，[6]已经突破了预测可能性这一底线。

---

〔1〕 参见［德］许内曼："刑事不法之体系：以法益概念与被害者学作为总则体系与分则体系间的桥梁"，王玉全等译，载许玉秀主编：《不疑不惑现身法与正义》，新学林图书出版有限公司2006年版，第207~208、221~222页。

〔2〕 徯泽昆："诈骗罪中被害人的怀疑与错误——基于被害人解释学的研究"，载《清华法学》2009年第5期，第109页。

〔3〕 持被害人信条学的学者往往以此认为"错误"要件被虚置，被"处分"要件替代，可是，指望实务上脱离"处分"这一事实，一一查明每起个案是"确信"还是"怀疑"，应该不太现实。

〔4〕 参见何庆仁："犯罪人、被害人与守法者——兼论刑法归属原理中的人类形象"，载《当代法学》2010年第6期，第51页。

〔5〕 不能认为类推适用才有预测可能性问题，作为其反面的目的性限缩也应受限于预测可能性。具体的论证，参见［日］松宫孝明：《刑法总论讲义》（第4版补正版），钱叶六译，王昭武审校，中国人民大学出版社2013年版，第19~20页。

〔6〕 "怀疑"与"确信（完全错误）"之间只有量差、没有质差。

（5）不能以刑事政策超越实体规范。有学者认为："教义学缺乏价值判断和现实关怀。……教义学对分则罪名的含义进行了过于自信的归纳，注重逻辑推导，形成了一个封闭的体系，在定义罪名时不仅撇开了总则的基本原理，更把一些法律价值排斥在外。"就诈骗罪而言，"任何预设的理论构造都不是立法规定，并无法律正确性可言"。"具有（民事）诉讼和（私法）救济可能性"的就不应作为诈骗罪处理。"身份公开难言诈骗""为生活领域的诈骗罪设置低门槛""市场领域允许一定的欺诈行为""投资领域诈骗罪应萎缩化""投机领域无诈骗"。[1]这实际上是一种以刑事政策超越规范的观点。对此观点，本书有几点质疑：第一，通常的教义学都是立足文本进行平义解释，对诈骗罪的规范构造的归纳即是如此，如果说平义解释"过于自信"，那试问什么解释能比它"更自信"？难道远离规范能够"更自信"？第二，教义学从不反对价值判断而且认为必须进行价值判断，不能说某解释者善于扩大或限制解释就说其有价值判断。而且，任何教义学的归纳都有一定的开放度，完全可以兼顾现实关怀。可是，当现实关怀的需要已经超越该开放度时，那就不能再"关怀"下去了。第三，刑法与侵权法的最大区别就在于刑法对个罪设定了相对封闭的要件，故只有刑法存在罪刑法定的问题。教义学的逻辑推导和形成封闭体系是忠实于刑法文本的，何罪之有？第四，论者可以不认可某解释者对其他犯罪要件的归纳，但诈骗罪是常见罪名，立法者设置简单罪状也是因为该罪构造明晰。事实上，德国、瑞士等国刑法对该罪的规定已足够揭示其规范构造，这一构造也是得到普遍公认的。第五，"有救济无刑法"以及后续针对不同领域诈骗罪的成立条件宽严有别的提法无疑已是一种超越规范的"造法"。试问："有救济无刑法"是否为一般性原则？每个罪是否都要考虑？生活、市场、投资、投机这几种领域如何区分？市场领域允许怎样一种"一定"的诈骗？投资领域的诈骗罪应萎缩到何种程度？即便把上述领域的切分处理方法写入刑法，恐怕也会因无法辨识而成为一纸空文。

"古玩市场属于法外空间"的论调就是以刑事政策超越实体规范的适例。相当多的人认为，古玩交易往往考验的就是收购者的专业知识以及所谓的"眼力"，此即古玩交易中购买者自担风险的不成文规矩。购买者的投机心理

---

〔1〕　参见高艳东："诈骗罪与集资诈骗罪的规范超越：吴英案的罪与罚"，载《中外法学》2012年第2期，第412页以下。

表现得尤为明显，很难说购买者被骗，故而也就难以认定出卖者的行为成立诈骗罪。[1]可是，认定是否成立诈骗罪，只能以该罪的犯罪构成为依据，与发生在什么领域没有关系。之所以很多涉及古玩的案件没有被作为犯罪处理，是因为这一领域相当专业，古玩的鉴定难度很高，在很多情形下难以证明行为人有诈骗故意。例如，在某一案件中，行为人称"这件宝物是明代的"而诱使他人购买，即使事后证实该物并非明代的，但行为人完全可能辩称依其能力一直就认为该物是明代的，而证明行为人"明知该物不是明代的"本身有相当难度。但是，只要客观事实足以证明其诈骗故意，结合其他事实，仍然可以认定诈骗罪成立。所以，判断是否构成犯罪以及属于何种犯罪形态，终究只能立足规范。刑事政策固然能指导构成要件的解释，但不能凌驾于实体规范之上。

综上，"目的"的言人人殊、实质说理难免脱离规范等都会使目的性限缩极易从解释论"跨界"为立法论。如何恪守解释论与立法论的界限是目的性限缩不得不面对的重要课题。

第三节　被害人身份

通常而言，被害人身份不影响成立财产罪的成立。例外的是，有的国家的刑法针对亲属之间实施的有关侵犯财产行为作出了特殊规定，其中具有代表性的就是德国和日本。我国刑法并未有关于此的规定，但是，"入户盗窃"的规定中实际上隐含了亲属之间侵犯财产的问题。同时，司法解释也对此作出了明确规定。本节拟以国外刑法相关规定为例，梳理其立法理由和解释论上的争议，并针对我国立法与司法解释有关问题展开讨论。

一、国外相关刑事立法概览

《德国刑法典》第247条规定："盗窃或侵占家属、监护人、照料人的财物，或被害人与行为人同居一室的，告诉乃论。"《日本刑法典》第244条第1款规定："配偶、直系血亲或同居的亲属之间犯第235条之罪、第235条之

---

〔1〕　猴泽昆："诈骗罪中被害人的怀疑与错误——基于被害人解释学的研究"，载《清华法学》2009年第5期，第116页。

2 之罪，或者这些罪的未遂的，免除刑罚。"第 2 款规定："前款所规定的亲属以外的其他亲属之间，犯前款规定之罪的，非经告诉不得提起公诉。"第 3 款规定："对于非亲属的共犯，不适用前两款的规定。"

在被害人身份上，《德国刑法典》的规定更为宽泛，包括"家属、监护人、照料人、同居一室的人"，《日本刑法典》则将其限定为"配偶、直系血亲或其他亲属"；在适用的罪名上，德国刑法将其限于"盗窃罪或侵占罪"，《日本刑法典》则仅限于"盗窃罪和侵夺不动产罪"，但根据第 251、255 条，这种特别规定也适用于诈骗罪、恐吓罪、背信罪、侵占罪；在法律效果上，《德国刑法典》的规定是"告诉乃论"，《日本刑法典》则区别被害人身份而论，如果被害人身份是"配偶、直系血亲或同居的亲属"，则"免除刑罚"，在被害人身份是"其他亲属"时，则"非经告诉不得提起公诉"。

二、国外相关争议问题梳理

(一) 立法理由

就亲属之间的财产犯罪作出这种特别规定的理由何在？在日本，通说和判例均采取"政策说、专属一身的刑罚阻却事由说"。[1]具体来说，立法者主要是考虑到，财产的管理和消费在亲属之间共同进行，亲属间的财产秩序由亲属内部维持更好一些，有关亲属间的事情，国家应尽量减少刑法干预，"法律不进入家庭"的谚语，就是其极端表现。这是一种与行为的违法性、责任毫无关系的专属一身的刑罚阻却事由，是基于亲属身份的且及于自身的处罚阻却事由。[2]此外，为了实质性说明该特别规定的正当性依据，出现了立足于违法性、责任分析的违法阻却、违法减少说以及责任阻却、责任减轻说。前者认为，由于家庭内的财产属于共同所有、共同占有，对此无法严格区分，因此，应阻却可罚的违法性；[3]或者，亲属之间的财产的所有、占有关系是共同的，难以明确区分，因而其法益侵害非常轻微。[4]后者认为，由于存在

---

[1] 参见 [日] 西田典之：《日本刑法各论》（第 6 版），王昭武、刘明祥译，法律出版社 2013 年版，第 167 页。

[2] 参见 [日] 大谷实：《刑法各论》（新版第 2 版），黎宏译，中国人民大学出版社 2008 年版，第 202 页。

[3] 参见 [日] 佐伯千仞：《刑法講義》，有斐阁 1984 年版，第 221 页。

[4] 参见 [日] 平野龙一：《刑法概说》，东京大学出版会 1977 年版，第 207 页。

亲属关系这一诱惑性要素，不能过于期待行为人能形成反对动机，因而应阻却可罚的责任；[1]或者，因这一诱惑性要素应减轻责任。[2]

可以肯定的是，《日本刑法典》第 244 条第 1 款的法律效果是"免除刑罚"，而不是无罪，而按照违法阻却说、责任阻却说，就应否定犯罪的成立本身。显然，这两种主张在解释论上是站不住脚的。而按照《日本刑法典》第 244 条第 2 款的规定，对于并未同居在一起的亲属之间的情形应作亲告罪处理，要对此予以合理说明，只能采取上述政策说。因为在这种亲属之间并不存在所谓所有、占有关系界限不清的情况，也难以认为存在亲属关系的诱惑性因素，违法减少说、责任减轻说对此种情形都是无法说明的。

但是，仅凭法政策这一点似乎难以说明为何不将该特别规定拓展到财产犯罪以外的罪名，因此西田典之教授主张仍然需要采取更为实质性的理由，并主张责任减轻说。其理由是：其一，即便财产的所有关系相对明确，但诱惑性因素依然存在。就《日本刑法典》第 244 条第 1 款而言，责任减轻说仍能适用；其二，对《日本刑法典》第 244 条第 3 款的规定，只要运用基于限制从属性说的责任个别化原理就能说明为何对非亲属的共犯排除适用前两款的规定；其三，免除刑罚终究仍属于一种有罪判决。[3]与此相对，山口厚教授指出，即便没有同居在一起，或者即便所有、占有关系相对明确，仍然可以适用《日本刑法典》第 244 条第 1 款的规定，就此，是否能普遍地肯定违法减少，不无疑问。并且，究竟能否类型性地肯定存在可减轻责任的情况，也是问题。例如，夺取了并非同居在一起的直系亲属的财产，对此，是否应该类型性地从轻评价其责任，就存在疑问。即便存在能肯定违法减少、责任减轻的事实，也应将其纳入政策说，通盘考虑。此外，如果按照违法减少说、责任减轻说，《日本刑法典》第 244 条前两款就应是规定了所谓独立的构成要件。因此，对于只应承担第二性罪责的教唆、帮助，按照共犯从属性观点也不得不适用，这显然有悖于第 3 款的规定。[4]

诚如山口厚教授所说，责任减轻说与违法较少说存在的固有疑问是，能

〔1〕 参见 ［日］泷川幸辰：《刑法各論》，世界思想社 1952 年版，第 113 页。
〔2〕 参见 ［日］曾根威彦：《刑法各論》，弘文堂 2012 年版，第 125 页。
〔3〕 参见 ［日］曾根威彦：《刑法各論》，弘文堂 2012 年版，第 125 页。
〔4〕 参见 ［日］山口厚：《刑法各论》（第 2 版），王昭武译，中国人民大学出版社 2011 年版，第 245 页。

否类型性地肯定存在可减少违法或减轻责任的情况？即使是配偶、直系亲属，如果已经长期分居两地，亲属关系的诱惑性因素是否一定存在？要肯定在所有案件中都存在如西田典之教授所主张的责任减轻，恐怕是有难度的。在说理的包容度上，政策说具有不可比拟的优势。在不存在违法减少或责任减轻的情况下，政策说能"独当一面"；即便存在违法减少或责任减轻，将其纳入政策说中即可。最终，政策说面临问题的便是，"法律不进入家庭"这一法政策学依据为何仅在财产罪中而不能在侵犯生命、身体、自由、名誉的犯罪中适用？本书认为：一方面，在个体法益的轻重位阶中，财产相比较生命、身体、自由、名誉而言，处在相对比较次要的地位，基于刑法谦抑性精神，刑法的介入应该更为谨慎，在涉及家庭的场合更应如此；另一方面，家庭成员间的财产获取与开支纠葛在一起是一种家庭生活的常态现象，这一点也显著区别于家庭成员的生命、身体、自由、名誉，不管是否家庭成员，每个个体的生命、身体、自由、名誉都是相对独立的，当然不允许包括家人在内的他人的随意侵犯。这样，刑法的介入对此也应有所区别。上述亲属之间财产犯罪的特别规定之所以不可能适用于抢劫罪，正是因为抢劫罪不是仅对被害人财产的侵犯，同时也侵犯了被害人的生命、身体、自由等，这已超出了"法律不进入家庭"的法政策学范围。因此，最终在结论上，本书赞同政策说。

在德国，特别规定的适用不限于亲属，而是包括"家属、监护人、照料人、同居者"。那么，"法律不进入家庭"的法政策学依据似乎难以作为单一的立法理由。毕竟"监护人、照料人、同居者"不是当然属于家庭范畴。德国并未区分不同的亲属对象而规定"免除处罚""非经告诉不得提起公诉"这样的法律后果，而是不管对象为何统一规定了"告诉乃论"这样一种法律后果。这样，解说其立法理由相对容易。"告诉乃论"主要考虑的因素是：首先，该犯罪仅侵害了个人法益，且比较轻微；其次，该犯罪往往发生在亲属、邻居、同事之间，被害人与行为人之间一般存在较为密切的关系；最后，这种犯罪涉及被害人的名誉，任意提起诉讼可能损害被害人的名誉。[1]当盗窃或侵占行为发生在家属、监护人、照料人、同居者之间时，法益侵害性比较轻微，而且被害人不一定想要追究行为人的刑事责任，设置"告诉乃论"就成了较为适宜的立法。

---

[1]　参见张明楷：《刑法学》（第5版·上），法律出版社2016年版，第95页。

（二）适用条件

1. "亲属"的含义

在被害人范围的"亲属"认定上，需要遵循民法的相关规定。在这一点上，根据《日本民法典》第 725 条的规定，包括六亲等之内的血亲、配偶，三亲等之内的姻亲。对于非婚同居关系，最高裁判所以有必要明确规定免除处罚的范围为由，否定对此类情形予以适用或类推适用。[1]一般而言，如果立足于非婚同居的实际情况复杂多样，很难明确划定一个分界线，判例的态度是不难理解的。也有学者认为，根据该特别规定的宗旨，对姘居者也应适用该条款。[2]提及"该特别规定的宗旨"，当然是指"法律不进入家庭"。争议的焦点在于，对"家庭"应采取形式的理解还是实质的理解。如果采取实质的理解，即便是具有法律上的婚姻关系，但当事人之间没有婚姻的意思，就不能认定为家庭。或者，违反了婚姻法有关年龄的规定而结婚的，虽然婚姻无效，但形成了事实上的婚姻关系，就应当认定为家庭。就此来看，在"家庭"的认定上采取实质的理解更为适宜。这一点，对比对于"同居的亲属"的理解，也能充分领悟。一般认为，所谓同居的亲属，是指在同一住所共同进行日常生活者，至于只是租借其中一个房间的，或者只是临时借宿于此的，则不在此列。[3]"租借其中一个房间的，或者只是临时借宿于此"在形式上也可谓"同居"，但其实质上与出租人还是各过各的，因此不能算得上是同居关系，这就是一种实质上的理解。仅以"非婚同居的实际情况复杂多样，很难明确划定一个分界线"为由拒绝承认非婚同居关系的适用，恐怕是在回避实质判断。但既然对于同居也能分割"租借一个房间""借宿"等情形，对于非婚同居也应根据实际情况加以实质判断。不过，对于非婚同居关系，采取实质的解释使其称得上"家庭"。但无论怎样，从罪刑法定的角度讲，非婚同居者之间都不可能是亲属关系，否则就是类推适用。因此，最终在结论上，还是不能认可非婚同居者适用该特别规定。

相比较而言，《德国刑法典》的规定更为宽泛，包括"家属、监护人、照

---

〔1〕 最决平成 18·8·30 刑集 60 卷 6 号，第 479 页。

〔2〕 参见〔日〕大谷实：《刑法各论》（新版第 2 版），黎宏译，中国人民大学出版社 2008 年版，第 203 页。

〔3〕 参见〔日〕山口厚：《刑法各论》（第 2 版），王昭武译，中国人民大学出版社 2011 年版，第 246 页。

料人、同居一室的人"，这已突破了"亲属"的范围。虽然其条款名称是"家庭成员间盗窃"，但"监护人、照料人、同居一室的人"并非必然是家庭成员。上述范围的共同点在于与行为人"共同生活"，但家属、监护人也可能并未在一起共同生活。而且，"照料人、同居一室的人"如何划定都是解释论上的难题。联系到在德国，该特别规定的法律后果只是"告诉乃论"，其立法理由也并非"法律不进入家庭"，在解释原则上，就不必拘泥于要提炼出一个共同点，只要按照各自文义进行解释即可。

2. "亲属关系"的认定

在日本，盗窃罪的法益历来就存在本权说与占有说之间的对立。一般认为，本权说以所有权及其他本权作为保护法益，占有说以占有本身作为保护法益。如此一来，在所窃取的目的物的所有人与占有人并非同一人的情形下，就会产生如下问题：要认定存在《日本刑法典》第 244 条的亲属关系，行为人究竟应与谁之间存在这种亲属关系？对此，学界主要存在三种观点：第一种认为只要与所有人之间存在亲属关系即可；[1]第二种认为只要与占有人之间存在亲属关系即可；[2]第三种认为必须与所有人和占有人双方均存在亲属关系。[3]第三种是学界通说。在大审院时代，对于所有人不是亲属的案件[4]以及占有人不是亲属的案件[5]，都否定了亲属相盗特例的适用。但后来，最高裁判所却认为亲属相盗特例要根据直接被害人（即占有者）与犯人之间的关系来判断，[6]这就导致了下级审判决在这一问题上的混乱。因此，最高裁判所明确指出，只有当犯罪人与所有人以及占有人双方均存在亲属关系时，才能适用亲属相盗的特例。[7]

当行为人从受托占有人处窃取财物时，如果只要求其与所有人之间存在亲属关系，那么就会无视占有人基于权源的正当权限。尤其是当所有人从基于权源的占有人处窃取财物时，犯罪人与所有人是同一人，也可谓具有亲属关系，如果贯彻上述第一种观点，就得对行为人免除处罚，这种结论显然不

〔1〕 参见〔日〕泷川幸辰：《刑法各論》，世界思想社 1952 年版，第 113 页。

〔2〕 参见〔日〕中义胜：《刑法各論》，有斐阁 1975 年版，第 148 页。

〔3〕 参见〔日〕平野龍一：《刑法概説》，东京大学出版会 1977 年版，第 208 页。

〔4〕 大判昭和 12·4·8 刑集 16 卷，第 485 页。

〔5〕 大判大正 4·9·30 刑录 21 辑，第 1368 页。

〔6〕 最判昭和 24·5·21 刑集 3 卷 6 号，第 858 页。

〔7〕 最决平成 6·7·19 刑集 48 卷 5 号，第 190 页。

妥当。与此类似，如果只要求其与占有人之间存在亲属关系，又会无视所有人的利益，同样存在疑问。因为，即使是采取占有说，也只是说财物的占有本身是独立于所有权等本权的独立法益，而不是连作为本权的所有权的法益性也要予以否认。除非仅以占有作为法益，否则第二种观点就不可能采取。而按照第三种观点，当所有人与占有人分离时，所有人与占有人都是被害人，两者的利益都应当得到尊重。就上述作为立法理由的政策说而言，只有在所有人、占有人均与犯罪人之间存在亲属关系时，其纷争才属于亲属之间的纷争，适用特别规定才可能正当化。[1]即便作为占有者的亲属是非基于权源的占有，但其占有仅仅是相对于所有人而言的无权，相对于第三者而言，其占有仍值得保护。既然如此，如果第三者窃取，非基于权源的占有者仍是被害人。

此外，在侵占罪的场合，所有人将财物交其他人占有后，占有人可能将财物再转给他人保管，如果保管人将财物据为己有，要适用《日本刑法典》第244条的特别规定，是否要求其与所有人、委托人均具有亲属关系？就此而言，委托给合适的人本身就可以说是一种利益，不能无视委托人在这一点上的利益。因此，在准用亲属相盗特例时，行为人与所有人以及委托人之间具有亲属关系是必要的。[2]

在德国，虽然盗窃罪的法益不是以本权说与占有说对立的形式展开，但"告诉乃论"的法律效果决定了问题的焦点还是在"谁是被害人"上，这一点不管是采取法律的财产说、经济的财产说抑或是"法律-经济"财产说，在结论上都会与上述日本刑法一样，即所与人与占有人均是被害人，要适用《德国刑法典》第247条的特别规定，犯罪人就必须与所有人和占有人双方均存在相关的"家属、监护人、照料人、同居一室的人"关系。

（三）亲属关系的错误

犯罪人可能就自己与被害人之间是否存在亲属关系陷入错误。例如，误认为父亲占有的财物为父亲所有而窃取，但实际上是第三人暂时寄放在父亲处的财物，对此应如何处理？按照专属一身的刑罚阻却事由来说，这种错误属于与行为的犯罪性毫无关系的错误，因此不影响其罪责。但如果认为是违

---

〔1〕 参见［日］山口厚：《刑法各论》（第2版），王昭武译，中国人民大学出版社2011年版，第246~247页。

〔2〕 参见［日］山口厚：《从新判例看刑法》（第2版），付立庆、刘隽译，中国人民大学出版社2009年版，第246页。

法减少或责任减轻，这种错误就应该与实际存在亲属关系的情形一样，适用或准用特例。就违法减少说看来，只能认定存在于减少之后的未发现相对应的责任，因而是"准用"特例；在责任减轻说看来，对亲属关系的认识属于责任减轻要件，只要存在这种认识，就应"适用"特例。[1]

本书认为，关键还是要看是否存在亲属关系。如果客观上存在亲属关系，即便对此并无认识，也应适用特例。相反，如果客观上不存在亲属关系，即便误以为存在，也不能适用特例。这一结论也是由法政策学的立法理由所当然导出的。

三、我国相关立法与司法检讨

在我国，刑事立法并无关于亲属盗窃特例的显性规定。2011年的《刑法修正案（八）》增加了"多次盗窃、入户盗窃、携带凶器盗窃、扒窃"成立盗窃罪的规定。其中，"入户盗窃"是暗含亲属盗窃的一种隐性规定。"入户"并不是盗窃行为本身的组成部分，而是限制处罚范围的要素。所以，合法进入他人住宅后盗窃的，不应认定为入户盗窃，否则就会不当扩大处罚范围，特别是扩大亲属间、朋友间小额盗窃的处罚范围。[2]因此，只要是亲属之间具有合法进入对方住宅权的，就不可能适用"入户盗窃"的规定。这样，就将合法进入亲属住宅的小额盗窃排除在犯罪之外了。当然，对于不具有合法进入对方住宅的亲属，就不能适用这种"隐性"的针对小额盗窃不为罪的规定。

此外，2013年发布的《最高人民法院、最高人民检察院关于办理盗窃刑事案件适用法律若干问题的解释》第8条规定："偷拿家庭成员或者近亲属的财物，获得谅解的，一般可不认为是犯罪；追究刑事责任的，应当酌情从宽。" 1998年发布的《最高人民法院关于审理盗窃案件具体应用法律若干问题的解释》第1条规定："……偷拿自己家的财物或者近亲属的财物，一般可不按犯罪处理；对确有追究刑事责任必要的，处罚时也应与在社会上作案的有所区别。"从"一般可不认为是犯罪"以及"一般可不按犯罪处理"的表

---

〔1〕 参见［日］山口厚：《刑法各论》（第2版），王昭武译，中国人民大学出版社2011年版，第246~247页。

〔2〕 参见张明楷：《刑法学》（第5版·下），法律出版社2016年版，第953页。

述上看，司法解释认为亲属相盗可以被认定为《刑法》第 13 条但书"情节显著轻微危害不大"的情形。只不过，其中仍有部分情形确有追究刑事责任必要。对比前后的规定，可以发现，最大的变化在于司法解释在"不入罪"的条件上增加了"获得谅解"，这当然是出于过往将亲属相盗不入罪的范围拓展过宽而考虑，同时也提供了不入罪的相对明确的判断标准。至于"应当酌情从宽"与"处罚时也应与在社会上作案的有所区别"的表述，从本质上没有什么区别。

就该司法解释的适用而言，其可操作性是比较差的。对比德日的立法，"告诉乃论"在德国是唯一的法律后果，"免除刑罚"对应"配偶、直系血亲或同居的亲属""非经告诉不得提起公诉"对应"其他亲属"，日本的立法也非常明晰。但是，在我国，哪些情形需要追究刑事责任则难以判断。虽然有"获得谅解"这一相对明确的条件，但按照该司法解释的文义，即便获得了谅解，"一般可不认为"意味着仍可能追究刑事责任。这样，司法实务就难以准确把握到底何时需要追究刑事责任。因此，这一条的效果也因标准不明晰而大打折扣。相较而言，采取"告诉乃论"似乎比"一般不认为是犯罪"更有可操作性。而且，"获得谅解"也就意味着被害人不会选择告诉，在结局上与"一般不认为是犯罪"也没有什么差异。

第六章

财产保护刑法介入的立法完善

在我国刑法中，财产罪章的立法颇具特色。例如，立法"定性+定量"的设置使得行政法与刑法衔接顺畅；设立了挪用型等职务性侵财罪名；增设了拒不支付劳动报酬罪；等等。总体而言，财产罪章对于财产的保护法网严密，法定刑配置也不低。但是，从刑法介入财产保护的完善角度，仍有一些值得改进之处。有的立法完善问题已在前面章节中论及，本章拟就增设普通背信罪、反思拒不支付劳动报酬罪立法正当性以及若干条款的修正加以探讨。

第一节　增设普通背信罪

在市场经济条件下，本人不亲自实施而是"授权"他人为一定经济行为已成为常态。在这一内部关系中，被授权人仅能受到有限的监控。一旦其破坏信任关系，违背诚实义务，往往会给授权人带来经济损失。在一些国家，背信罪[1]是规制这种行为的一个重要罪名，对于授权人的财产利益避免受到损害提供了不可或缺的保护。在我国刑法中，已有相关特别背信罪的立法，但在财产罪中尚未设立普通背信罪。那么，对于普通背信侵害财产的行为，刑法有无必要介入？如果介入，应当如何确保介入的适度化？这是本节拟探讨的问题。

一、增设背信罪的赞否两论

背信罪，又称背任罪或违背任务罪，是指依法律、公务机关命令或法律

---

〔1〕　以下如无特别指出，均指普通背信罪。

行为为他人处理事务的人，为谋求自己或第三者的利益，或以损害他人的利益为目的而违背其任务，致使他人财产遭受损失的行为。[1]在世界刑法史上，背信罪的概念出现得较晚。背信罪脱离盗窃罪和侵占罪的范畴，成为独立的犯罪类型，且明确以"违反特别信任关系"作为犯罪成立要件，始于1872年《德意志帝国刑法典》，但仍限于以列举方式规定犯罪主体范围。1933年德国纳粹时期刑法将背信罪的主体范围改为一般规定，并为现行刑法沿用。日本、韩国等也有背信罪的规定。但英美普通法中没有背信的概念，背信只有可能被视为委托物侵占罪的类型。在我国，1912年的《大清新刑律》、1928年的《中华民国刑法》以及1935年国民政府颁行的刑法都规定了背信罪。但是，我国1979年《刑法》因受《苏联刑法典》的影响，未能规定背信罪。1997年修订《刑法》时，也没有改变这一做法。

　　早在20年前修订1979年《刑法》之际，我国就有学者主张增设背信罪。其认为，增设该罪的必要性体现在如下方面：①背信罪是一种比较传统的犯罪。从刑法立法史来看，许多大陆法系国家刑法都规定了背信罪，我国刑法未能规定背信罪不能不认为是一种遗憾。②背信行为具有严重的社会危害性，将其以犯罪论处符合犯罪的本质特征。背信是一种严重民事违法行为，完全可能达到严重的社会危害性；背信行为造成的财产损害，在许多情形下大于盗窃、毁坏财物等犯罪行为造成的损害；背信行为严重破坏市场经济秩序。③我国正在建立市场经济体制。增设背信罪能使各种市场主体的财产得到平等的保护，是市场经济的迫切需要。④许多增设新罪名的建议所指向的都是背信行为。如关于增设挥霍浪费罪和危害公司及其他企业财产罪等，这类行为完全可以通过设立背信罪来处理。增设背信罪将会涵盖许多具体犯罪行为。⑤刑法中缺失背信罪会使行政刑法的相关规定形同虚设。在一些行政刑法中，存在着特定背信行为入罪的规定，但因为刑法中并无背信罪的规定，致使该规定形同虚设。行政刑法中也有一些条款将特定背信行为作为玩忽职守罪处理，但这是将故意的背信行为按照过失的玩忽职守论处，使玩忽职守罪的构成要件失去了统一性，造成了严重的不协调，也使得玩忽职守罪成了"口袋罪"。[2]

---

〔1〕　参见张明楷：《外国刑法纲要》（第2版），清华大学出版社2007年版，第621页。

〔2〕　参见张明楷："关于增设背信罪的探讨"，载《中国法学》1997年第1期，第69~71页。

但是，也有学者认为，现行刑法不设背信罪无可非议，今后也没有必要增设背信罪。其理由是：①我国刑法已规定多种特殊背信罪，如渎职罪中滥用职权罪的特殊罪名、挪用资金罪、挪用公款罪等，这些犯罪都具备普通背信罪的构成要件，只不过在犯罪主体或侵害对象等方面有一定的特殊性。在德日等设有背信罪的国家，司法实践中遇到的背信案件大多也是这样一些表现形式。②许多背信犯罪行为均可以为我国相关的职务犯罪、业务犯罪所包含。如滥用职权罪就能囊括国家机关工作人员利用职权实施的各种背信行为，公司、企业人员受贿罪就能规制为了得回扣而违背任务损公济私的行为。③我国现行刑法规定的犯罪可以包容普通背信罪中的绝大部分行为，只有极少部分行为不能包容。发生在日常生活中、破坏公民个人之间信赖关系的背信行为虽然在我国无法定罪处罚，但其危害性有限，从严控犯罪处罚范围的角度讲，这样的行为不作为犯罪处理并无不当。④背信行为的刑事立法适当细密是必要的。背信行为侵害的对象范围广泛，不同背信行为社会危害性程度不一，只有尽可能分别规定罪名并设置轻重不同的法定刑，才能做到罪刑相应。如果只设立普通背信罪，就不能在立法上体现这种差别，会使之成为一个新的"口袋罪"。⑤增设背信罪还会面临难以与侵占等罪相区别的难题。[1]

2008年我国发生的一起基金"老鼠仓"事件引起了社会的广泛关注，"老鼠仓"就是一种背信行为。虽然我国《刑法修正案（六）》规定了背信损害上市公司利益罪和背信运用委托财产罪，但似乎都不能适用于"老鼠仓"案。这一事件引发了学界对增设背信罪的热议，相关文献多主张设立普通背信罪以资因应。[2]

在本书看来，否定增设背信罪的观点难言妥当。

（1）所谓已规定多种特殊背信罪的说法缺乏严谨性。以论者所举的挪用资金罪、挪用公款罪为例，这两个罪名在主观上并未要求"出于为自己或第三者牟取利益，或者损害委托人利益的目的"，如果对背信罪主观要件的理解采取需要上述目的的话，它们就不是背信罪的特殊类型。即便不要求成立背信罪具备上述目的，这两个罪名也没有背信罪中公认的"致委托人的财产遭

〔1〕 参见刘明祥：《财产罪比较研究》，中国政法大学出版社2001年版，第409~411页。
〔2〕 参见吴情树："我国刑法中'犯罪类型设置'的检讨——从背信罪的设立入手"，载《华侨大学学报（哲学社会科学版）》2009年第3期，第78页；郑泽善："背信罪新探"，载《政法论丛》2015年第1期，第86~88页。

受损害的"要求，事实上挪用行为也不一定会致使本单位财产遭受损害。从客观要件来看，它们也不是背信罪的特殊类型。不能因为某些罪名具有"背信"特点就将其归为背信罪的特殊类型。因此，我国刑法规定的特殊背信罪范围实际上并非如否定论者所言的那样宽泛。更何况，论者也承认，在德日等设有背信罪的国家，司法实践中遇到的背信案件"大多"也是我国已规定的特殊表现形式。这就意味着，仍有一些表现形式并未在我国刑法中规定，从而形成处罚漏洞。

（2）"德日等国的许多背信行为可以被我国相关的职务犯罪、业务犯罪所包容"的论断尚显草率。在论者所举的滥用职权罪中，"致使公共财产、国家和人民利益遭受重大损失"的结果，虽然是本罪的构成要件要素，但宜作为客观的超过要素，不要求行为人希望或者放任这种结果发生。[1]据此，如果背信罪要求"出于为自己或第三者牟取利益，或者损害委托人利益的目的"，[2]滥用职权罪就不是背信罪的特殊类型，也就谈不上"国家机关工作人员职务范围内的各种背信行为，只要构成犯罪的，如果不能定其他罪名，最终均可以按滥用职权罪定罪处罚"[3]。

（3）所谓"发生在日常生活中、破坏公民个人之间信赖关系的背信行为虽然在我国无法定罪处罚，但其危害性有限，从严控犯罪处罚范围的角度讲，这样的行为不作为犯罪处理并无不当"的说法不能成立。背信罪的目的是保护财产，既包括国有财产，也包括集体、个人财产，各种市场主体的财产应得到平等的保护，不能厚此薄彼。更何况，在许多时候，个人财产损失的数额远超国家、集体财产的损失，刑法舍而不保显然违背了设置背信罪这一财产罪的初衷。而且，论者主张"普通背信行为比普通侵占行为的危害性更小"，恐怕也没有足够的学理与实践支撑。如后文所述，针对财物或财产性利益的取得行为是侵占罪，其他的背信行为是背信罪。就造成财产损害而言，在权利多元化的现今，"取得"不一定就比其他形式的财产损害更重。从立法来看，在日本，单纯侵占罪与背信罪的法定刑均是"5年以下惩役"，并未体现所谓普通背信的危害性更小。此外，否定论者指出，我国侵占罪的成立条

〔1〕 张明楷：《刑法学》（第5版·下），法律出版社2016年版，第1245~1246页。
〔2〕 对背信罪立法中设置此目的的必要性，下文将会详细论述。
〔3〕 刘明祥：《财产罪比较研究》，中国政法大学出版社2001年版，第410页。

件比德日等国严格得多，不仅要求数额较大，而且还要拒不退还，并要有被害人告诉才当犯罪处罚，比侵占行为更轻的普通背信不作为犯罪处理也并无不当。可是，正因为普通背信与侵占行为的危害性相当，为了避免处罚范围的不明确性，在立法设计上对客观、主观要件均要作出明晰规定。

（4）担心背信罪成为新的"口袋罪"是没有必要的。立法的粗疏和细密不能一概而论。就背信罪而言，其立法要点在于：普通背信罪本身可以设立较为明确的构成要件和法律后果，不存在粗疏问题；设立了普通背信罪并不意味着排斥特殊背信罪，毕竟特殊背信罪具有其侧重的法益保护点。因此，增设背信罪不是如否定论者所说的那样"只设立背信罪"，也不会设置要件不明确的背信罪，使其成为一个新的"口袋罪"。

（5）背信罪与其他罪名难以区别的难题不能作为反对增设的理由。背信罪虽然出现得较晚，但仍与强制罪，业务上过失致死伤罪，制作虚假公文、证件罪一样，属于传统犯罪的范畴。这些传统犯罪都具有很强的类型性，但是我国缺乏相关的类型性规定。[1]既然如此，只要我们充分把握背信罪的类型性，与其他罪名难以区分的问题就能迎刃而解。而且，即便背信罪与其他罪名难以区别，采取退避难题、无视处罚漏洞的态度也是不可取的。

二、增设背信罪的必要性

本书赞同增设背信罪的主张。但是，过往的一些论证要么缺乏系统性，要么语焉不详，或者失之笼统，有些提法也不甚妥适，有进一步说理完善的空间。鉴于此，本书拟对增设背信罪的必要性再提出若干意见。

（一）立法沿革的角度

有学者指出，从背信罪的立法沿革来看，其独立成为一种财产罪类型的主要原因之一在于立法者希望通过背信罪的规定，以填补侵占罪在规范范围上的不足。侵占罪描述的不法行为是将占有之物易为所有，这是一种"逾越权限的财产支配行为"。这就使得侵占罪面临两个新的问题：其一，在债权等不以特定物作为财产权投射对象的财产权类型中，与侵占罪行为客体所描述的"物"的概念不符合，如果行为人针对他人"财产性利益"而为"侵占"，即使对他人的财产造成损害，也无法以侵占罪论处；其二，如果行为人在他

---

〔1〕　参见张明楷："刑事立法的发展方向"，载《中国法学》2006年第4期，第32页。

人授权范围内行事，但却以造成他人财产损害为目的从事处分行为，从形式上看，此时并未逾越授权范围，要论以侵占罪同样是有困难的。[1]

众所周知，德国刑法将侵占罪的对象限定为"物"，针对"财产性利益"的侵害行为，可以通过背信罪处理。例如，A 基于身份原因，在成立有限责任公司之际，不愿出面担任股东，虽其实际出资并享受收益，但与 B 约定以 B 的名义持股。B 后来出于为己谋利，与 C 串通将 A 的股份低价出卖于 C。这里只涉及股权的转让，并无"物"的侵占。B 虽然无法成立侵占罪，但可以背信罪处。在我国，B 作为显名股东，相应股份处于其掌控之下，其出卖股份的行为不可能构成盗窃罪，其在出卖股份时也未对 A 或 C 进行欺骗，也不可能成立诈骗罪。如果以侵占罪行为客体只能是"物"为由，其行为也不能构成侵占罪。如此一来，恐怕只能得出 B 无罪的结论。这就造成了严重的处罚漏洞，导致了实质上的不公正。因此，认定侵占罪构成要件中的"财物"包括财产性利益，进而认定 B 就 A 的股权成立侵占罪才是妥当的结论。在我国，可以将侵占罪的法益拓展到除了所有权之外的其他物权、股权、债权等财产性权利。[2]由此，对侵占罪行为客体为"物"的"不足"这一点，在我国财产罪解释论的视域下，尚无须通过设立背信罪来弥补。

侵占罪的第二点处罚漏洞是指，当行为人基于法律或契约等原因，对于他人财产权有一定的支配权限时，其得以行使权限为名，而行侵害他人财产之实。对于这种行为，如果不能予以有效规范，将会使得民事法上的授权制度难以顺畅开展，并导致以此授权为基础的相关交易活动陷入困境。对此，反对增设背信罪的学者认为，除去刑法已有规制的特别背信行为外，发生在日常生活中、破坏公民个人之间信赖关系的背信行为危害性有限，不作为犯罪处理也并无不当。可是，侵占罪也是"发生在日常生活中、破坏公民个人之间信赖关系的背信行为"，为何各国刑法（包括我国刑法在内）对其都予以犯罪化？恐怕唯一的理由在于侵占罪是一种"逾越权限侵犯所有权的行为"了。但是，不管是逾越权限还是滥用权限，不管是侵害所有权还是其他财产权，在阻扰授权制度、妨碍交易活动、造成财产损失方面均并无二致。更何况，随着我国经济实力的提升，公民个人财富的增加，"发生在日常生活中、

[1] 参见张天一：《时代变动下的财产犯罪》，元照图书出版有限公司 2015 年版，第 236~237 页。
[2] 参见王钢："不法原因给付与侵占罪"，载《中外法学》2016 年第 4 期，第 944~945 页。

破坏公民个人之间信赖关系"造成的财产损失完全可能高于所谓发生在企业经济生活领域的损失，对这种背信行为进行规制也是理所应当的。因此，对于并未逾越权限而只是滥用权限的背信行为，通过设立背信罪进行规制是有其必要的。

（二）民刑功能的角度

在我国，主张增设背信罪的学者往往忽视了民法与刑法功能上的定位差异，也就是只要某种财产利益能有效地受到民法的保护，以刑法额外保护便没有必要。对于背信行为，民法是否足以应对？对此，有学者虽以"严重民事违法行为也可能构成犯罪，这是刑法与民法的关系决定的"加以回应，但为何背信行为就是"严重民事违法行为"？应当说，这一回应语焉不详，说服力不够。因此，从民刑功能的角度论证民法已"不堪"规制有关背信行为，必须委以刑法加以规制，增设背信罪才有部门法上的理论基础。

德国有学者指出，刑法是保护财产托付者财产利益的最后手段，在民事责任与刑事责任之间，虽然存在着交互关系以及某种程度的依赖性，但这并不能否认：在对于财产照顾之违反规范的事实加以确认的刑法以外的法律规范与刑法之间，存在着一个借由偏差行为之应罚性与需罚性所决定的阶层关系。[1]对于需罚性的问题，主要涉及的是被害人保护必要性，将在下文有关被害人保护视角中论述。就应罚性而言，背信行为损及两种关系：一是对内关系，破坏信任关系，违反诚实信用义务，损害了授权人的财产；二是对外关系，行为人与第三者之间发生的是一种对外关系，其背信行为影响了授权人与第三者之间的关系，从而破坏了市场经济秩序。以大量存在的商业贿赂现象为例，那些受托为他人购买商品的人，为了得到回扣而购买劣质商品，这种背信行为严重破坏了市场经济秩序。此外，随着我国经济的快速发展，经济结构也在不断转型，刑法过去将保护国有经济置于首位，但现今的局面是，非国有经济已经占据了相当的份额。目前，我国对非国有经济的监管还很薄弱，依靠自律、自我监管，以民事行政手段应对非国有经济领域的违法问题，恐怕不够充分。如果没有刑法作为最后保障手段，不仅是非国有经济难以得到有效保护，国家和社会的财产无疑也会面临极大的风险。近些年来，

---

[1]　参见［德］Robert Esser："刑法对经济活动自由之规制——以背信罪（德国刑法第266条）为例"，王效文译，载《成大法学》2010年第20期，第132~133页。

我国刑法已新增许多罪名，强化了对各种经济成分的平等保护。顺应这种形式，在刑法中新增普通背信罪的规定，应当是适宜的。最后，就犯罪成本来说，如果对于背信损害他人财产的行为仅以民事、行政手段应对，那就意味着行为人至多承担损害赔偿与行政处罚的后果，这种犯罪成本对行为人而言很低，对其的威慑力也很不够。背信行为就其本质而言是一种"反社会"行为，即便能以民法等刑法以外的规范对其进行规制，也仍然需要依靠刑罚加以防卫。

（三）被害人保护的角度

对于背信行为要否入罪，不仅要考虑应罚性，还应考虑需罚性的问题。德国学者对此的理解是，倘若财产所有人放弃设立或引进有效的监控机构与监控委员会，那么就要针对扩张解释背信罪的做法特别地加以批判检讨。在这种情况下，以非刑法评价后的缺失行为，虽然通常并不欠缺应罚性，但在缺少被害人保护必要性的观点下，却有可能欠缺需罚性。[1]虽然这一理解是针对德国实务扩张解释背信罪构成要件所作的批判，而不是从立法论上检讨被害人保护是否对背信罪的立法有所影响，但是对于我们从被害人视角检视是否需要增设背信罪仍有参考价值。从被害人角度，我们需要思考的是：如果被害人能够在授权活动中把控相关的背信风险，是否还需要刑法介入对其进行保护？

除了少部分因法律强制形成的授权关系外，被害人对于权限授予是能够按照其自由意志自行决定的。可以想见的是，被害人应当在进行详细的评估后，再作出是否授权的决定，这就会适当降低授权后可能遭遇的风险。即便是在授权后，被害人也仍然可以采取各种有效的监控措施，对行为人进行监督，一旦发现有风险提高的可能，也可以通过撤回权限或及时发出指示来确保自己的财产安全。这种评估与控制的能力是被害人所应具备的。更何况，授权后行为人的相关行为完全可能使得被害人的财产发生减损，要以刑法确保被害人的财产不会因此而受损，在现实上是不可能而且也是没有必要的。由此来看，虽然刑法设立背信罪最终是为了保护被害人的财产，但针对何种侵害行为来保护财产才是背信罪的重点。

---

　　〔1〕 参见〔德〕Robert Esser："刑法对经济活动自由之规制——以背信罪（德国刑法第 266 条）为例"，王效文译，载《成大法学》2010 年第 20 期，第 135 页。

被害人之所以授权给行为人，应当是出于"为自己妥善处理财产"的目的，不可能是"加害于自己财产"的目的。即便被害人已经授权，也不代表他人可以不受限制地对财产加以支配，如果行为人出于损害授权人财产的目的，其行为也造成了授权人财产利益的损害，那么这种行为便已经彰显出了侵害他人财产利益的主观恶性，需要刑法介入。就被害人而言，不可能在授权时明确界定权限行使的范围，要求其明确这种范围，不但是不合理的要求，也有违授权制度的本意。所以，被害人不可能在授权活动中完全掌控背信这种行为可能导致的风险。背信罪存在的意义，并非确保授权人的财产利益不会因被授权人的行为而受到损害，而是对于具有处理他人财产权限的人恶意侵害授权人财产的行为予以控制，将授权所可能带来的损害风险控制在合理的范围内。[1]因此，在背信的场合，说被害人能够自我保护而无须刑法保护是不妥当的。

（四）规范设置的角度

反对增设背信罪的最主要理由，倒不是背信行为不值得刑法处置，而是刑法已有相关特殊背信罪名，或者相关职务犯罪、业务犯罪等也能够应对各种背信行为。这种"细密化"的立法方式，不但能够充分体现不同背信行为的差异性，还能够避免设立的普通背信罪成为新的"口袋罪"。[2]这样看来，有必要从规范设置的角度，尤其是从普通罪名与特殊罪名关系处理的角度来分析是否有必要增设普通背信罪。

（1）普通背信罪与特殊背信罪各有其法益侧重点，不能相互替代。例如，背信损害上市公司利益罪、背信运用受托财产罪分别被规定在"破坏社会主义市场经济秩序罪"章的"妨害对公司、企业的管理秩序罪"节与"破坏金融管理秩序罪"节中。可见，背信损害上市公司利益罪的法益侧重点是国家对公司、企业的管理秩序，虽然其损害了上市公司利益，但上市公司的财产权是第二位的法益。同样，背信运用受托财产罪的法益侧重点是国家的金融管理秩序，虽然其"情节严重"不一定是指给委托人造成重大财产损失，但受托财产受损肯定是其中最主要的表现形式，不过客户的财产权仍然是该罪第二位的法益。再如，渎职罪中的"滥用职权罪"这一普通罪名以及诸多表

---

〔1〕　参见张天一：《时代变动下的财产犯罪》，元照图书出版有限公司2015年版，第244~246页。

〔2〕　参见刘明祥：《财产罪比较研究》，中国政法大学出版社2001年版，第409~411页。

现为滥用职权的特殊罪名，虽然其也有可能表现为背信行为，但其法益是"国家机关公务的合法、公正、有效执行以及国民对此的信赖"，[1]其立足点也不是对财产权的保护。而普通背信罪是典型的财产犯罪，其法益是公私财产权。在我国，诈骗罪与特殊诈骗罪的规定也是一样，立法者没有因为在财产罪中规定了诈骗罪就放弃了在其他章节中规定特殊诈骗罪。这是由普通罪名与特殊罪名各有其法益侧重点或者说立法意旨所决定的。这也就意味着普通罪名与特殊罪名是不能互相替代的。

（2）增设普通背信罪是类型化立法思维的要求。有学者指出，刑法上的类型既要尽量避免交叉与重叠，以免给定罪量刑带来影响而造成处罚的不公平，又要尽可能全面、减少遗漏，以免损及罪刑法定原则而损害刑法的正义性。[2]为了减少刑法上的漏洞，各国刑事立法采取的通行做法是：对于侵犯法益比较小、变动性比较大、方式多样的犯罪，往往采用一些抽象、概括因而涵摄力强、包容性大的用语，仅描述其类型，典型的就是背信罪、强要（制）罪、胁迫罪等犯罪类型化的规定。[3]我国刑法的特殊背信罪名不少，其中既有罪名中包含"背信"字样的，也有没有使用"背信"提法的，但其本质上都是滥用了他人的授权或者违背了诚实处理他人事务的义务，对他人财产造成了损害。从基本结构上来看，都符合"为他人处理事务的人—出于图利或加害目的—实施违背任务的行为—造成他人财产上的损害"。[4]特殊背信罪立法也不能说完全没有道理，毕竟在法益侧重点上有所不同，也便于根据不同情形进行更加细密化的定罪量刑。但是，与类型化立法的做法相比，其无法适应不断出现的新的背信类型，一旦出现特殊背信罪名无法应对的情形，势必又要增设新的特殊背信罪。可见，这种模式具有局限性，也缺乏前瞻性。没有对背信这种传统犯罪加以类型性规定，是我国刑法的一大缺憾。许多所谓新的犯罪现象，原本都可以被传统犯罪的构成要件所涵盖，如果刑法没有针对某一传统犯罪进行类型性规定，就会出现处罚漏洞，为了弥补处罚漏洞，

---

〔1〕 张明楷：《刑法学》（第5版·下），法律出版社2016年版，第1238页。

〔2〕 参见张明楷："绑架罪中'杀害被绑架人'研究"，载《法学评论》2006年第3期，第18～19页。

〔3〕 参见吴情树："我国刑法中'犯罪类型设置'的检讨——从背信罪的设立入手"，载《华侨大学学报（哲学社会科学版）》2009年第3期，第78页。

〔4〕 只不过，有些国家如德国、奥地利等对目的或意图并未提出要求，瑞士刑法将图利目的作为加重法定刑情节，日本将其作为真正的目的犯。

又不得不反复修改刑法。相反，如果有了普通背信罪的规定，就能囊括社会生活中出现的各种新的背信类型，而不至于遗漏性质相同的犯罪行为，也不至于修改刑法。[1]

我国 2008 年发生的"老鼠仓"事件在当时是一种新的背信类型，但因为没有相关刑法规定，使得无法对行为人追究刑事责任。"老鼠仓"的原意是"先跑的老鼠"，是指相关基金经理利用其职务上的便利，利用非公开的基金投资信息，先于有关基金买进同一公司的股票，为自己或他人牟取私利。美国等国都把"老鼠仓"行为纳入刑事规制，行为人不仅要被没收违法所得，处以巨额罚款，还要被判处有期徒刑甚至终身监禁。日本也早在 20 世纪 80 年代初便制定了《证券交易法》，用刑法来调整相关行为，又于 2006 年出台了新法，加大了对该种行为的处罚力度。[2]在我国，虽然是 2009 年《刑法修正案（七）》修订了内幕交易、泄露内幕信息罪，增设了利用未公开信息交易罪，但仍然存在部分"老鼠仓"行为仍然无法被涵摄、将其归属于内幕交易不甚妥当等争议。[3]可见，指望通过修补特殊背信罪名来严密法网，并非优化立法的明智之举。

（3）增设背信罪不会导致规范关系的难以处理。反对增设背信罪的重要理由之一是，如果只设立普通背信罪，会使其成为一个新的"口袋罪"，还会面临难以与侵占等罪相区别的难题。[4]

对此，本书认为：

（1）主张增设普通背信罪，并不意味着要删除特殊背信罪的规定。因此，如果某一行为符合特殊背信罪的规定，原则上就应以特殊背信罪处理，只有对那些不符合特殊背信罪规定但符合普通背信罪规定的行为，才以普通背信罪论处，这样不会导致普通背信罪处罚范围的"膨胀"。普通背信罪与特殊背信罪结合规定的做法，既有原则性又有灵活性，在我国刑法的其他犯罪类型中也是比比皆是，不必担心所谓的普通罪名都可能成为"口袋罪"。

（2）普通背信罪的要件的确存在被扩张解释的空间，国外实务中也有这

---

［1］ 参见张明楷："刑事立法的发展方向"，载《中国法学》2006 年第 4 期，第 32、30 页。

［2］ 参见黄鑫："从'老鼠仓'事件谈增设背信罪之必要"，载《中国刑事法杂志》2009 年第 2 期，第 47~48 页。

［3］ 参见郑泽善："背信罪新探"，载《政法论丛》2015 年第 1 期，第 86 页。

［4］ 参见刘明祥：《财产罪比较研究》，中国政法大学出版社 2001 年版，第 411 页。

种做法和趋势，理论界对此同样抱有忧虑。但是，我们不能"因噎废食"，因为其可能被扩张适用而"裹足不前"。相反，合理化设定其罪状和程序性条件，防止其立法的不明确和司法中的被滥用才是我们应该着力解决的问题。

（3）背信罪与侵占罪的区分一直是其解释论中最复杂的领域之一，学者们对此也提出了多种解决方案。但是，想要完全杜绝相关罪名之间的重叠与交叉是不可能的。背信罪与许多罪名都存在竞合关系，有的是法条竞合，有的是观念的竞合。为了避免今后出现不同规范关系处理上的难题，在尚未正式立法之前，应充分研究背信罪与相关犯罪的关系，在此基础上设计尽可能相对独立的罪状，以减少与其他犯罪类型的重叠与交叉。此外，对于适用中可能出现的扩张问题，适当的限制性解释也能进行应对。

三、背信罪的立法设计

众所周知，德国是背信罪立法经验和理论学说最丰富的国家，围绕该罪立法是否违背宪法明确性要求、司法上如何控制该罪介入经济活动的界限等问题，形成了旷日持久的争议。日本对背信罪的本质与定位也展开了热议，形成了丰富的理论与实务成果。这些争议对我国新增背信罪有很强的参考意义。结合域外已有背信罪立法的相关经验，预判我国增设背信罪后可能面临的新情况、新问题，合理设计我国背信罪的立法条文，这是新增背信罪所要解决的最主要问题。

（一）建构明晰的主体和客观要件

1. 立法例概说

在德国，关于背信罪的本质，历来有滥用权限说与背信说之争。德国刑法理论现在所说的滥用权限，就是指滥用代理权，主要发生在与第三者的对外关系上，且只限于法律行为。由德国判例主张的背信说认为，背信罪是以违背诚实义务侵害财产为内容的，除了存在于与第三者的对外关系中，还存在于与委托人的对内关系中，不限于法律行为，凡是破坏事实上的信任关系的事实行为，都能成立背信罪。[1]两说各有所长，1933年部分修改《德国刑法典》时，综合了两种学说。德国现行刑法也是如此。《德国刑法典》第266条第1款规定："行为人滥用其依据法律、官方委托或法律行为所取得的处分

---

〔1〕 参见张明楷：《外国刑法纲要》（第2版），清华大学出版社2007年版，第621页。

他人财产或使他人负有义务的权限，或者违反其依据法律、官方委托、法律行为及信托关系而负有的管理他人财产利益的义务，致委托人的财产利益遭受损害的，处 5 年以下自由刑或罚金刑。"据此，其背信罪包含了两个构成要件：滥用要件与背信要件。滥用要件的构成要素包括：处分他人财产或使他人承担义务的权限、滥用权限、财产照管义务、财产损失。背信要件的构成要素包括：财产照管义务、违反义务、财产损失。根据通说的见解，滥用是背信的特殊条款。两个构成要件的范围虽说均存在不明确之处，但是联邦宪法法院在 2010 年的判决中仍然肯定了该罪的立法符合罪刑法定原则。[1]滥用权限是主要的规范形态，但考虑到因法律关系无效而使得行为人不具有处分他人财产的权限，或是行为人的行为已经超出权限范围，虽然其法律行为无效，但事实上的行为仍损害了委托人的财产利益等情形，应以背信形态作为补充，以形成较为完整的保护。

《日本刑法典》第 247 条规定："为他人处理事务者，出于为自己或第三者牟取利益，或者损害委托人利益的目的，实施违背其任务的行为，给委托人造成财产上的损害的，处 5 年以下惩役或者 50 万日元以下罚金。"显然，该立法没有综合滥用权限说与背信说。因此，关于背信罪本质的争论，并未如同德国那样因立法的明确态度而得到缓和，而是形成了各说林立的局面，但背信说是理论与实务的通说。[2]

2. 有关问题点

在德国，对背信罪客观要件的质疑集中在：①可以肯定的是，并非所有付款延迟、给付延迟或者其他民法上的契约义务违反都会构成刑法上的背信罪。那么，所谓的义务违反可以扩张到何种程度，以至于包含了本来主要是民法上的义务违反行为？②刑法上将应罚的财产损害种类从民法、行政法上财产损害的范畴中独立出来的重要标准，是财产受托义务这一概念，滥用要件与背信要件都要求具备这种义务，以作为核心的违法要素。但是，这一概念本身是不明确的。这种不明确性导致的直接后果是：负有所谓财产受托义务的人，不仅必须注意受损害者民法上的损害赔偿请求权，还必须一直担心刑法中背信罪的制裁。这显然有违罪刑法定原则。③行为人具备义务地位以

---

〔1〕　参见王钢：《德国判例刑法（分则）》，北京大学出版社 2016 年版，第 240 页。

〔2〕　参见张明楷：《外国刑法纲要》（第 2 版），清华大学出版社 2007 年版，第 622 页。

及财产损害发生这两点是不足以认定符合背信罪客观要件的，尚需"义务违反"这一核心要求。但是，因为要件的不明确性，实务中逐渐转由财产损害的额度来决定是否成立背信罪。这样，借由"等同于财产损失的危险"这一概念，不仅造成了既遂时点的前置化，也导致了构成要件结果（财产损害）与构成要件行为（义务违反）之间的变动，即只要行为能引起一个足以产生终局法益侵害的状态即可。这就消弭了背信罪作为实害犯的意义。[1]

为了避免过度扩张背信罪的适用范围，确定背信罪特殊的不法内涵，德国实务通说主张应当限制性地解释财产照管义务。一方面，这种义务必须是行为人所负担的主义务而非附随义务，是双方信赖关系的核心内容；另一方面，行为人必须对处分财产具有一定的自主决定权，而不能是在所有细节上都得遵循委托人的指示。此外，为了确保构成要件的确定性，自2010年以来，联邦宪法法院和联邦最高法院均要求通过经济方式确定财产危险，即在个案中必须精确地认定相应的危险究竟对被害人的财产造成了多大数额的损失。因此，对"等同于财产损失的危险"，实务界采取了更为严格的立场。[2]

在日本，学者们认识到了有别于滥用权限说可以明确界定背信罪范围的优势，采取背信说必须克服其范围不明确的问题。为此，出现了要求存在广义上的财产处分权滥用的"背信的滥用权限说"与"新滥用权限说"，以及试图限定性地理解信任关系的"限定背信说"。但是，这些观点都存在问题：究竟应将背信罪限定到何种程度？与通常的背信说具体有何不同？这些问题都尚欠明确。[3]

在解释论中，日本实务界对"他人的事务"采取了限定性解释。处理他人事务，是指代替委托人实施委托人所固有的（即委托人本可自己实施的）事务。因此，在买卖、消费借贷等合同关系中，卖方出让目的物的义务、买方支付货款的义务、借方的偿还义务等，虽然是"为了"对方的事务，但仍属于自己的事务，违反这种义务的，就只是单纯的债务不履行，不构成背信罪。

---

〔1〕 参见［德］Robert Esser："刑法对经济活动自由之规制——以背信罪（德国刑法第266条）为例"，王效文译，载《成大法学》2010年第20期，第131、135~136、143~144页。

〔2〕 参见王钢：《德国判例刑法（分则）》，北京大学出版社2016年版，第242、245~246页。

〔3〕 参见［日］山口厚：《刑法各论》（第2版），王昭武译，中国人民大学出版社2011年版，第372页。

但其后判例态度发生变化，扩张了背信罪的主体范围。[1]对于"任务违背"，有学者主张应理解为对委托人具有实质性的不利益的行为，实施这种行为有违事务处理的委托宗旨。对于"发生实害的危险"，如果视为"财产性损失"，从法条用语的解释上看，是存在疑问的。[2]

3. 要件设置

从主体要件上看，德国刑法并未如同日本刑法那样有"为他人处理事务者"的明确规定，其身份犯的要求是通过相关客观要件进行把握的。如果司法者的解释能力强，是否单独规定主体要件并非特别重要。但在我国，司法者的素养仍然不高，因此本书主张对主体要件进行明确规定。

严控背信罪的处罚范围，其中一条重要要求就是将债务不履行从中剔除。债务人怠于履行债务的，在一定程度上也能左右债权人的财产。那么，其是否也是背信罪的主体？根据日本刑法，背信罪的主体不能是处理"自己的事务"者，而必须是处理"他人的事务"者。也就是说，必须能认定存在代替委托人实施其本可实施的事务这样的关系。因此，合同当事人自己履行合同上承担的义务，属于"自己的事务"，即便是"为了他人而进行的事务"，但由于不是"他人的事务"，只是不履行债务，不构成背信罪。这样，设置明确的主体要件有利于从背信罪中剔除债务不履行行为。同时，这种事务只能是财产性事务。当然，不属于财产性事务的，也可以被解释为原本就并非"他人的事务"。因此，是否强调"财产性事务"，也纯属立法语言的繁琐而已。值得注意的是，德国刑法解释论要求行为人必须对处分财产具有一定的自主决定权，虽然这是对"财产照管义务"中的"义务"的要求，但也可以理解为对主体地位的要求。但是，这样要求的根据并不明确，而且要求司法者区分"概括性、裁量性"这种具有一定自主决定权的情形与"机械性"这种不具有自主决定权的情形，实际上也是很难做到的。因此，本书不主张这种限定。

对于客观要件的设计，德国立法是通过安排"滥用"与"背信"两个要件，将前者作为后者的特殊情形来进行的。日本立法则仅规定"违背任务"要件，并未严格区分两种情形，这就导致了背信罪本质上的诸多争议。为了

[1]　参见［日］西田典之：《日本刑法各论》（第6版），王昭武、刘明祥译，法律出版社2013年版，第268~270页。

[2]　参见［日］山口厚：《刑法各论》（第2版），王昭武译，中国人民大学出版社2011年版，第379、384页。

避免在适用上产生不必要的歧义或争议，德国立法模式更为妥适。只是，本书认为没有必要对义务来源采取冗长的列举方式，简明概括性叙述即可，将这些内容委诸解释论更为合适。

就背信罪本质而言，滥用权限说将该罪的成立范围限于被授予法定代理权的情形，这当然失于狭窄。就事务性委托而形成的滥用权限，作为犯罪处理也是必要的。对此，有学者从明晰背信罪与侵占罪界限的目的出发，主张背信罪所要处罚的行为样态应是"滥用权限"，"逾越权限"的行为应由侵占罪加以规范，因此背信罪与侵占罪二罪间是互斥关系。[1]可是，即便能将越权取得财产性利益认定为侵占罪，在行为客体是财物的场合，只要不将侵占罪简单地理解为针对财物的背信行为，而认为属于背信的取得行为即可。那么，认为逾越权限的都能按照侵占罪处理的观点便难言妥当。[2]因此，没有必要基于一定要使得背信罪与侵占罪处于互斥关系的立场而将背信罪限定为滥用权限行为。事实上，二者的区分并不困难：针对财物与财产性利益的取得行为是侵占罪，其他的背信行为则是背信罪。因此，背信罪的本质是：以对有关委托关系的侵犯、对财产的侵犯作为法益侵害的犯罪。

就滥用权限与背信行为和财产损害之间的关系，德国刑法使用了"致"这一表明因果关系的用语，这是值得肯定的。如上文所述，德国理论界存在对客观要件扩张适用的质疑，如仅凭财产损害和负有义务两点认定符合客观要件，忽略了对"义务违反"行为的认定。可是，这应当不是立法的问题。立法者明文要求构成要件行为（即"义务违反"）与构成要件结果（即"财产损害"）之间存在因果关系。同样，将"财产损害的危险"解释为"财产损害"本身这种前置化的处罚方式，也不是立法所导致的问题，而是一种"解释性立法"。不过，从立法者严控"财产损害"被滥用的角度，似乎也可以考虑在"财产损害"前加上"现实的"这一限定语以加强警示。但是，将"发生实害的危险"视为"财产性损失"，从法条用语的解释上看，本来就存在疑问。因此，不加"现实的"这一限定语也是可以的。

综上，对于背信罪的主体要件，应设置为"为他人处理事务者"，客观要

---

〔1〕 参见张天一：《时代变动下的财产犯罪》，元照图书出版有限公司 2015 年版，第 248~249 页。

〔2〕 参见［日］西田典之：《日本刑法各论》（第 6 版），王昭武、刘明祥译，法律出版社 2013 年版，第 279~280 页。

件应设置为"滥用其权限，或者违反其义务，致委托人的财产利益遭受损害"。

（二）提出特殊非法目的要求

在域外刑法中，对背信罪设置特殊的非法目的并非立法的共性做法。在德国，背信罪只是要求行为人主观上具有故意，并且以间接故意为已足。在日本，立法明确规定了"出于为自己或第三者牟取利益，或者损害委托人利益的目的"。在瑞士，图利目的只是被作为加重处罚的情形。

在德国，立法上未将背信罪作为目的犯使得本已比较宽泛的构成要件更加扩张。德国联邦最高法院第二刑事审判庭认为，只有在行为人不仅认识到并且至少容忍了财产危险的发生，而且还对这种财产危险的实现也即现实的财产损失结果至少抱有间接故意的心态时，才能认定其在造成对被害人财产的紧迫危险时就已经构成背信罪。大多数学者则主张通过严格解释财产危险，在客观构成要件层面实现限制背信罪成立范围的目标。[1]在我国，有学者主张，行为人故意违背信任，不会是无缘无故的，总是另有所图的，既可能是为了自己的利益或者为了第三者的利益，也可能是为了损害委托人的利益。如果没有这种目的，就不可能故意违背信任。因此，规定背信罪必须出于特定目的与不规定这些目的，本质上并没有什么区别。[2]也有学者认为，从我国比较注重行为人主观恶性的现实以及限制处罚范围的精神来看，将背信罪规定为目的犯是必要的。[3]"如果没有这种目的，就不可能故意违背信任"这种说法混淆了目的与故意这两个概念。现实生活中，行为人所希望或放任的结果与其所追求的目的不具有同一性的情形比比皆是，我们这里所讲的目的是超出故意认识因素与意志因素之外的某种内在意向，与故意完全可能并不矛盾地共存于行为人的主观心理中。因此，"规定背信罪的必须出于特定目的与不规定这些目的，本质上并没有什么区别"的说法也是不可取的。将某个罪名规定为目的犯，自然有限制处罚范围的作用。但是，不好以"我国比较注重行为人主观恶性"为由来论证背信罪应规定为目的犯。是否作为目的犯来规定，还是应就具体罪名来论。

---

〔1〕 参见王钢：《德国判例刑法（分则）》，北京大学出版社2016年版，第248~249页。

〔2〕 参见郑泽善："背信罪新探"，载《政法论丛》2015年第1期，第83页。

〔3〕 参见张明楷："关于增设背信罪的探讨"，载《中国法学》1997年第1期，第112页。

应当说，围绕牟利加害这一目的，核心问题是：除了背信罪客观要件外，为何要规定这一主观的超过要素？对此，日本有力说认为，这并非出于责任的角度，而是出于违法性的角度，即便是违背任务而故意给予损害的情形，如果是出于为委托人牟利的目的，应否定违法性，并不构成背信罪。为了体现这一旨趣，才附加了这种主观要件。牟利加害目的，正是从反面规定了这一点，即实施违背任务的行为，并不是出于为委托人牟利的意思。也就是说，如果没有为委托人牟利的目的，只要存在违背任务行为以及故意，就没有否定成立背信罪的实质性理由。由此，在同时存在牟利加害目的与为委托人牟利的场合，也能得出根据这两种目的的主从关系来决定是否成立背信罪的结论。[1]实务当中经常发生这样的案件，即在没有担保追加融资的场合，行为人一方面出于防止债务人倒闭进而使得债权回收成为可能的目的，另一方面也出于为借方牟利以及保全自己利益的目的。此时能否认定其具有"牟利加害目的"取决于两方面的目的中何者为主。就此而言，仅凭背信罪是故意犯罪，要求行为人对自己是他人事务的处理者、违背任务行为、财产损失存在认识或预见，显然是不够的。

综上，未来我国背信罪的立法也应将"出于为自己或第三者牟取利益，或者损害委托人利益的目的"作为本罪的主观要件。

（三）设置"告诉才处理"的规定

理论界一般认为，刑法将部分犯罪规定为告诉才处理，主要是综合考虑了以下三个因素：首先，这种犯罪仅侵害了个人法益，而且比较轻微；其次，这种犯罪往往发生在亲属、邻居、同事之间，被害人与行为人之间一般存在较为密切的关系；最后，这种犯罪涉及被害人的名誉，任意提起诉讼有可能损害被害人的名誉。[2]在我国财产罪中，侵占罪符合上述三个因素，因而被立法者设定为告诉才处理的犯罪。而在国外刑法中，确定所谓"亲告罪"主要有两点理由：一是有的犯罪涉及被害人的名誉，为了尊重其名誉，便规定为亲告罪；二是有的犯罪轻微，需要考虑被害人的意见，也规定为亲告罪。此外，有的犯罪是经请求才处理的，也被视为亲告罪。如日本刑法中损坏外

---

〔1〕 参见［日〕西田典之：《日本刑法各论》（第6版），王昭武、刘明祥译，法律出版社2013年版，第272~273页。

〔2〕 参见张明楷：《刑法学》（第5版·上），法律出版社2016年版，第95页。

国国旗、国徽罪，经外国政府请求的才处理。[1]就此而言，背信罪是否应设置"告诉才处理"的规定？

国际性会计公司 Price water house Coopers（PwC）曾于 2005 年 5 月至 9 月间，对全世界总共 3634 家企业（其中 400 家位于德国）的董事会与负责人，针对他们在 2003 年与 2004 年与经济犯罪行为有关的经验做了一个有代表性的问卷调查。其主题是：根据自己的认知，受到经济犯罪行为侵害的企业会采取何等反应与制裁行为。其结果是：通知经营负责人或董事会（97%）以及展开内部调查（86%）居于第一顺位，直到第三顺位方为通知警察与检察机关（62%），接下来为请教企业外部的律师（48%），通知监视会（43%）。如果一个经济犯罪行为的实行可以被证明，受害企业最常采取的反应形式为宣告劳工法的解雇（83%），其次为提出刑事告发（59%），展开民法救济途径（43%），以及提出要求改正（19%）。对于是否对内部行为人提起刑事告发，大约有 32% 的案例对管理高层的犯罪嫌疑人提出告发。与此相对的是，该统计数据对职员是 61%。此外，在德国针对企业领导人进行刑事追诉，只有在受害企业自行提出刑事告发时，方较有可能成功（53% 的有罪判决），如果没有这种自行告发，有罪判决率则低于 10%。39% 的企业对刑事追诉机关的工作持否定评价，仅有 27% 对于刑事程序的侦查表示满意。2009 年该公司最新的调查显示：企业越来越致力于自行对其职员的犯罪行为加以对抗与揭发。为避免犯罪，企业更加依赖法令遵循计划（44%）、伦理方针（72%）、风险管理（58%）以及反贪污计划（34%）。[2]

由上述统计数据可知，经济犯罪的被害人出于维护形象和避免"二次被害"的考虑，通常更倾向于在内部制裁行为人，刑法规范及其制裁机制并未受其青睐，其中想必存在一个相当大的犯罪黑数。经由背信行为对企业所可能造成的无形损害，可能会远高于其直接引起的有形财产损害。这种无形损害，正是由刑事追诉造成的。在公开的刑事追诉中，公众注意到该背信犯罪，该企业作为被害人反而会被质疑，尤其是其经营能力和内部管理运作。这样，被害人往往会忌惮进行刑事告发，因为刑事追诉常常伴随着名誉损失与无形

〔1〕 参见张明楷：《外国刑法纲要》（第 2 版），清华大学出版社 2007 年版，第 58 页。
〔2〕 参见［德］Robert Esser："刑法对经济活动自由之规制——以背信罪（德国刑法第 266 条）为例"，王效文译，载《成大法学》2010 年第 20 期，第 127~129 页。

的负担。既然如此,由被害人选择是否进行刑事告发,在背信罪的场合就成了一种妥当的制度安排。

在刑法理论上,背信罪也完全符合规定亲告罪的诸项理由。在德国、日本、韩国,背信罪的刑期均是 5 年以下,属于比较轻微的犯罪,将其规定在财产罪中也表明其是对个人法益的犯罪;背信罪的主体是"为他人处理事务的人",能取得这种地位的,通常与被害人之间是雇员、亲属、邻居、同事等较为密切的关系;背信罪也涉及被害人的名誉,如果由国家直接追诉,有可能损害其名誉。与侵占罪一样,背信罪所具有的"内部关系"特征决定了由被害人选择是否进行刑事追诉是更为合理的。

综上,结合背信罪与侵占罪的关系以及其与侵占罪类似的社会危害性,本书对背信罪的立法设计是:在《刑法》第277条中增加一款,作为第3款。规定"为他人处理事务者,出于为自己或第三者牟取利益,或者损害委托人利益的目的,滥用其权限,或者违反其义务,致委托人的财产遭受损害的,处二年以下有期徒刑、拘役或者罚金;造成委托人的财产遭受重大损害的,处二年以上五年以下有期徒刑,并处罚金"。至于"告诉才处理的"规定,因侵占罪条款中已有表述,无须重复。

第二节 调整拒不支付劳动报酬罪的定位

在 2011 年的《刑法修正案(八)》中,第 41 条增设了拒不支付劳动报酬罪。根据《刑法》第 276 条之一的规定,其基本罪状是"以转移财产、逃匿等方法逃避支付劳动者的劳动报酬或者有能力支付而不支付劳动者的劳动报酬,数额较大,经政府有关部门责令支付仍不支付"。从呼吁增设该罪、到立法增设该罪、再到已适用该罪数年的今日,关于应否设立该罪、该罪条文设计是否合理、怎样适用该罪等问题的争议从未停息。本节拟主要从立法论的角度,全面审视该罪的立法正当性问题,并对该罪的立法完善提出建议。

一、赞成增设拒不支付劳动报酬罪的观点述评

早在 2002 年,我国就有学者提出了设立逃避债务罪的立法构想。其认为,设立逃避债务罪的必要性在于:能从根本上解决"执行难"的问题,充

分发挥刑法是其他部门法实施的"后盾法"的作用；能有效地防止私力救助行为及有关恶性犯罪案件的发生；有利于保护债权人的合法利益，有利于市场经济的健康、有序发展。设立逃避债务罪的理论根据则是：逃避债务行为的严重社会危害性不亚于侵占罪；不规定独立罪名，无法对逃避债务行为以其他罪名论处，也不足以遏制该行为的发生；其他国家和地区有类似逃避债务罪的规定，可资借鉴。论者认为该罪的客体是债权人的债权，故应规定在侵犯财产罪中，基本罪状应设计为"以非法占有为目的，在有能力偿还到期债务或者将受到强制执行之际，故意毁坏、转移、隐匿其财产或者以其他手段，拒不履行债务，数额较大"。[1]几乎同时，还有学者在进行比较研究的基础上主张：客观上有履行能力但主观上不想履行、拖延履行或者根本不想履行的行为具有严重的社会危害性，只用民事或行政制裁手段是不够的，必须用刑法进行规制。论者提出了设立损害债权罪的立法构想。该罪的行为方式为"债务人故意毁灭、损坏或者隐匿、转移自己的财产，无偿或者低价处分自己的财产，减少或者隐瞒其收入全部或者部分，或者以其他方法导致无偿付能力状况，以逃避债务履行或者人民法院判决执行的，或者欺骗债权人或其代表，致使债务被免除、减轻或拖延"。[2]

其后，上述主张得到了越来越多的支持。例如，有学者指出，恶意逃避债务行为严重破坏了商业领域的诚实信用原则，扰乱了市场经济秩序，影响了市场经济的正常健康发展，还直接侵犯了当事人的债权；与某些罪名（如侵占罪、挪用公款罪、挪用资金罪、逃避追缴欠税罪）相比，恶意逃避债务行为具有相当或更重的社会危害性；债权与物权一样，都需要得到刑法的保护，对债权的严重损害，实质上也是对物权的损害，只是表现形式不同；从社会效应来看，增设新罪既能震慑恶意逃避债务人，又能在相当程度上避免矛盾激化，防止有关犯罪发生；从国外立法例来看，增设新罪顺应了债权保护发展的趋势。[3]也有学者从民法和行政法对恶意逃避债务行为的规制具有局限性（即民事责任太轻、行政处罚措施比较脆弱、达不到制裁效果）的角

---

〔1〕　参见冯殿美："关于设立逃避债务罪的立法构想"，载《法学论坛》2002年第2期，第50页以下。

〔2〕　参见孙明先："损害债权罪的比较研究"，载《河北法学》2002年第2期，第56页以下。

〔3〕　参见胡学相、张鹏："论恶意逃避债务行为的刑法规制"，载《暨南学报（哲学社会科学版）》2007年第1期，第89~90页。

度，论证了对其予以犯罪化的必要性。[1]

需要指出的是，虽然这些主张都不是针对拒不支付劳动报酬罪的立法而言，但其所分析的恶意逃避债务这种行为类型能完整涵摄拒不支付劳动报酬的行为，包容性更强。因此，可以认为，只要是主张增设恶意逃避债务型罪名的，也会赞成增设拒不支付劳动报酬罪。不但如此，作为恶意逃避债务的典型表现形式，上述恶意逃避债务型罪名的立法理由当然也"准用"于拒不支付劳动报酬罪。而就拒不支付劳动报酬行为，开始有学者主张设立"欠薪逃匿罪"。其理由主要有：①欠薪逃匿行为具有严重的社会危害性。企业欠薪逃匿，轻则影响员工及其家庭的生计，重则诱发群体性事件。②欠薪逃匿还是一种严重侵犯财产权的行为。其侵财数额往往比盗窃、诈骗、侵占等普通财产犯罪数额要大得多、后果也要严重得多，其受害人数多、涉及金额大，其行为造成的危害后果也非普通盗窃、诈骗等财产犯罪可比拟。因此，从一般法理来看，欠薪逃匿行为是一种比普通财产犯罪性质更为恶劣的犯罪行为。③我国现行刑法对欠薪逃匿行为无法规制。针对企业恶意欠税，刑法规定了"逃避缴纳税款罪"予以打击；针对拖欠供货商货款后逃匿，刑法规定了"合同诈骗罪"予以打击。唯独对拖欠员工工资后逃匿行为，刑法没有规定相应罪名。按我国法律精神，员工工资关乎员工及其家庭成员的生活与生存，因此是比国家税收、普通债权更应受法律保护的一类法益。我国《企业破产法》规定，企业破产后，员工工资要优先于国家税收、普通债权得到受偿。我国《劳动法》《劳动合同法》《劳动争议调解仲裁法》对拖欠员工工资行为均规定了比拖欠一般款项行为更为严厉的处罚措施以及更为简易的仲裁、诉讼程序。因此，刑法对欠薪逃匿行为不规定相应罪名，有违一般法理。[2]

及至《刑法修正案（八）》对拒不支付劳动报酬行为犯罪化，仍有学者力图为这种犯罪化探寻理论依据。如有学者提出：从社会危害性来看，恶意欠薪行为严重侵害了劳动者的合法权益及社会整体秩序，严重危害了诚信原则及劣化了社会整体道德水平；从过往的法律制裁措施来看，其他部门法的规制乏力、刑事制裁在增设该罪前仍付阙如；从当罚性来看，普通民众对恶

---

[1] 参见汪维才："论恶意逃废债务行为的犯罪化"，载《中国刑事法杂志》2006年第1期，第54~55页。

[2] 参见徐松林："刑法应增设欠薪逃匿罪"，载 http://www.legalinfo.gov.cn/index/content/2010-03/18/content_ 2088706. htm，2017年2月17日最后访问。

意欠薪已无法容忍，其当罚性不亚于某些已犯罪化的类似行为（如侵占罪、挪用资金罪）。[1]可以看出，针对拒不支付劳动报酬罪立法正当性的论证，与增设该罪之前学界对恶意逃避债务型罪名立法理由的阐述实际上别无二致。

在本书看来，上述立法正当性的论据，能堪用者寥寥无几。

（1）就赞成增设者普遍主张的"严重社会危害性"这一点而言，其论证力度和逻辑性都存在问题。就恶意欠薪这一行为而言，其本质上仍是一种民法上的债务不履行，是当事人之间的一种劳动纠纷，不能因为某种债务不履行可能导致严重的社会危害（如劳动者自杀、群体性事件等）就将这种行为的本质属性改变，将其上升为刑法中的犯罪。更何况，可能导致严重社会危害的债务不履行行为，绝非恶意欠薪一种，即使增设新罪名，也应增设"恶意逃避债务罪"才是，为何只增设拒不支付劳动报酬罪？对于为何将一种典型的民事违约行为犯罪化，赞成论者的论证是缺乏力度的。至于说"欠薪逃匿侵财数额往往比盗窃、诈骗、侵占等普通财产犯罪数额要大得多、后果要严重得多，是一种比普通财产犯罪性质更为恶劣的犯罪行为"，[2]则明显夸大其辞，缺乏实证支撑。说其比侵占罪数额要大、后果要严重，通常可能还站得住脚，但将其数额、后果的危害性、性质的恶劣程度凌驾于盗窃、诈骗这样的罪名之上，显然无论是在学理上还是在实务上都是不可能被接受的。不但如此，从刑事立法的角度，某种行为是否具有严重的社会危害性，不是一个自证的问题，而是必须通过是否具有刑事违法性来"他证"的问题。是否具有严重社会危害性，从恶意欠薪行为自身是找不到答案的，在入罪前以其作为立法正当性根据，存在严重的逻辑错误。[3]

（2）就赞成增设者所提出的该罪侵害法益多元化这一点而言，其论证并未聚焦于立法保护法益到底为何。被论者们频繁提及的"诚实信用原则""市场经济秩序""社会整体道德水平""社会整体秩序""劳动者的合法权益""债权"等，到底何者才是拒不支付劳动报酬罪的法益？如果连刑法设立该罪

---

〔1〕　参见陈荣飞、肖敏："恶意欠薪之犯罪化理据探寻——以刑法修正案（八）为背景的考察"，载《社会科学家》2011 年第 3 期，第 96~98 页。

〔2〕　参见徐松林："刑法应增设欠薪逃匿罪"，载 http://www. legalinfo. gov. cn/index/content/2010-03/18/content_ 2088706. htm，2017 年 2 月 17 日最后访问。

〔3〕　参见刘艳红："当下中国刑事立法应当如何谦抑？——以恶意欠薪行为入罪为例之批判性分析"，载《环球法律评论》2012 年第 2 期，第 67 页。

到底保护什么都没有厘清，其立法正当性从何而来？实际上，侵害法益是该罪立法正当性中的核心问题。如果认为该罪法益是债权，那就应在"保护财产"的视域下论证该种不履行债务行为值得刑法处罚。同样，如果主张该罪法益是市场经济秩序，那就应在"维护经济秩序"的范围内论证该种不履行债务行为值得刑法处罚。而不是泛泛地将该罪可能"波及"的各种法益侵害悉数列明，以强化对其社会危害性"严重"的论证，设立该罪也难堪保护上述诸多法益的"大任"。当然，有的赞成增设者明确表达了将"逃避债务罪"设立于侵犯财产罪一章中的设想。[1]但问题是，为何当事人之间逃避债务这样一种违约行为应当被犯罪化？照此，民刑界限是否还存在？刑法的谦抑性在财产保护领域还从何体现？对于这些至关重要的问题，论者都没有回答。因此，厘清该罪的保护法益并对其入罪的合理性进行论证，这是立法正当性问题所要解决的关键。

（3）就赞成增设者所指出的其他部门法规制乏力这一点而言，其论证语焉不详、深度不够。首先，民事责任的核心本就不是惩罚，即使有所谓惩罚性赔偿，那也不是民事责任的重点。在拒不支付劳动报酬这一典型的合同违约领域，合同责任所保护的主要是履行利益，即履行本身和可得利益。[2]指望通过民事责任震慑违约者，既不现实，也没有必要，是对民事责任功能的苛求。其次，行政规制不得力的确是需要刑法介入的理由之一，也能实现行政执法与刑事处罚之间的有效衔接。可是，将一种行政法上规制不力的行为上升为刑法规制，其中的处罚"跳跃"需要更为有力、深入的论证方可。否则，为何刑法只是将拒不执行判决、裁定罪作为妨害司法罪？而没有设立所谓的妨害行政执行罪？这恐怕值得思考。就此，有的学者从与逃避缴纳税款罪的比较、相关劳动法规规定了比拖欠一般款项行为更为严厉的处罚措施以及更为简易的仲裁、诉讼程序、破产法对员工工资的优先保护等方面出发，论证该罪的立法正当性，[3]应当说有一定的积极意义。

（4）就赞成增设者所说的"债权也需要刑法保护"这一点而言，其论证

〔1〕 参见冯殿美："关于设立逃避债务罪的立法构想"，载《法学论坛》2002年第2期，第55页。

〔2〕 参见王利明："侵权责任法与合同法的界分——以侵权责任法的扩张为视野"，载《中国法学》2011年第3期，第113页。

〔3〕 参见徐松林："刑法应增设欠薪逃匿罪"，载http://www. legalinfo. gov. cn/index/content/2010-03/18/content_ 2088706. htm，2017年2月17日最后访问。

失之笼统，并未抓住问题要害。"债权需要刑法保护"与"债务人不履行债务需要刑法规制"是两个问题，不能混为一谈。在我国，财产性利益应被包括在财产罪的"财物"概念中，但是要求财产性利益的内容具有管理可能性、转移可能性和价值性，行为人取得利益时能够导致他人遭受财产损害。[1]债权是典型的财产性利益，将债权纳入财产罪保护并无障碍。可是，这通常是就债权债务人之外的第三者侵害债权而言的。债务人本人未采取盗窃、诈骗、敲诈勒索等方式获得债务免除的，只是单纯不履行债务，虽然也"侵害"了债权，但并不在刑法规制范围内。因此，以"债权也需要刑法保护"论证拒不支付劳动报酬罪入罪的正当性，是缺乏具体指向性的，属于无的放矢。

（5）就赞成增设者所提出的该罪当罚性不亚于某些已犯罪化的类似行为这一点而言，其论证并未抓住有关罪名的罪质。以论者均指出的侵占罪为例。有学者认为，恶意欠薪也是实现合法持有劳动者的薪酬，而后依法应当支付而拒不支付，非法侵吞劳动者的合法财产，本质上也是一种变合法持有为非法占有的行为，其社会危害性要远甚于侵占罪。[2]或者认为，逃避债务与侵占罪的主要区别只是：前者是侵占他人的债款，后者是侵占他人的代为保管物，前者的社会危害性不亚于后者。[3]这一主张无疑混淆了侵占罪与不履行债务的界限。侵占罪的罪质是将代为保管的他人的物或财产性利益据为己有，本质上属于超越"他人委托事务"的行为。而在拒不支付劳动报酬的场合，虽然负有支付义务，表面上看是"为了"他人的事务，但仍属于"自己"的事务，违反该义务的，就只是单纯的债务不履行。[4]因此，将劳动报酬解释为"代为保管的财产性利益"，混淆了单纯不履行债务与侵占罪的区别，过度扩张了刑法的介入度。

（6）就赞成增设者所列出的域外立法的实践可资借鉴、增设该罪可顺应世界趋势这一点而言，其论证既有误读、也有未正视我国现实国情的问题。例如，论者将《意大利刑法典》第641条作为损害债权罪的规定。[5]该条的

---

[1]　参见张明楷：《刑法学》（第5版·下），法律出版社2016年版，第932~933页。

[2]　参见陈荣飞、肖敏："恶意欠薪之犯罪化理据探寻——以刑法修正案（八）为背景的考察"，载《社会科学家》2011年第3期，第98页。

[3]　参见冯殿美："关于设立逃避债务罪的立法构想"，载《法学论坛》2002年第2期，第52页。

[4]　参见［日］西田典之：《日本刑法各论》（第6版），王昭武、刘明祥译，法律出版社2013年版，第268页。

[5]　参见孙明先："损害债权罪的比较研究"，载《河北法学》2002年第2期，第57页。

规定是："意图赖债，掩饰自己无支付能力，而缔结债务契约并且不履行债务的，处2年以下徒刑或20万里拉以下罚金。"可是，"意图赖债，掩饰自己无支付能力，而缔结债务契约并且不履行债务的"，这已是诈骗罪的规制范围，而不只是一种损害债权。以此作为理据，存在规范误读。有的学者将德国的"扣发和侵吞劳动报酬罪"作为拒不支付劳动报酬罪的立法例。[1]可是，《德国刑法典》第266条a之（1）（2）所规制的行为是"截留应当为雇员向社会保险机构或联邦劳工机构交付的保险金"或者"将受委托代其雇员从其工资中扣付给他人的款项予以截留而不交给该他人"，这并不是典型的拒不支付劳动报酬行为，而是未履行缴付保险金或未代为转交扣款的行为，属于特殊的背信行为，与拒不支付劳动报酬这种债务不履行有着本质区别。在这里，论者也存在规范误读。除此之外，能否说普遍通过设立损害债权类犯罪的方式加大对债权的保护就是世界立法趋势，恐怕还存疑问。正如德国刑事立法那样，即便对于劳动报酬，实际上也并未将规制范围延展到所有拒不支付的情形。就我国的国情来看，在市场经济尚属不成熟的阶段，在合同法领域尽力贯彻私法自治原则，让合同当事人判明合同风险、承担合同不能履行可能导致的后果，而不是由刑法过多介入，可能是更为务实的选择。

二、反对增设拒不支付劳动报酬罪的观点述评

在立法者增设该罪之前，就有学者明确表达了反对意见：①拖欠工资薪酬，无论产生多大后果，本质上仍是一种不履行债务的行为，单纯将恶意拖欠工资的行为规定为犯罪，可能造成一系列不公。不履行其他债务，数额再大、恶意再深，也不成为犯罪；拖欠他人工资的，只要出于恶意，在现有的刑法规定之内就能解决，也用不着增设新罪名。②将欠薪行为（无论是恶意欠薪还是欠薪逃匿）入罪，并不一定能实现设立本罪的初衷。惩治企业的欠薪行为，最终是要让其给劳动者应得的酬薪。但是，将欠薪行为入罪，将拖欠克扣工人工资的行为人定罪判刑，并不一定能实现这个目的。不但如此，因为雇主被抓、企业被罚而倒闭，劳动者不仅讨不到工钱，反而会连工作机会都失去，这会引发更大的社会问题。③将欠薪行为入罪，并不能解决根本性问题。在现实生活中，除了少数从一开始就不想给工人工资、可以合同诈

---

[1] 参见庄乾龙："拒不支付报酬犯罪比较研究"，载《法商研究》2012年第2期，第135页。

骗罪加以处罚的恶意欠薪行为之外，绝大多数欠薪行为无非都是基于两种原因：一是企业老板将拖欠工人工资作为约束工人行为的一种管理手段，平时只发部分报酬，到年底再补齐平常所克扣的部分薪水，在这种情况下就难以确定企业的欠薪行为是否属于恶意；二是结构性欠薪，如建筑行业中建设单位常常将拖欠工程款作为"投资策略"，在这种情况下，拖欠工人工资的行为，恐怕也难说是"恶意"。④增加违法成本并不一定要采用刑罚处罚的行为。欠薪在本质上仍是一个欠债不还的行为，对其采用刑罚手段加以处理，根据何在，难以说清。相反，民事问题用民事手段解决，对恶意欠薪、欠薪逃匿等行为加大赔偿力度，也能达到增加违法成本的效果，而且更能满足劳动者的要求。如果政府的相关部门、各个企业中的相关组织以及有关司法部门能够切实地履行好自己的职责，用好、用足相关法律规定，在现有的法律框架之内，欠薪问题也是能够得到妥善解决的。[1]

也有的学者从"刑法以外是否存在可替代的方案"以及"入罪的可行性"两个方面论证了欠薪入罪应当慎行。就前者而言，欠薪泛滥既是一个制度问题，也是一个道德问题，更是一个文化问题，指望以某种激进方式一劳永逸地解决恶意欠薪问题，既不符合制度规律，也不符合具体国情；造成恶意欠薪的直接原因不是无法可依，而是有法不依、执法不严。就后者来说，我国在公民受教育程度、雇主诚信意识、工会健全性、市场准入的管理制度等方面与已有相关刑事立法的国家差异甚大，在法律移植时要充分考虑我国国情、民情、传统和经济发展阶段，采取审慎态度；导致恶意欠薪的情形相当复杂，绝大部分具有相当无奈的社会背景；主观方面"恶意"界定困难、客观方面行为模式设计困难等导致司法认定可能存在诸多问题；入罪不一定有利于改善劳动者的薪资状况，从刑事政策角度讲也不具备入罪的可行性。[2]

从聚焦点为"恶意欠薪"来看，其主张是颇有说服力的。如果从保护劳动者的薪资这一财产法益出发，指明"拖欠工资薪酬，无论产生多大后果，本质上仍是一种不履行债务的行为"，这可以说抓住了问题的要害，赞成增设

---

[1]　参见黎宏："欠薪行为入罪应当慎重"，载 http://www.legalinfo.gov.cn/index/content/2010-03/18/content_2088706.htm，2017年2月17日最后访问。

[2]　参见曾粤兴、刘阳阳："欠薪入罪应当慎行"，载《法学杂志》2010年第9期，第83页以下。

者往往未就单纯的债务不履行入罪的正当性进行深入论证。正因为恶意欠薪只是一种欠债不还的行为，用民事手段与行政手段解决，应当来说更为可取，这也可有效避免刑法的"越位"。不但如此，如果设立本罪是为了切实维护劳动者的合法财产诉求，将欠薪入罪也可能与这种初衷背道而驰，即雇主因为承担刑事责任而使得劳动者更难以获得薪资。但是，"将欠薪行为入罪，并不能解决根本问题"的论据可能有欠妥当。因为无论是作为管理手段的欠薪还是"结构性"欠薪，既然难以认定欠薪者主观上的"恶意"，自然不在本罪规制范围内。一开始就设定本罪应规制上述情形，进而以无法应对这种情形加以批判，指责该罪的设立不能解决欠薪的"根本问题"，从逻辑设定上是有问题的。罪名的设立，有的可能起到解决关键问题的作用，但很多不可能起到这样的作用。例如，抢劫罪、盗窃罪、诈骗罪等财产犯罪，其设立不会从根本上解决侵财这种社会现象导致的所谓"根本性问题"。

至于以"欠薪泛滥既是一个制度问题，也是一个道德问题，更是一个文化问题"作为论据，在说理上过于泛化。毕竟，许多入罪的行为背后都有这样的问题，以此作为反对入罪的理由，应当说不够严密。在借鉴国外立法经验的同时应审慎考虑我国的实际情况这一点主张是可取的，但不能因为一些"外围"的因素而不是影响入罪的关于恶意欠薪"本身"的因素就断然放大我国与域外之间的差异。毕竟，在已有相关刑事立法的国家中，也有与我国经济社会发展情况相当的国家。而司法认定难也不能作为不应入罪的理由，我们完全可以在罪状设计上尽可能避免司法认定上的困境。

在增设该罪之后，绝大多数的理论研究转向了本罪的适用，但仍有学者对该罪立法进行批判，其中论述最为全面、深入的当属刘艳红教授。她的主要主张是：

（1）刑法不应成为替代政府管理职能的"社会管理法"。恶意欠薪的入罪，是最为典型的将刑法作为调整因政府管理不当而致的示范行为的社会管理法的例证，属于功利主义的短视之举。

（2）刑法不应成为"危害防治法"。恶意欠薪的本质属性是民事违法，在危害性是否严重的问题上，在行为自身那里找不到答案，以其具有严重社会危害性为由入罪，使得刑法成了一般意义上的"危害防治法"，因为任何法律都是对有害于社会的防范与治理。

（3）刑法不应成为"立法者的法"。对于恶意欠薪入罪，缺乏普遍的公众认同，只是"立法者的法"，体现了我国刑事立法的不成熟与冒进。

（4）刑法不能成为"最先保障法"。现有的民行法律法规规定的救济手段单一、制裁措施乏力，但这并不意味着民行治理欠薪纠纷的整体失败，而欠薪入罪就是这种以偏概全认识的结果。刑法的过早介入，不仅会破坏现有的私法关系，也可能阻断当事人通过私法手段获得救济的可能性。

（5）刑法不能仅仅是"纸面上的法"。本罪客观行为难以认定，启动司法程序困难重重；主观故意难以认定；难以取得改善劳资关系薪酬支付纠纷的实际效果。[1]

在本书看来，上述主张有的切中要害，值得肯定，但有的可能基于误解，对本罪立法的指责过于严苛。

（1）我国政府在社会转型时期治理社会示范行为（如欠薪等）缺乏有效手段，的确反映出政府社会管理能力的虚弱。但是，刑法本就承担保护社会法益的职能，负有维护市场经济秩序、社会管理秩序的职责，在某种程度上也是一种"社会管理法"。只是相对于民行法律而言，其是位居"二线"而已。如果某种社会管理危机已经无法或难以通过"一线"法律加以应对，刑法介入的必要性也应得到肯定。在实践中，欠薪原因的确非常复杂，对于拖欠劳动报酬，事实上刑法也不是如论者所说的"一律以刑法绳之"，而是设定了具有支付能力、责令支付而仍不支付等要件进行限定，只对部分不得不介入的案件以刑法应对。"经济问题就该由经济管理手段解决，刑法不应被降格为'社会管理法'"的说法也有欠妥当。毕竟，经济犯罪都是经济问题，难道刑法就不介入？刑法在某种需要的场合进行"二线"防范，不能完全说刑法就是"社会管理法"，关键是看欠薪是否值得刑法进行适当的"社会管理"，原有的"一线法管理"是否足以应对。

（2）的确，某种行为是否具有严重的社会危害性，这不是一个依靠行为本身就能"自证"的问题，而是必须通过是否具有刑事违法性来"他证"的问题。欠薪就本质上而言是不履行债务，这一民事违法的本质不能因其可能具有的使得劳动者自杀、出现群体性事件等而改变，这些都只是行为"衍生"的后果，不是对刑法法益的直接侵害。因此，作为入罪正当性论据的所谓

〔1〕　参见刘艳红："当下中国刑事立法应当如何谦抑？——以恶意欠薪行为入罪为例之批判性分析"，载《环球法律评论》2012年第2期，第64页以下。

"社会危害性严重"的说法模糊，可能导致任意立法，不值得认同。

（3）就入罪是否恣意进行论证，可能难以得出具有说服力的结论。论者提出该行为入罪首先遭到了民法学者的反对，也遭到了刑法学者们的反对，还遭到了社会其他各界人士的反对，故指出所谓"坚实的民意基础"更多的只是一种猜测，反对呼声似乎更强、理由也更加充分一些。可是，据此还不能说本罪立法就是"立法者的法"。在我国历次刑法修正过程中，都有一些具体罪名的立法争议，事实上立法者也没有对民意进行实证性的调查统计，难道就能批判历次修正案中新增罪名都是"立法者的法"？在本罪立法存在如此大的争议的情况下，很难说民意为何，说"新增该罪体现了我国刑事立法的不成熟与冒进"，可能有点偏激。

（4）在民行法难以规制相应行为时的刑法介入不会使得刑法成为"最先保障法"，否则，刑法还有何用武之地？我国现有的民行法没有规定行为人对相关处理决定不予执行时该如何解决，这不是立法缺失，而是其法律特性决定了即便对此加以规定，也只能规定民事、行政责任，充其量是行政处罚。这对于拒不执行民行处理的行为人而言，恐怕仍然是难有震慑力的。因此，刑法的适时介入也不是没有道理。至于论者提出的建立薪酬保障制度、劳动者自力救济制度等，可能对解决欠薪问题有所助益，但是否能抵消刑法介入的所谓负面效应，成为替代刑法的手段，恐怕还是一个疑问。

（5）客观行为和主观故意难以认定的问题的确存在，但这不是该罪独有的，许多罪名也存在这种问题，这不应成为反对立法的理由。至于实践中的效果，的确是需要仔细考量的。就目前适用的情况来看，存在适用总量屈指可数、处理结果有失均衡、启动程序不尽统一等问题，[1]效果确实不尽如人意，值得认真反思。

三、拒不支付劳动报酬罪的体系性定位——以保护法益为中心

域外刑事立法中已有诸多损害债权犯罪的先例，[2]作为保护债权的犯罪类型，置入财产罪一章就是一种顺理成章的体系安排。劳动报酬是一种特殊

---

〔1〕 参见舒平锋："拒不支付劳动报酬罪研究——以40例拒不支付劳动报酬案件为分析样本"，载《中国刑事法杂志》2013年第2期，第58~60页。

〔2〕 参见孙明先："损害债权罪的比较研究"，载《河北法学》2002年第2期，第57页。

的债权，作为损害债权的特殊类型，拒不支付劳动报酬罪在我国也被安排在了"侵犯财产罪"一章中，置于破坏生产经营罪后。按照学界的理论分类，拒不支付劳动报酬罪是不履行债务型财产罪。[1]这表明，本罪的法益是劳动者请求支付劳动报酬这种债权。我国既有的针对本罪的立法论和解释论都是在这种法益论的基础上展开的。在本书看来，基于债权的法益论无法为本罪的立法奠定正当性，在我国现有的立法框架内，只有将本罪定位为扰乱市场秩序的犯罪才能使本罪立法正当化。

（一）单纯债务不履行入罪正当性质疑

刑法将拒不支付劳动报酬罪安排在财产罪中，如果采取单一法益论，本罪法益只能是请求支付劳动报酬权这种债权；如果采取复合法益论，不管其次要法益为何，主要法益仍是上述债权。可是，基于这种法益论以刑罚处罚拒不支付劳动报酬的行为，在立法正当性上存在问题。

众所周知，合同法是财产法、交易法，其基本价值是私法自治，私法自治的实质就是由平等的当事人通过协商决定相互间的权利义务关系；侵权责任法是救济法、强行法，即价值理念是人文关怀，基本功能是为受害人的损害提供救济。侵权责任法主要通过国家介入的方式使得侵权人承担责任。合同法利益保护的核心是合同债权，而侵权责任法以救济合同外的私权为目的，故以绝对权为主要保护对象。[2]绝对权具有绝对效力或绝对性，请求权只是一种相对权，只有在特定情形下才具有不可侵性。[3]基于此，合同履行请求权这种债权纠纷，基于私法自治原则，应当留待当事人自己解决，刑法没有必要介入，除非是第三者侵害这种债权。需要刑法介入的，原则上应当是侵权行为。虽然民事违约也可能造成财产损失，但这种损失的存在并不能充分证明动用刑罚处罚的合理性。合同交易本身不但是自愿的，而且是可预测的，包含了一方或者双方违约的预测，违约行为及其后果是双方可以预见的，同时由于交易的相对性，违约也是容易被发现并被证实的，通过违约责任也能使得受害方的利益得到保护。这与侵权行为的偶然性、非自愿性等是有着本

---

〔1〕　参见张明楷：《刑法学》（第 5 版·下），法律出版社 2016 年版，第 938 页。

〔2〕　参见王利明："侵权责任法与合同法的界分——以侵权责任法的扩张为视野"，载《中国法学》2011 年第 3 期，第 109、112 页。

〔3〕　参见金可可："论绝对权与相对权——以德国民法学为中心"，载《山东社会科学》2008 年第 11 期，第 136~137 页。

质区别的。违约行为的义务来自约定，而侵权行为所违反的义务来自法律、法规等的规定，即使没有合同约定，行为人也应履行。这种义务来源的区别，也是违约行为与侵权行为的重大区别。[1]这种民法上的制度安排，为刑法介入财产保护提供了较为明晰的界限。以刑法介入债务不履行，违背了民法上合同法与侵权责任法界分的意义，属于越俎代庖。刑法一旦将不履行合同、导致他人遭受财产损失的行为入罪，势必会使得人们不敢从事经济交易活动，经济也就不可能发展。这将与合同法贯彻私法自治，倡导交易自由的初衷完全背离。《公民权利和政治权利国际公约》第11条规定："任何人不得仅仅由于无力履行约定义务而被监禁。"这表明，将单纯违反约定的行为设定为犯罪从而剥夺违约方的基本人权（即监禁），其正当性值得质疑。这一规定也是各国宪法所承认的合比例原则的体现，即在单纯不履行债务的场合，刑法的介入是不合比例的。

单纯不履行债务行为本身缺乏定型性，一旦作为财产罪，不但会危及整个财产犯罪的体系构建，还会几乎完全打破已有罪名的界限。最重要的原因在于单纯不履行债务入罪缺乏限制要素，会极大扩充已有罪名的处罚范围。就餐或住宿后欠账逃走、驶离高速公路时趁机逃避收费等行为，因为缺乏"财产性利益的转移占有"这一要素，虽然不能被认定为盗窃罪，但是能被评价为不履行债务犯罪。同理，将代为保管的他人财物据为己有的，也可以说是逃避债务，侵占罪也能变为不履行债务犯罪。这样一来，所谓不履行债务的罪名实际上扮演着几乎与所有其他财产罪交叉的角色，其他罪名中能够作为不履行债务的情形也都构成不履行债务犯罪，所谓的不履行债务罪就成了一个"大杂烩"的"兜底罪名"。正因为存在这种疑问，刑法不可能将所有的不履行债务行为犯罪化，而是要通过明确、严格的限制，只处罚部分不履行债务行为。例如，取得贷款后通过编造虚假理由使得贷款人放弃债权的，也是一种不履行债务行为，但是立法者通过"非法占有目的""债权转移"等限制要素，将其作为诈骗罪的一种情形，就可以将单纯的逃避归还贷款行为从处罚范围中剔除。同样，盗窃罪要求"财产占有的转移"，趁乱逃避履行债务的行为，并未满足占有转移的要素，也不可能被评价为盗窃罪。刑事立

---

[1] 参见王燕莉、唐稷尧："中国刑法中违约行为犯罪化之现象分析与反思"，载《四川师范大学学报（社会科学版）》2013年第3期，第44页。

法是将部分不履行债务行为通过限制要素，归入到盗窃罪、诈骗罪、侵占罪等财产罪中处罚，我们不能反其道行之，将原本不需要处罚的行为通过一个"不履行债务"这样的"口袋罪"都予以处罚。如果这样，会使得本应居于"二线"的刑法成了在保护财产领域无所不能、"黑白通吃"的"一线杀手"。

从解释学上说，"欠债不还"意味着行为人仍然欠债，只是并不偿还。既然债权人依然享有债权，行为人就仍然负有债务。在这种场合，债权人的财产性利益（即债权）就没有被剥夺，也没有发生转移。[1]那么，所谓财产损害是指什么？如果要保护欠薪情形下的这种"财产损害"，为何不保护其他情形下的欠债不还？更何况其他情形下的欠债不还数额可能更大、情节可能更为严重。那么，我们是否应将所有的债务不履行均入罪？因此，即便从造成了财产损害、保护债权这种财产的角度，将某一种单纯不履行债务行为犯罪化，恐怕也是有疑问的。

（二）域外损害债权罪立法概览

在我国，虽有学者对拒不支付劳动报酬罪进行了中外比较研究，但其研究限于立法背景、模式、罪名、罪状、法定刑，并未涉及罪质这一关键问题，[2]对本罪立法正当性问题的探讨难有助益。我们注意到，学界通说一直认为该罪所保护的是财产法益。域外这种损害债权罪的立法例颇多。毁损债权罪在构造上与拒不支付劳动报酬罪相近，只不过后者中的债务类型是劳动报酬而已。实际上，我国刑法规定拒不支付劳动报酬罪，也受到了域外损害债权类犯罪的影响。那么，是否可以考虑把视域放广一些，通过考察损害债权罪的国外立法来为我们明晰拒不支付劳动报酬罪的法益提供借鉴？这可能是一个较为可取的思路。[3]

在美国，早在1948年国会就通过法典规定：①任何人在任何废止监禁逼债之州内，均不得因为执行债务或其他美国法院本于相关程序所核发之令状而被监禁。所有州对于禁止监禁逼债规定所为之修正、条件或限制，于美国法院适用于该州之法律时，相关规定均应适用于任何执行令状或法院所进行

〔1〕 参见张明楷："论盗窃财产性利益"，载《中外法学》2016年第6期，第1424页。

〔2〕 参见庄乾龙："拒不支付报酬犯罪比较研究"，载《法商研究》2012年第2期，第131页以下。

〔3〕 以下的立法梳理，参见胡天赐："损害债权罪之可责性探讨"，载《财产法暨经济法》2012年第3期，第35~42页。

之程序。②任何人在任何州内，本于法院因执行民事案件或其他程序所核发之令状而被逮捕或监禁时，应享有在该州内类似案件之法院程序中所应享有之受刑权并应遵守相同之规定。其应适用与该州规定相[1]同之释放要件。所进行之释放程序均必须在被告被执行地之美国联邦司法管辖代表前为之。为符合禁止监禁逼债，美国仅针对妨碍司法程序正义的毁损债权行为加以刑事处罚。《美国模范刑法典》第 224.10 的侵害担保债权人罪规定，对于应作为担保利益之财产，任何人若以毁损、移动、隐匿、阻碍、处分或其他方法妨碍强制执行该利益者，将构成轻罪之犯罪。因此，美国法中的禁止监禁逼债，系禁止利用监禁债务人方式作为执行商务义务的手段。另外，早期德州法院曾认为刑事罚金并非债务，因其并非源于商业交易；支付赡养费的义务与抚养子女义务都是本于社会重大利益所衍生的"自然且合法"责任，也不是所谓"债务"。就美国法而言，可以得出两个结论：①对于债务不履行施以刑法的目的在于实现司法正义而非达到遏止毁损债权的结果；②有学说从债务性质来认定毁损行为是否具有可责性，若违反的是纯粹私人债务，则不得施以刑罚，只有在违反债务具有强烈的公益性质时，才能就单纯违反债务的行为施以刑罚。

《日本刑法典》在"妨害执行公务犯罪"一章中设立了"妨害强制执行罪"。其《日本刑法典》第 96 条之 2 规定："以逃避强制执行为目的，隐匿、损坏或虚假转让财产，或者承担虚假债务的，处 2 年以下惩役或者 50 万日元以下罚金。"关于该罪的保护法益，尚存争议，主要有两种相互并立的学说：①在保护强制执行这种国家职能的同时，也保护债权人的利益，即债权的实现；②完全是为了保护债权人债权的实现这一利益。[2]对此，山口厚教授指出，之所以要用本条来重点保护强制执行，是因为该公务具有很强的要保护性，它有利于实现确保财产权的实效性这种重要利益。与财产犯罪相比，本罪的法定刑相对要轻，而且，从本罪在刑法中的位置来看，都显示了本罪具有妨害公务犯罪的性质。因此，尽管与债权人债权的实现之间存在关联，但将本罪的直接保护法益理解为作为公务的强制执行职能，要更为妥当一些。[3]可

---

〔1〕 28 U. S. C. A. § 2007（West 1948）.

〔2〕 参见［日］西田典之：《日本刑法各论》（第 6 版），王昭武、刘明祥译，法律出版社 2013 年版，第 445 页。

〔3〕 参见［日］山口厚：《刑法各论》（第 2 版），王昭武译，中国人民大学出版社 2011 年版，第 645~646 页。

见，他既未站在①的立场，也更加反对②的主张，从法定刑比较的视角论证本罪是否有保护债权的实现这一功能，应当说是极具借鉴意义的。如果认可他的结论，《日本刑法典》中的妨害强制执行罪其实也是为了保障强制执行债务人财产所欲彰显的司法正义。

《德国刑法典》的相关犯罪规定在第 25 章"刑事图利罪"中。《德国刑法典》第 288 条的"阻挠强制执行罪"的内容是"在自己即将受到强制执行之际，为了阻挠债权人债权的实现，而出让或转移他的财产的，处 2 年以下自由刑或罚金刑"。该罪相当于英美法制度下的藐视法庭罪的一部分，其目的在于处罚可能减损公平审判保障或导致不尊重法治而使得公众为对行政正义缺乏信心的不当行为，并希望达成经由公正审判所展现的法治原则。如果脱离其他有关维护司法正义的条文而单独解释，则无异于允许国家公权力可因为债务人单纯不履行债务而施以刑事处罚，形成违反禁止监禁逼债原则的结果。

从上述日德的立法例来看，损害债权行为的可责性应在于行为人妨碍司法程序的主观恶性，而不是为了达到遏止毁损债权的结果。刑事处罚的主要目的，应源自行为人违反司法程序正义行为所具有恶性的报应，并非来自于欲达到遏止毁损债权的社会功利目的。

（三）拒不支付劳动报酬罪的定位调整

前已述明，从保护债权的角度，将拒不支付劳动报酬罪定位为财产犯罪，在立法正当性上是经不起拷问的。那么，在我国既有的刑法框架下，怎样定位该罪较为妥当？是否可参考上述域外损害债权罪的立法经验，将其作为妨害司法犯罪？

对于拒不支付劳动报酬罪的罪质，张明楷教授在最近的文献中正确地进行了阐释。他指出，单纯不支付劳动报酬的行为，即使事实上取得了财产性利益，也并不构成盗窃罪，只有拒不支付劳动报酬，并且经政府有关部门责令支付仍不支付的，才成立拒不支付劳动报酬罪。更不能认为，单纯拒不支付劳动报酬的成立盗窃罪，只有拒不支付劳动报酬并经政府有关部门责令支付仍不支付的才成立拒不支付劳动报酬罪。否则，就会导致重罪的成立条件较低、轻罪的成立条件更高这种犯罪之间的不协调。[1]这一论述实际上是一种认识上的"纠偏"，即将过往对该罪定位为不履行债务型犯罪纠正为"经政

---

〔1〕　参见张明楷："论盗窃财产性利益"，载《中外法学》2016 年第 6 期，第 1427 页。

府有关部门责令支付仍不支付"这种面对行政命令而不为的犯罪。但是，张明楷教授并未言及这一转换是否影响到了其财产罪的定位。

在我国《刑法》中，类似的不履行义务犯罪也有，如第 313 条的拒不执行判决、裁定罪，第 203 条的逃避追缴欠税罪，第 230 条的逃避商检罪，第 395 条的巨额财产来源不明罪、隐瞒境外存款罪等。以拒不执行判决、裁定罪为例，该罪规制的是对人民法院的判决、裁定有能力执行而拒不执行，情节严重的行为。在妨害司法这一点上，其与上述域外的损害债权罪具有同一性。对于法院已判决、裁定确定的劳动报酬纠纷案件，当法院强制执行时，有能力执行而拒不执行的，可以按照拒不执行判决、裁定罪论处，即便没有增设拒不支付劳动报酬罪，对这种情形也能够处理。问题是，在尚未进入司法程序，只是政府有关部门责令支付的情况下，就无法适用拒不执行判决、裁定罪。根据 2013 年《最高人民法院关于审理拒不支付劳动报酬刑事案件适用法律若干问题的解释》第 4 条的规定，经人力资源社会保障部门或者政府其他有关部门依法以限期整改指令书、行政处理决定书等文书责令支付劳动者的劳动报酬后，在指定的期限内仍不支付的，应当认定为"经政府有关部门责令支付仍不支付"。因此，与拒不执行判决、裁定罪不同的是，拒不支付劳动报酬者对抗的不是司法权而是行政权。据此，可以得出结论，从法益为"公权力"的视角，不可能将拒不支付劳动报酬罪作为妨害司法的犯罪。同样，在巨额财产来源不明罪、隐瞒境外存款罪中，责令说明的机关以及申报境外存款的机关都不一定是行政机关。因此，这两个罪名的比对价值也很小。相比之下，逃避追缴欠税罪中的税务机关、逃避商检罪中的商检机构都是行政机关，行为人对抗的是行政权，应当重点关注。其中，逃避商检罪不是不履行债务型犯罪，而是因不履行某种义务而具有扰乱市场秩序的危险。因此，以下主要以逃避追缴欠款罪为例分析。

逃避追缴欠税罪，是指纳税人欠缴应纳税款，采取转移或者隐匿财产的手段，致使税务机关无法追缴欠缴的税款，数额较大的行为。可见，该罪本质上规制的是一种逃避履行债务行为。那么，为何立法者将其犯罪化？按照美国法部分学说的观点，税收具有强烈的公益性质，能以单纯违反债务履行的行为施以刑罚。[1] 这种说法不无道理。税收是国家最主要的财政收入形式，

---

[1] 参见胡天赐："损害债权罪之可责性探讨"，载《财产法暨经济法》2012 年第 3 期，第 39 页。

以实现国家公共财政职能为目的。税收的本质是国家为满足社会公共需要，凭借公共权力，按照法律所规定的标准和程序，参与国民收入分配，强制取得财政收入所形成的一种特殊分配关系。它体现了一定社会制度下国家与纳税人在征收、纳税的利益分配上的一种特定分配关系。因此，税收体现的是一种国家与纳税人之间关乎国计民生的极其重要且特殊的债权债务关系，税收征管对于维系市场经济秩序具有举足轻重的意义。即便只是所谓的逃避追缴欠税，也会对税收征管造成极大影响，进而妨碍国家实现公共财政职能。对于逃避追缴欠税罪的立法正当性，不能拘泥于"税收"是一种"债权"去论证，而是要将其置于危害税收征管，进而破坏市场经济秩序这个"大格局"中加以证成。

　　我国有学者意识到了拒不支付劳动报酬罪法益的特殊性。"其实本罪的核心问题或者说真正要惩罚的行为不仅仅是形式上的欠薪者不支付报酬的行为，欠薪者拒付报酬无论多大，只要政府部门不出面责令，不让行为人承担必须服从行政命令支付劳动报酬的义务，行为人仍然不会构成本罪。而无论政府部门出面与否，欠薪者侵犯劳动者的财产法益即债权请求权是业已发生的事实。……所以，政府部门决定实施责令行为，除了认为欠薪者的行为侵犯了劳动者的合法权益之外，一定还认为如果再不出面责令的话，欠薪者的行为会影响到政府部门职能的发挥，干扰政府部门工作目的的实现。……如果市场主体的行为冲击了市场应有的秩序，政府部门的有形之手就会毫不犹豫地伸出来干预了，以规范市场主体的行为符合正常市场秩序的需求。……这也意味着本罪保护的法益有两个，既有劳动者的财产个人法益，也有市场经济秩序的社会法益。"[1]其意识到单纯的财产法益论不可能承载"经政府有关部门责令支付仍不支付"这一行为要素，进而提出"市场经济秩序的社会法益"，这是值得肯定的。但是，不是因为还侵犯了债权外的别的什么法益所以才有政府部门的出面责令，而是因为经政府有关部门责令支付仍不支付侵犯了不是债权的某种法益。所以，论者论证的基点是不对的。只是欠薪不付，尚不足以被纳入刑法视野。但是，如果政府部门出面责令进行干预后仍不支付，就有动用刑罚的必要了。在市场经济领域，欠债不还大量存在，政府通

----

　　〔1〕　王海军："拒不支付劳动报酬罪的规范性解读——基于'双重法益'的新立场"，载《法学评论》2013年第5期，第123页。

常不会出面干预，而是交由市场自行调控。但是，对于劳动报酬纠纷，在必要的时候，政府为何还是会出面干预？答案只有一个，那就是劳动报酬是一种特殊的债权，关乎劳动者及其家庭的生存权，类似美国法理论中的"具有强烈的公益性质"的债权。对于这样一种债权，"经政府有关部门责令支付仍不支付"意味着政府干预失效，出于稳定市场秩序的需要，刑法要适当介入。说到底，拒不支付劳动报酬罪是对行政权这种公权力的犯罪。

有人可能会质疑，既然出于对公权力的维护，那为何不仿效国外立法设置损害债权罪？对于妨碍强制执行债务的行为，都能用该罪进行规制，也能有效避免仅设立拒不支付劳动报酬罪这种针对特殊的债权情形罪名在规制范围上的不周延性。但是，本书认为，基于对公权力的维护，我国刑法已设置了"妨害公务罪"等罪名，普通债权也不具有强烈的公益性质，不会如同劳动报酬那样关系劳动者的生存权以及社会稳定。从这几点出发，设置损害债权罪尚不适宜。

就我国目前的刑法体系来看，拒不支付劳动报酬罪可能的体系移置方案是：①根据该罪妨害公务的特点，将其置入妨害公务罪所在的"妨害社会管理秩序罪"章"扰乱公共秩序罪"节中。但是，该罪毕竟涉及的是一种债权债务纠纷，体现的是某种经济利益，即便该罪可能导致公共秩序被扰乱，也不是该罪的直接法益。因此，这一方案难言妥当。②根据该罪与妨害清算罪、虚假破产罪等罪都具有的侵害债权人利益的特征，将其置入"破坏社会主义市场经济秩序罪"章"妨害对公司、企业的管理秩序罪"节中。但是，该罪的劳动报酬纠纷不一定发生在公司、企业，而且就拒不支付这一点来说，也不是对公司、企业管理秩序的损害。因此，这一方案也不可取。③根据该罪中公权力干预失效会极大扰乱政府对市场秩序的维系这一点，将其置入"破坏社会主义市场经济秩序罪"章"扰乱市场秩序罪"节中。相较而言，这一方案充分体现了该罪正常有序的市场经济秩序这一法益诉求，就目前来看，更具有妥当性。

简言之，拒不支付劳动报酬罪的核心是"经政府有关部门责令支付仍不支付"，在政府干预失效的情况下，该行为严重扰乱了正常有序的市场经济秩序。只有契合这种法益论，将该罪移植到"破坏社会主义市场经济秩序罪"章"扰乱市场秩序罪"节中才能使其立法正当化。

四、余论

从法益论的视角重新检视我国刑法"侵犯财产罪"章中的罪名，可以发现：职务侵占罪、挪用罪、聚众哄抢罪同样不应作为财产罪。

按照《刑法》第271条的规定，职务侵占罪是指公司、企业或者其他单位的人员，利用职务上的便利，将本单位财物非法占为己有，数额较大的行为。一直以来，刑法理论的通说与司法实践均认为，本罪包括利用职务上的便利窃取、骗取、侵占本单位财物的行为以及其他将本单位财物占为己有的行为，或者说，职务侵占罪实际上是公司、企业、单位人员的贪污行为，而不只是狭义的侵占行为。按此理解：其一，从保护公司、企业或者其他单位财产的角度，我国刑法已设有盗窃罪、诈骗罪、侵占罪等财产罪名，无论是以何种行为方式的"职务侵占"，都能以相应的财产罪论处，没有必要另立罪名保护这种财产，职务侵占罪作为财产罪不是必需的。其二，刑法之所以规定了贪污罪，是因为国家工作人员侵吞、窃取、骗取或者以其他手段非法占有公共财物的行为，不仅侵害了财产，更重要的是，行为人利用职务上的便利进而损害了职务行为的廉洁性。基于这种考虑，将贪污罪这一也属于侵犯了财产的犯罪放在了"贪污贿赂罪"中。与贪污罪对比，职务侵占罪的行为人同样利用了职务上的便利，这就使得其有别于普通的侵犯财产罪，放在"侵犯财产罪"中是不妥当的。其三，既然职务侵占罪在本质上是公司、企业、单位人员的贪污行为，那么其主要法益就不是公司、企业或者其他单位的财产，而应是公司、企业、单位人员"利用职务上的便利"所指向的某种法益。

2006年《刑法修正案（六）》设立了背信损害上市公司利益罪，该罪规制的是上市公司的董事、监事、高级管理人员违背对公司的忠实义务，利用职务便利、操纵上市公司从事背信行为，致使上市公司利益遭受重大损失的行为。该罪最终损害的是上市公司利益，但是立法者没有因其侵犯财产的特征将其作为财产罪，而是将重点放在了"违背对公司的忠实义务，利用职务便利、操纵上市公司从事背信行为"上，将其置于"破坏社会主义市场经济秩序罪"章"妨害对公司、企业的管理秩序罪"节中，其法益为公司、企业的管理秩序。职务侵占罪在"利用职务上的便利"及"侵犯本单位财产"这两点上与背信损害上市公司利益罪相同，既然如此，将其作为财产罪便有失妥当。

有学者基于职务侵占罪与贪污罪的法条表述不同，没有"侵吞、窃取、骗取或者以其他手段非法占有公共财物"这一表述，以及除了共同占有之外，几乎不可能存在利用职务上的便利盗窃单位财物，骗取本单位财物也基本上只是利用工作机会这一客观事实，提出职务侵占罪应限于"将基于职务（包括业务）占有的本单位财物非法据为己有"。利用职务上的便利窃取、骗取本单位财物的行为，只能认定为盗窃罪、诈骗罪。[1]显然，这是一种将职务侵占罪作为特殊类型侵占罪的理解。不管这种理解是否妥当，[2]按此理解，既然利用职务上的便利窃取、骗取本单位财物的行为被认定为盗窃罪、诈骗罪，只有符合侵占罪要件的才能以本罪论处，这就说明本罪作为保护财产的意义其实有限，只是因其具有利用职务上的便利这一面，其法定刑明显重于侵占罪，因此需要另立罪名。从现行刑法的立法体例来看，职务侵占罪居于侵占罪后，作为其特殊类型理解也未尝不可。但是，更合适的做法应是将其归入侵占罪，作为加重法定刑的情形，没有必要设立新的罪名。当然，从职务侵占罪的主要法益为公司、企业等单位的管理秩序出发，本书仍然主张将该罪不作为财产罪规定更为妥当。

《刑法》第 272 条和 273 条分别规定了挪用资金罪与挪用特定款物罪，即所谓"挪用型"财产罪。就挪用特定款物罪而言，其处罚的是有关单位改变专用款物用途，情节严重，致使国家和人民群众利益遭受重大损害的行为。根据有关司法解释，"致使国家和人民群众利益遭受重大损害"包括"严重损害国家声誉，或者造成恶劣社会影响"，这已经超出了财产损失的范畴。因此，该罪与没有设置"致使国家和人民群众利益遭受重大损害"的挪用资金罪一样，实际上是将挪用行为本身作为了一种财产损害行为，因此置于"侵犯财产罪"章中。可是，一般的盗用行为因不具有非法占有目的而不能被以盗窃罪论处，那么，对同样具有归还意思的挪用行为以财产罪论处，其可罚性何在？从处罚必要性角度，德国、日本等国均未设立"挪用型"财产罪。立法者的考量可能是，这两个罪的设立符合我国国情，对相关行为有处罚必要。但即便这样，这两个罪名作为财产罪，其立法正当性仍值得反思。本书

---

[1] 参见张明楷：《刑法学》（第 5 版·下），法律出版社 2016 年版，第 1021 页。

[2] 根据《刑法》第 183 条第 1 款的规定："保险公司的工作人员利用职务上的便利，故意编造未曾发生的保险事故进行虚假理赔，骗取保险金归自己所有的，依照本法第二百七十一条的规定定罪处罚。"既然刑法已将"骗取"情形作为职务侵占罪论处，从解释论的立场上讲，这种理解恐怕就有问题。

认为，妥当的做法是：既然挪用资金罪中挪用的是公司、企业或者其他单位的资金，着眼于对公司、企业管理秩序的维系，就应将该罪置于"破坏社会主义市场经济秩序罪"章"妨害对公司、企业的管理秩序罪"节中，而特定款物牵涉面更广，宜放到同章"扰乱市场秩序"节中。

聚众哄抢罪中针对财物的取得行为，均已有相应的财产罪进行规范，该罪的特质主要在于"聚众"，将其置于"妨害社会管理秩序罪"章"扰乱公共秩序罪"节中更为妥当。

第三节　修正若干条款

一、增设普通事后恢复条款

（一）"事后恢复条款"概览

《刑法》第 276 条之一的拒不支付劳动报酬罪是《刑法修正案（八）》增设的，除去其立法正当性广受关注外，其中第 3 款"有前两款行为，尚未造成严重后果，在提起公诉前支付劳动者的劳动报酬，并依法承担相应赔偿责任的，可以减轻或者免除处罚"的规定也引人注目。这是一种所谓的"事后恢复"条款，即对犯罪后修补、恢复已侵害法益的行为减免处罚。刑法中这种规定并不多见，在侵犯财产罪章中也仅此一处。那么，这一规定的性质是什么？是仅适用于本罪，还是也可以适用于本章罪名，抑或可以适用于所有具有与该规定类似情形的罪名？

司法实践中，大量的司法解释均存在对于这种事后恢复行为的"宽恕"规定。例如，2009 年《最高人民法院关于办理妨害信用卡管理刑事案件具体应用法律若干问题的解释》第 6 条第 5 款规定："恶意透支应当追究刑事责任，但在公安机关立案后人民法院判决宣告前已偿还全部透支款息的，可以从轻处罚，情节轻微的，可以免除处罚。恶意透支数额较大，在公安机关立案前已偿还全部透支款息，情节显著轻微的，可以依法不追究刑事责任。"在拒不支付劳动报酬罪的司法解释中，也是根据支付劳动报酬和承担赔偿责任的时间是在立案前、提起公诉前还是一审宣判前给予"不认为是犯罪""可以减轻或者免除刑事处罚""可以从轻处罚"的处理。

立法与司法解释中的这种规定也引起了学界关注。有学者认为，以该规定为基础，可将其适用扩展至有规律可循的类罪，只要法益侵害并非不可弥补，对涉及公权力的犯罪、侵犯社会法益、个人法益的犯罪，均能通过设置相应的成立条件（如前提条件是法益具有被恢复的可能性、恢复行为必须在一定时间内实施、恢复行为必须有效等）加以适用。[1]还有学者提出"法益可恢复性犯罪"概念，即在犯罪行为完成后，通过行为人的积极补救措施，将原本被其犯罪行为所侵害的法益予以完全修复的一种犯罪类型；单纯侵犯财产法益的犯罪，以平和、非暴力方式实施的犯罪等均属于此类，而侵犯人身法益的犯罪、侵犯人身法益、财产法益双重法益的犯罪、以暴力方式实施的犯罪、涉及公权性法益的犯罪等就不属于此类。[2]

（二）"事后恢复条款"的理论基础

众所周知，损害赔偿是对损害的调整，刑罚是对违法行为的非难。因此，民事责任的内容是"调整"，刑事责任的内容是"非难"；民事责任是以发生"损害"的有无为基础的，刑事责任是以"违法行为"的有无为基础的。因此，民事法立足于平均的正义，刑事法立足于分配的正义。但是，这并不意味着刑罚与损害赔偿不能结合，行为人的损害恢复行为或者与被害人的和解可被作为量刑事由导入刑法中。例如，《德国刑法典》第46条a规定了和解、损害赔偿，通过和解、补偿，行为人获得减轻刑罚或者免除刑罚的处理。就此，日本学者高桥则夫提出了"修复责任"的概念。在其看来，刑事责任是加害人对国家承担的责任，民事责任是加害人对被害人承担的责任，修复责任是加害人对被害人及地域、社会承担的责任；将加害人自发地修复对被害人和地域、社会产生的侵害（即所谓的修复责任的履行）放在刑事责任的框架内考虑的方法是刑罚和损害赔偿的调和点；修复责任不同于刑罚这种被动责任，它是一种面向将来的、能动的责任。[3]

我国学者也意识到了这一点。如劳东燕教授指出，犯罪人接受刑罚只是承担了对国家的抽象责任，而逃避了对被害人的现实的、具体的责任；刑事

[1] 参见闫雨："论财产犯罪中的事后恢复条款——以犯罪的重新分类为基点"，载《中国社会科学院研究生院学报》2016年第4期，第131~133页。

[2] 参见庄绪龙："归纳与探索：'法益可恢复性犯罪'的刑法评价思考"，载《法律适用》2014年第1期，第96、98页。

[3] 参见[日]高桥则夫：《规范论和刑法解释论》，戴波、李世阳译，中国人民大学出版社2011年版，第24、26~27页。

责任应是对国家的抽象的刑事责任与对被害人及其社区的具体的刑事责任这样一种双重责任；被害人与犯罪人之间达成谅解，这一点应在对犯罪人的量刑中有所体现。[1]杜宇教授基于对刑事和解的考察提出：刑事责任的承担不仅要面向国家，还要面向被害人和社区；刑事责任的实现方式应从"刑罚－保安处分"的二元格局迈向"刑罚－保安处分－刑事和解"的三元格局；刑罚以惩罚和预防为核心诉求，保安处分以特别预防为重心，刑事和解则以恢复为重心；责任的基本诉求应导入恢复性的价值目标。[2]

由此，"事后恢复条款"的理论基础应当是这种"修复式司法"的思想。在修复式司法中，重视犯罪人对于具体被害人及社区的实际影响，并给予加害人一个机会，让其可以去挽救自己造成的过错，更重要的是让社区民众也能正视自己的社会责任并共同解决犯罪问题。修复式司法并不只是一种解决纠纷的新技巧，更重要的是，它提出了一种新的价值观，挑战向来不受怀疑的罪与罚之间的联结，主张以积极的修复责任来真正地实现正义。[3]

（三）财产罪中普通"事后恢复条款"的增设

2012年修订的《刑事诉讼法》创建了"当事人和解的公诉案件诉讼程序"。根据《刑事诉讼法》第五编第二章的规定，该特别程序是指公安机关、人民检察院、人民法院在法定范围的公诉案件中，犯罪嫌疑人、被告人真诚悔罪，通过向被害人赔偿损失、赔礼道歉等方式获得被害人谅解、双方当事人自愿达成协议的，可以对犯罪嫌疑人、被告人作出不同方式的从宽处理的程序。[4]适用范围包括因民间纠纷引起，涉嫌《刑法》分则第四、五章规定的犯罪案件，可能判处3年有期徒刑以下刑罚的；除渎职犯罪以外的可能判处7年有期徒刑以下刑罚的过失犯罪案件；在5年以内曾经故意犯罪的不能适用。对于达成和解的，公安机关可以向人民检察院提出从宽处理的建议；人民检察院可以向人民法院提出从宽处理的建议，对于犯罪情节轻微，不需要判处刑罚的，可以作出不起诉的决定；人民法院可以依法对被告人从宽处

〔1〕 参见劳东燕："被害人视角与刑法理论的重构"，载《政法论坛》2006年第5期，第129、130、135页。
〔2〕 参见杜宇："刑事和解与传统刑事责任理论"，载《法学研究》2009年第1期，第89~90页。
〔3〕 参见谢如媛："修复式司法的现状与未来"，载《月旦法学杂志》2005年第118期，第42页。
〔4〕 参见陈光中主编：《刑事诉讼法》（第6版），北京大学出版社、高等教育出版社2013年版，第441页。

罚。有学者认为，基于实体与程序的一般关系，刑事和解并无实体法支撑，存在实体法缺位，现行刑法在解释学上张力不足的问题，难以将刑事和解纳入射程之内。无论是《刑法》第 13 条但书的规定，还是第 37 条非刑罚处罚方法的规定，以及第 61 条量刑根据的规定，均无法涵摄刑事诉讼法中的刑事和解程序。[1]

本书认为，"修复责任""刑事和解"等概念以及其背后的修复式思想，在我国现行刑法中均有容身之处，另起炉灶打造新的刑事责任实现方式体系既存在成本太高的问题，也可能会使简单问题复杂化。《刑法》第 5 条规定："刑罚的轻重，应当与犯罪分子所犯罪行和承担的刑事责任相适应。"这就是罪刑相适应原则。此处的"罪行"应被解释为有责的不法；"刑事责任"应被理解为案外影响行为人刑事责任即再犯可能性大小的事实。我国刑法中的罪刑相适应原则并不等同于不考虑预防目的的狭义的罪刑均衡。[2]《刑法》第 61 条规定："对于犯罪分子决定刑罚的时候，应当根据犯罪的事实、犯罪的性质、情节和对于社会的危害程度，依照本法的有关规定判处。"这是量刑根据的规定。其中的"犯罪情节"也包含了犯罪后的态度这一案外情节，即必须考虑犯罪人的再犯可能性。反省、悔罪、赔礼道歉、积极退赃、赔偿损失、挽回损失等都是犯罪后的态度，属于影响预防刑的酌定情节，在刑罚的体系内就能考察，不是独立于刑罚之外的刑事责任形式。即使加害人不是基于自己的意思退赃、赔偿损失与挽回损失，而是由亲友帮助赔偿损失与挽回损失，由于能够缓解被害人的报应感情与社会的处罚感情，可以认为一般预防的必要性减少，也可以成为减少预防刑的情节。[3]就事后恢复这一情节来说，其既承载了责任刑的从宽，也包含了预防刑的从宽。责任刑的从宽是从被害感情来说的。在我国的量刑实践中，即使没有《刑法》第 276 条之一第 3 款这样的规定，被害人及其家属的谅解也会成为从宽处罚的重要理由。被害人谅解表明其报复性倾向减少，不会通过犯罪手段实现报复目的，因此是表明一般预防必要性减少的情节，故被害人谅解是影响责任刑的酌定从宽情节。[4]另

---

[1] 参见张继钢："论刑事和解的实体法构建"，载《中南大学学报（社会科学版）》2014 年第 5 期，第 140 页。

[2] 参见张明楷：《刑法学》（第 5 版·上），法律出版社 2016 年版，第 544 页。

[3] 参见张明楷：《刑法学》（第 5 版·上），法律出版社 2016 年版，第 597 页。

[4] 参见张明楷：《刑法学》（第 5 版·上），法律出版社 2016 年版，第 594 页。

一方面，从犯罪人角度看，事后恢复是一种犯罪后向善的态度，可以认为其再犯可能性减少，是表明特殊预防必要性减少的情节，属于影响预防刑的酌定从宽情节。所以，在我国，在责任刑与预防刑之内已经考虑了修复责任、刑事和解等问题，打造"刑罚-保安处分-刑事和解"三元格局的思想似乎忽视了刑罚论本身的丰富性。而且，就当下我国的实际情况来看，就连保安处分都难以引入，指望加害人承担所谓的对社区的责任，让社区民众广泛参与到刑事和解中来，恐怕会面临许多现实困境。总之，从解释论的角度讲，刑事和解只是刑罚从宽的量刑情节，并非刑罚之外承担刑事责任的方式。

由此，拒不支付劳动报酬罪中"有前两款行为，尚未造成严重后果，在提起公诉前支付劳动者的劳动报酬，并依法承担相应赔偿责任的，可以减轻或者免除处罚"的规定，本身就是一种对于量刑情节的规定，其总则支撑就是《刑法》第 5 条和第 61 条。2013 年《最高人民法院关于审理拒不支付劳动报酬刑事案件适用法律若干问题的解释》第 6 条中有"在刑事立案前支付劳动者的劳动报酬，并依法承担相应赔偿责任的，可以认定为情节显著轻微危害不大，不认为是犯罪"的规定。应当说，这是极大偏离了事后恢复行为属性的。在已经成立犯罪的前提下，才有事后恢复的问题，事后恢复行为不可能使已经成立的犯罪符合"情节显著轻微危害不大，不认为是犯罪"的但书要求。根据事后恢复行为是在立案前、提起公诉前还是一审宣判前给予不同的处理，这是合理的。但即便是立案前实施事后恢复，这一情节也只是量刑情节，不能"一跃"而成为定罪情节。至于有学者提出逃税罪中"经税务机关依法下达追缴通知后，补缴应纳税款，缴纳滞纳金，已受行政处罚的，不予追究刑事责任"也属于一种"无罪化"的事后恢复条款，[1]在本书看来，所谓的"事后"，只能是成立犯罪后，有过逃避缴纳税款行为还不能成立犯罪。"经税务机关依法下达追缴通知后，补缴应纳税款，缴纳滞纳金，已受行政处罚"仍然属于是否成立犯罪之内的判断内容，不是一种犯罪成立后的事后行为，不能混同于拒不支付劳动报酬罪中那种意义上的事后恢复行为。刑事和解本身就是一种犯罪后的态度，也是量刑情节的一种，其实体法根据也是《刑法》第 5 条和第 61 条。"公安机关可以向人民检察院提出从宽处理

---

〔1〕　参见庄绪龙："归纳与探索：'法益可恢复性犯罪'的刑法评价思考"，载《法律适用》2014年第 1 期，第 96 页。

的建议""人民检察院可以向人民法院提出从宽处理的建议""人民法院可以依法对被告人从宽处罚"都没有超出将其作为量刑情节的范畴。至于"对于犯罪情节轻微，不需要判处刑罚的，可以作出不起诉的决定"，本来就是对人民检察院酌定不起诉权的重申。当然，事后恢复与刑事和解不能等同，前者重在恢复法益侵害，后者重在和解；前者的适用范围在刑法总则中只有纲领性规定，分则中只有极少数罪名有明文规定，后者则在刑事诉讼法中有明确规定。

从立法原理上说，即便没有《刑法》第276条之一第3款的规定，司法者按照第5条和第61条，也应该对行为人从宽处理。但是，在哪个时间点前？具备怎样的"事后恢复"条件？到底是从轻、减轻还是免除？这些问题如果不明确，会导致标准不一、处理混乱。因此，《刑法》第276条之一第3款这一特别规定，在该罪名的事后恢复行为从宽处理的指导意义上，具有很强的实效性。但问题是，将这样一种特别条款置于拒不支付劳动报酬罪中，会引发司法者对其他财产罪能否也能援用的疑虑。

可以肯定的是，如果提倡"法益可恢复"，那么财产法益在所有法益种类中，其可恢复性应当最为明显。因此，可以考虑在财产罪中设置普通"事后恢复条款"。同时，明确指明该条款在该章罪名中的适用面，以起到相应的示范效应。在本书看来，抢劫罪、抢夺罪的法益包含了身体法益，盗窃罪、诈骗罪、敲诈勒索罪一般预防的必要性很大，而且在盗窃罪中增设入户盗窃、携带凶器盗窃、扒窃的规定后，立法者实际上降低了盗窃罪的入罪门槛，上述罪名均不应考虑通过事后恢复得到减轻或者免除的处理。至于从轻处罚，本就是在法定刑幅度内进行，无须在事后恢复条款这种"鼓励性"规定中体现。[1]能够适用减轻或者免除的，只能是侵占罪、背信罪、故意毁坏财物罪、破坏生产经营罪。但侵占罪与背信罪是自诉罪，故不能将时间条件表述为"提起公诉前"。总之，该事后恢复条款应置于财产罪章末，不但要指明适用罪名，还应将时间条件限定为"向人民法院起诉前"，行为条件设定为"恢复原状、退还赃物、挽回损失、赔偿"，法律后果是"可以减轻或者免除处罚"。该条款的表述是："有第……条行为，在向人民法院起诉前恢复原状、退还赃物、挽回损失，并依法承担相应赔偿责任的，可以减轻或者免除处罚。"

---

〔1〕 如果一定要在事后恢复条款中设置从轻处罚的规定，可以考虑将时间条件设定为"提起诉讼后一审宣判前"。

二、增设部分情形下未遂犯适用法定刑的规定

按照《刑法》第23条第2款的规定："对于未遂犯，可以比照既遂犯从轻或者减轻处罚。"这一规定表明，未遂犯应受刑罚处罚。但由于未遂犯的不法与责任一般轻于相应的既遂犯的不法与责任，故对于未遂犯，可以比照既遂犯从轻或者减轻处罚。在盗窃罪、诈骗罪、敲诈勒索罪等常见多发的财产犯罪中，都设有"数额较大"等罪量要素。这就带来了一个问题，当具体案件的数额未达到要求时，是不成立犯罪还是成立未遂犯？这涉及怎样处理罪量要素与未遂认定的关系问题。

这一问题，目前在我国是通过司法解释来解决的。如2013年《最高人民法院、最高人民检察院关于办理盗窃刑事案件适用法律若干问题的解释》第12条第1款规定："盗窃未遂，具有下列情形之一的，应当依法追究刑事责任：（一）以数额巨大的财物为盗窃目标的；（二）以珍贵文物为盗窃目标的；（三）其他情节严重的情形。"2011年《最高人民法院、最高人民检察院关于办理诈骗刑事案件具体应用法律若干问题的解释》第5条也有类似规定。但是，有"数额较大"要求的抢夺罪、敲诈勒索罪的司法解释均未规定未遂的成罪标准。对于已有未遂成罪标准的情形，仍然存在适用哪一法定刑的问题。例如，以数额巨大的财物为盗窃目标的盗窃未遂，是适用"数额较大"的法定刑还是"数额巨大"的法定刑，这并不明确。对于未规定未遂成罪标准的罪名来说，是否意味着该罪名一概不处罚未遂，或一概处罚未遂，或比照其他已有相关标准的罪名处罚？对司法者而言，这些都不明确。

中外刑法对未遂犯处罚范围的规定不尽一致，大体有三种模式：概括模式只在总则中就未遂犯的处罚作出一般性的规定，在分则中不再具体规定哪些犯罪的未遂行为作为未遂犯处罚，采取这一模式的如意大利、俄罗斯、泰国；概括规定与特别规定结合模式在总则中规定处罚未遂的原则，同时对未遂的处罚则以分则有特别规定者为限，并在分则中就哪些犯罪处罚未遂作出明文规定，采取这一模式的如韩国；混合与区别规定模式则区分重罪与轻罪，在总则中概括规定重罪的未遂的处罚原则，在分则中就哪些轻罪处罚未遂作出特别规定，德国采取的就是这种模式。[1]

---

〔1〕　参见王志祥："论未遂行为的处罚范围"，载《山东警察学院学报》2004年第4期，第16页。

我国刑法采取的是第一种模式即概括模式。这一模式由于并未明确规定应受刑罚处罚的未遂的范围，可能使人产生"所有的犯罪未遂均可罚"的误解。但是，理论与实务上均认可并非所有的犯罪未遂都可罚。从表面上看，我国刑法没有像德国、日本刑法那样规定未遂犯处罚的例外性，但德国、日本刑法对未遂犯的处罚范围实际上宽于我国刑法。例如，对于盗窃、诈骗等常见犯罪，德国、日本刑法处罚未遂，而我国刑法则有限制地处罚未遂。对于其他一些具体犯罪，德国、日本刑法处罚未遂，而在我国刑法中只有造成严重结果、情节严重或者数额较大才成立犯罪。在我国，表面上任何一种故意犯罪都有成立未遂犯的可能性，但事实上却并非如此。或者说，我国刑法处罚未遂也是例外性的。[1]在我国刑法中，犯罪概念中纳入了定量因素，这就意味着犯罪未遂的处罚也受制于"情节显著轻微危害不大，不认为是犯罪"的但书规定。从刑法的谦抑性出发，处罚所有的未遂行为均没有必要。《刑法》第23条第1款界定的是何为"犯罪未遂"。这一概念不同于第2款的"未遂犯"，即并非所有的犯罪未遂都要作为未遂犯处罚。当然，诸多司法解释以及判决也已充分表明实务上并不处罚所有的犯罪未遂。不过，尽管概括模式实际上也是一种"限制处罚"模式，但具体个罪犯罪未遂的成罪标准依然不明晰，难免造成定罪不一的局面。分则列举式规定实际上在立法阶段解决了犯罪未遂处罚范围的界定问题，从罪刑法定明确性要求上来看，显然更胜一筹。

这样来看，是否在分则中列举处罚未遂的具体情形，实际上是一个立法技术问题，最直接的影响是未遂处罚范围是否明确，与刑法是否要处罚所有的未遂行为并无多大关联。我国刑法"定性+定量"的犯罪概念与犯罪构成模式已经暗含了"情节严重"情形的未遂行为以未遂犯处罚的结论。这一结论既适用于有明确罪量规定的情形，也适用于虽无罪量规定但实际上也有罪量要求的情形。例如，对于多次盗窃、入户盗窃、携带凶器盗窃、扒窃的，一方面也要以"取得值得刑法保护的财物"为既遂标准，另一方面对于未遂的，只能将其中情节严重的情形以未遂犯论处。[2]正因为定量因素的多样性、复杂性，在分则中一一列明何种情况属于"情节严重"的未遂，既无必要，也

---

〔1〕 参见张明楷：《刑法学》（第5版·上），法律出版社2016年版，第339页。

〔2〕 参见张明楷：《刑法学》（第5版·下），法律出版社2016年版，第964页。

无可能。

对于设置了"数额较大"等罪量要素的盗窃罪、诈骗罪等罪名,司法者面临的难题是:在未达数额较大标准的情况下,是按照"数额较大"法定刑的未遂论处,还是不作为犯罪处理?对此,司法解释给出了以"数额巨大为目标"这一未遂定罪标准,应当是比较合理的,为司法实践明确了一个统一标准:以数额较大财物为目标的的财产犯罪未遂不以犯罪论处(除非另有其他严重情节),只有以数额巨大财物为目标(或另有其他严重情节)的财产犯罪未遂才应当以犯罪论处。[1]即便如此,仍然需要考虑对上述财产犯罪未遂如何处罚的问题。以盗窃为例,当行为人以数额巨大的财物为目标而未遂时,是适用"数额较大"的法定刑,还是适用"数额巨大"的法定刑?

对此,存在针锋相对的两种看法。在主张适用"数额较大"法定刑的阵营中,理由不一。一种观点认为,数额巨大并不具有表明违法行为类型的意义,因此属于量刑规则。而量刑规则是不存在所谓未遂的,只有当案件事实完全符合某个量刑规定时,才能按照该规定量刑。在以数额巨大财物为目标但未遂的情况下,由于并未完全符合取得数额巨大财物的要求,因此不可能适用"数额巨大"的法定刑。[2]另一种观点认为,数额加重只是单纯的违法程度的提高,基于我国刑法"定性+定量"的立法模式,罪量要素是犯罪构成要件要素,因此数额加重属于罪量加重构成要素。这一点既不同于典型加重构成"通过违法行为类型的局部变异从而导致违法性增加"的特质,也不同于与构成要件要素相区别、不体现违法性的量刑规则。这一罪量加重要素正是使得罪质一般的盗窃行为未遂,达到可罚违法程度即客观违法性提高的要素。在以数额巨大财物为目标但未遂的情形中,加重要素与既、未遂的认定标准合一,加重犯未遂意味着基本犯也是未遂,只能适用基本犯即"数额较大"的法定刑。[3]还有一种观点认为,如果适用"数额巨大"的法定刑,实际上就是将盗窃目标数额巨大既作为定罪情节,又作为量刑情节,违背了禁止重复评价的刑法原则。而且会出现对于盗窃未遂,要么不定罪,要么一定罪就是在"数额巨大"的量刑档次处罚的情况,出现对盗窃未遂量刑档次断

---

〔1〕 参见薛进展:"论财产犯罪未遂的定罪处罚",载《法学》2003年第9期,第64页。
〔2〕 参见张明楷:"加重构成与量刑规则的区分",载《清华法学》2011年第1期,第10、13页。
〔3〕 参见王彦强:"区分加重构成与量刑规则——罪量加重构成概念之提倡",载《现代法学》2013年第3期,第123、125、127页。

档脱节、不协调的局面。[1]在主张适用"数额巨大"法定刑的学者中，所持论据也各有不同。有的学者认为，我国刑法总则对未遂犯的处罚规定是"比照既遂犯从轻或者减轻处罚"，既然是"比照"，未遂犯便只能和同一量刑幅度的既遂犯相比照，所以对数额巨大的犯罪未遂适用的只能是"数额巨大"的法定刑。[2]也有学者认为，单次数额是真正的不法加重要素，在增加违法性的方式上既包括质的增加，也包括量的增加，盗窃数额巨大财物是加重构成要件，对于以数额巨大为目标的盗窃未遂，应认定为盗窃数额巨大的未遂，适用数额巨大的法定刑。[3]还有学者认为，将数额巨大作为量刑规则，导致只有"有和无"的判断，这种判断有时很困难，或者说在司法实务中尺度不易统一，就同一案件往往会出现"断崖式"判罚结果，远不如中间加个"未遂"选项更有利于法官裁量罪刑相适应的刑罚。[4]

本书同意主张适用"数额较大"法定刑的阵营中观点二、三的解说。既然我国刑法采取了"定性+定量"的立法模式，那就不能说只有行为类型才影响违法性，量化因素当然也会影响违法性。因此，盗窃罪中的"数额巨大"属于罪量加重构成要素。但是，这一要素不同于影响行为类型的要素（如抢劫罪中的"入户抢劫"）。在"入户抢劫"中，"入户"是加重要素，"取得财物"是既遂标准，二者是分离的，存在所谓的加重犯未遂。但在"数额巨大"的盗窃中，"数额巨大"既是加重要素，又是既遂标准，二者是合一的，加重犯未遂意味着基本犯也未遂。[5]同时，以数额巨大为目标的盗窃未遂只是达到了入罪标准而已，其属于定罪情节，不能再作为量刑情节去套用"数额巨大"的法定刑，否则就是重复评价同一情节。因此，对于以数额巨大财物为盗窃目标但未遂的，应适用"数额较大"的法定刑，同时适用《刑法》总则关于未遂犯的处罚规定。但是，《刑法》总则关于未遂犯的处罚规定是"比照既遂犯从轻或者减轻处罚"，"数额较大"的法定刑并非"以数额巨大

---

[1] 参见黎宏：《刑法学》，法律出版社 2012 年版，第 751 页。

[2] 参见薛进展："论财产犯罪未遂的定罪处罚"，载《法学》2003 年第 9 期，第 65 页。

[3] 参见柏浪涛："加重构成与量刑规则的实质区分——兼与张明楷教授商榷"，载《法律科学（西北政法大学学报）》2016 年第 6 期，第 56~58 页。

[4] 参见阮齐林："论盗窃罪数额犯的既遂标准"，载《人民检察》2014 年第 19 期，第 16 页。

[5] 参见王彦强："区分加重构成与量刑规则——罪量加重构成概念之提倡"，载《现代法学》2013 年第 3 期，第 127 页。

财物为盗窃目标"时的既遂犯法定刑，还是应比照"数额巨大"的法定刑才对。这样，就产生了学理论证与《刑法》总则规定相矛盾的问题。对于这一矛盾，本书认为，依靠司法解释解决是"越权"，应通过立法方式加以解决，这样不但可以明确相关未遂情形下的法定刑，也能通过《刑法》分则的特别规定"化解"与《刑法》总则未遂犯"比照既遂犯"处罚规定之间的矛盾。当然，这一立法既然是特别规定，也就不能"推而广之"，只能在有规定时适用。

以盗窃罪为例，可在《刑法》第264条增加一款规定："盗窃未遂应当处罚的，可以比照前款最低量刑幅度的既遂犯从轻或者减轻处罚。"盗窃未遂必然没有达到任一量刑幅度的数额或情节要求。对于已经达到盗窃罪某一或数个量刑幅度的行为，按照责任主义的原理进行处理即可。例如，行为人虽然客观上窃取了数额巨大或者特别巨大的财物，但是仅认识到财物的数额较大的，只能适用"数额较大"的法定刑。但这不是盗窃未遂的问题。

三、增补"隐匿财物"行为的规定

我国《刑法》第275条规定的故意毁坏财物罪，是指故意毁坏公私财物，数额较大或者有其他严重情节的行为。对于本罪的争议，主要集中在"毁坏"的含义上。关于毁坏的含义，刑法理论上主要有三种学说。在日本居于通说地位的效用侵害说认为，毁损是指损害财物的效用的所有行为，直接造成财物毁坏导致丧失效用的与财物外形并未毁坏只是效用受损的都是"毁损"。其中，一般的效用侵害说认为，有损财物的效用的一切行为都是毁损；本来的用法侵害说认为，只有造成财物的全部或部分损害，并使之处于不能按其本来的用法使用的状态，才能视为毁损。有形侵害说认为，毁损是指对财物施加有形的作用力，从而使财物的无形价值、效用受损，或者损害物体的完整性的情形。物质的毁损说认为，毁损是指对财物的整体或部分造成物质的破坏或毁坏，从而使财物完全或部分不能按其本来的用法使用。[1]从理解范围来看，上述观点从宽到窄依次是效用侵害说、有形侵害说、物质的毁损说。

在我国，对毁坏一词含义的理解甚至成了形式解释论与实质解释论在罪刑法定边界之争上的焦点问题。张明楷教授主张一般的效用侵害说，认为财

---

〔1〕　参见刘明祥：《财产罪比较研究》，中国政法大学出版社2001年版，第418~420页。

物效用的丧失或减少，不仅包括因为物理上、客观上的损害所导致的情形，如将他人戒指扔入海中、低价抛售他人股票，而且包括心理上、感情上的缘故所导致的情形，如将粪便投入他人餐具；不仅包括财物本身的丧失，而且包括被害人对财物占有的丧失，如将他人财物隐藏。[1]陈兴良教授则指出，效用侵害说的理解过于宽泛，已经超出了毁坏的字面含义。效用侵害说强调的是结果，但对于行为人是否采用毁坏的方式进行损害并未顾及。如果高进低出买卖股票使他人财产受损的行为可以被理解为毁坏，那么毁坏一词就丧失了界限功能，故意毁坏罪就演变为了故意使他人财物遭受损失的犯罪。采取毁坏财物的方式使财物的价值降低或丧失才是故意毁坏财物罪的本质特征，在刑法明确描述了行为特征的情况下，以结果特征反证行为特征是违反逻辑的。[2]

本书一直主张将财产性利益作为财产罪的保护对象。既然如此，在故意毁坏财物罪的保护对象之中，也应有财产性利益的一席之地。对于是否违反罪刑法定原则，或者说"毁坏"一词的边界为何，既要考虑处罚必要性，也不能无视国民的预测可能性。就处罚必要性而言，对财产性利益也有保护的必要，因为是以"物"的形式还是以"利益"的形式，对财产权利人而言，并非实质所在，关键是其财产最终是否受损。从受损的角度讲，二者并未区别。这也是陈兴良教授所指出的一种"结果导向"思维。另一方面，是否能动用刑法，还有一个用语语义射程的问题，也就是是否超出了国民的预测可能性。公允而论，高进低出买卖股票是否属于"毁坏"，从实证角度讲，恐怕难有定论。有的人观念上"与时俱进"，可能能够接受这一语义上的扩展；有的人偏于保守，可能难以认可这一理解方式。但是，毁坏一词的理解不可能脱离"财产受损"这一结果，只不过其中确实有一个"度"的把握问题，以免将规制范围扩展到一切故意使他人财产受损的行为。在强调自由竞争的市场经济条件下，以刑法打击一切故意使他人财产受损的行为，显然是超出了刑法所应保护的范围。值得注意的是，2007年发生了一起利用他人账号买卖认沽权证导致财产损失的案件，法院认定为故意毁坏财物罪。[3]从解释论来看，判决认同的是，这种"买卖"行为本身就是"毁坏"。联系到该案距今

---

〔1〕 参见张明楷：《刑法学》（第5版·下），法律出版社2016年版，第1026页。

〔2〕 参见陈兴良："形式解释论的再宣示"，载《中国法学》2010年第4期，第41页。

〔3〕 参见周军、叶琦："利用他人账号买卖认沽权证导致财产损失构成故意毁坏财物罪"，载《人民司法》2008年第8期，第51～52页。

已有 10 年，从观念上讲，国民对于这种情形属于毁坏范围，应当不会持难以接受的态度。

此外，还有一种值得探讨的"毁财"行为类型，即隐匿。在上述三种关于"毁坏"含义的学说中，根据效用侵害说，把财物隐藏在所有者难以发现的处所，属于毁损财物；根据有形侵害说，仅仅隐藏财物的，由于没有对之施加有形力，即便损害了其效用、价值，也不能认定为对财物的毁损；至于物质的毁损说，更不可能认可隐匿属于毁损。但是，陈兴良教授却认为，把财物隐匿起来使财物所有人丧失对财物的使用权不属于毁坏财物，三种观点对此的认识是一致的。在此基础上，他指出，虽然隐匿也能使他人丧失财物的价值，但财物本身没有被毁，不能因为隐匿财物符合使财物的价值降低或者丧失的本质特征就将其认定为故意毁坏财物罪。[1]显然，在三种观点对隐匿属性的认识是否一致这一点上，他的认识有误。至于能否将隐匿作为毁坏的一种形式，则是需要深入思考的。

《日本刑法典》第 263 条规定了隐匿书信罪，从协调该罪规定与《日本民法典》第 261 条损坏器物罪规定的角度，就"隐匿"一词的属性，只能认可"效用侵害说"这一通说。基于该说的立场，隐匿包括在毁坏之内，隐匿书信罪的立法意义在于从轻处罚对书信的非物理性毁损行为。反之，如果将毁坏限于物理性损坏，对于隐匿书信罪就应理解为特别处罚针对书信的非物理性毁损。可是，比书信更为重要的财物还有很多，既然连那些隐匿行为都不具有可罚性，对书信予以特别保护的观点就不具有说服力。[2]但是，效用侵害说仍有是否已经突破语义射程的问题。在我国，按照张明楷教授的说法，效用侵害包括了财物本身的丧失和被害人对财物占有的丧失，隐匿正是导致了被害人对财物占有的丧失，因此侵害了财物效用，应理解为毁坏。显然，这一论述将"效用丧失或减少"等同于"毁坏"，在论证的逻辑性上确实存在上述陈兴良教授指出的"以结果特征反证行为特征"的问题。

可以肯定的是，隐匿的意思不是盗窃罪中非法取得的意思，因此不能将隐匿他人之物的行为，以盗窃罪来处罚。但是，隐匿行为使得被害人丧失了

---

〔1〕　参见陈兴良："形式解释论的再宣示"，载《中国法学》2010 年第 4 期，第 40 页。

〔2〕　参见［日］山口厚：《刑法各论》（第 2 版），王昭武译，中国人民大学出版社 2011 年版，第 410~411 页。

对财物的占有，从结局上讲，与物理性毁坏等使得被害人无法利用该财物的情形没有两样，处罚的必要性不言而喻。那么，采取何种路径来解决对隐匿行为的处罚呢？从解释论上讲，根据有形侵害说和物质的毁损说，隐匿都不属于毁坏；按照效用侵害说，隐匿属于毁损财物。相较于物质的毁损说，效用侵害说确实弥补了其处罚范围过于狭窄的弊病，但却走向了另一个极端，尤其是在将"隐匿"认定为毁损这一点上。单纯使被害人丧失对物的占有的所谓"隐匿"行为，已经超出了"毁坏"这一日常用语的语义范围，有违罪刑法定原则。在这一点上，隐匿行为与将戒指投入海中等使被害人丧失占有行为有所不同。在后者的场合，在国民看来，戒指已不可能找回，与戒指发生物质性毁损并无实质区别，将这种行为解释为"毁坏"，不但能预测，而且具有相当高的支持度。而对于隐匿行为，国民可能基于"财物只是被藏匿，仍可能找回"这一点，无法接受所谓"财物已被毁坏"的解释。

　　基于上述考虑，本书主张以立法形式解决隐匿行为的归属问题。这里可能存在两种方案，第一种是明确《刑法》第275条中"毁坏"的含义，将该条表述为"故意毁损公私财物效用，……"即在法条中表达效用侵害说的观点，既能囊括该说所力图保护的诸种情形，也能避免解释论上的争议。另一种方案就是维持"毁坏"的表述不变，增加"隐匿"的情形，即将该条修改为"故意毁坏或隐匿公私财物，……"相较而言，第一种方案直接表达效用侵害说的观点，可能引发刑法是否打击一切故意使他人财产效用发生减损的行为的疑问，造成不必要的争议。第二种方案既能使适用者明晰"隐匿不属于毁坏"这一立法者的立场，又能使原来就有的"毁坏"用语维持其所具有的"弹性"解释功能。也就是说，适用者可以透过"隐匿不属于毁坏"，基于"同类行为相同处理"原则，严控将使被害人丧失占有的一切行为都作为本罪处理。另一方面，在"毁坏"的语义射程内，仍能适当吸收效用侵害说的优势，将低价抛售股票、将他人戒指投入海中等行为以本罪论处。

参考文献

一、专著类

1. 陈洪兵：《财产犯罪之间的界限与竞合研究》，中国政法大学出版社 2014 年版。

2. 崔建远：《合同法总论》（第 2 版·上卷），中国人民大学出版社 2011 年版。

3. 冯军：《刑法问题的规范理解》，北京大学出版社 2009 年版。

4. 黄荣坚：《基础刑法学》（第 3 版·上），中国人民大学出版社 2009 年版。

5. 黄荣坚：《刑法问题与利益思考》，中国人民大学出版社 2009 年版。

6. 黎宏：《刑法学》，法律出版社 2012 年版。

7. 梁根林：《刑事法网：扩张与限缩》，法律出版社 2005 年版。

8. 梁慧星、陈华彬：《物权法》（第 5 版），法律出版社 2010 年版。

9. 林诚二：《民法债编总论——体系化解说》，中国人民大学出版社 2003 年版。

10. 林东茂：《刑法综览》（修订第 5 版），中国人民大学出版社 2009 年版。

11. 林钰雄：《刑事法理论与实践》，中国人民大学出版社 2008 年版。

12. 刘明祥：《财产罪比较研究》，中国政法大学出版社 2001 年版。

13. 刘言浩：《不当得利法的形成与展开》，法律出版社 2013 年版。

14. 申柳华：《德国刑法被害人信条学研究》，中国人民公安大学出版社 2011 年版。

15. 童伟华：《财产罪基础理论研究：财产罪的法益及其展开》，法律出版社 2012 年版。

16. 王钢：《德国判例刑法（分则）》，北京大学出版社 2016 年版。

17. 王利明：《民法总则研究》（第 2 版），中国人民大学出版社 2012 年版。

18. 王玉珏：《刑法中的财产性质及财产控制关系研究》，法律出版社 2009 年版。

19. 王泽鉴：《民法总则》，北京大学出版社 2009 年版。

20. 王泽鉴：《不当得利》，北京大学出版社 2009 年版。

21. 张明楷：《诈骗罪与金融诈骗罪研究》，清华大学出版社 2006 年版。

22. 张明楷:《外国刑法纲要》(第 2 版),清华大学出版社 2007 年版。

23. 张明楷:《刑法分则的解释原理》(第 2 版),中国人民大学出版社 2011 年版。

24. 张明楷:《刑法的私塾》,北京大学出版社 2014 年版。

25. 张明楷:《刑法学》(第 5 版),法律出版社 2016 年版。

26. 张天一:《时代变动下的财产犯罪》,元照图书出版公司 2015 年版。

27. 周光权:《刑法各论》(第 3 版),中国人民大学出版社 2016 年版。

28. 周旋:《我国刑法侵犯财产罪之财产概念研究》,上海三联书店 2013 年版。

29. [日] 大谷实:《刑法各论》(新版第 2 版),黎宏译,中国人民大学出版社 2008 年版。

30. [日] 大塚仁:《刑法概说(各论)》(第 3 版),冯军译,中国人民大学出版社 2003 年版。

31. [日] 高桥则夫:《规范论和刑法解释论》,戴波、李世阳译,中国人民大学出版社 2011 年版。

32. [日] 平野龙一:《刑法的基础》,黎宏译,中国政法大学出版社 2016 年版。

33. [日] 山口厚:《从新判例看刑法》(第 2 版),付立庆、刘隽译,中国人民大学出版社 2009 年版。

34. [日] 山口厚:《刑法总论》(第 2 版),付立庆译,中国人民大学出版社 2011 年版。

35. [日] 山口厚:《刑法各论》(第 2 版),王昭武译,中国人民大学出版社 2011 年版。

36. [日] 松宫孝明:《刑法总论讲义》(第 4 版补正版),钱叶六译,王昭武审校,中国人民大学出版社 2013 年版。

37. [日] 松原芳博:《刑法总论重要问题》,王昭武译,中国政法大学出版社 2014 年版。

38. [日] 我妻荣:《债权各论》(下卷一),冷罗生、陶芸、江涛译,中国法制出版社 2008 年版。

39. [日] 西田典之:《日本刑法总论》,刘明祥、王昭武译,中国人民大学出版社 2007 年版。

40. [日] 西田典之:《日本刑法各论》(第 6 版),王昭武、刘明祥译,法律出版社 2013 年版。

41. [日] 曾根威彦:《刑法学基础》,黎宏译,法律出版社 2005 年版。

42. [日] 佐伯仁志、道垣内弘人:《刑法与民法的对话》,于改之、张小宁译,北京大学出版社 2012 年版。

43. [德] 迪特尔·梅迪库斯:《德国债法分论》,杜景林、卢谌译,法律出版社 2007 年版。

44. [德] 哈特穆特·毛雷尔:《行政法学总论》,高家伟译,法律出版社 2000 年版。

45. [德] 海因·克茨:《欧洲合同法》(上卷),周忠海、李居迁、宫立云译,法律出版社 2001 年版。

46. ［德］卡尔·拉伦茨：《法学方法论》，陈爱娥译，商务印书馆 2003 年版。

47. ［德］卡尔·拉伦茨：《德国民法通论》（上册），王晓晔等译，法律出版社 2002 年版。

48. ［德］克劳斯·罗克辛：《德国刑法学 总论》（第 1 卷·犯罪原理的基础构造），王世洲译，法律出版社 2005 年版。

49. ［德］英格博格·普珀：《法学思维小学堂：法律人的 6 堂思维训练课》，蔡圣伟译，北京大学出版社 2011 年版。

50. ［韩］吴昌植编译：《韩国侵犯财产罪判例》，清华大学出版社 2004 年版。

51. ［美］乔治·弗莱彻：《反思刑法》，邓子滨译，华夏出版社 2008 年版。

52. ［日］大塚裕史：《刑法各論の思考方法》，早稻田経営出版 2003 年版。

53. ［日］林幹人：《財产犯の保護法益》，東京大学出版会 1984 年版。

54. ［日］林幹人：《刑法各論》，東京大学出版会 1999 年版。

55. ［日］林幹人：《刑法総論》，東京大学出版会 2000 年版。

56. ［日］前田雅英：《可罰的違法性論の研究》，東京大学出版会 1982 年版。

57. ［日］前田雅英：《刑法総論講義》，東京大学出版会 1998 年版。

58. ［日］前田雅英：《刑法各論講義》，東京大学出版会 2015 年版。

59. ［日］藤木英雄：《刑法講義各論》，弘文堂 1976 年版。

60. ［日］团藤重光：《刑法綱要各論》，創文社 1990 年版。

61. ［日］曾根威彦：《刑法各論》，弘文堂 2012 年版。

62. Hassemer, Schutzbedürftigkeit des Opfers und Strafrechtsdogmatik–Zugleich ein Beitrag zur Auslegung des Irrtumsmerkmals in §263 StGB, 1981.

63. Jescheck/Weigend, Strafrecht Allgemeiner Teil, 5. Aufl., 1996.

64. Roxin, Strafrecht Allgemeiner Teil, Band Ⅰ, 3. Aufl., 1997.

二、论文类

1. 柏浪涛："加重构成与量刑规则的实质区分——兼与张明楷教授商榷"，载《法律科学（西北政法大学学报）》2016 年第 6 期。

2. 蔡桂生："刑法中侵犯财产罪保护客体的务实选择"，载《政治与法律》2016 年第 12 期。

3. 蔡圣伟："财产犯罪：第一讲——概说：所有权犯罪与侵害整体财产之犯罪（上）"，载《月旦法学教室》2008 年第 7 期。

4. 蔡圣伟："财产犯罪：第一讲——概说：所有权犯罪与侵害整体财产之犯罪（下）"，载《月旦法学教室》2008 年第 8 期。

5. 蔡圣伟："财产犯罪：第二讲——窃盗罪之客观构成要件（下）"，载《月旦法学教室》2009 年第 1 期。

6. 蔡圣伟："财产犯罪：第三讲——窃盗罪之主观构成要件（上）"，载《月旦法学教室》2009年第4期

7. 车浩："自我决定权与刑法家长主义"，载《中国法学》2012年第1期。

8. 车浩："盗窃罪中的被害人同意"，载《法学研究》2012年第2期。

9. 车浩："占有概念的二重性：事实与规范"，载《中外法学》2014年第5期。

10. 车浩："占有不是财产犯罪的法益"，载《法律科学（西北政法大学学报）》2015年第3期。

11. 陈洪兵："经济的财产说之主张"，载《华东政法大学学报》2008年第1期。

12. 陈荣飞、肖敏："恶意欠薪之犯罪化理据探寻——以刑法修正案（八）为背景的考察"，载《社会科学家》2011年第3期。

13. 陈兴良："形式解释论的再宣示"，载《中国法学》2010年第4期。

14. 陈璇："财产罪中非法占有目的要素之批判分析"，载《苏州大学学报（法学版）》2016年第4期。

15. 陈烨："刑法中的财产分类再研究"，载《政治与法律》2013年第1期。

16. 陈烨："财产性利益与罪刑法定问题"，载《上海交通大学学报（哲学社会科学版）》2013年第5期。

17. 陈子平："不法原因给付与侵占罪、诈欺罪（上）"，载《月旦法学教室》2014年第3期。

18. 陈子平："不法原因给付与侵占罪、诈欺罪（下）"，载《月旦法学教室》2014年第4期。

19. 杜宇："刑事和解与传统刑事责任理论"，载《法学研究》2009年第1期。

20. 冯殿美："关于设立逃避债务罪的立法构想"，载《法学论坛》2002年第2期。

21. 冯军："刑法中的自我答责"，载《中国法学》2006年第3期。

22. 付立庆："论刑法对财产权保护中的均衡性原则"，载《法学》2011年第5期。

23. 付立庆："论刑法介入财产权保护时的考量要点"，载《中国法学》2011年第6期。

24. 符向军："'天价索赔'不等于敲诈勒索"，载《人民法院报》2015年7月28日。

25. 高艳东："诈骗罪与集资诈骗罪的规范超越：吴英案的罪与罚"，载《中外法学》2012年第2期。

26. 猴泽昆："诈骗罪中被害人的怀疑与错误——基于被害人解释学的研究"，载《清华法学》2009年第5期。

27. 古承宗："论窃盗罪之窃取"，载《月旦法学杂志》2014年第5期。

28. 古承宗："对窃取之建立持有的同意"，载《月旦法学教室》2014年第6期。

29. 胡天赐："损害债权罪之可责性探讨"，载《财产法暨经济法》2012年第3期。

30. 胡学相、张鹏："论恶意逃避债务行为的刑法规制"，载《暨南学报（哲学社会科学

版）》2007 年第 1 期。

31. 黄荣坚："六合彩开奖那一天"，载《月旦法学杂志》1997 年第 11 期。

32. 黄荣坚："致命反光片"，载《月旦法学教室》2005 年第 1 期。

33. 黄鑫："从'老鼠仓'事件谈增设背信罪之必要"，载《中国刑事法杂志》2009 年第 2 期。

34. 简爱："过度维权的罪与罚——兼评李海峰天价索赔今麦郎获刑案"，载《法学》2017 年第 2 期。

35. 江溯："日本刑法上的被害人危险接受理论及其借鉴"，载《甘肃政法学院学报》2012 年第 6 期。

36. 江溯："财产犯罪的保护法益：法律-经济财产说之提倡"，载《法学评论》2016 年第 6 期。

37. 金可可："债权物权区分说的构成要素"，载《法学研究》2005 年第 1 期。

38. 金可可："论绝对权与相对权——以德国民法学为中心"，载《山东社会科学》2008 年第 11 期。

39. 劳东燕："被害人视角与刑法理论的重构"，载《政法论坛》2006 年第 5 期。

40. 黎宏："被害人承诺问题研究"，载《法学研究》2007 年第 1 期。

41. 黎宏："论财产犯中的占有"，载《中国法学》2009 年第 1 期。

42. 黎宏："论盗窃财产性利益"，载《清华法学》2013 年第 6 期。

43. 李强："日本刑法中的'存款的占有'：现状、借鉴与启示"，载《清华法学》2010 年第 4 期。

44. 李强："挪用公款罪中'归个人使用'的解释逻辑"，载《法学》2015 年第 4 期。

45. 林诚二："债务本体论与不法原因之给付"，载《中兴法学》1984 年第 3 期。

46. 林东茂："法学不是科学"，载《高大法学论丛》2010 年第 1 期。

47. 林钰雄："法律保护'黑吃黑'吗？——从不法原因给付论民、刑法律效果之交错适用"，载刘艳红主编：《财产犯研究》，东南大学出版社 2017 年版。

48. 刘明祥："用拾得的信用卡在 ATM 机上取款行为之定性"，载《清华法学》2007 年第 4 期。

49. 刘艳红："当下中国刑事立法应当如何谦抑？——以恶意欠薪行为入罪为例之批判性分析"，载《环球法律评论》2012 年第 2 期。

50. 马卫军："论抢劫罪中的财产性利益"，载《政治与法律》2011 年第 7 期。

51. 马寅翔："民法中辅助占有状态的刑法解读"，载《政治与法律》2014 年第 5 期。

52. 阮齐林："论盗窃罪数额犯的既遂标准"，载《人民检察》2014 年第 19 期。

53. 时延安："论刑事违法性判断与民事不法判断的关系"，载《法学杂志》2010 年第 1 期。

54. 舒平锋："拒不支付劳动报酬罪研究——以 40 例拒不支付劳动报酬案件为分析样本"，载《中国刑事法杂志》2013 年第 2 期。

55. 孙明先："损害债权罪的比较研究"，载《河北法学》2002 年第 2 期。

56. 谭启平："不法原因给付及其制度构建"，载《现代法学》2004 年第 3 期。

57. 童伟华："日本刑法中违法性判断的一元论与相对论述评"，载《河北法学》2009 年第 11 期。

58. 王钢："紧急避险中无辜第三人的容忍义务及其限度兼论紧急避险的正当化根据"，载《中外法学》2011 年第 3 期。

59. 王钢："德国刑法诈骗罪的客观构成要件"，载《政治与法律》2014 年第 10 期。

60. 王钢："盗窃与诈骗的区分——围绕最高人民法院第 27 号指导案例的展开"，载《政治与法律》2015 年第 4 期。

61. 王钢："不法原因给付与侵占罪"，载《中外法学》2016 年第 4 期。

62. 王钢："不法原因给付对于认定财产犯罪的影响——立足于财产概念与'非法'占有的考察"，载《法学家》2017 年第 3 期。

63. 王钢："非法持有枪支罪的司法认定"，载《中国法学》2017 年第 4 期。

64. 王海军："拒不支付劳动报酬罪的规范性解读——基于'双重法益'的新立场"，载《法学评论》2013 年第 5 期。

65. 王骏："抢劫、盗窃利益行为探究"，载《中国刑事法杂志》2009 年第 12 期。

66. 王骏："违法性判断必须一元吗？——以刑民实体关系为视角"，载《法学家》2013 年第 5 期。

67. 王利明："论物权法中物权和债权的区分"，载《法学论坛》2007 年第 1 期。

68. 王利明："侵权责任法与合同法的界分——以侵权责任法的扩张为视野"，载《中国法学》2011 年第 3 期。

69. 王林清、刘高："民刑交叉中合同效力的认定及诉讼程序的构建——以最高人民法院相关司法解释为视角"，载《法学家》2015 年第 2 期。

70. 王容溥："法秩序一致性与可罚的违法性"，载《东吴法律学报》2008 年第 2 期。

71. 王卫国："现代财产法的理论建构"，载《中国社会科学》2012 年第 1 期。

72. 王燕莉、唐稷尧："中国刑法中违约行为犯罪化之现象分析与反思"，载《四川师范大学学报（社会科学版）》2013 年第 3 期。

73. 王彦强："区分加重构成与量刑规则——罪量加重构成概念之提倡"，载《现代法学》2013 年第 3 期。

74. 王莹："情节犯之情节的犯罪论体系性定位"，载《法学研究》2012 年第 3 期。

75. 王莹："盗窃罪'非法占有目的'的对象刍议"，载《中外法学》2015 年第 6 期。

76. 王昭武："法秩序统一性视野下违法判断的相对性"，载《中外法学》2015 年第 1 期。

77. 王志祥："论未遂行为的处罚范围"，载《山东警察学院学报》2004 年第 4 期。

78. 吴情树：《我国刑法中"犯罪类型设置"的检讨——从背信罪的设立入手》，载《华侨大学学报（哲学社会科学版）》2009 年第 3 期。

79. 夏勇："刑法与民法——截然不同的法律类型"，载《法治研究》2013 年第 10 期。

80. 谢如媛："修复式司法的现状与未来"，载《月旦法学杂志》2005 年第 3 期。

81. 许恒达："电脑诈欺与不正方法"，载《政大法学评论》2015 年第 3 期。

82. 徐凌波："论财产犯的主观目的"，载《中外法学》2016 年第 3 期。

83. 许泽天："诈欺罪的法条与论证"，载《月旦法学杂志》2011 年第 10 期。

84. 薛进展："论财产犯罪未遂的定罪处罚"，载《法学》2003 年第 9 期。

85. 闫雨："论财产犯罪中的事后恢复条款——以犯罪的重新分类为基点"，载《中国社会科学院研究生院学报》2016 年第 4 期。

86. 杨兴培："龚某盗卖其父房产一案之我见——兼谈不动产可以成为盗窃罪之对象"，载《政治与法律》2012 年第 3 期。

87. 杨兴培："刑民交叉案件中'先刑观念'的反思与批评"，载《法治研究》2014 年第 9 期。

88. 姚万勤、陈鹤："盗窃财产性利益之否定——兼与黎宏教授商榷"，载《法学》2015 年第 1 期。

89. 叶必丰："论部门法的划分"，载《法学评论》1996 年第 3 期。

90. 尹晓静："财产犯罪中的非法占有目的之否定——'侵害占有、建立占有'客观分析之提倡"，载《政治与法律》2011 年第 11 期。

91. 恽纯良："不法意图在诈欺罪的定位、功能与判断标准"，载《东吴法律学报》2015 年第 10 期。

92. 张红昌："论可罚的使用盗窃"，载《中国刑事法杂志》2009 年第 5 期。

93. 张明楷："关于增设背信罪的探讨"，载《中国法学》1997 年第 1 期。

94. 张明楷："刑事立法的发展方向"，载《中国法学》2006 年第 4 期。

95. 张明楷："也论用拾得的信用卡在 ATM 机上取款的行为性质——与刘明祥教授商榷"，载《清华法学》2008 年第 1 期。

96. 张明楷："加重构成与量刑规则的区分"，载《清华法学》2011 年第 1 期。

97. 张明楷："刑法学中危险接受的法理"，载《法学研究》2012 年第 5 期。

98. 张明楷："论盗窃财产性利益"，载《中外法学》2016 年第 6 期。

99. 张明楷："法益保护与比例原则"，载《中国社会科学》2017 年第 7 期。

100. 张天一："论民事请求权对盗窃罪中'不法所有意图'之影响"，载《月旦法学杂志》2014 年第 3 期。

101. 曾粤兴、刘阳阳："欠薪入罪应当慎行"，载《法学杂志》2010 年第 9 期。

102. 张继钢："论刑事和解的实体法构建"，载《中南大学学报（社会科学版）》2014 年第 5 期。

103. 章正璋："无权占有和间接占有的两个基本问题——与李锡鹤教授商榷"，载《学术界》2014 年第 2 期。

104. 赵书鸿："论诈骗罪中作出事实性说明的欺诈"，载《中国法学》2012 年第 4 期。

105. 郑泽善："法秩序的统一性与违法的相对性"，载《甘肃政法学院学报》2011 年第 4 期。

106. 郑泽善："背信罪新探"，载《政法论丛》2015 年第 1 期。

107. 周漾沂："财产犯罪中的持有概念：社会性归属的证立与运用"，载《台大法学论丛》2017 年第 3 期。

108. 庄乾龙："拒不支付报酬犯罪比较研究"，载《法商研究》2012 年第 2 期。

109. 庄续龙："归纳与探索：'法益可恢复性犯罪'的刑法评价思考"，载《法律适用》2014 年第 1 期。

110. 吴致勋："财产犯罪主观要件之研究"，东吴大学 2015 年硕士学位论文。

111. 张天一："刑法上之财产概念——探索财产犯罪之体系架构"，辅仁大学 2007 年博士学位论文。

112. ［德］Robert Esser："刑法对经济活动自由之规制——以背信罪（德国刑法第 266 条）为例"，王效文译，载《成大法学》2010 年第 20 期。

113. ［德］乌尔斯·金德霍伊泽尔："法益保护与规范效力的保障　论刑法的目的"，陈璇译，载《中外法学》2015 年第 2 期。

114. ［德］许内曼："刑事不法之体系：以法益概念与被害者学作为总则体系与分则体系间的桥梁"，王玉全等译，载许玉秀主编：《不疑不惑现身法与正义》，新学林图书出版公司 2006 年版。

115. ［日］岛田聪一郎："被害人的危险接受"，王若思译，载陈兴良主编：《刑事法评论》（第 32 卷），北京大学出版社 2013 年版。

116. ［日］京藤哲久："法秩序の統一性と違法判斷の相対性"，载内藤谦等：《平野龍一先生古稀祝賀論文集》（上卷），有斐閣 1990 年版。

117. ［日］井田良："刑法と民法の関系"，载山口厚等：《理論刑法学の最前線Ⅱ》，岩波書店 2006 年版。

后 记

本书是国家社会科学基金项目（项目名称：《财产保护的刑法介入问题研究》，项目编号：14BFX041）的研究成果。

本书的写作与完成，得益于许多同事与同学的帮助。浙大宁波理工学院的韩小梅老师帮助我处理了很多项目管理上的问题，使我得以安心进行研究。我指导的硕士生张倩、杨睿智帮我校对了文稿，张歆笛、严思斯、李俣然等同学和我在课堂内外一起讨论了诸多财产犯罪方面的难题，提出了有参考价值的意见和建议。在此，一并表示诚挚的谢意！

随着研究的深入，我越来越感受到财产犯罪理论与实务的博大精深，用"浩瀚无垠"形容毫不为过。许多问题虽经反复思考，仍难有定论，总感觉有所疏漏与谬误，烦请读者提出宝贵意见和建议。